新宮　学 著　　　　　汲古叢書 142

明清都市商業史の研究

汲古書院

目　　次

凡例 …………………………………………………………………… ix
序章 …………………………………………………………………… 3

第一部　首都と人口・物流

第1章　近世中国における首都北京の成立

はじめに──首都としての北京 …………………………13
1　東アジアの中の近世中国 …………………………………14
2　中国における都の移動──東西移動から南北移動へ ……17
3　北京の成立──それぞれの遷都 …………………………20
　（1）海陵王の燕京遷都──官僚制的集権システムの受容　20
　（2）クビライの中都遷都──中華世界の拡大　22
　（3）永楽帝の北京遷都──拡大した中華世界の継承　23
　（4）順治帝の北京遷都──多民族複合国家の首都　26
4　都城の改造──大都城から北京城へ ……………………28
　（1）向北から向南へ　30
　（2）中軸線の問題　32
結びにかえて──東アジア世界の中心としての北京 ………35

第2章　明代の首都北京の都市人口について

はじめに …………………………………………………………47
1　明代北京の都市人口に関する諸説 ………………………48
2　都市空間と同時代人の認識 ………………………………50
　（1）都市空間　50
　（2）同時代人の認識　51

3　順天府大興・宛平両県の戸口統計 …………………………55
　　　4　五城兵馬司の保甲統計 ……………………………………61
　　結びにかえて……………………………………………………66

第3章　通州・北京間の物流と在地社会
　　　──嘉靖年間の通恵河改修問題をてがかりに──
　　はじめに…………………………………………………………79
　　1　嘉靖七年の通恵河改修工事について ……………………81
　　　（1）改修工事の発端　84
　　　（2）改修工事の内容　88
　　　（3）剝船の運営方法　89
　　　（4）改修工事の意義　90
　　2　通州・北京間の物流に関わる人々 ………………………92
　　　（1）漕運に関わる人々　92
　　　（2）陸運に関わる人々　94
　　　（3）剝運に関わる人々　97
　　3　物流をめぐる市場と利害の調整 …………………………99
　　　（1）物流をめぐる市場と身分的特権者層　99
　　　（2）在地社会の様々な利害の調整　102
　　結びにかえて……………………………………………………105

第二部　鋪戸の役と同業組織
第4章　明代北京における鋪戸の役とその銀納化
　　　──都市商工業者の実態と把握をめぐって──
　　はじめに ………………………………………………………121
　　1　鋪戸の役の諸特徴……………………………………………122
　　2　鋪戸の定期的調査の実施……………………………………126
　　　（1）正統二年令　126

（2）景泰六年の論議と成化十二年の実施　127

　　　（3）正徳四年の牌甲法　129

　　3　鋪行銀の成立……………………………………………133

　　　（1）北京の鋪行銀　134

　　　（2）通州の鋪行銀　137

　　4　商工業者の実態とその把握——下3則免徴の分析を通して　…139

　　おわりに………………………………………………………146

第5章　明末京師の商役優免問題について

　　はじめに………………………………………………………160

　　1　募商から僉商へ…………………………………………161

　　2　商役をめぐる弊害………………………………………164

　　　（1）代価の支払いについて　164

　　　（2）宦官の搾取について　166

　　3　優免特権と錦衣衛………………………………………167

　　4　宦官による優免決定権の掌握…………………………173

　　おわりに………………………………………………………176

第6章　明代南京における鋪戸の役とその改革
　　　——「行」をめぐる諸問題——

　　はじめに………………………………………………………184

　　1　鋪戸の役の諸特徴………………………………………185

　　2　鋪戸の役をめぐる弊害と定期的資本調査……………187

　　　（1）代価の支払いをめぐって　187

　　　（2）定期的資本調査　189

　　3　改革への動き……………………………………………190

　　　（1）銀納化の動き　190

　　　（2）鋪行の革去　192

    4　鋪戸の役と行……………………………………………………195
    結びにかえて ……………………………………………………199

第7章　明末清初期一地方都市における同業組織と公権力
　　　　──蘇州府常熟県「當官」碑刻を素材に──
    1　分析の素材と視点………………………………………………210
    2　鋪戸の役と當官碑刻……………………………………………213
    3　當官碑刻と同業組織……………………………………………216
        （1）典當業　216　（2）木商・竹行　217
        （3）雑貨業（油麻鋪・乾菓鋪・釘鉄煤鋪）　218
        （4）綢鋪・染鋪　220
        （5）製粉業　223　（6）銀匠　223
        （7）轎行　224　（8）梨園業　224
        （9）その他　225
    4　同業組織と外来商人……………………………………………226
    5　徽州商人の定着とその活動……………………………………227
    6　結語………………………………………………………………230

第三部　牙行と商税
第8章　明代前期北京の官店塌房と商税
    はじめに……………………………………………………………241
    1　明初の官店塌房…………………………………………………242
        （1）設置意図　242
        （2）設置位置　245
        （3）運営と監督　247
    2　官店塌房と商税徴収官庁との関係……………………………250
        （1）収税則例　250
        （2）官店塌房における商税徴収　254

3　身分的特権者による私有の進展……………………257
　　　　（1）官店塌房の賜与　257
　　　　（2）客店塌房の私創　261
　　結びにかえて……………………………………………264

第9章　明代後半期江南諸都市の商税改革と門攤銀
　　はじめに…………………………………………………275
　　1　税課司局の廃止・合併傾向…………………………277
　　2　商税銀納化をめぐる問題……………………………281
　　3　都市商税改革と門攤課税銀の成立…………………284
　　　　（1）蘇州・常州両府の改革　284
　　　　（2）南直隷・浙江各府への普及　287
　　4　門攤課鈔と門攤課税銀………………………………290
　　おわりに…………………………………………………294

第10章　明代の牙行について
　　　――商税との関係を中心に――
　　はじめに…………………………………………………304
　　1　明初の牙行政策………………………………………305
　　2　商税徴収請負の普及…………………………………307
　　3　牙帖の頒給と納穀……………………………………310
　　4　営業税としての牙税…………………………………314
　　結びにかえて……………………………………………318

第四部　研究動向と書評・紹介
附篇1　1995年の歴史学界―回顧と展望―〈明・清〉
　　はじめに――地域社会論の現在……………………329
　　　　（1）政治　332　（2）在地社会の諸相　334

　　　　（3）法制と裁判　336　（4）財政システム　338

　　　　（5）都市と流通　339　（6）文化　342

　　　　（7）対外関係　343　（8）文献と索引　344

　　おわりに …………………………………………………………345

附篇2　明清社会経済史の新しい視点——顧誠教授の衛所研究をめぐって——

　　はじめに …………………………………………………………347

　1　明代の田土統計をめぐって…………………………………348

　　　　（1）清水泰次の研究　348　（2）藤井宏の研究　348

　　　　（3）顧誠の研究　350

　　　　（4）張徳信・林金樹の研究　353

　　　　（5）曹樹基の研究　355　（6）張海瀛の研究　356

　2　地方管轄単位としての衛所…………………………………357

　　　　（1）地方管轄単位としての衛所　357

　　　　（2）衛所の四類型　358

　　　　（3）軍戸と衛所　359　（4）衛籍の形成　359

　　　　（5）祖軍の原籍と衛籍　360

　　　　（6）清朝の衛所改編　361

　3　疆域管理体制の二大系統論が投げかける問題……………362

　　　　（1）明代の人口数　362

　　　　（2）衛所の改編と耕地数増加との関係　362

　　　　（3）官・民田比率　363

　　　　（4）少数民族居住区の開発と漢族移住　363

　　おわりに …………………………………………………………364

附篇3　書評・紹介

　1　何炳棣著、寺田隆信・千種真一訳『科挙と近世中国社会
　　　——立身出世の階梯』 …………………………………………373

2　北京市社会科学院・曹子西主編『北京通史』全10巻 …380
　3　明代都城遺跡、中都の現況…………………………………385
　4　呉仲撰『通恵河志』について………………………………387
　5　劉石吉著『明清時代江南市鎮研究』………………………390

参考文献………………………………………………………………395

あとがき………………………………………………………………419

索引（事項・人名・地名）………………………………………422

英文目次………………………………………………………………447

図表一覧

図

図 1-1	明の中都（鳳陽）の午門	25 頁
図 1-2	明の中都（鳳陽）宮城西側の城牆と護城河	25 頁
図 1-3①	元大都城	32 頁
図 1-3②	明清北京城	33 頁
図 1-4	明北京城図（1421-1449 年）	36 頁
図 2-1	明順天府行政区画図	53 頁
図 3-1	通恵河図（明嘉靖年間）	86〜87 頁
図 4-1	明北京城図（万暦―崇禎年間）	145 頁
図 8-1	明前期北京城図	247 頁
図附 3-1	保存への取り組みが急がれる中都城遺跡	386 頁

表

表 1-1	中国の王朝交替と都の移動	18 頁
表 2-1	宛平県の里図名・所在および人丁数・徴糧地面積	58 頁
表 4-1	年次別鋪行銀徴収額の内訳	135 頁
表 4-2	五城各坊の上中六則戸の戸数と鋪行銀額	142〜143 頁
表 4-3	年次別大興・宛平両県の鋪戸数	144 頁
表 7-1	常熟県當官碑刻リスト	211 頁
表 8-1	宛平県の廊房・店房の位置と間数および廊店房錢・鈔徴収額	246 頁
表 8-2	景泰二年和遠店等塌房収税則例	252〜253 頁
表 9-1	税課司局の地域・年代別裁革数	278 頁
表 9-2	常州府年次別課程額の推移	280 頁
表 9-3	課程鈔1貫の折銀率の推移	283 頁
表附 2-1	両系統からなる明代の田土統計	351 頁

凡　　例

1　本書では、『明実録』は、台湾の中央研究院歴史言語研究所校印本（1962〜8年）を用いた。巻数もこれに基づいている。引用にあたっては、主に黄彰健氏による校勘記の貴重な成果を参照して文字の校訂を行っているが、一々注記していない。一部著者の判断で改めた箇所については注記したところがある。

2　本書の本文は日本の常用漢字を用いた。ただし、史料用語の「鋪戸」「當官」や人名などでは、当該時期の表記をより重視して、旧字のままに用いた。

3　史料引用部分については、現代の東アジア各国における漢字表記の差異を考慮して旧字（繁体字）で表記した。史料中の〔　〕は文字の校訂を示している。

4　年月日の漢数字は、旧暦（太陰太陽暦）のままで記載している。年号のあとの（　）内には算用数字で西暦年を表記した。

5　難読の漢字には、平仮名で読みがなを付した。これに対し、片仮名による表記は史料用語の意訳として付したものであり、区別した。

明清都市商業史の研究

序　　章

　本書は、著者が 1980 年以来学術雑誌等に発表してきた明清時代の都市と商業に関する論考を収録した論文集である。なかには、早期のものは初出からすでに 30 年以上経過したものも含まれている。本来、人文科学の研究は地道で日進月歩というわけに行かないとはいえ、些か遅きに失した感は否めない。
　戦後日本の明清社会経済史研究は、周知の如く農村社会や商人研究の分野ですでに多くの研究蓄積を有しているが、都市の商業や社会に焦点を当てた研究は意外に少ない。それに止まらず、現今では社会経済史自体への関心の退潮も著しい。
　これに対し、中国では 80 年代末「改革・対外開放」路線への転換後に高まった商業や都市社会についての関心は、現在も衰えることなく持続している。近年では、かつて農村社会研究一辺倒の中で著者が細々と取り組んだテーマを新たに進展させる論考が次々と発表されるようになった。
　一例を挙げれば、高寿仙は 1990 年代以来の明代北京に関する諸論考を、2015 年 11 月に『明代北京社会経済史研究』（人民出版社）のタイトルで一書にまとめて刊行した。都市の管理体制と人口規模、都市建設と環境衛生、物資供給と社会的救済、価格調査と物価水準、税役実態と地方財政、社会組織と在地勢力、宗教信仰と身分集団の 7 章から構成されており、明代北京の都市社会を対象とした最初の包括的な専著となった。その〈前言〉では、『北京大学学報』1957 年 4 期に掲載された許大齢「明代北京的経済生活」以降の中国における代表的研究を紹介したのに続いて、台湾の邱仲麟による 1990 年以来現在に及ぶ北京の都市生活史に関する旺盛な研究成果を取り上げた。さらに国外では、明代北京研究の成果は日本とアメリカに集中していると指摘する。特に日本については、1950 年代に遡る佐々木栄一の商役研究以後、一時的な中断をへて 80 年に再開されたとして、著者の 1980 年の処女論文「明末京師の商役優免問

題について」以来の6篇の論文と拙著『北京遷都の研究』(2004年)を取り上げている。附言すれは、高はかつて北京大学で許大齢から薫陶を受けた研究者である。

韓国でも、金弘吉が「明代北京の買辦と"短價"」(韓国語)『明清史研究』5輯、1996年、同「清初直隷三河県の穀物採買と"短價"」(韓国語)『歴史教育』62輯、1997年において鋪戸に対する短價の問題に着目して考察した。

こうした研究成果の発表に後押しされ、あらためてこれまでの都市と商業に関わる諸論考を一書にまとめて公刊することにした次第である。

本書への収録に際しては、極力初出時のままとして、最低限の表記の統一に留めた。ただ歳月の経過を考慮して、各章の末尾に〔補記〕を新たに加筆し、拙論発表以後の研究の展開について簡単な紹介を試みることにした。今後の研究深化の一助となれば幸いである。

各章の概要は、以下のとおりである。

第一部「首都と人口・物流」には、明清時代の首都北京の成立と人口・物流に関する論考を収録した。

第1章「近世中国における首都北京の成立」は、近代国民国家の成立に先立ち近世段階においてすでに首都 (Capital) として機能していた北京の成立過程について考察した。

金の海陵王による燕京遷都 (1153年)、モンゴルのクビライによる中都遷都 (1264年)、明の永楽帝の北京遷都 (1421年)、清の順治帝の北京遷都 (1644年) のそれぞれの遷都は、各王朝の抱える様々な課題を解決すべく断行された。これらの遷都に注目しながら、近世中国のマクロな政治史の展開を辿ると、漢族を含めて周辺の諸民族がそれぞれの根拠地で政権を樹立し、その餘勢を駆って現在の北京にまで駆け上り、そこに政治的中心を移す過程でもあった。遷都により獲られたのは、北京に首都を置くことによって中華と夷狄の両世界に広がった、拡大された中華世界に君臨できるという地政学的事実こそが重要であった。

ついで、元の大都城から明の北京城への都城プランの改造過程を、向北から向南への転換と中軸線の東移傾向という視点から考察した。さらに15世紀前半に首都として成立した北京が近世東アジア世界の国際関係の中心に位置したことを、遣明船の副使として当地を訪れた日本の五山僧策彦周良の著作や秀吉の北京遷都プランをもとに明らかにした。

第2章「明代の首都北京の都市人口について」では、首都北京の都市人口について検討を加え、従来一般に用いられてきた戸口統計の問題点を指摘した。新たに「五城兵馬司」の保甲統計に基づき、17世紀前半の明末北京では$100 \mathrm{~km}^2$に満たない都市空間に100万人を超える人口を抱えていたことを推定した。かかる膨大な人口規模は、権力のいわば車軸に位置する中国の首都の宿命であった。全国の各地から広範な人々や豊富な財貨を吸い上げるそのシステムこそ、国家権力への回路であったからである。反面、中国史の大きな流れの中で版図や人口規模の増大を考慮に入れると、明代の首都への人口集中は唐宋時代に比べてもあまり進展していないという事実も重要である。

第3章「通州・北京間の物流と在地社会」は、明代嘉靖年間の通恵河改修問題を手がかりに、通州・北京間の物流をめぐる利害対立の具体相と在地社会の変容について考察した。通州・北京間の物流は、それまで車戸と呼ばれる陸上輸送業者たちによって支えられており、彼らを配下に置いていたのは、通州や北京城内外に店房を多数所有し倉庫業や仲買問屋業を営む外戚・功臣・宦官などの身分的特権者であった。彼らは首都特有の在地社会の中で、皇帝権力により接近しているがゆえにさまざまな身分的特権を有して、その秩序形成に対して大きな影響力を行使していたことを明らかにした。

第二部「舗戸の役と同業組織」では、「舗戸の役」や「當官」と呼ばれる都市工業者に科派された徭役と商業徴収を手がかりに、当該時期の商業組織について考察した。

第4章「明代北京における舗戸の役とその銀納化」では、明代中期以降、北京や南京のみならず地方の諸都市で普及した、里甲正役以外に都市的徭役であ

る「鋪戸の役」(官庁必要物品の買辦調達の役)を取り上げた。本章では、首都北京を例に店鋪を所有する商工業者に科派されたこの役の諸特徴とその銀納化による「鋪行銀」成立に至る過程を分析し、そこに示される都市商工業者の実態および国家によるその把握のあり方を検討した。この時期の鋪戸の役出現と鋪行銀の成立は、明朝国家の財政的窮乏が進行する中で、貨幣経済・商品生産の展開を背景にして成長しつつあった都市商工業者に対し、国家が注目しその把握と収奪を強化していったところに、その歴史的意味が見い出せる。

第5章「明末京師の商役優免問題について」は、明代後半、首都北京の商人層に科派された徭役である「商役」の負担を忌避する主要な形態であった優免問題を検討して、北京の商業活動をめぐる宦官や勲戚をはじめとする諸階層の動向を考察し、優免特権を獲得すべく錦衣衛に寄籍する有力商人層の存在を解明した。また地方から中央に送られる物料の銀納化の進展と国家財政の窮乏化によって新たに出現した商役(戸部や工部などの物料調達の役)の運用をめぐる諸問題の考察を通して、錦衣衛に寄籍して優免特権を獲得した有力商人層とその特権に預かれない中小商人層との対立構造を明らかにした。その上で、理念的には一元的なはずの国家による商人層把握が、かかる優免特権と宦官の存在を媒介とすることによって、有力商人層と中小商人層とでは、全く異なるものとして機能していたことに注目した。

第6章「明代南京における鋪戸の役とその改革」は、明代の副都南京の都市商工業者に科派されていた官庁の所用物品調達の役である「鋪戸の役」とその改革過程を考察した。これをもとに、「行」は国家が物料調達のために業種ごとに商工業者を編成した他律的組織であること、および「行役」には営業独占権に対する代償という事実を裏づける史料を見い出し得ず、むしろ圧倒的な優位に立つ国家の都市商工業者に対する一方的な収奪という面が看取されることを明らかにし、加藤繁の研究以来の定説化した「行」理解(自律的同業商人組合説)を否定した。

第7章「明末清初期一地方都市における同業組織と公権力」は、江南の経済都市蘇州に隣接する一地方都市常熟県における様々な業種の鋪戸の役に関する

「當官碑刻」を素材に明末清初の同業組織の実態を分析した。知県等の告示を刻んだこれらの碑刻からは、前章の南京の事例とは異なり、公権力に対して同業者の利益を擁護する動きが顕在化し、同業組織の結束が強化されつつあった事実を読み取ることができた。明代南京と明末清初期常熟との事例のあいだに見られる同業組織の内実の差異は、対象とした時期の貨幣経済・商品生産の進展の度合い、副都と一地方都市とのあいだの物料など行政的需要量の多少、都市スケールに応じた同業組織の規模、それぞれの時期の公権力の性格などの諸要因が想定される。とりわけ当該時期、徽州商人に代表される外来商人集団が進出定着する中で、公権力に対して同業者の利益を擁護する動きが顕在化し、同業組織の結束が強化されつつあったことを解明した。

 第三部「牙行と商税」では、鋪戸と客商とを仲介して都市の商業取引過程で重要な役割を果たした牙行について、国家の商税徴収との関わりの中で考察した。
 第8章「明代前期北京の官店塌房と商税」は、明代前半期、北京をめぐる商品流通において重要な役割を果たした官店塌房の運営を分析した。明初に国家の強い統制のもとに倉庫業務・仲買問屋業務・商税徴収の三者を包括した複合施設として設置された当該施設が、その後、賜与や私創などの手段を通じて外戚・功臣・宦官に代表される身分的特権者層により私有されるようになった。多くは塌房の所有のみに限られ、経営の実際の担い手とはなり得ず、それに寄生して利潤を収奪する存在であった。その一方で、複合施設としての官店塌房から倉庫・仲買問屋業務が次第に分離独立していった結果、官店は商税徴収施設としての性格を強めたことを明らかにした。
 第9章「明代後半期江南諸都市の商税改革と門攤銀」は、明代後半期の江南の諸都市において、商税銀納化に始まり人件費問題と絡んだ税課司局の削減・合併と続く一連の商税改革が行なわれ、銀納化した税額を鋪戸や牙行に対する門攤科派に改める「門攤課税銀」が成立するに至る経緯を明らかにした。従来、税課司局で客商や都市商人の双方から徴収されていた商税が、税課司局の削

減・合併傾向と門攤課税銀の成立により鋪戸や牙行など都市商人に対する課税としての性格を強めるとともに、これらの商税改革は徴税の合理化や市場支配などの点で都市商人層の利害とも合致するものであったことを指摘した。

第10章「明代の牙行について」は、商税との関係を中心に考察し、本来官府に代わる請負の形で始まったはずの牙行や鋪戸による商税徴収が、その後次第に彼らへの課税として性格を変えていく過程について考察を加えた。明代中期以降、地方的慣行として牙行による商税徴収請負や地方官庁による牙帖の頒給と納穀が普及したことや、かかる過程の背景には、この時期仲買問屋業として発展し富を蓄えていた牙行の営業自体に課税しようという動きが存在していたこと、とりわけ、鉱・税の害が続いた万暦後半期以降には、この動きがより顕在化したことを明らかにした。さらに明末に至ると営業税としての牙税も出現し、清代の牙行制度の原型がすでに見られることを指摘した。

第四部には、研究動向2篇と都市社会研究に関わる書評・紹介5篇を収録した。

附篇1は、1995年に日本の歴史学界で公刊された明清史に関する著作・論文を取り上げ、学界動向をまとめた。とくに、森正夫によって提唱された「地域社会論の現在」を扱っている。

附篇2は、1920年代以来、現在まで続いている明代の田土統計をめぐる論争を振り返ったうえで、この論争に一石を投じた中国の顧誠教授の衛所研究と疆域管理体制の二大系統論を紹介し、あわせて日本の明清社会経済史研究を再検討する作業を試みた。

附篇3は、書評と紹介5篇からなる。

第1節には、明清時代の科挙制度の社会史的分析により中国近世社会におけるエリート層の高い社会移動の事実を明らかにした何炳棣の訳書『科挙と近世中国社会』に対する書評を収めた。

第2節では、北京市社会科学院が〈北京史研究会〉の協力のもとに16年に及ぶ組織的準備作業をへて刊行した10巻本の『北京通史』を紹介した。

第3節は、2005年8月、10年ぶりに再訪した明中都鳳陽の都城遺跡の現況を報告したものである。
　第4節は、明代後期嘉靖年間に行われた通恵河改修工事に関する貴重な史料、呉仲撰『通恵河志』についての史料紹介である。
　第5節は、中国・日本や欧米の都市研究の成果をもとに、地方志等の史料を十分に駆使して数量分析を行った本格的市鎮研究である劉石吉の著書『明清時代江南市鎮研究』を紹介した。

　本来であれば、ここで各章の概要を踏まえてさらに明清時代の都市商業の特質や構造の概括へと進むべきであろう。しかし個々の論文で明らかにした論点は、史料的制約もあり北京や南京など都市の事例に止まっている。またその論点は前述したように30年来の日本や韓国、台湾、中国での研究進展の中で、すでに学説史の中に組み込まれている。とりわけ海外の学説史の整理では、台湾の邱澎生によるものが注目される。『十八、十九世紀蘇州城的新興工商業団体』（国立台湾大学出版委員会、1990年）の〈導言〉において、清末蘇州の工商業団体としての会館・公所の発展を分析するに先立ち、1860年代以来に欧米で開始された中国のguild研究、および日本や中国での諸研究の展開を広く目配りし簡潔かつ的確に整理するとともに、〈結語〉では1980年以降の中国大陸での代表的な研究の問題点を指摘しつつ自説をまとめており、極めて有益である。ただ惜しいことに、〈導言〉部分では日本の研究史については加藤繁の研究を中心とする1960年代までの紹介に止まっていた。その後、「由市廛律例演変看明清政府対市場法律規範」国立台湾大学歴史学系編『史学：伝承与変遷学術研討会論文集』（1998年）では、唐律・明律・清律中の戸律「市廛」の条文内容の分析から政府と市場との関係の変遷をあらためて考察した。そこでは、本書の第5、7、9、10章に収録した実証研究を取り込んで、8世紀唐末以降、「市制」が漸次解体して行く中で、明初に至り民間の商工業者を冊籍に編集する「編審行役制」が形成されていくこと、明末に及んで江南など商業の比較的発展した地区で「禁革行役」の政令が頻繁に出されるようになり、牙行に依存す

る清代の「官牙制」が確立するという仮説を大胆に提起している。その仮説の細部にわたる検証作業は、邱自身を始め後に続く者たちに残されている。

　著者の現在の関心は、博士論文としてまとめた前著『北京遷都の研究』以降、社会経済史から政治社会史へと移行した。また分析枠組みも〈都市〉から〈都城〉へと変わりつつある。ここにいう都城には、中国で言えば、国都（京師）を頂点にして、複数からなる陪都、さらには省城や府・州・県城に至るヒエラルキーの中に位置づけられた各地の行政都市を含めている。あえて鎮市を除いたのは、行政的機能の有無の事実を重視したからである。その空間は、字義が示すように〈城〉＝城壁によって囲われ、周囲と明瞭に区別される。分析枠組みとしての〈都市〉が近代に向かう世界史の普遍性から出発していたとすれば、〈都城〉は取りあえず東アジア地域を対象として、その共通性と差異性を比較検討しその淵源と展開を探ることから始めた。こうした都城研究としての共同研究の成果であるが、2014年2月に『近世東アジア比較都城史の諸相』（白帝社）を公刊した。併せて参照されることを希望する。

第一部　首都と人口・物流

第1章　近世中国における首都北京の成立

はじめに――首都としての北京

　中国では、紀元前221年、秦の始皇帝による皇帝制度の創出以来、辛亥革命により1912年に清朝の宣統帝が退位するに至るまで、王朝唯一の最高権力者の正式呼称として「皇帝」という称号が用いられた。皇帝が独占する権力の正統性は、宇宙の主宰者たる「天」と地上の人々の支持により保証されると考えられていた（天命思想）。その天の命を受ける場、人々の推戴を受ける舞台が都であり、都も本来唯一でなければならない。皇帝は城壁で囲まれた都の空間、すなわち「都城」に居住する。それゆえ、都城の歴史も皇帝制度とともに古い。さらに皇帝号が誕生する以前の王都も含めれば、都城の歴史は、東周の成周（現在の河南省洛陽市）や鎬京（現在の陝西省長安県西北）、さらには殷の殷墟（現在の河南省安陽市西北の小屯村）まで遡ることができるであろう。

　王朝交替をくり返してきた中国では、かつて都城が置かれていた古都の数も多い。明末清初を代表する考証学者の顧炎武は、『歴代宅京記』の中で、伝説上の帝王伏羲以来、元朝までの都として陪都（副都）もあわせて46ヶ所を挙げている。また現代中国の歴史地理学者の史念海によれば、独立した王朝や政権の政治的中心となった都城は217ヶ所にのぼるとされている[1]。

　かつて中国では、西安、洛陽、北京、南京、開封の「五大古都」、あるいは、これに杭州を加えた「六大古都」という言い方がされてきた。最近では、1988年の中国古都学会の提案をうけて、河南省の安陽を含めて「七大古都」と言われるようになった[2]。安陽からは、20世紀に入って、殷代後期の都市殷墟が発掘された。その王都としての早期性、王都が置かれていた期間が開封や杭州に比べて100年以上も長いこと、さらには、殷墟の東北20kmには五胡十六

国や北朝の都が置かれた鄴城(ぎょう)があることなどが選定された理由という。

　本章で、これらの数ある古都のなかでとくに北京を取り上げるのは、北京が13世紀後半、モンゴル＝元朝による大都城の建設以来、15世紀に明朝の都北京の成立をへて、現在の中華人民共和国の首都北京に至るまで直接つながっているからである。あらためて言うまでもなく、首都（Capital）とは、本来、近代国民国家において政治権力の中心としての中央政府が置かれた都市を指している。その意味からすれば、中国における首都の誕生は、辛亥革命により皇帝制度を廃止し中華民国が成立してから10年以上経過した1927年あたりまでくだることになろう。この時点で、南京国民政府は、孫文の遺志を継ぎ南京を正式に首都と規定し、「首都建設計画」に着手したからである[3]。

　たしかに、近代の国家は、それ以前の時代とは異なって政治権力の一元化を強力に推しすすめた点に特徴をもつ。したがって、一国の政治的中心も一元化され、首都が誕生した[4]。これに対し、皇帝への権力の一元化が早くから進められていた中国では、政治的諸機能も皇帝権力の正統性が保証される場としての王朝の都に一元化されており、すでに皇帝の住む都城空間が、近代以前から「首都性」を備えていたともいえる。もちろん、すべての機能が都城に一元化されていたのではなく、都の機能を補完する陪都の制度も存在した。例えば、唐朝の粛宗（在位756～62年）に始まり渤海、遼、金でも採用された五京制や元朝の両都制などである。しかし、中国社会の伝統である祭天儀礼や宗廟・社稷など施設の配置から判断して、それらの頂点にたつ首都を特定することは可能である。以上が、ここで近代国民国家の成立以前の時期を含めて、首都としての北京の歴史を考察する理由である。

1　東アジアの中の近世中国

　最初に、表題に用いた「近世中国」という場合の近世概念について触れておきたい。従来、中国史では、近世という概念は何よりも近代国民国家の成立を説明するための概念として用いられた。辛亥革命後の1914年、内藤湖南は、

『支那論』の中で宋代、すなわち10世紀以降をとくに「近世」と捉えた。『支那論』が、現実に進行しつつある中国での共和制の創出を理解すべく書かれたと同様に、そこで自覚的に初めて使われた近世概念も、中国の国民国家形成に至る歴史を説明するために用意されたもので、西欧近代との類比(アナロジー)を強く意識したものであった。

　第二次大戦後になって、列強に植民地化されていたアジア地域の民族独立と「社会主義国家」の成立という現実を前に、世界史の発展法則に基づいた時代区分論争が華々しく展開されるようになった。かつて内藤が近世ととらえた宋代以降の社会は、マルクス主義歴史学の影響を受けて、生産関係としての地主＝佃戸関係を重視する立場から、「中世封建制（農奴制）」の社会と位置づけられた（中世説）。これに対し、内藤の学問を継承した宮崎市定は、「東洋的近世(5)」の中で、統一、分裂、再統一という段階をたどったヨーロッパとの比較史的視点から、宋王朝の天下統一をもって東洋の近世段階に定位した（近世説）。「国民主義」(ナショナリズム)の勃興により近世的統一が達成されたとしていることから明らかなように、東アジア世界の近世を論じるというよりは、あくまで中国一国の発展を跡づけようとするものであった。このように、50年代から70年代にかけて中世説と近世説とのあいだで繰り広げられた時代区分論争において焦点となったのは、中国一国の発展段階をめぐってであった。鋭く対立した両学説ではあったが、双方がともに追求していたのは、国民国家としての中国の成立に至る諸段階を測るための「ものさし」であったと言えよう。

　その後、1980年代に入って、戦後歴史学のパラダイムが転換する中で、発展段階論に立つ歴史把握は大きく後退するとともに、中国社会の固有な構造を重視する立場から、ヨーロッパモデルを非ヨーロッパ社会に適用しようとする古代、中世、近代の三区分法的把握も、その意義を急速に喪失することになった。

　そして近年、近世概念は、一国史的な拘束から解き放たれて、あらためてユーラシア規模での一体化や東アジア世界における時代の共時性を示すものとして用いられるようになった。例えば、杉山正明は、「近世」とは明言していな

いものの、13・14世紀に人類史上で最大の版図を実現したモンゴルによる大統合に着目しながら、ユーラシアと北アフリカは「モンゴル時代」を通して、「中世」の残滓をふりはらい、「ポスト・モンゴル時代」とでもいうべき時期をへたうえで、「近代」へと徐々に移り変わったとした。いわゆる西欧の「大航海時代」も、あくまでモンゴル時代におけるゆるやかな一体化を前提にして興ったことを強調した(6)。

一方、岸本美緒は、一種の便宜的な方法にすぎないと断りながら、16世紀から18世紀までの間を指して、東アジアの「近世」と捉えた(7)。これは、日本史の近世やヨーロッパ史でいう近世（Early Modern）ともほぼ重なるという。それは、アジアの諸地域の国家体制や社会経済のあり方が、ヨーロッパと同じだからではなく、また「世界システム論」のように、異なる体制が一つの分業システムのなかにしっかりと統合されているという認識に基づくものでもなく、「さまざまな個性をもつ諸地域が相互に影響を与えあいながら、16世紀から18世紀というこの時代の激動のリズムを共有していたという認識に基づくもの」で、いわば、ゆるやかな共時性ともいうべき考え方である。

ここでは、後述する中国の都の東西移動から南北移動への変化に着目し、ややタイム・スパンを長くとって、13世紀以降から18世紀までを東アジアの近世と捉えたい。杉山がいう「モンゴル時代」と、岸本がいう「激動のリズム」を準備した「ポスト・モンゴル時代」におけるそれぞれの地域での独自の歩みや、その結果として生じた激動のありようにも注意を向けたいからである。これは、中世から近代への移行期を積極的に位置づけようとするシリーズ都市・建築・歴史5『近世都市の成立』（東京大学出版会、2005年）の「序」（伊藤毅執筆）の立場とも通底するであろう。近世は、中世でも、近代でもない。その固有の特徴として、統一化、集権化、商業化、世俗化などを挙げることができる。こうした東アジア世界における共時性のなかにおいてこそ、近世中国における首都成立の特質も浮かび上がるに違いない。

2　中国における都の移動——東西移動から南北移動へ

　中国は、一国とはいえヨーロッパ（約500万km^2、ただしロシアを除く）を遙かに上まわる960万km^{2}の領域をもつ。この領域に固有の中華文明（ここでは、黄河文明と長江文明をあわせていう）を形成し、四千年以上にわたってこれを持続してきた。もちろん、その間にはしばしば王朝の交替は行なわれたし、遊牧民を中心とする非漢族政権が成立したこともあった。しかし、絶えず漢族を中心に周辺の数多くの少数民族を内に包摂しつつ、その文明を維持してきたのは、世界史上、稀有の事例と言える。
　それでは、中華文明の脅威的な恒久的持続性の秘密はどこにあるのであろうか。子細に検討すると、その文明の中心も、実は発祥地の一つである黄河の中下流域、いわゆる「中原」に絶えず置かれ続けてきたわけではないことが判る。ヨーロッパ文明が、古典古代、中世から近代へとその中心を移動してきたように、中国においても、その政治的中心はしばしば移動していたのである。ただヨーロッパの場合は、近代を迎えると、国民国家としてそれぞれ独自に国家形成の道を歩んでいくのに対し、中国は近世以降、あくまでその統一を維持してきたという点に大きな違いがある。現在進められているヨーロッパ再統合の動きは、ある意味ではヨーロッパ近代のこうした国民国家形成の歴史が持っていた限界とその歴史性とを明らかにしつつあり、あらためて中華文明が持つ独自の存在価値を高めている。
　ただ、中華文明のうえに構築された中国社会も、農耕民としての漢族による均質な一元的社会からなっていたわけではなく、さまざまの民族の対立と融合によって多民族社会が形成されていた。中国史特有のダイナミックな歴史展開も、遊牧民に代表される周辺諸民族との衝突や融合の所産であった。
　たとえば、中国の歴代王朝の都や近代以降の首都を挙げると、秦の咸陽、前漢の長安、後漢の洛陽、三国時代の魏の洛陽・呉の建業・蜀（蜀漢）の成都、隋唐の長安、宋の開封、元の大都、明の南京と北京、清の北京、中華民国の南

表 1-1　中国の王朝交替と都の移動

都市名 (都城名)	西安 (咸陽) (長安)	洛陽	安陽 (鄴)	開封	南京 (建業) (建康)	杭州 (臨安)	北京 (中都) (大都)	その他
BC 1000	西周							
500		東周						
200	秦 前漢							
100								
0	新 → 後漢							
AD 100								
200		魏 西晋			呉			蜀(成都)
300	前趙 前秦		後趙 前燕		東晋 宋斉			前燕
400	後秦 西魏	←北魏	東魏 北斉		梁			
500	北周 隋 唐	隋←			陳			
600								
700	←→(武周)						(燕)	
800		→後梁 後唐	→後晋・後漢・後周	後梁 後晋・後漢・後周 北宋				遼(臨潢)
900								
1000								
1100				↓	→南宋	金	←金(会寧)	
1200				金←		→元↓		
1300					明←			
1400						→明		
1500						↓		
1600						清 ←清(瀋陽)		
1700								
1800					太平天国			
1900					中華民国			
2000							中華人民 共和国	

(注)　→は、王朝の継承関係や都の移動を示す
(出典)　妹尾達彦「中華の分裂と再生」(『岩波講座世界歴史』9 岩波書店、1999 年)、および史念海『中国古都和文化』(中華書局、1998 年) を参照して作成

京、中華人民共和国の北京と、代表的な都市を幾つも思い浮かべることができる。これらの都や首都の移動の軌跡は、殷周時代から五代北宋までの東西移動と、それ以後、現在にいたる南北移動という大きな十字形を描いている。これが、閻崇年のいう「東西南北大十字形遷移」モデルである[8]。この十字形をなす移動は、経済的重心（主要穀倉地帯）の東南部への移動と、北方民族の根拠地が西北地域から東北地域に移ったことが絡みあった結果である。また妹尾達彦が指摘するように、都の立地は、中国の内部要因のみならず、東アジア世界の空間的広がりとその歴史にも規定されている。逆に、決定された都の位置はそののち東アジア世界全体に大きな影響をあたえるという相互規定的な関係にもあった。

　前者の経済的重心の東移[9]についてより詳しくみると、3世紀以降、三国呉や南朝の時代から江南の開発が進み、唐代になると国家の財政にも大きな影響をあたえ始めた。都長安の穀物供給も、東南地方からの漕運に依存せざるをえなかった。しかし物資輸送は困難な問題をかかえており、結果として都自体の東方移動を引き起こした。

　10世紀以降になると、中国では、遼、金、元、清と相次いで非漢族政権が成立する。それらはすべてまず北中国に鼎を定め、天下に号令した。この結果、長安や洛陽は軍事的重要性を失って、都の南から北への移動が始まった。

　こうした東西移動と南北移動は、古代や中世と近世との両京制の差違にも端的に示されている。前者では、長安と洛陽に代表される東西型の両京であるのに対し、後者は、明代の北京と南京に代表されるように南北型の両京制に代わった。したがって、中国史上、古代や中世の都は主に長安に、近世以降は北京に置かれたと概括することができる。

　興味深いことに、両京の東西型から南北型への変化は、都城の平面プランにおける中軸線の東西軸（坐西向東）から南北軸（坐北向南）への移行とも対応している。楊寛によれば、都城の中軸線の変化は、前漢から後漢をへて隋唐期に至る時期に進行した[10]というから、両京配置の東西型から南北型への変化は、結果としてこれを追認したものとも言える。

都は、なによりも政治権力の中心である以上、その遷移にとって経済的ファクターよりも政治的ファクターが大きな意味をもつのは、洋の東西を問わない。とくに中国の場合には、政治的ファクターがより強く働いてきた。北京が1000年近く首都としての地位を保持しえたのも、北辺防衛に代表されるような政治、軍事的要因が大きく作用していた。誤解を恐れずにいえば、商業化の時代が始まる近世以降においても、中国史を貫く政治主義の太い糸を見いだすことができる。

以上のように、中国社会の経済発展と政治的展開がもたらした民族融合の必然的所産がこの「東西南北大十字形遷移」の軌跡である。こうした東西移動から南北移動という大きな変化の中にあって、おそらく終着点に位置するのが現在の首都北京なのである（表 1-1　中国王朝の交替と都の移動　参照）。

3　北京の成立——それぞれの遷都

近世中国における首都北京の歴史をふりかえると、金の海陵王による燕京遷都（1153年）、モンゴルのクビライによる中都遷都（1264年）、明の永楽帝の北京遷都（1421年）、清の順治帝の北京遷都（1644年）と、成立した王朝の数だけ現在の北京への遷都を数え上げることができる。遷都（みやこうつり）とは、宮殿を含む都城を新たな場所に移しかえることであるが、それのみにとどまらず、遷都を契機に、それぞれの政権が抱えていた諸課題の解決をはかろうとするものであった。

以下では、これまでの多くの研究成果をふまえながら、それぞれの遷都の経過をたどるとともに、個々の政権が直面していた諸課題を明らかにしたい。

（1）海陵王の燕京遷都——官僚制的集権システムの受容

10世紀唐末以降、長城外の北方民族が軍事的優位のもとに契丹族（キタイ）、女真族（ジュルチン）、モンゴル族が相次いで政権を樹立し、農耕地域と遊牧・狩猟地域との境界線上に近い現在の北京に都を移した結果、漢族政権は江南に追いやられた。こうし

て中国本土には、「第二次南北朝⁽¹¹⁾」ともいうべき南北分裂の政局が再現していた。

契丹族の遼は、五代後晋から「燕雲十六州」の地を獲得して多民族複合国家が出来上がると、938（会同元）年にその中心地幽州（現在の北京）を五京の一つ「南京」に昇格させた。南京城は、唐の節度使が置かれていた幽州城を踏襲したもので、周囲26餘里とされる。ただ遊牧パターンを強固に保持した契丹族が本拠としたのは、上京臨潢府（現在の内モンゴル自治区巴林左翼旗林東鎮）であった。南京幽都府は、のちに燕京析津府とも称されるが、新たに獲得した漢人居住地域の中心として外交的機能も付与されて、五京のうちでも経済的に最も繁栄していた。とはいえ、ここを遼朝の都と見なすことはできない⁽¹²⁾。

次いで女真族の金朝は、第4代の海陵王のときに、1153（貞元元）年二月、都を上京会寧府（現在の黒龍江省阿城県の南）から燕京に移し、「中都」と改めた。中都城は、周囲37餘里に拡張された。燕京遷都の理由としては、よく知られているように、第3代の熙宗のときに皇統の和議（1142年）が成立したことにより、淮水・大散関ラインをもって南宋と境を接し、金朝の領土が北中国の大半に及んだことが挙げられる。従来の上京のままでは、都があまりに北に偏りすぎてしまうというわけである。しかし、こうした都の空間的立地の問題だけならば、遼制にならって施行した五京制でもこと足りる。それにとどまらず燕京遷都を行ったのは、この時期の金朝が、「北アジア的な部族封建制」から中国的な君主独裁制へ移行する過渡期であったという政治史的背景が重要である⁽¹³⁾。1156（正隆元）年の中国的官僚制を導入した「正隆官制」とともに、農耕地域の北端に位置する燕京への遷都は、金朝が漢族社会で発達した官僚制的集権システムを受容することであった。

海陵王の遷都は、北京の歴史からみても、その後の元、明、清と続く都城時期の幕開けとなる重要な決定であった。とはいえ、1151年から建設が始まっていた宮城プランが、完全に北宋の東都開封（汴京）を模倣したものであったことに示されるように、金朝にとって燕京遷都は、漢族社会の模倣と受容にとどまった。

（２）クビライの中都遷都——中華世界の拡大

1260（中統元）年から4年に及んだ末弟アリク・ブケとのモンゴル帝国の帝位継承戦争が終息すると、チンギス・カンの孫にあたるクビライ（世祖）は、ユーラシアの遊牧地域と農耕地域の双方に基盤をもつ新型の国家建設に着手した[14]。その国家の基本構想とは、草原の軍事力、中華の経済力、さらにはムスリムの商業力というユーラシア史をつらぬく3つの歴史的伝統のうえに立ち、その三者を融合するものであったという。

まさにこの時期から、すでに、燕京—開平（現在の内モンゴル自治区正藍旗の東、ドロン・ノール地区）奠都という構想が出来上がっていた。1263年五月、まず開平府を上都に昇格させた。ついで、アリク・ブケが上都に投降してくると、翌年八月、燕京を「中都」と改め、至元と改元した。

当初は、金朝以来の中都旧城を改造しようとした。のちにこれを断念して、1266（至元三）年十二月に、中都城の北東郊外に新しい都カンバリク（カアンの都）の建設が計画された。この年は、結局実現を見なかったとはいえ統一クリルタイが予定されていたというから、この新しい都城の建設は、なによりもモンゴル世界に向けて計画されたものであったろう。この時点では、クビライ政権は、中国式の国号「大元」を名乗っていないし、南宋の併合（1276年）もまだ実現していない。カンバリクは、皇帝の都ではなくして文字どおりカアンの都であった。

建設の過程を見ると、1267年正月に新しい都城の城壁建設に着手するとともに、四月にはカアンのオルド（天幕群）を囲む宮城牆の設置に新たにとりかかり、翌年十月には完成している。1271年十一月に大元の国号が定められると、中国王朝に相応しい大内宮殿の建設が始まり、1273年に正殿と寝殿にあたる大明殿、延春閣が完成した。この間、1270年二月には中都を「大都」と改めている。1274年正月に、大内宮殿の完成にともない、クビライは、正殿に御して皇太子・諸王や百官の朝賀を受けている。大都の外郭城（羅城）は、遅れて1276年に完成している。さらに1293（至元三十）年、江南からの物資を大都城内の積水潭に運び入れる運河「通恵河」が開通して、大都はほぼ完成

した$^{(15)}$。

　大都の建設が急速に進められたあいだに、西北ユーラシアのジョチ家、中央アジアのチャガタイ家、西アジアのフレグ家も、それぞれ自立する態勢をととのえて、モンゴル帝国は、「多元複合の連邦国家」に変身した。東方のクビライの元朝政権は、遊牧地域のモンゴリアと農耕地域の中国本土との双方にまたがる国家に変身した。その両極性(ポラリテート)は、モンゴル草原に位置する上都（夏の都）と華北平原の北端に位置する大都（冬の都）とをカアン自らが移動する両都巡幸制に象徴的に示されている。

　またあらためて中国本土に注目すると、元朝の成立は、唐王朝滅亡以来300年以上にわたる南北分裂の続いていた中国に久しぶりに統一王朝が出現したことを意味する。とはいえ、元の世祖クビライによって領域的統一が成し遂げられ、90年あまりのモンゴル支配をへても、それまでの分裂時代の遺産はなおも温存されていた。それゆえ、南北に引き裂かれていた社会の統一という課題は、モンゴルの支配に終止符を打った明朝にあらためて引き継がれることになった。

（3）永楽帝の北京遷都──拡大した中華世界の継承

　三つ目の遷都は、明朝第3代皇帝の永楽帝による北京遷都である。現在の首都北京に対して南京に対となる意味で「北京」という名称があたえられたのは、まさに1403（永楽元）年正月、靖難の役に勝利して帝位を簒奪した永楽帝の決定によるものであった。これにより、南京応天府と北京順天府との両京体制が創始された。この後、永楽帝自身による3度の北京巡幸をへて、1421年正月に遷都が実現するまで、20年近い歳月が費やされた$^{(16)}$。

　その経過を見ると、まず1406年に四川や湖広地方から木材など宮殿建築資材の調達が始まった。1411年には黄河と衛河を結ぶ会通河の改修工事に着手して、後背地(ヒンターランド)に乏しい北京と経済的重心の江南を結ぶ大運河の整備が行われた。1413年自らの陵墓長陵の完成に続いて、1417年には宮殿の建設工事が本格的に始まった。1420年九月、宮殿完成を目前にして翌年正月元旦に真新しい宮

殿で朝賀の儀式を挙行することが提案され、これが決定した。

　北京遷都は、中央政府の機能はもちろん、あらゆるものをここに集中させ、明帝国の名実ともに首都としての地位を北京に約束するはずであった。しかし、事態は永楽帝の期待したとおりには進まなかった。というのは、朝賀の儀式から数ヶ月後の四月八日に、落雷によって完成したばかりの宮城の三殿が焼失したからである。落雷は、三殿の中でも最も重要な奉天殿を直撃したことから、当時の人々には「天譴（てんけん）」と受けとめられた。これを契機に北京建設をめぐる問題点が一挙に吹き出した。側近の官僚の中からも遷都反対論が公然と出され、新たに首都に定められた北京の地位は動揺し始めた。この動揺をふり払うかのように、永楽帝はモンゴル親征を1422年、23年、24年と連年強行して、かえって自らの死期を早めていった。

　永楽帝の死後、遷都から数えて4年後の1425（洪熙元）年三月、息子の洪熙帝は南京への「還都（かんと）」を決定した。北京の官庁には、再び「行在（あんざい）」という名称がつけられた。その後、この名称がはずされ北京が名実ともに首都としての不動の地位を獲得するのは、三殿が再建される16年後の1441（正統六）年十一月を待たねばならなかった。

　遷都の構想から実現まで20年という長い期間を要したから、永楽帝が遷都を行なおうとした意図については、それを構想した帝位簒奪直後の状況に即して考察しなければならない。この間に、南京を中心とした国内世論の動向、北辺のモンゴルの動静にも明瞭な変化が存在したと考えられるからである。例えば、一般に指摘される「北辺防衛の便宜」が直接の理由というのも、いささか検討を要する。モンゴル騎兵の軍事力を背景に靖難の役に勝利した永楽帝は、即位当初、モンゴルの脅威をそれほど認識していなかったふしがある[17]。北辺の配置されていた寧王の希望を受け入れて、江西の南昌に移封する一方で、大寧衛一帯を靖難の役に協力したタタールの兀良哈三衛（ウリヤンハイ）（朶顔＝古北口から山海関、泰寧＝広寧前屯衛の西から広寧鎮白雲山、福餘＝白雲山以北から開原）に委ねたのはその表れである。北辺防衛の重要性は、むしろ遷都に向けた動きが進む中であらためて強調されて、永楽帝によるモンゴル親征も実現したというべきで

ある。さらに明中期以降になると、北辺の脅威は現実のものとなった。

北京遷都という巨大プロジェクトを実現するためには、皇帝の個人的動機にとどまらない遷都の理念を提示することが必要であった。言い換えれば、同時代人に「共同幻想」をあたえなければならなかった。檀上寛は、これを「南人政権」から統一政権へという初期明朝政権の軌跡をもとに、北方遷都の理念を「真の統一王朝確立」に求めている(18)。ただし、洪武帝が遷都を模索していたのは洪武朝初期のことであり、南京以外に、

図1-1 明の中都（鳳陽）の午門　著者撮影

図1-2 明の中都（鳳陽）の宮城西側の城牆と護城河　著者撮影

具体的な行動を取ったのは、開封と鳳陽に対してであった(19)。開封の場合も、1368年八月に「北京」と命名されたことがあった。しかし、これは大都攻略など北伐のための前進基地として設定されたにすぎず、ほとんど新たな建設工事が行われた形跡はない。これに替わって、洪武帝朱元璋の郷里の鳳陽には、1369年九月から宮城の建設が始まり、1375年四月に突然の中止命令が出されるまで大規模な建設工事が続けられた。その広大な遺構の一部は、現在でも目にすることができる（図1-1, 1-2）。鳳陽は、「中都」と命名され、洪武帝がまさに南北統一の課題の実現を強く意識していたことを端的に示している。

洪武帝の死後、甥の建文帝（洪武帝の孫）と叔父の燕王（洪武帝の子、のちの永楽帝）との間で戦われた靖難の役は、いうまでもなく朱明王朝内部の皇位継承をめぐる争いであった。4年に及んだ戦闘は、燕王側が強く意識したように

「南北戦闘」(『明太宗実録』巻六九)として戦われたことから、役後にはあらためて南北の対立と経済的格差が顕在化した。このため、永楽帝は、治世の大半をかけて洪武帝とは逆に、漕運制度を中心とした国家的物流を梃子(てこ)にして北からの南北一体化を進めていくことになる。

　洪武政権が当初打ち立てた南京＝京師体制は、政治の中心と経済の重心との一致を特徴としていたのに対し、永楽遷都以後に完成する「北京システム」は、両者の分離に特徴をもつ。南北分裂を実質的に統一した明朝政権が、洪武・建文朝の過渡期をへて、永楽年間に自ら選択したこのシステムは、国家と社会の乖離を特徴とする中国近世社会の枠組みの完成を意味していた。

　また永楽帝の北京遷都は、洪武帝が強力にすすめた中国本土の南北統一にとどまらず、中華と夷狄を統合する「華夷一統」を実現することでもあった。「華夷一統」という表現自体は、すでに洪武帝の詔にも見えるが、農耕地域と遊牧・狩猟地域の境界線上に位置する境界都市北京への遷都は、かかる理念の実現に、より現実味をあたえたことであろう。モンゴル・元朝の時代に広がった中華世界の継承、華夷一統によって出来上がる世界は、宮崎市定のいう「東亜共同体[20]」とも言い換えることができよう。モンゴル親征のほかに、永楽年間に行われた鄭和の南海遠征、安南出兵、亦失哈(イシハ)のシベリア探検も、こうした拡大された中華世界の継承という理念の具体化を目指したものであった。もっとも、土木の変後、明朝の軍事力の弱体化が露呈し、モンゴルが優位に立つと、こうした理念は軌道修正を迫られ、漢族王朝として性格を強めていく。とはいえ、「華夷一統」の象徴性を賦与された北京の多民族都市としての遺産は、次の清朝にも受け継がれた。

（4）順治帝の北京遷都——多民族複合国家の首都

　1644（崇禎十七）年三月、「流賊」李自成軍が一気に北京城を陥れると、明の崇禎帝は自殺して明朝が滅んだ。これから40日あまり、明の降将呉三桂に率いられて山海関から入った清軍が北京に迫ると、李自成は新たな政治体制を打ち立てることもなく、紫禁城に火を放って北京を退去した。その2日後の五月

一日に、かわって清朝の摂政王ドルゴンが北京の紫禁城に入城した。翌日、焼け残った武英殿で明朝の降臣を召見して祝賀を受けた。

　清軍が北京を占領すると、盛京瀋陽から北京への遷都が問題として浮上した。六月十一日、ドルゴンは、諸王、貝勒、大臣らと謀って遷都を決定し、幼主フリン（世祖順治帝）を迎えるべく使者を派遣した[21]。その後、順治帝を盛京から北京に迎えると、十月一日に都を北京に定めることを正式に決定し、南郊に至り中華世界の皇帝への即位を天に告げるとともに、従来どおり大清の国号と順治紀元を用いることとした（『清世祖実録』巻九、順治元年十月乙卯朔の条）。告祭の儀式に明朝以来の天壇をそのまま使用していることから明らかなように、清朝による遷都というよりは、中華王朝とその皇帝位の継承が重視された。

　清朝が北京に都を遷したのは、いうまでもなく、中国本土の統一的支配が計画されていたからである。清朝の中国支配のレールは、前述したようにドルゴンによって敷かれた。彼の基本方針は、清朝は異民族政権ではあるものの、中国の正統王朝として明朝を継いだことを徹底させた。明は逆賊の李自成によって滅ぼされたのであり、清朝は道義に基づいてその李自成を伐ち、その結果として、後継の王朝となったという視点からすべての政策が立案された。

　しかしながら、このことは、単に明朝に代わって中国歴代の王朝の地位を占めたことを意味するだけではない。入関前の1635年、ホンタイジは内モンゴルのチャハル部を平定し、満洲族はもちろん、モンゴル族諸王や漢族武将の推戴を受けて、すでに大清皇帝に即位していた。またこの時期に、その清朝の主力となる八旗も整備され、八旗満洲、八旗蒙古、八旗漢軍からなる多民族共生集団として装いを新たにしていた[22]。この集団が、入関後には旗人として清朝の支配層を構成した。こうして形成されつつあった多民族複合国家の首都として北京が選択されたのである。それとともに、明代にすでに完成していた江南から北京への国家的物流システムをほぼそのまま踏襲した。

　その後、清朝は、満人（中国東北部）、漢人（中国本土）、藩部（モンゴル、チベット、ウイグル）の3領域を内に含む中華帝国に発展したために、北京以外にも中心地を置かざるを得なかった。一つは、ヌルハチが1625年以降、入関前

まで都とした盛京瀋陽である。ここには、六部のうち吏部を除いた五部を設け、満洲人の官吏を置いた(23)。これには満洲人の伝統と結束を維持する象徴的な意味が込められていた。もう一つが、承徳（熱河）である。長城外にある承徳の避暑山荘には、モンゴル族やチベット族、ウイグル族の王侯や、朝鮮や東南アジアの朝貢使節も定期的に訪れている(24)。モンゴル帝国によって拡大された内陸アジア世界の中心として、北京を補完する役割を果たした。清帝国は、まさにモンゴル帝国と明王朝の双方を継承しようとしたのであった。

社会の側からみると、前述したように明の永楽遷都によって国家と社会の乖離を特徴とする近世社会の枠組みがすでに出来上がっていたからこそ、漢族が圧倒的な割合を占める中国社会が、満洲人を中核とする多民族複合国家を、総体的にいえば、大きな混乱もなく受け入れることができたのであった。

以上、遷都に注目しながら、近世中国のマクロな政治史の展開をたどると、漢族を含めて周辺の諸民族がそれぞれの根拠地で政権を樹立し、その余勢を駆って現在の北京にまで駆け上り、そこに政治的中心を移す過程と言い換えることさえできるかもしれない。日本の戦国時代に各地の有力な武将たちが先を争って京都に上洛しようとしたのは、そこに自らの軍事的権力とは異なる権威、天皇が存在したからであった。それでは、近世中国の北京にはなにがあったのか。そこには、新たに獲られる権力や権威はなかった。というのは、遷都を行ったのは、すでにカアンや皇帝を称していた人物であり、権力と権威のいずれをもすでに手中に入れていたからである。もちろん、権力獲得に至る様々な経緯から、その基盤にまだ弱さを抱えていたケースもあったけれども。ただ、獲られたのは、そこに首都と置くことによって、中華と夷狄の両世界に広がった、拡大された中華世界に君臨できるという地政学的事実であった。

4　都城の改造——大都城から北京城へ

前節では、近世政治史の中で、それぞれ政権が遷都に至る経過と遷都によって解決しようとした諸課題をみてきた。ここでは、都城空間の変遷に注目しな

第1章　近世中国における首都北京の成立　29

がら、北京城の成立について考える。すでに先行研究で指摘されているように、北京の都城空間の変遷をたどると、大都城の都市プランが明清の北京城に継承されたものは多い。例えば、都城の中央に大きく占める太液池や積水潭などの水辺の空間、城内の格子状(グリッド)に切られた大街、さらには街路のなかの衚衕(フートン)と呼ばれる小路の配置などである。現在の北京も、こうした都城空間の歴史的伝統に強く規定されている[25]。しかしながら、ここでは明の北京城が元の大都城をそのまま継承せず、改造を施した部分に注目して考察を進めたい。

　明朝創設からそれほど経過していない1369（洪武二）年のこと、太祖洪武帝が建都の候補地について老臣たちに下問したことがあった。当然のことながら、歴代の都が置かれた西安、洛陽、開封の名が挙がった。ある臣下は、前の王朝である元朝の大都が置かれた北平を挙げ、宮室が完備しており民の労力を省くことができると勧めた。これに対して、洪武帝は元朝の宮室も「更作(かいぞう)無しで済ませられないから、これも容易ならぬぞ」と答えている（『明太祖実録』巻四五、洪武二年九月癸卯の条）。いくら元朝の宮殿がそのまま残っているとはいえ、漢族出身の朱元璋によって創設された明朝にとって、そのまま使えるものではなかった。

　モンゴルの中国支配に終止符を打ち、漢族王朝の再興を標榜する明朝にとって、「胡元」の都城であった大都カンバリクに都を移すというのは、かなりの拒否反応をともなうものであった。それでも、王朝創設当初であれば、前の王朝の都城をそのまま受け継ぐことによって、新たに成立したばかりの政権の正統性が保証されるメリットはあったかもしれない。

　しかし永楽帝が遷都を構想した永楽初年当時は、明朝成立から30年以上を経過しており、南京＝京師体制がほぼ固まっていた時点であったから、その困難は一層増大していたはずである。両京体制の創始（1403）から遷都（1421）までの約20年と、遷都直後の動揺と南京還都の決定（1425）から北京定都（1441）までの約20年、あわせて40年にわたる長い期間は、洪武帝の「祖法」としての南京＝京師体制の重大な変更であるとともに、モンゴル的な要素を色濃く残す大都を、明朝の国家と社会が受容していく過程でもあった。

30　第一部　首都と人口・物流

（1）向北から向南へ

　大都の平面プランは、一般に『周礼』考工記、匠人営国の条の「方九里、旁三門、国中九経九緯、経涂九軌、左祖右社、面朝後市」の記述に基づいて、都城設計の理想を忠実に再現したとされる。しかし大明殿や延春閣からなる宮城を蕭牆で囲む皇城の位置は、南に寄りすぎている。この点を、問題にした杉山正明[26]は、1260年から66年までの「燕京近郊」のクビライの冬営地を、カアンの私的な空間としてすっぽり囲い込んだのが大都皇城であり、その位置選定と設計にあたっては、瓊華島をも含めた太液池周辺全体の囲い込みが最優先されたこと、単なる高梁河水系の利用という自然条件からだけではなく、モンゴル王権からの要請こそが主因となって破格の大都皇城が誕生したと指摘した。これは、大都がモンゴルの組み立て式の移動行宮オルド（斡耳朶 0rudu）の配置に基づくという村田治郎の所説[27]をさらに進めて、大都の平面プランに見られるモンゴル的要素を強調したものである。そのうえで、大都は、クビライが代表するモンゴル的側面と儒・仏兼通の謀臣劉秉忠を代表とする中国の伝統的国都イメージ、さらに世界帝国の首都としての現実の要請が合体して誕生したものと結論づけた。

　また、元の大都の都城設計で注目すべき点は、都市プランの幾何学的中心点が設定されていたことである。この中心点は、そのものずばり「中心台」と呼ばれていた。『析津志輯佚』[28]古蹟には、「中心閣の西十五歩に在り。その台は方幅一畝、牆を以て繚繞す。正南に石碑有り、刻して『中心之台』と曰う。寔（まこと）に都中の東・南・西・北四方の中なり。原廟の前に在り」とある。中心台は、中心閣の西側約23ｍのところに広さ5.6ａの方形の台が設けられ、牆壁をめぐらした中には、正面南向きに石碑が建てられ、「中心之台」と刻まれていたという。ただし厳密にいうと、この場所は南北の城壁から等距離にあったが、東西の城壁からは等距離ではなく、やや東寄りにあった。むしろ、現在の旧鼓楼大街に位置していた斉政楼（元代の鼓楼）のほうがより平面プランの中心に近い。のちに中心台の東北方角に近接して建てられたのが、成宗テムル・カアンの祠廟が置かれた大天寿万寧寺である。これも中心台に隣接することか

ら、中心閣と呼ばれていた。

この周辺には、都庁にあたる大都路総管府、治安をになう警巡院、金融業務の宝鈔庫や倒鈔庫、時を告げる鼓楼や鐘楼など、大都の住民の都市生活に関わりの深い諸施設が林立していた。海子（積水潭）に沿って西北にのびる斜街は、大運河を通じて南方から運ばれる物資の船着き場であった。

注意すべきは、大都の中心台が王権の聖なる空間としての皇城とは別の場所に置かれていたことである。皇城の中心は、杉山正明が明らかにしたように、遷都当初は太液池内の瓊華島に置かれていた。瓊華島の山頂にある広寒殿は、接見や儀式の会場として使用されていた。1274（至元十一）年十月の宮城完成後は、当然のことながら、その会場は宮城内の大明殿に移ったことであろう。いずれにせよ、都城プラン全体の中心点と王権の空間である皇城の中心が一致していないことは、明の北京城に比較すると、都城プランとして統一性に欠けるところがあるのは否定できない。後述するように北京城の場合、都城の中心点の景山を南北に貫く中軸線上に、王権の空間である宮城や鼓楼・鐘楼が綺麗に並び、その延長上には、天壇までも並ぶことになるからである。

こうした点からみて、大都は、楊寛がすでに指摘しているように、宮城を南に置き北に向かう「坐南向北」の配置を形成しており、その配置は南宋の臨安杭州城と一致している[29]。しかしこれは臨安を模倣したというよりは、前述したように新たに建設された都城が設計当初、北方に広がるモンゴル世界を強く意識していたからであろう。もちろん、元が南宋を併合し中国王朝としての性格を強めるに伴ない、千歩廊など「向南」への軌道修正が図られて、最終的には（**図1-3**①）に掲げるような大都の都城空間が出来上がったと考えられる。

明代に入って大都城を接収すると、ただちに北部の城牆を縮小し、従来の城壁から南に5里（約2.5 km）のところに新たに城壁を築いた（『明太祖実録』巻三四、洪武元年八月丁丑の条）。これにより、大都城北側部分は城壁が二重構造になり防衛上の強化が図られた。永楽年間の北京遷都にむけた大改造では、1419（永楽十七）年十一月までに南城牆を南に1里半ほど拡張し[30]、「向南」をより強調した（『明太宗実録』巻二一八、永楽十七年十一月甲子の条）。さらに、モンゴ

32 第一部 首都と人口・物流

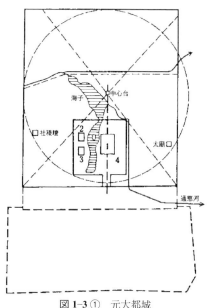

図1-3① 元大都城
1：宮城、2：興聖宮、3：隆福宮、4：蕭牆（のちの皇城）
(出典) 侯仁之「北京紫禁城在規劃設計上的継承与発展」(『国学研究』第1巻、1993年）を参照して作成

ル軍は北京城を数日間にわたって包囲した庚戌の変以後の1553年（嘉靖三十二年）に、内城の南側を包むかたちで外城が建設されて「坐北向南」の都城空間が完成する（『明世宗実録』巻四〇三、嘉靖三十二年十月辛丑の条）。

清代の北京城では、よく知られているように、北側の内城には支配層の旗人が、南側の外城には漢人という住み分けなされていた（『清世祖実録』巻四〇、順治五年八月辛亥の条）。欧米人は、このため外城をチャイニーズシティ、内城をタータルシティと呼んだ。これは、明代に完成した「坐北向南」という都城空間の秩序を、宮城配置にとどまらず住民の住み分けという社会生活レヴェルまで拡大したことを示している。

（2）中軸線の問題

もう一つ重要なのは、都城の中軸線の問題である。北京城の皇城が大都城のそれより東へ拡張していることについては、『明宣宗実録』や孫承澤の『春明夢餘録』巻六、宮闕などにも見える。しかし大都城の中軸線の位置については、二つの異なる考え方が対立していた。一つは、朱偰や王璞子（壁文）の説で、中軸線が現在の旧鼓楼大街から故宮内の武英殿附近にかけて存在したとする[31]。これに対し、侯仁之・徐苹芳らは、1960年代から70年代にかけて行われた中国科学院考古研究所と北京市文物管理処により編成された「元大都考古隊」の発掘調査の結果に基づき、元の大都城と明清北京城との中軸線には変

更がなく一致すると主張した(32)。

これは、「元大都考古隊」が紫禁城北側の地安門内以西の油漆作衚衕・米糧庫衚衕・恭儉衚衕から景山西門をへて瓊華島（現在の北海公園）対岸東側にある陟山門大街などの地点を実地調査したところ、元代の道路等の遺跡が全く存在していないことが明らかになったからである。これにより、大都の中軸線が旧鼓楼大街の南北線上にあるという可能性が否定された。結局、その後に発掘された景山寿皇殿前の夯土（版築部分）を元の宮城北門の厚載門遺址とし、同じく東西両牆基の残存部分（幅16m）を元の宮城の東西城牆と

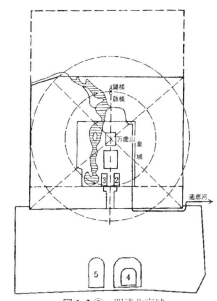

図 1-3② 明清北京城
1：宮城（紫禁城）、2：太廟、3：社稷壇、
4：天壇、5：山川壇（先農壇）
（出典）図1-3①に同じ

し、景山北麓の道路遺址（幅28m）を大都中軸線上の大道とする結論が下された(33)。現在では、この結論がほぼ通説となっている(34)。

しかしながら近年にいたり姜舜源が、大都の中軸線が現在の旧鼓楼大街と紫禁城内の武英殿附近にある断虹橋とを結ぶ線上にあったことをあらためて主張している(35)。

姜の新説を簡単に要約すれば、以前行われた地安門内から陟山門大街までの調査は、中軸線が旧鼓楼大街の南北線上に存在しないことを証明するにはなお不十分であると批判し、1970年代に調査した地点は、すべて元代の厚載門外にあった御苑内にあたり、道路遺址が出現しないのはむしろ当然とした。また元の鼓楼から海子橋に向かって伸びる中軸線の大街の西側には、海子が迫っていたとした。さらに、紫禁城の武英殿の東側にある断虹橋が元の宮城崇天門外の周橋であることを新たに指摘した。元の崇天門の位置は、現在の太和門と太

和殿の間にあったと推定されている。紫禁城内で最古の橋梁とされている断虹橋は、ほぼその延長上にある。橋の長さは 18.7 m で、現在の太和門外金水橋の 19.5 m にほぼ匹敵する。橋面の幅は、9.2 m、本来「周橋三虹」と言われ、三つの橋梁からなる石橋であったが、明の永楽年間に両側の二梁を截断したため、断虹橋と呼ばれるようになったと推定している。

　姜の新研究に依拠すれば、大都城の中軸線は、旧鼓楼大街と紫禁城内の断虹橋を南北に通る線上にあり、北京城の中軸線は、大都城の中軸線を東へ 150 m ほど移したことになる。今後、紫禁城内の断虹橋周辺の考古学的調査が待ち望まれる。

　さらに、前述したように大都の平面プランの中心点と皇城の中心とが一致していないことを考慮に入れれば、そもそも元の大都城に中軸線が設定されていたのかという問題も残されている。

　明清の北京城は、元の大都城の東西の城壁をそのまま利用しているものの、北城牆と南城牆をそれぞれ南に移動したため、前述した大都の平面プランの中心点に設定されていた中心台の意義は失われた。元の中心台に替わって新たに重視されたのが、北京城の中軸線上の中央に据えられた万歳山（現在の景山）であった[36]。万歳山は高さ 43 m、北京城内の最高地点である。永楽年間の北京営建にあたって、宮城を囲んで新たに設けられた護城河（筒子河）や旧来の太液池の南側を開鑿した南海の土砂を積み上げて造成した。

　北京城における中軸線の重視は、結果として皇城牆の東への拡張をもたらした。これには、おそらく皇帝の居住する紫禁城の尊厳性を高める意図もあったであろう。前述したように瓊華島をもふくめた太液池周辺全体の囲い込みが最優先された大都蕭牆内は、明清の皇城内のように奉天・華蓋・謹身の三殿と乾清・坤寧二宮を中心に構成されているわけではなかった。太液池を挟んで、東西にカアンの宮殿と皇太子の宮殿隆福宮が対になって配置されていた。この点について、建設されたばかりの大都を訪れたマルコ・ポーロも『東方見聞録』の中で、「引き続いて申し述べたいことは、カーンがその宮殿の近くに、細部に至るまで全く同じ造りの宮殿をもう一つ造営せしめたことである。だから宮

殿の大きさも瓜二つなら圍繞する牆壁も上記したと全く同じ具合に造らしめた⁽³⁷⁾」と説明している。なお、その後1309（至大二）年に皇太后の宮殿として興聖宮が建設されると、瓊華島（万寿山）の広寒殿と遼・金以来の儀天殿を中心にして、三つの宮殿が鼎立する形になった。

　中軸線が重視されたことにより、宮城東側の宮城牆と皇城牆との距離の狭さが問題となった。皇城東安門外を流れる通恵河沿いには、官吏や軍民・工匠の人家や商店が数多く並んでおり、その喧噪の声が宮城内まで達していたからである。このため、1432（宣徳七）年には、皇城牆を通恵河の東岸に移築し、川沿いの人家を皇城西側の空き地に移転させている（『明宣宗実録』巻九一、宣徳七年六月甲辰、同書巻九四、八月己亥の条）。皇城拡張の結果として、通恵河の一部の区間（玉河）が皇城内に組み込まれることになった（図1-4）。漕運糧を積み込んだ剝船が皇城内を通過するのは、治安上問題ではあったが、明朝前期には通恵河はほとんど漕運の機能を維持していなかったこと⁽³⁸⁾もあって、その当時はあまり問題とされなかったらしい。結局、元代に船着き場として利用されていた海子の役割や城内を通って海子まで結ぶ運河としての通恵河の機能も、全く放棄されてしまったのである。

　こうした中軸線の東移傾向の背景を考えるうえで、大都の皇城はモンゴルの西を尊ぶ習慣が反映して西側に自分たちの好みの庭園を配置し、東側にはモンゴル的ではない「漢」的礼制による建築を配したという、福田の指摘は重要である⁽³⁹⁾。

　以上、北京城の「坐北南向」の完成と中軸線の重視は、モンゴル的色彩をまだ色濃く残していたカアンの都から伝統的中華王朝の京師にふさわしい都城への改造が含意されていた。大都城から北京城への改造については、ほかにも祭祀施設としての天地壇設置など論ずべき問題が数多く残されている。

結びにかえて——東アジア世界の中心としての北京

　最後に、以上のような歴史をへて15世紀に成立した首都北京が当時の近世

36　第一部　首都と人口・物流

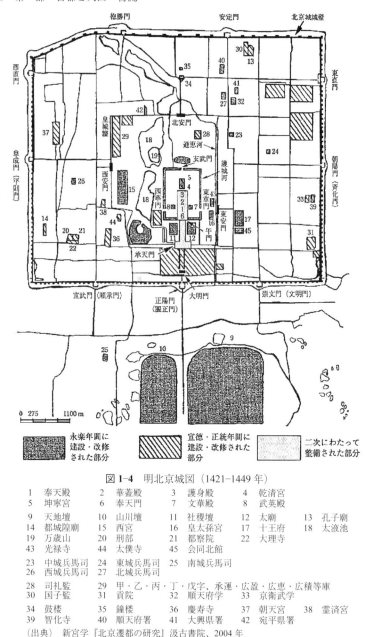

図 1-4　明北京城図（1421-1449 年）

1	奉天殿	2	華蓋殿	3	謹身殿	4	乾清宮
5	坤寧宮	6	奉天門	7	文華殿	8	武英殿
9	天地壇	10	山川壇	11	社稷壇	12	太廟	13	孔子廟
14	都城隍廟	15	西宮	16	皇太孫宮	17	十王府	18	太液池
19	万歳山	20	刑部	21	都察院	22	大理寺
43	光禄寺	44	太僕寺	45	会同北館
23	中城兵馬司	24	東城兵馬司	25	南城兵馬司
26	西城兵馬司	27	北城兵馬司
28	司礼監	29	甲・乙・丙・丁・戊字・承運・広盈・広恵・広積等庫
30	国子監	31	貢院	32	順天府学	33	京衛武学
34	鼓楼	35	鐘楼	36	慶寿寺	37	朝天宮	38	霊済宮
39	智化寺	40	順天府署	41	大興県署	42	宛平県署

（出典）新宮学『北京遷都の研究』汲古書院、2004 年

東アジア世界の中でいかなる位置を占めていたかを、わが国から遣明船の副使として北京を訪れた五山僧の策彦周良の著述を手がかりに考えてみたい。

　永楽帝は、靖難の役により帝位簒奪したという経緯から、みずからの政権の正統性を強化すべく即位当初より外国の首長に朝貢と臣礼を求めた。一方、南北朝の合一を果たした日本の室町将軍足利義満は、洪武年間以来明朝による国際的認知を受けることを模索していた。永楽帝即位直後の1404年に、正式に「日本国王」に冊封され、その政権基盤を固めるとともに定期的な朝貢を許されて日明貿易による利益を獲得した(40)。しかし足利政権の弱体化に伴ない、15世紀後半になると貿易の主導権は、大内や細川など有力守護大名の手に移っていた。

　1538（日本・天文七）年、大内氏によって派遣された遣明船の副使に選ばれたのが、策彦周良であった。彼らの一行は、翌年（明・嘉靖十八）四月寧波に上陸、江南運河沿いの都市杭州や蘇州をへて揚子江を渡り、揚州・淮安・臨清と大運河を北上して、通州張家湾から陸路で北京に向かっている。三月二日、北京城の東南にある崇文門をくぐって、玉河館（会同南館）に着いた。従来、日本から朝貢使節は、会同館に宿泊することになっていた。1523年の寧波事件以後、久しく日本からの朝貢が行われなかったために荒れ果てており、修理するあいだ玉河館に一時滞在することになったのであった。玉河館には、朝鮮や琉球、それに韃靼の使節も滞在していた。翌々日に韃靼人の館の前を通り、彼らが笳を吹き手拍子を打つのを見ては、後漢の蔡琰の作といわれる楽府「胡笳十八拍」の意味を理解したり、舞を按うのを見ては、これがかの有名な安禄山の「胡旋舞」のことか、などと『初渡集』に書き留めている。

　策彦らが北京でたまたま一緒になった朝鮮や琉球、韃靼は、いずれもその当時明朝と緊密な朝貢関係を結んでいた。

　朝鮮王朝の太祖李成桂が、高麗にかわって政権を掌握し、南京の洪武帝のもとに使節を送ったのは、1392年のことであった。このとき、新しい国号として「朝鮮」と「和寧」のうち、いずれにすべきかという伺いをたて、洪武帝の裁定によって「朝鮮」と決まった。永楽以後、朝鮮半島に近い北京が都に定ま

ると、両国の関係は一層緊密なものとなり、朝鮮からは、毎年3度（皇帝・皇太子の誕生日と元旦）に祝賀の使節が派遣されるようになった。冊封体制下、朱子学を中心とした中国文化を積極的に受容した朝鮮は、明朝の元号を用い続けた。15世紀末には、宮廷内の熾烈な論議をへて朝鮮自らが天を祭る圜丘壇が廃止された。これは、中国皇帝の権威によって政治権力の正統性を保証された朝鮮国王の王都漢城に対して、権威の都としての帝都北京が存在するという構図が出来上がったことを意味している(41)。

　琉球王朝からは、中山王察度が1372年に初めて明朝に入貢して以来、ほぼ1年に1度の頻度で朝貢した。洪武年間の琉球は、中山と山南、山北の三山グスク（城塞）がそれぞれ明と朝貢関係を結んでいた。察度の没後、息子武寧の要請に応じて、永楽帝は1404年に武寧を「琉球国中山王」に封じている。その後、中山王尚巴志による統一事業が完了した1429（宣徳四）年には、外交権も中山王に一元化された。琉球も、朝貢国の義務として対中国の公式文書には中国元号を用いていた。そもそも、「琉球国」という国号自体も、1372年に洪武帝が中山王察度に明への入貢を促した詔書の中で最初に使われたものであった(42)。以来、琉球は明朝の保護を受けながら海上王国として、東アジア世界の海上貿易で活躍した。

　韃靼は、モンゴルのチンギス・カンの末裔である。元の順帝トゴン・テムルは明初に大都から内モンゴルの応昌に逃れていたが、1388年にはその血統も途絶え、クビライ以来の元朝は消滅した。その後、モンゴルの中では、西北の瓦剌の三部族長が1408年にいちはやく朝貢し、それぞれ王に封じられた。やがてエセンが出て実権をにぎり、瓦剌によるモンゴル支配が続いた。永楽帝の親征が行われた1412年を除いて、土木の変に至るまで、ほぼ毎年1000人規模の朝貢使節を中国に送ってきた。正統帝がモンゴル兵に連れ去られ捕虜となった土木の変も、朝貢貿易の制限という経済問題がその一因であった。エセンが部下に殺されると、モンゴルは分裂したが、タタール部からチンギス・カンの血統をつぐダヤンがでて、モンゴルを統一した。韃靼とはこのタタールのことである。ダヤンは、1498（弘治十一）年以降、明に朝貢使節を送っている。そ

の後、孫のアルタンの時代を迎えると、北辺への侵攻をくり返し、倭寇の侵攻とともに「北虜・南倭」と恐れられた。

さて、策彦ら日本からの一行は、三月十八日早朝には玉河の東南にある会同館で茶飯のもてなしを受けている。館内には、「万国来同」の四文字の横額が掲げられていた。おそらくこの北京滞在中のことであろう、策彦は次のような七言絶句を作っている。

　　　会同館
　　四海九州より会同（館）に来たる
　　土宜献納は各おの功を旌（あらわ）す
　　吾何ぞ轍（わだち）もて天下に行くを求めんや
　　今日親しく率土（そっと）の雄に逢えり（『謙齋南遊集』）

タイトルには、「北京順天府内に在る館である。万邦の正貢はここに聚まる」という注記がなされている。

前述したように、永楽帝の北京遷都は、中国本土の南北一体化にとどまらず、中華と夷狄を統合する「華夷一統」の実現をめざすものであり、モンゴル・元朝時代に格段に広がった中華世界を継承しようとするものであった。しかし永楽帝によるモンゴル親征の結末から明らかなように、その華夷一統の実現は容易ではなかった。また16世紀に北京を訪れた策彦も、そこで、朝鮮・琉球・韃靼の使節と一緒になったとはいえ、会同館でそれぞれの国の使節と自由に「ロビー外交」を展開できたわけではない。とはいえ、策彦が詠ったように首都北京にある会同館は、四海九州から聚まってきた率土（天下）の雄に逢える場であり、明朝の冊封体制によって出来上がっていた中華世界の広がりを実感できる空間であった。明朝の冊封体制のもとで、北京はまさに東アジア世界の中心として機能していたのである。

策彦の北京滞在から半世紀あまりののち、豊臣秀吉が文禄・慶長の役（中国では万暦朝鮮の役、韓国では壬辰（イムジン）・丁酉倭乱（チョンユウエラン）という）を起こした。文禄の役でたちまち漢城（ソウル）・平壌（ピョンヤン）を攻略するという緒戦の勝利に気をよくした秀吉は、1592（文禄元）年五月十八日に明朝征服後のプランをまとめ、関白秀次宛に朱印状を出

している。その内容は、①年内に秀吉の北京進駐、②翌年に大唐関白の秀次への引き渡し、③後陽成天皇の北京移居、④北京周辺10ヶ国の内裏御料所進上と公家・大名への知行分与、⑤秀吉の寧波駐在、などからなっていた(『尊経閣文庫所蔵文書』)。これは日本国の北京遷都計画ともいうべきもので、あまりに突飛な内容に驚かざるをえない。秀吉の周囲にはすでにヨーロッパ人の宣教師たちがおり、新しい地理的知識にも接していたはずである。それにもかかわらず、天皇を北京に、自らは寧波にという秀吉が描いたプランは、その当時の北京を中心とする明朝の冊封体制の枠組みから一歩も出ておらず、その焼き直しに過ぎなかった。こうした秀吉の認識からも、16世紀末においても東アジア世界の中心に位置していた近世中国の首都北京の重要性をあらためて見い出すことができる。

註

（1）　史念海『中国古都和文化』中華書局、1998年。
（2）　陳橋驛主編『中国七大古都』中国青年出版社、1991年、妹尾達彦『長安の都市計画』講談社、2001年。
（3）　蔣順興・孫宅巍主編『民国大遷都』江蘇人民出版社、1997年。
（4）　首都概念については、都市史研究会編『年報都市史研究』7号、1999年が「首都性」と題して特集を組んでおり、参考になった。
（5）　宮崎市定「東洋的近世」『宮崎市定全集』2巻、岩波書店、1992年。初出1950年。
（6）　杉山正明「中央ユーラシアの歴史構図——世界史をつないだもの——」岩波講座『世界歴史』11巻、岩波書店、1997年。
（7）　岸本美緒『東アジアの「近世」』山川出版社、1998年。同「時代区分論」『岩波講座世界歴史』1巻、岩波書店、1998年。
（8）　中国古都学会編『中国古都研究』2輯、浙江人民出版社、1986年。のちに閻崇年『燕歩集』北京燕山出版社、1989年に「中国都城遷移的大十字趨勢」として収録。妹尾達彦「中華の分裂と再生」『岩波講座世界歴史』9巻、岩波書店、1999年。
（9）　桑原隲蔵「歴史上よりみたる南北支那」『桑原隲蔵全集』2巻、岩波書店、

1968 年。初出 1925 年。
(10) 楊寬『中国古代都城制度史研究』上海古籍出版社、1993 年。
(11) 愛宕松男『アジアの征服王朝』河出書房新社、1969 年。愛宕松男・寺田隆信『中国の歴史』第 6 巻〈元・明〉講談社、1974 年。愛宕は、前者では 12 世紀の東アジア、すなわち淮水を国境とする宋・金 100 年の対立を「第二次南北朝」としてとらえていたが、後者では 10 世紀以来のキタイと中国の五代・宋の対立にも、敷衍して用いている。
(12) 註 (10) 前掲の楊寬著書。河上洋「遼の五京の外交的機能」『東洋史研究』52 巻 2 号、1993 年。
(13) 田村實造「海陵王の燕京遷都に関する一考察」『中国征服王朝の研究』中、同朋舎、1971 年。
(14) 杉山正明「クビライと大都」『中国近世の都市と文化』京都大学人文科学研究所、1984 年、のちに同『モンゴル帝国と大元ウルス』京都大学学術出版会、2004 年に収録。同『大モンゴルの世界――陸と海の巨大帝国』角川書店、1992 年、同『クビライの挑戦――モンゴル海上帝国への道』朝日新聞社、1995 年。
(15) 陳高華『元の大都――マルコ・ポーロ時代の北京』佐竹靖彦訳、中央公論社、1984 年。および註 (14) 前掲の杉山論文「クビライと大都」。
(16) 新宮学「南京還都――永楽一九年四月三殿焼失の波紋――」『明清時代の法と社会』汲古書院、1993 年。同「洪熙から宣徳へ――北京定都への道――」『中国史学』第 3 巻、1993 年。のちに、同『北京遷都の研究―近世中国の首都移転』汲古書院、2004 年に収録。
(17) 毛佩琦・李焯然『明成祖史論』民族篇、五、遷都論、207 頁、文津出版、1995 年。
(18) 檀上寬『明朝専制支配の史的構造』汲古書院、1995 年。
(19) 松本隆晴「明代中都建設始末」『東方学』67 輯、1984 年、王剣英『明中都』中華書局、1992 年。このほかに西安も、洪武初年の建都論議の中で候補地のひとつとして挙げられたことがあった。新宮学「初期明朝政権における建都問題――洪武二十四年皇太子陝西派遣をめぐって――」『東方学』94 輯、1997 年。のちに、註 (16) 前掲の同『北京遷都の研究―近世中国の首都移転』に収録。
(20) 宮崎市定「洪武から永楽へ――初期明朝政権の性格――」『宮崎市定全集』13 巻、岩波書店、1992 年。初出 1969 年。

(21) 『清史編年』一巻、順治元年六月丁卯の条、中国人民大学出版社、1985 年。谷井陽子「清朝漢地征服考」『明末清初の社会と文化』京都大学人文科学研究所、1996 年。

(22) 石橋崇雄『大清帝国』講談社、2000 年。

(23) 鄭天挺「明清的"両京"」『探微集』中華書局、1980 年。

(24) 岩井茂樹「乾隆期の大蒙古包宴」河内良弘編『清朝治下の民族問題と国際関係』研究成果報告書、1991 年。片岡一忠『清朝新疆統治研究』雄山閣、1991 年。

(25) 陣内秀信・朱炫自・高村雅彦編『北京——都市空間を読む』鹿島出版会、1998 年。

(26) 註（14）の前掲の杉山論文「クビライと大都」。

(27) 村田治郎「元・大都における平面図型の問題」『中国の帝都』綜芸舎、1981 年。

(28) 熊夢祥・北京図書館善本組輯、北京古籍出版社、1983 年。

(29) 註（10）前掲の楊寛書 467 頁。

(30) 註（10）前掲の楊寛書 528 頁。

(31) 朱偰『元大都宮殿図考』上海商務印書館、1936 年。のちに北京古籍出版社より 1990 年に再版。王璞子「元都城平面規劃述略」『故宮博物院院刊』2 巻、1960 年。

(32) 中国科学院考古研究所・北京市文物管理処・元大都考古隊「元大都的勘察和発掘」『考古』1972 年 1 期。徐苹芳「古代北京城的城市規劃」『環境變遷研究』第 1 輯、海洋出版社、1984 年、のちに同『中国歴史考古学論叢』允晨文化実業股份有限公司、1995 年に収録。侯仁之・鄧輝『北京城的起源与変遷』北京燕山出版社、1997 年。

(33) 単士元「北京明清故宮藍図」『科技史文集』5、上海科技出版社、1980 年。

(34) 北京文物研究所編『北京考古四十年』第 3 章、元代、北京燕山出版社、1990 年。傅熹年「元大都大内宮殿的復原研究」『考古学報』1993 年 1 期。張寧「関于北京城伝統中軸線的歴史考察」『中国古都研究』13 輯、山西人民出版社、1998 年。田中淡「元代の都市と建築」『世界美術大全集』東洋編、7 巻、小学館、1999 年など。

(35) 姜舜源「故宮断虹橋為元代周橋考——兼論元大都中軸線」『故宮博物院院刊』1990 年 4 期。

(36) 侯仁之「北京紫禁城在規劃設計上的継承与発展」『国学研究』第 1 巻、1993 年、

第1章　近世中国における首都北京の成立　43

のちに『侯仁之文集』北京大学出版社、1998年に収録。
(37)　愛宕松男訳注『東方見聞録』1、平凡社、1970年、206頁。
(38)　新宮学「通州・北京間の物流と在地社会──嘉靖年間の通恵河改修問題をてがかりに──」山本英史編『伝統中国の地域像』慶應義塾大学出版会、2000年、本書第3章に収録。
(39)　福田美穂「元大都の皇城に見る『モンゴル』的要素の発現」『仏教芸術』272、2004年。
(40)　今谷明『室町の王権──足利義満の王権簒奪計画』中央公論社、1990年。檀上寛『永楽帝──中華「世界システム」への夢』講談社、1997年。
(41)　吉田光男「朝鮮近世の王都と帝都」、註（4）前掲書所収。
(42)　高良倉吉『琉球王国』岩波書店、1993年。

〔補記〕
　本章の初出は、シリーズ都市・建築・歴史5『近世都市の成立』（東京大学出版会、2005年9月）に収録された。
　博士論文『北京遷都の研究』をちょうどまとめていた時期に、編者伊藤毅氏の依頼により〈シリーズ都市・建築・歴史〉の第5巻に収録する論考として執筆した。博論を執筆する過程で取り組んだ実証的作業とは別に、近世中国において「首都」としてすでに成立した北京を選択する過程を、遼・金以来、明・清期に至る長いスパンの中で辿り、大都城から北京城に至る都城プラン改変を跡づけることで、近世東アジア世界における首都北京の位置づけをめぐる思索を深める貴重な機会となった。本章註（4）でも触れたように、都市史研究会が1998年に「首都性」というタイトルのもとに行ったシンポジウムの報告集（都市史研究会編『年報都市史研究』7号）から多くの示唆を受けた。そこでは「首都性」が分析概念として用意され、「伝統都市における首都性の再検討」という問題関心のもとに近代に固有の「首都」の存在を前提にして、日本の近世都市さらには古代・中世の都市（都城）を取り上げて考察を加えていた。
　なお、拙著『北京遷都の研究』が韓国の仕大熙・全束淳両氏の手で韓国語に全訳され、ソウルの書景出版社から2016年2月に出版された際に、本論も韓国語に翻訳されて巻末に附論として収録された。附論として収録するアイディアは任教授の発案によるものである。

本論発表以後の関連する研究を紹介する。先ず、中国における都や首都の移動の軌跡が殷周時代から五代北宋までの東西移動と、それ以後、現在に至るまでの南北移動に特徴づけられる点については、周振鶴「東西徘徊与南北往復——中国歴史上五大都城定位的政治地理因素」『華東師範学報』〈哲学社会科学版〉2009年1期がある。著者の研究をも参照しつつ、背後の政治地理的要素と関連づけて詳細に論じている。所謂「形勢」を建都に際しての極めて重要な要素と捉えて、伝統中国における文化的要義の一つとする指摘の重要性はあらためて言うまでもない。

次に、北京の南北中軸線をめぐる問題は、歴史地理のみならす現代北京の改造プランとも密接に関わっている重要な問題である。21世紀に入り、とりわけ2008年の北京オリンピック開催を契機とした都市改造の過程で強調された中軸線については、北京市規劃委員会主編の『北京中軸線城市設計』（機械工業出版社、2005年）に詳しい。

侯仁之『北京城的生命印記』（生活・読書・新知三聯書店、2009年）に収録する同「従北京城市規劃南北中軸線的延長看來自民間的"南頂"和"北頂"」（『城市発展研究』1995年第1期原載）は、従来旧内城・外城の範囲内で論じられてきた南北中軸線を、北方にさらに4,500mの「北頂村」、南方にさらに4,000mの「南頂村」にまで延長できることを指摘している。南頂村は、南苑の北紅門外にあった碧霞元君廟を土地の人々が「南頂」と呼んでいたことに由来する（『日下旧聞考』巻90、郊坰、1523頁）。北頂村も「21世紀首都新風貌」を体現した建築群の中にあり、「北頂」と呼ばれた碧霞元君廟に由来する（同書巻107、郊坰、1775頁）。侯によれば、南北2頂の碧霞元君廟が建設されるのは北京城の中軸線が真南に天壇と先農壇まで延長された時期以降のこととし、早くても明朝永楽十八年（1420）を遡らないと推定した。つまり、元朝の大都城の段階では京城全体を貫く中軸線の存在がそれほど明確化していなかったことを窺わせる。本論で取り上げた元の大都城から明清の北京城へと改変される過程における中軸線東移という問題の鍵は、大都城内の中軸線の位置如何に係っている。

大都の中軸線を確定するうえで、皇城正門にあたる崇天門外の周橋の位置は重要である。紫禁城の太和門と武英殿のあいだに位置する漢白玉石製の断虹橋を元大都城の周橋と解する姜舜源の所説は、その意味で注目すべきものであり、本論の中で詳しく紹介した。

姜は「論北京元明清三朝宮殿的継承与発展」『故宮博物院院刊』1992年3期の中で、秦漢時代にまで遡る「中央子午線」の概念が強化される過程に触れつつ、元明清三朝

における皇宮の中軸線が京城の中央子午線と重なり合う点にその特徴を見出している。元大都の都城プランにおける中央子午線を現在の故宮内の断虹橋から北向して旧鼓楼大街に至る直線としたうえで、明代に至りこの中央子午線が東移する理由として、護城河の開削という建設上の実際的必要に加えて、一定の理念上の意義を指摘しているのは興味深い。それは、東移することですでに尽きた元代の地気を避けるというものである。ほかにも、陰陽五行説で東方は青龍の位置、西方は白虎の位置にあたる、青龍は「生」を、白虎は「殺」を主どることから、中央子午線を東移することは前代の中央子午線を白虎の位置に置くことを意味したという解釈を提示している。

　こうした姜の所説に対し中国国内では賛意を示す者がすぐには現れなかったが、2008年に至りようやく登場した。王銘珍「話説故宮断虹橋」『百科知識』2008年23期である。専家の考証とするだけでその名を伏せているが、ほんらい3虹（座）からなる周橋の2虹を截去して1虹を留めたから「断虹橋」と呼ばれたという説明は、明らかに姜説をもとにしている。張立宇「北京の都城構造における中軸の歴史地理的考察」『史泉』121号、2015年は、2004年以来中国で盛んに議論されるようになった北京の中軸線の西方へ約2.1度の偏り（N2.1W）をめぐる諸問題を詳しく紹介しており有益であるが、惜しいことに中軸線の変遷と密接に関わる姜説については全く触れるところがない。付け加えれば、西洋の近代的製図法で作成されるようになった清代から1990年に至る代表的な北京図に描かれた中軸線の偏りの正確さは、その製図年代と製図の精密さには関係ないという張の推定も重要で、中華世界で生まれた南北中軸線がきわめて観念の産物であったことを示している。郭超『北京中軸線変遷研究』学苑出版社、2012年は、北京宮城の中軸線について隋の臨朔宮まで遡って考察している。

　故宮博物院では、2013年10月に考古研究所が設置された。90年に及ぶ故宮博物院の歴史において考古研究の学術機構が設けられたのは初めてであり、画期的なことである。紫禁城内では、すでに①東城墻墻基、②南大庫遺址、③慈寧花園東排水系統の考古発掘が国家の批准を獲て進められているという（李季「故宮博物院与考古学」『故宮博物院院館』2015年5期参照）。今後、緊急調査などによる断虹橋周辺での考古調査の成果公表が期待される。

　さらに、『周礼』考工記の「面朝後市」に則ったと説明されることの多い大都の平面プランについても、包慕萍「十三世紀中国大陸における都城構造の転換——カラコラムから元の大都へ——」国立歴史民俗博物館・玉井哲雄編『アジアからみる日本都

市史』山川出版社、2013年所収は、遊牧地域のオルドバリクやカラコラムの発掘調査の進展をもとに、遊牧社会における都城の中心部に市場を設ける空間構成の原則に従ったに過ぎないとするなど新たな視点を提示している。渡辺健哉「金の中都から元の大都へ」『中国──社会と文化』27号、2012年は、金中都から連続して大都の形成過程を辿ることで、金の旧城（南城）の存在が大都の開発の方向性を規制し、南から北へ進んだと見通している。

　なお、第1章を結ぶにあたり、近世東アジア世界の中心としての北京を位置づけるにあたって、秀吉が文禄の役の最中に構想した「北京遷都計画」について言及した。玉井哲雄は「日本都市史の構築──アジアを視野に──」（同上『アジアからみる日本都市史』、2013年）の中で、近世城下町形成と東アジア情勢との関連について貴重な指摘を行っている。すなわち、「秀吉の東アジア支配構想に基づく都市建設計画によって、大坂城下町、肥前名護屋城、伏見など一連の都市建設があった」（29頁）。つまり「東アジアという広い世界を背景に（近世城下町に連なる）都市建設構想が造られ、実際に建設された」（同頁）としている。その当時、東アジアに広がる世界の中心に位置していたのが間違いなく北京であり、その中心性への挑戦の過程の中から日本の近世都市建設が始まったという指摘はきわめて示唆に富んでいる。

第2章 明代の首都北京の都市人口について

はじめに

　中国都市という研究対象には、二つのアプローチを設定することが可能である。その一つは国家的（上からの）アプローチで、首都を頂点に省・府・州・県城、さらには鎮市にいたるまで階層づけられた諸都市がその豊富な対象を提供する。これに対して、唐宋変革期の商業革命として加藤繁らによって先鞭がつけられ、70年代末以降中国でも急速に盛んとなった市鎮研究は、社会的（下からの）アプローチと言えよう。こうした二つのアプローチは都市化の決定要因として、人為的・行政的ファクターと自然的・経済的ファクターとにそれぞれ対応している[1]。もちろん相互規定的な側面を無視できないものの、主として前者が制度や情報が下附・伝達される過程であるのに対し、後者は財貨や人材が吸い上げられ消費される過程である。研究上において、都市化のプロセスに対し両ファクターが作用する一般的順序とはむしろ逆に、上からのアプローチが先行したのは、中国史に固有な資料のあり方に規定されたものである。

　こうした二つのアプローチは、現在のところ必ずしも整合的な中国の都市像を切り結ぶまでには至っていない。このことは中国史の古くて新しい問題、「国家と社会との分離」[2]とも通底している。ここでは二つのアプローチを交差させる場として、首都北京の社会史を考えたい。というのは、それ以前の時代の長安や開封・杭州などの国都に比較しても、明清時代の北京は固有な社会的空間として描かれることがあまりに少なく、せいぜい国家や制度の頂点として触れられるに過ぎなかったからである。最初に首都の人口規模の問題から始めたい。

　さて、広大な中国おいて正確な人口調査を実施することは、今日においても

なお困難な課題である。1990年7月1日に始められた建国後第4回目の人口調査では、その調査員の数が660万人にのぼるというから、その大がかりさが思いやられよう(3)。2ヶ月後の国務院にもたらされた中間集計では、予想を遙かに上回って14億を突破したことが報道されている(4)。政府の「一人っ子政策」にもかかわらず人口圧力は留まるところを知らない。人口把握の困難さの一つとして、上海を始めとする大都市を中心とする流動人口の問題が指摘されているが、この点は前近代の中国においても同様であった。歴代の中国の総人口を推計すると同様に、首都を始めとする大都市の正確な人口規模はまさにヴェールに包まれていると言ってよい。

1 明代北京の都市人口に関する諸説

北京遷都が行われる以前の明初の一時期首都が置かれた南京の都市人口については、1980年に徐泓によって詳細な研究が試みられた(5)。徐は、洪武四年(1371) 33万人、洪武末年55万人という推算を提示した上で、王朝創設後20年あまりの間に一般住民人口の増大によって、軍人の人口比率が低下した結果、首都南京の軍事的機能が漸減し、社会・経済・文化にわたる多機能都市へと急激に変化したことを解明した。

明初南京の研究に比べて、北京の人口規模に関してはこれまで本格的な検討が試みられなかった。たとえば1985年に出版された『北京史』は、北京大学歴史系によって編集された現在の広域行政区画としての直轄市北京市に関する通史であるが、近代以前の人口についての我々の関心には応えてはいない(6)。このことは、前述したように首都北京の都市空間が国家レヴェルとは一応独立して問題とされることが、これまであまり少なかったことにも関係するであろう。

陳正祥は、1974年に「北京的都市発展」(7)と題する論考の中で、「元の建都から清朝滅亡にいたるまでの600年あまりの間、全国の首都となった北京の発展は緩慢であった。登記された人口数について言えば、1270年当時の北京人

口約 40 万、1578 年当時は約 70 万、そして 1910 年当時もわずか 76 万に過ぎなかった。明清時代の北京は内城に外城を加えたにほぼ等しく、合計して 62 km^2 に過ぎず、城外の住民も甚だ少なかった。事実、内城と外城の中には、解放前にいたっても、なお若干の空き地が存在していた」と述べ、併せて〈歴代北京的人口（1270～1973 年）〉を表として掲げている。こうした理解は、近刊の『当代中国的北京』[8]などにも見られ、いわば公式的見解となっている。

ただし近代以前の元・明・清代の数字は、表に附記されているように、『元史』地理志や『明史』地理志に載せる戸口統計に依拠したものである。後述する戸口統計自体の問題を度外視しても、これらの統計は、元については右・左警巡院 6 県 10 州（州領 16 県）からなる大都路全体の、明については 5 州 22 県からなる順天府全体のものである。明の順天府は元の大都路をほぼそのまま継承しているが、その領域は現在の北京市（面積 16,427.2 km^2、うち長城に跨る延慶県や懐柔県の一部を除く）のほかに、天津市の北半分や河北省の一部をも含む広域の行政区画である。陳の述べるような、明清時代の内城と外城を併せた都市空間（62 km^2）のみの人口数を示すものではない。歴史的北京の都市空間の人口を問題としようとする我々の問題関心とは合致しない。

北京に関する歴史地理学の開拓者とも言うべき侯仁之の主編にかかる『北京歴史地図集』は、近年の貴重な研究成果である。1985 年に刊行された本書の「明北京城」の地図には、「明初に（北京の）都市人口は、急激に減じた。洪武八年（1375）の統計によれば、約 8 万人あまりであった。永楽以後、人口は増加した。万暦初年全城の人口は、すでに 20 万を超過した。崇禎の時期には、おそらくすでに 30 万人に近かったであろう」という解説が附されている[9]。この人口推計は、歴代の首都人口に比較して驚くほど小規模であり、しかも明代を通じて、同書の「元大都」に見える元末大都（北京）の 40～50 万という人口推計にすら達していない点が注目される。残念なことに地図に附された説明部分での言及のため、史料の根拠まで提示しておらず、「洪武八年の統計」が何に基づくのかは明らかではない。ただ『永楽大典』から抄出した『順天府志』巻八、戸口には、『図経志書』（洪武『北平図経』）[10]からの引用として「洪

武八年實在戸八萬六百六十八、口三十二萬三千四百五十一」という些か類似した数字を掲げている[11]が、これは北平府(のちの順天府)全体の戸数であり北京の都市人口を示すものではない。

　近刊の『北京環境史話』第二章、北京的沿革[12]には、「古環境学」の立場から北京の歴代の人口が分析されている。これによれば、北京の城内については清末を除いて歴史上人口記載が欠如している以上、唐以後歴代の北京城の人口を確定する原則は、人口密度の確定にあるとする。明代に関しては明初33万人、明代後半の全盛時67万人、明末約20万人あまりと推定している。従来の研究とは異なり、戸口統計から出発していない点が注目される。これらの推計は、明初については『洪武北平図書志経』[13]に基づき城内に33坊存在したとされる坊数に各坊1万人を機械的に掛けたものである。同じく後者も『京師五城坊巷衚衕集』[14]に載せる内外城を併せた37坊105牌671鋪のうち、鋪数(鋪については後述)に各鋪1,000人を掛けて算出されたものである。各坊の平均人口を1万人、各鋪の場合1,000人と見積もった根拠は明確には提示されていない(補註)。

　以上のように従来の研究はいずれも、首都北京の都市空間の社会史的研究を進める前提としての人口規模を確定する作業としては、きわめて不十分なものと言わざるをえない。

2　都市空間と同時代人の認識

(1) 都市空間

　ここで問題とする北京の都市空間とは、北京の内・外城内部の「城」とその周辺部の「関廂」地域を指している。明代の里甲制では110戸ごとに1里が編成され、「城中を坊といい、近城を廂といい、郷都を里という」[15]とあるように城内とその周辺部の坊や廂は、農村部の狭義の里とは一応区別されていた。北京城の附郭を構成する宛平・大興両県には、明初併せて111里が置かれていた[16]。しかし坊・廂・里のそれぞれの内訳は不明で、これより都市空間の広

第 2 章　明代の首都北京の都市人口について　51

さを割り出すことは不可能である。

　次に城壁で囲まれた空間に着目すると、明の北京城の内城は、元の大都城（面積 51.4 km^2[17]）をほぼ継承しているが、2 度にわたって大きな改変が施されている。最初は明初大都を陥落した大将軍徐達によって行われた。元代においても人家の少なかった北部が放棄され、北城壁を南へ 5 里（約 2.5 km）移動し城内を縮小した（面積 28.7 km^2）[18]。次に永楽十七年（1419）には、南城壁を南に向かって 2 里（約 1 km）拡張した（内城周囲 45 里、面積 36.57 km^2）[19]。その後嘉靖三十二年（1553）に外城（重城）が南城壁を包む形で設けられた（28 里増加、面積 25.38 km^2）[20]。以後、明清・民国期・人民共和国初期まで、城壁には大きな変更が加えられておらず保存されてきた。

　因みに人民共和国成立後、北京城の城壁の存廃をめぐっては様々な意見の対立が存在したが、1953 年に外城壁の除去が開始され、59 年までにほぼ撤去された。そこでは交通の阻碍など当面する現実問題が重視された。58 年には内城壁の一部の除去も始まったが、大規模な撤去が行われたのは「文化大革命」期のことであった。現在、正陽門とその箭楼、徳勝門箭楼、東南城角楼、および二つの小区画の城壁を残すのみである[21]。

　内城と外城の面積は併せて 62 km^2 あまり、これに周辺部の関廂が加わる。明清時代、これらの内・外城とその周辺部分からなる都市空間には、治安維持のための警察区画として東・西・南・北・中の五城地方が設定された[22]。五城地方は、ほぼ現在の北京市の行政区画のいわゆる「城区」と呼ばれる東城区・西城区・崇文区・宣武区を併せた地域（面積約 91.76 km^2）にほぼ相当すると考えられる[23]。

（2）同時代人の認識

　同時代人の官僚たちの上奏文には、首都の人口に関する言及がいくつか見られる。最も早期のものとして翰林院侍講鄒緝の上奏がある。

　　ここに北京を肇建してより以来、聖慮を焦労すること、二十年にちかし、
　　（中略）夫れ民の頼りて以て生を為すところのものは衣食なり。而るに民

百万の衆を以て、終歳官に在りて供役せしむ、すでに其の父母・妻子を保ち、其の生を楽しむの心を遂ぐるを得ず。またみずから田畝に親しくし以て力作を事とする能わず[24]。

この奏疏は、遷都実施の永楽十九年（1421）正月から3ヶ月あまりの間に発生した奉天殿の火災直後に出されたものである[25]。これに先立つ数年間は、北京のいたるところで大規模な建設工事が行われており[26]、100万人の民衆が郷里の父母や妻子の元を離れ、一年中北京の官庁に動員されていたという。しかし「百万の衆」という表現を文字どおりに理解したとしても、この数字をそのまま北京の恒常的な住民と見なすことはできない。

また正統十四年（1449）八月の後軍右都督石亨の上言には、

京師の官旗・軍民・匠作人等百万を下らず、豈に才智の衆を出でて勇力の人に過ぐる者その間に伏すること無からんや[27]。

とある。これによれば、京師北京には武官や総旗・小旗、軍・民や工匠などの人口が100万人を下らないとしている。これは英宗が北狩された土木の変直後に出された上奏で、北京の防衛を固める必要から臨時に軍隊を編成することを提案した中で言及されたものである。この場合の「京師」は、おそらく広く北直隷全域というより順天府全体を指したものであろう。

同様に景泰五年（1454）三月に上呈された六科給事中林聡の奏疏も、順天府全体に関するものである。

且つ京師は天下の本、官吏軍匠等項、凡そ執役の人ややもすれば百万を以てする有り、皆京儲の給を仰ぐ、もとよりその費に勝えざるなり[28]。

これによれば、官・吏や軍・匠など国家のために働く俸給生活者が、100万人に近いというから、その家族とそれ以外の民間人を合わせれば優に500万人に近い数字となる。ここまで紹介した例は、いずれも北京城内外の都市空間のみに限らず郊外の農村部をも含むものであった。

次に明代を代表する経世家の一人とされる丘濬（しゅん）の『大学衍義補』の記述を検討しよう。

いま京城は地大にして人衆く、四海の人を聚め、五方の俗を雑じふ、承平

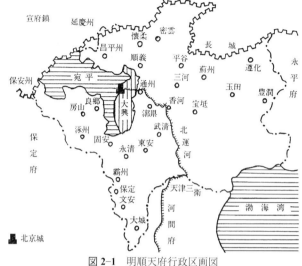

図 2-1　明順天府行政区画図
＊作成にあたっては、侯仁之主編『北京歴史地図集』の〈明順天府（万暦21年）〉を参考にした

日久しく、人煙盛衆し、姦充実に繁げし。一城の大、僅かに五司の官僚十数員・兵卒百十輩を設く。而して京城内外百十万人家を下らず、力の周ねかざるところあり、勢いの及ばざるところあり。臣請うらくは、城毎に地の広狭・遠近を量り行兵馬司数処を添設し、処毎に副指揮一員を添設して居守せしめんことを[29]。

礼部侍郎丘濬は順天府全体ではなく、北京城内外の人家が100万あまりを下らないとした。「百十万」は実数ではなく大多数にのぼることを漠然と示しているとも考えられるが、この数字を文字どおり理解して、いま仮に1戸の平均家族数を5乃至6人とすれば、500万人を超える膨大な人口となる。前述の都市空間の広さに基づいて人口密度を算出すると、1 km^2 あたり5万人以上が居住していたこととなり、到底信じがたい数字である[30]。些か誇張が含まれていると言わざるを得ない。

ただ、この記述の興味深い点は、治安警察上の必要から北京城内と城外周辺部を一体にした都市空間が設定され、その人口の多さが問題にされている点で

ある。本章で問題とする北京の都市空間とほぼ重なり合うであろう。丘濬は、全国各地から人々が集まり、人口も増大している北京には犯罪も多発しており、現在配備されている五城兵馬司（首都警察）の10数名の官員と100名あまりの弓兵では、この都市空間の治安取締が十分に行えないとして各城毎に行兵馬司の増設等を提案したのであった。。

　因みに彼が『大学衍義補』を即位したばかりの孝宗弘治帝に上呈したのは、成化二十三年（1487）のことであった[31]。富民層強制移住[32]など国家による強権的な遷都から半世紀以上も経過し、北京はすでに全国各地から人々を引き寄せてやまない都会の魅力を獲得し、種々雑多な風俗習慣を混じえた坩堝と化していた。この時点では外城壁による南城墻の囲い込みがまだ行われていなかったから、北京城内からはみ出し城外にあふれた人家も、膨大な数に上っていた[33]。

　同じく丘濬は『皇明経世文編』巻七三、「守辺議」の中でも、
　　また今京城軍民百万の家、皆石煤を以て薪に代う。大官を除くの外、その惜薪司のまさに薪を給すべきは、数千人の烟爨に過ぎず、京民の百分の一も無し、独り石煤を用いる可からざるや[34]。
と述べ、先の記載と同様に北京城の軍・民の概数を「百万の家」としている。これは、北京での燃料消費に関して言及したもので、高級官僚を除いて惜薪司[35]から薪を支給される官員数千名の家庭は、北京の全住民の1％にも満たないことを指摘している。丘濬にあっては、治安警察や燃料消費というような、いずれも都市生活に密接な問題から北京の都市空間が認識されている。かかる認識の出現は、北京の都市整備と人口集中の進行に伴なう当該時期の都市空間の成立と無縁ではなかろう。

　これに対し、同じく当代を代表する経世家の刑部侍郎呂坤は、万暦二十五年（1597）四月に「憂危疏」の中でより少ない見積りを行っている。
　　京師は朝廷腹心の地、祖宗の時、かつて富戸を徒し以て京師を実す。以らく富民は貧民の依りて命を為す者なり。今京師の貧民百万を減ぜず、九門ひとたび閉ざさば、則ち煤・米通ぜず、一日煤・米無ければ、則ち煙火た

だちに絶たん(36)。

ここでの「貧民」は「富民」と対置されており、下層民というよりは庶民一般の意と考えられる。またいわゆる九門とは内城の門を指すことから、内城内の一般民衆のみで百万とも取れないこともない。しかし、この上奏が出された万暦二十五年にはすでに外城も存在しており、下層民や外来者の多くは内城よりも外城に居住していたであろうから、ひとまず内外城のその日暮らしの庶民が100万人と解したい。これ以外の富裕民を加えると、優に100万人以上となるであろう。

以上に列記した史料から、同時代人にとって京師の人口「百万人」と「百万戸」いう二つの認識が存在していたかに見える。また北京城内外の空間についても、同様に「百万家」と「百万人」という異なる認識が並存していた。こうした認識は、実は明代に限られるものではなく、歴代の首都人口の場合にも頻出していた。とくに北宋の開封や南宋の杭州にも、同様な議論が存在していた(37)。近年、斯波義信が杭州500万人説を否定したように、北京の場合もその後の都市化の進展度からみて、城内外500万説は到底信じがたい。尤もその単位が「人」であれ「戸」であれ、或いはまたその空間が順天府全体であれ中心部の北京城内外であれ、同時代人はそれらの違いをあまり意識していなかったのかも知れない。北京の人口や戸数に関する「百万」という表現は、国都としてふさわしい規模と考えられており、歴代の士大夫官僚固有の思考様式にも合致したものであった。それでは、いわば通念とも言えるこれらの「百万」という数字は、いかなる根拠に基づいていたのであろうか。それともいずれも全く観念の所産に過ぎなかったのであろうか。

3 順天府大興・宛平両県の戸口統計

人口を算出する上で、従来一般に用いられてきた戸口統計の検討から始めよう。万暦二十一年（1593）序刊『順天府志』巻三、食貨志・戸口には、北京城の附郭を構成する大興・宛平両県の戸口統計を載せている。

大興県　原額　15,163 戸　71,797 丁口
　　　　実在　15,163 戸　71,007 丁口
宛平県　原額　14,441 戸　62,215 丁口
　　　　実在　14,441 戸　62,067 丁口

統計によれば、原額・実在ともに両県併せて 29,604 戸、男女を併せた丁口も約 13 万 3000〜4000 人に過ぎない。遷都以前の明初洪武八年（1375）の両県合計の実在戸口数 21,312 戸、80,077 口[38]に比べると、その数は 1.5 倍ほどに増加しているものの、北京城を抱えた附郭県としては小規模である。この場合の「原額」とは、おそらく万暦十年の統計であり、「実在」は府志編纂時に近い万暦十年代後半の数字であろう[39]。流動人口が相当数見込まれるにもかかわらず、原額と実在との戸数が、両県ともに全く変化していないこと自体些か疑問とせざるを得ないが、それはさておいても、この統計は、北京の都市空間の人口を推算しようとする我々にとってほとんど役に立ちそうもない。

　というのは、これら両県は、その衙門の置かれた北京城内の都市部[40]のみならず城外に広がる広大な農村部をも含んでおり、戸口数も都市空間に限定されるものではなかったからである。一般に、中国では末端の行政単位としての県はすべて都市部と農村部との双方を含むべく設定された。この点は、人口や行政の規模が大きく宛平と大興との 2 つの県に分割されていた首都北京の場合も例外ではなく、城内が皇城部分を除き東西に均分された（西側―宛平県、東側―大興県）ほかに、それぞれの城外には同様に農村部が広がっていた（図 2-1「明順天府行政区画図」参照）。

　こうした緊密で不可分な都鄙関係（都市―農村関係）の存在が、都市空間の分析をより困難にしているように思われる。府や県が行なう行政も、原則的には都市部と農村部が一体となって行われ、城壁によって区切られる都市空間のみが特に重視されることはなかった。ただし、治安のみは例外で、後述するような膨大な都市人口の存在は、都市部の治安維持の強化が必要不可欠となり、都市部を担当する官庁として五城兵馬司が設けられた。しかし徴税作業などに動員されることはあっても、治安維持以外の徴税の責任はなかった。当然のこと

ながら、戸口調査もこれらの行政区域全体にわたって実施されたのであり、城壁内とその周囲からなる都市空間のみに限った戸口数を、記録として保存する習慣も歴代まれであった。それゆえ現存する多くの戸口統計も、都市独自の人口を算定するには役立たないのが実情である。

それでは、仮に都市部と農村部の人口比率が判明すれば、万暦『順天府志』の戸口統計を基礎に都市人口を推算することが可能であろうか。おそらく答は否である。というのは、戸口統計自体の性格の問題が存在するからである。そもそも歴代の中国の人口把握の困難さは、統計が存在していないことにあるのではない。「戸口」という名の統計は、漢代（元始二年、紀元2年）以来歴代残されており[41]、その数字自体の精密さは、何千何百何十何と最末位まで及んでいる。確かに、ブローデルも指摘するように、他の文明世界に比べて、中国はヨーロッパと同様、過去の人口の推計が比較的可能な資料の残されている地域と言えよう[42]。しかも秦漢帝国以後の諸王朝について言えば、統計を作成しようとする強固な意志を持った王朝権力も、分裂の一時期を除いては、ほぼ一貫して存在していた。しかしこれらの統計は、総人口そのものを示すものとして用意されたのではなかった。

ここで、あらためて戸口統計の持つ意味について触れておこう。周知のごとく戸口統計は、清代乾隆年間（地丁銀制の施行）以前にあっては、一義的には、国家の徴税のためのものであった[43]。主要な課税対象としての田土（土地）を所有し、課税することが妥当であると見なされた戸だけが、統計の俎上に載せられた。結果として土地をもたない多くの都市住民は、この統計から除外されることになった。商工業者が大多数を占める首都北京の戸口統計の場合も、その例外ではなかった。

このことは、以下の資料からも裏付けられる。宛平県について貴重な檔案資料を収録している沈榜『宛署雑記』巻六、人」には、同県の戸口について、

　　万暦初元冊開

　　　見在人戸　16,720戸〔民戸6,415戸　軍戸2,346戸　雑役戸7,959戸〕

　　　人口男婦共　81,728口　男子51,213口〔成丁38,049口　不成丁13,164口〕

表 2-1 宛平県の里図名・所在および人丁数・徴糧地面積

里図名	所在	人丁数	徴糧地面積
鳴玉坊	在城	8 丁	55 畝
萬宝坊	在城	11 丁	365 畝
順城関	在順城門外	40 丁	1,197 畝
平則関	在阜成門外	83 丁	4,636 畝
徳勝関	在徳勝門外	154 丁	10,277 畝
白紙坊一図	離城 10 里	41 丁	9,235 畝
白紙坊五図	離城 15 里	108 丁	6,411 畝
香山郷六図	離城 15 里	85 丁	5,708 畝
香山郷七図	離城 15 里	144 丁	5,262 畝
香山郷十一図	離城 20 里	200 丁	7,209 畝
香山郷十二図	離城 25 里	115 丁	3,100 畝
玉河郷四図	離城 60 里	357 丁	6,692 畝
玉河郷八図	離城 80 里	303 丁	4,691 畝
玉河郷九図	離城 50 里	470 丁	3,543 畝
玉河郷十図	離城 50 里	582 丁	6,104 畝
玉河郷十二図	離城 80 里	610 丁	5,886 畝
玉河郷十八図	離城 30 里	179 丁	9,738 畝
玉河郷二十図	離城 20 里	160 丁	5,128 畝
京西郷二図	離城 40 里	228 丁	7,974 畝
京西屯三図	離城 60 里	213 丁	6,287 畝
京西郷四図	離城 60 里	406 丁	12,447 畝
京西郷八図	離城 50 里	22 丁	5,800 畝
永安郷一図	離城 70 里	153 丁	10,413 畝
永安郷二図	離城 70 里	230 丁	8,729 畝
永安郷四図	離城 70 里	360 丁	13,115 畝
永安郷五図	離城 80 里	360 丁	15,220 畝
永安屯五図	離城 80 里	186 丁	6,017 畝
孝義郷一図	離城 120 里	536 丁	7,455 畝
孝義屯一図	離城 120 里	398 丁	5,258 畝
孝義郷二図	離城 120 里	402 丁	7,609 畝
孝義屯三図	離城 100 里	472 丁	7,477 畝
孝義郷四図	離城 100 里	499 丁	8,076 畝
楽安屯	離城 100 里	157 丁	3,689 畝
福寧屯	離城 100 里	123 丁	3,335 畝
富安屯	離城 180 里	103 丁	1,432 畝
安樂屯	離城 110 里	22 丁	579 畝
豊寧屯	離城 100 里	235 丁	3,145 畝
永寧屯	離城 70 里	230 丁	2,435 畝
清水社一図	離城 280 里	187 丁	4,079 畝
清水社七図	離城 300 里	250 丁	4,174 畝
清水社十図	離城 300 里	213 丁	3,529 畝
青白口一図	離城 200 里	475 丁	5,723 畝
青白口二図	離城 250 里	436 丁	6,971 畝
青白口六図	離城 260 里	391 丁	4,223 畝
桑峪社三図	離城 230 里	537 丁	5,843 畝
桑峪社五図	離城 230 里	518 丁	5,439 畝
桑峪社六図	離城 250 里	489 丁	5,212 畝
王平口社一図	離城 100 里	457 丁	3,294 畝
王平口社二図	離城 120 里	539 丁	3,572 畝
雁翅社	離城 150 里	252 丁	2,768 畝
合計		13,980 丁	286,554 畝

典拠:『宛署雑記』巻 2 分土および巻 6 地畝・人丁により作成。人丁数は万暦 17 年のもの、徴糧地(畝以下四捨五入)は万暦 20 年のものである

第 2 章 明代の首都北京の都市人口について 59

婦女30,515口〔大29,998口 小517口〕

〔 〕内は割註、以下同様

という数字を載せている。これは、先の『順天府志』に載せる戸口数と統計作成年代が近いこともあり、かなり近似している点が注目される。これに続けて同書には、万暦十年以前[44]に知県李蔭が審編した人丁として13,744丁、十四年知県孔祖堯が審編した人丁13,809丁、十七年知県徐啓東が審編した人丁13,980丁という数字が掲げられている。さらに十七年の人丁数については各里図の内訳も収められている（**表2**「宛平県の里図名・所在および人丁数・徴糧地面積」参照）。

　これらの人丁数は、宛平県の成丁と不成丁とを併せた総丁数をあらわすものではなく、「実徴」すなわち実際に丁銀（ ）差）の科派対象となった人丁数である。この数は『順天府志』の「実在」戸数や『宛署雑記』の「見在人戸」数に匹敵することから、1戸にほぼ1人の割合で人丁が審編されていたことになる。表に見える各里図の人丁分布は、「戸口」分布をもかなりの程度反映していることが予想される。ところが、驚くべきことに都市部の人丁数は、農村部に比較して極端に少ない。「在城」すなわち城内の人丁は、嗚玉坊と萬寶坊を併せてわずか19丁しか存在していない[45]。さらに城壁周辺部の順城関・平則関・徳勝関・白紙坊一図・五図（表の「在城」は、外城を含まず内城のみを指している）を併せても445丁にすぎない。宛平県の人丁数全体に比べても3％あまりである。これは、丁銀の科派対象となった人丁数が主として徴糧地を基準に科派されていたからで、田土を所有せず商工業によって生計を立てていた大部分の都市民は、人丁として把握されていなかったためであろう。

　こうした事実は、極端に少ない先の『順天府志』の戸口統計も、同様に都市部の戸口数を正確には反映していないことを推定させる。おそらく戸口統計に見える「戸数」とは、大興・宛平両県の総戸数を示すものではなく、田土を所有し税役徴収に関与する戸数に過ぎず、土地を持たない多くの都市住民は、この統計から抜け落ちていたと考えられる[46]。

　しかしこれは、あくまで結果としてであって、戸口統計が当初から都市住民

を把握対象から除外していたわけではない。この点は、極めて少数ながらも城内の鳴玉坊や萬寶坊に人丁が審編されていることからも窺われる。また官僚や有力商人など都市住民の中にも土地所有者が数多く存在したはずである。それではなぜこうした事態を生じたのであろうか。そこには当時における「戸籍」のありかたの問題が横たわっている。言うまでもなく北京の住民の多くは、全国各地から移住した外来者で占められていた。しかし、彼らのほとんどは郷里に戸籍を残したままで、容易に北京に籍を定めようとはしなかった。この間の事情を『宛署雑記』の編者沈榜は、次のようにリアルに伝えている。

> しかし宛平県は、大いに異なります。全国各地から人々が各おの得意とする技能をもって京師にやってきます。農田・園林を典買したり、商売の利益は十百千万、その手に入れるものは、もとより宛平県の市廛(テンポ)です。にもかかわらず彼らは、「私はたまたま寄寓しているだけですよ。丁差に充たるべきでは有りません」と言いわけをします。これは「流寓」と呼ばれるケースです。久しくして子孫が成長し親戚もでき、墳墓も漸やく増え、その土地が1頃（約6ha）あまりにもなるような場合には、すでに宛平県の土地の一部から食を得ているのは歴然としています。にもかかわらず彼らはまた、「私の故郷ではいまだに戸籍を抜いておりません、当然のことながら丁差の負担もあります」と言いわけをします。これは「寄荘」と呼ばれるケースです。甚だしいのは、山海の珍味を食する素封家(シサンカ)やいつも刺繍した鑰(かぎ)と牙籌(カズトリ)を手にしている大商人の場合でも、或いは甲が乙の田を所有しても従来どおりその戸籍のままにし、或いは甲乙の田を全部所有してもその戸籍を立てないことがあります。これもまた実際には宛平県の戸籍を占めているわけです[47]。

北京の外来者は、一時的に移り住んだ「流寓」戸や数世代を経てすでに北京で墳墓や田土を獲得した「寄荘」戸に分かれるが、いずれも郷里にまだ戸籍を残していることを理由に丁差から免れていた。

　こうした事態を前に、国家も定住し不動産を所有する者に対しては附籍を命じていた。

嘉靖六年詔す。巡城御史は各該兵馬司官を厳督し、京師に附籍せる各処からの軍民人等を差審し、浮居・客商を除くの外、その居住年久しく、産業・房屋・鋪面を置立せる者は、責して宛平・大興二県に附籍し一体に差役に当てしむ。仍りて暫く三年を免じ、以て存恤を示す。もし衛所の籍貫を冒仮せる者あらば、行勘発遣せしむ[48]。

実際には、詔が出されたにもかかわらずあまり効果がなかったようである。ところで、外来者が北京に戸籍を新たに設定しようとしない理由を、丁差を逃れるためばかりとは言い切れない面もある。行政側に立つ宛平県知県の沈榜もこうした現実を容認せざるを得なかったところに、移住地において数世代を経ても依然として郷里との結びつきを保持し続けようとする漢族固有の心性を見いだすことができる。これは、華僑の「落葉帰根（いずれは故郷に帰る）」という願望にも通ずるものである。いずれにせよ、北京に移住した外来者とその家族は、新たに籍を定めない限り、戸口統計には計上されないという牢乎とした慣行ができあがっていたのである。このため北京に如何に流入者が増大したとしても、それはほとんど戸口統計には反映されることは無かったのである。

しかも『順天府志』の統計が作成された明末清初の16・17世紀は、全中国規模において社会の「流動化」現象が顕著にみられた時期であった[49]。人々は農村から都市へ流入し、税役制度の面では唐代後半以来の両税法体制に対し一条鞭法、地丁銀制と続く一連の改革を断行せざるを得なかった。国家の戸口把握も急激に形骸化した時期にあたっている。

以上の考察から、好運にも残された宛平・大興両県の戸口統計が北京の都市人口の算出に役立たないとすれば、他にいかなる算定方法が可能であろうか。

4　五城兵馬司の保甲統計

戸口統計に代わる都市人口統計として、ここでは明末天啓年間に治安維持のために施行された保甲法に注目したい。

天啓元年（1621）三月二十五日ヌルハチに率いられた満洲族（マンジュ）による遼陽陥落

の急報がもたらされ、北京には戒厳令が布かれた。直ちに廷臣を後軍都督府に召集し今後の対応が協議された。その結果、翌日大学士劉一燝らは、刑部尚書黄克纉に保甲編成を命じることを提案して、裁可された[50]。20日後の四月十六日には、左都御史張問達によって保甲編成が完了したことが報告された。張問達は、最初にその編成と取締方法を次のように述べている。

> 京師は国家の大もとの要地で、あらゆる地方の人々が雑居しており、犯罪が発生し易いところです。まして遼東は多事多難、是非とも保甲法を施行し、厳しく取り締まるべきです。各城御史に文書を送り、厳しく各兵馬司を監督して、各戸を10家ごとに1甲、10甲ごとに1保に編成し、互いに取り締まらせるべきです。家族の姓名、何人いるか、原籍はどこか、何で生計を立てているか、父子兄弟がいるかどうか、かつて寄寓している親戚や友人がいるかを明確に記載し、花名清冊（ジンコウ）をつくり、提出報告させます。従来どおり、（各城御史は）おのおの自ら（所轄の五城）地方を巡歴し、常時点検させます。或いは商賈の場合は往来が一定しておりませんので、その都度その姓名を抹消・添記し期限を立てて、「（申告した内容に）相違有りません」という甘結（イツサツ）を差し出させます。まま形影（スガタ）や面生（カオツキ）の疑わしい人物がいたら、ただちに出所を調べあげ、落ちつき先を追究させます。務めて調査を厳密にし、（五城）地方が静粛なようにすれば、天子のお膝元の畿内に不安がないように保つことができることでしょう[51]。

北京の城内には、従来から五城兵馬司の統轄のもと火甲制[52]が行なわれていた。夜回りや盗賊の取り締まりのために鋪（番小屋）が設けられ、鋪ごとに3～5名の火夫が置かれ、これらを総甲が統括していた。これらはすでに募役化していた。自警組織としての保甲制は郊外農村部では行なわれていたが、城内では幾度か提案されたことがあるものの、実際にはあまり機能していなかったようである[53]。

今回の保甲編成は戒厳令下、わずか半月あまりの間に実施されている。かかる短期間に編成が可能であったのは、すでに行なわれていた火甲制に依拠して編成が行なわれたからである。この点は、各城兵馬司が火甲制と同様に鋪ごと

に編成していることからも窺える。ただ短期間とはいえ、目前にせまった危機に直面して編成されたことから、かなり徹底して行なわれたと考えられる。また保甲法による人口把握は、こののち清代にはいると、従来の里甲制を基礎とした戸口統計にとって代わって行なった[54]。この意味でも、かかる趨勢を先取りする明末北京の保甲統計は、極めて貴重なものである。編成された鋪数・人戸数・甲長数は次の通りである。

　　中城兵馬司所属　9坊 53鋪　人戸 25,440名　甲長 2,544名
　　東城兵馬司所属　　　173鋪　人戸 36,080名　甲長 3,608名
　　南城兵馬司所属　　　135鋪　人戸 43,300名　甲長 4,330名
　　西城兵馬司所属　　　101鋪　人戸 37,640名　甲長 3,764名
　　北城兵馬司所属　　　 63鋪　人戸 8,730名　甲長   873名
　　合　　計　　　　　　525鋪　人戸151,190名　甲長15,119名

　この統計は各城兵馬司ごとに数字が挙げられており、五城地方ごとの人口分布もある程度窺うことができる。各城兵馬司ごとの人戸は何「名」という単位で数えられており、一見すると人口数のようにも見えるが、各戸の世帯主の数である。或いは戸数と言い替えてもよい。甲長は10家ごとに編成された甲の統率者である。さらに10甲ごとに1保に編成される原則に従えば、北京城内外には、1,500あまりの保がつくられたことになる。平均すれば、1鋪は約300戸弱からなり、3保を従えていたことになろう。いま仮に少なめに見積もって1戸平均5人[55]とすると、この保甲編成で把握された北京の人口は、755,950人となる。

　この保甲統計から推定される約75万人という人口規模は、偶然ながら先に紹介した陳正祥氏の「1578年当時約70万」という算定や『北京環境史話』にみえる「明代全盛時67万人」という推定とも近似している。しかしあらためて言うまでもなく、この保甲編成は五城兵馬司管下を対象としており、北京の都市空間のみの数と限定できるものである。

　ところで、北京の人口規模はこの75万人にとどまらなかった。張問達の上奏によれば「逐戸編集」とあり、五城兵馬司管下のすべての戸が保甲編成の対

象に挙げられたように受け取れる。一般に、徭役としての里甲制の丁役や火甲の役には優免特権が存在し、免除の恩典を浴する者がいた。その対象者は、現役の文武官はもちろん挙人・生員・内官や軍・匠・厨役などにまで及んでいた(56)。しかし隣保組織としての性格が強く、軍・民の区別はもちろん、流寓者までも網羅して編成した保甲の場合、こうした優免規定が本来適用されない建前であった(57)。

　ただ文武の高級官僚を多数抱えた首都北京にあって、これらの官員が一様に庶民と同じ保甲に編成され、甲長などにあてられたとは到底考えにくい。このことを明示する史料を現在のところ探し得ていないが、次に紹介するような保甲編成から漏れていた人々の存在は、こうした推測の妥当性を裏付けるであろう。張問達の報告から5ヶ月後に出された御史董羽宸の上奏は、今回の保甲編成では官房がその対象から除外されていた事実を指摘している。

　　在京の官房は、もともと各衙門として建てられました。在京の人役が寄寓するようになり、勝手に授受し、頂首（名義詐称）したり（他人に）賃貸しているものもあります。紛紛としてゴマかし居座り続けています。その上保甲法が施行されて、多くの連中が道教寺院から追い出されて、官署を巣窟にしております。悪事や罪を犯しても、保甲では取り締まれず、番役の兵隊も不問に付しています。（この連中の害悪に比べたら）水火・盗賊の類など些細なものです。宜しく各官房を厳重に調査し、在官の人役や支給されるべきではないものは、ことごとく追い出すべきです(58)。

これに対し天啓帝は民間の房屋と同様に取り締まるよう命じている。以上から明らかなように、当初の保甲編成では、官房はその対象から外され、そこに居住する人々は含まれていなかったのである。

　中央官庁に勤務し官房に居住する人役が保甲に編成されていなかったとすれば、当然ながら高級官僚なども免除されていたはずである(59)。これら中央官庁の官員として、文官・武官・外戚・功臣・内官・胥吏等が想定される。こうした階層の人口を明末にどれくらいに見積もることができるかは不明な点が多いが、とりあえず試算を提示してみよう。

まず在京の文・武官員については前期の景泰六年（1455）の統計であるが、比較的正確な数字が残されている。文官 1,520 員、武官は 31,790 員で合計 33,310 員である[60]。この中にはおそらく外戚・功臣も含まれるであろう。明末には、この数より増大することはあっても減少することはなかったはずである[61]。

次に内官については、隆慶年間（1567～1572）の数字であるが、内府供応白糧が支給された者として、北京と南京の中官・中使・長随併せて 1 万 4000 員名という統計が残されている[62]。うち北京の皇城内には弘治年間（1488～1505）に 1 万近くの内官が名簿に登録されていた[63]。李自成反乱軍による北京城陥落の際には、7 万の宦官が皇城から一斉に逃げ出したという記事もあり[64]、登録されていない者も含めると少なくとも 2 - 3 万人を数えることができるであろう。これに宮人や宮婢が加わる。

胥吏や役人（えきじん）については、資料が乏しいものの正徳年間（1506～1521）全国の胥吏数が 5 万 5000 人で、うち北京の額設の吏員は文武衙門併せて 3,024 名である[65]。これに額外に添設されたものが加わる。その数は明らかではないが、在京各衙門には、撥歴（事務見習い）のために各布政司から来て執事する吏典が数万人を下らなかったという史料がある[66]。役人は正徳初年全国各地から僉解される京班皁隷（そうれい）が 7,000 人あまりであった[67]。また弘治末年の内府各監局や光禄寺の幼匠・廚役が約 1 万人という記述もある[68]。銀納化など制度的変遷はあっても、明末には 3～4 万人程度の胥吏・役人を必要としたと考えられる。

このほか官僚予備軍としての挙人・監生・生員や休職・退職した官員が存在する。これらも保甲に編成されなかったかどうかは明らかではないが、正統年間（1436～1449）には坐堂監生 4,000 人あまりという記事が見える[69]。成化六年（1470）吏部に人選を願い出て上京する聴選官を含めて約 1 万人という記述もある[70]。

以上まとめると、兵士を除いて北京に居住し国家から俸給を受ける者を 10 万人程度は見込むことができる。この中には家族を持たない者や単身赴任者も

多く含まれるから、1家族平均人口をより少なめに見積もって3人とすれば、最低でも30万人以上である。これに先の保甲統計の75万人と合わせると100万を超える計算となる[71]。上述の推算過程では、正直のところかなり大雑把な推測を重ねざるを得なかった。些か無謀と言える試みを敢えて行ったのは、従来の北京史研究が、社会や経済をトータルに把握する視点が弱く、議論の際に共通のベースとなる統計数字を十分に蓄積してこなかったのではないかという反省からである。

ところで天啓元年の保甲統計から推測されるこうした人口規模が、明末まで継続して維持されたわけではなかった。満洲族が長城に迫り風雲急を告げる情勢は刻々と、国都北京にも伝わっており、利に聡い商人はもちろん、官僚の家族さえもが国境線に近い北京から避難を始めていた。翌二年正月、天啓帝は北京の動揺を抑えるため、外来や在京の商人に平時と同様に店舗を開き営業を行なうこと、官僚の家族の郷里への送還や会試受験のため上京した挙人が勝手に郷里に戻ることを処罰する旨の上諭を兵部に伝えている[72]。

結びにかえて

本章では、首都北京の都市人口について考察を加え、明末北京の100 km^{2}に満たない都市空間が100万人を超える人口をかかえていたことを推定した。この過度の人口集中の事実は、一方で当時の首都の性格や社会生活のあり方をも規定していたはずである。都市の秩序はどのようにして保たれていたであろうか。首都に群がり集まってきた人々は、いかなる社会関係を結び、どのような社会集団を形成していただろうか。かかる人口規模に見合った社会集団の検出作業は、従来ほとんどなされていない。

とりあえず現時点で仮説として提示できるのは、膨大な人口を抱え込んだ北京の場合、国家が施行した里甲制下の坊・廂、或いは火甲制や保甲法の鋪を基礎とした秩序維持は十分に機能しておらず、その機能の一部を同郷集団や同職集団など様々な中間団体が底辺で支えていたことである。具体的にいえば、官

僚、士人、胥吏、商人、職人、兵士、さらには無頼、寺院や道観にたむろする人々も、同郷や同職からなる諸集団を形成していたと考えられる。

また外戚・功臣・宦官など首都固有の特権層の介在も忘れてならない。彼らは、国家の権威を後ろ楯に首都に集中する富を独占し収奪を重ねる一方で、これらの諸集団を統括して利害を代表し、国家権力に結び付ける役割をも果たしていた[73]。

膨大な人口規模は、権力のいわば車軸に位置する中国の首都の宿命であった。全国の各地から広範な人々や豊富な財貨を吸い上げるそのシステムこそ、国家権力への回路であったからである。反面、中国史の大きな流れからみると、明代の首都への人口集中は唐宋時代よりあまり進展していないというのもまた事実であった[74]。また何炳棣によれば、明代の全国の人口は、明初建文二年（1400）前後には少なくとも6,500万人、明末万暦二十八年（1600）には1億5,000万人に達したとされる[75]。これを基礎として考えれば、首都北京にはほぼ1％弱が集中していたに過ぎない。官僚の首都集中率5.7％に比べると、人口はそれほど集中していない[76]。政治的な中央集中の度合いと社会経済的なそれとの間には、相当の開きがあったのである。

明一代や歴代の北京の都市人口の変遷とその構成については、分野・時代ごとに研究がかなり深化している制度史や社会経済史を統括した総合史的枠組みが不可欠であり、あらためて別に後考を期したい。

註

（1） 斯波義信「社会と経済の環境」橋本萬太郎編『漢民族と中国社会』民族の世界史5、山川出版社、1983年所収。

（2） 重田徳「郷紳の歴史的性格をめぐって――郷紳観の系譜――」『清代社会経済史研究』岩波書店、1975年所収、原載1971年。

（3） 『光明日報』1990年7月2日付、新華社北京7月日電（記者于長洪）。『朝日新聞』1990年7月8日付　上海＝堀江義人特派員。

（4） 『朝日新聞』1990年9月15日付、北京＝田村宏嗣特派員。ただし、『光明日報』同年10月31日付、新華社北京同月30日電（記者于長洪）には、国家統計

局の発表した手作業による総計結果として、大陸人口 11 億 3368 万 2501 人と報じている。

（５）　徐泓「明初南京的城市規画与人口変遷」『食貨月刊』10 巻 3 期、1980 年。

（６）　『北京史』北京出版社、1985 年。355 頁には、民政部による光緒三十四年 (1908) の統計として、内城人口 414,528 人、外城人口 291,076 人、内外城合計 705,604 人という数字を掲げている。〈後記〉によれば、本書の初稿は 1960 年に完成していた。おそらく第六章のもとになった許大齢「明代北京的経済生活」『北京大学学報』1959 年 4 期にも、北京の人口に関する数字は挙げられていない。

（７）　陳正祥「北京的都市発展」『香港中文大学中国文化研究所学報』7 巻 1 期、1974 年、69 頁。

（８）　《当代中国》叢書編輯部編『当代中国的北京』中国社会科学出版社、1989 年、下冊 396 頁。また崔永福・譚列飛「漫談歴史上的北京人口」『北京史苑』2 輯、北京出版社、1985 年所収も、明清時代については、陳説とほぼ同様な人口規模を推定している。

（９）　侯仁之主編『北京歴史地図集』北京出版社、1988 年。この推計の単位は「人」ではなくむしろ「戸」の方がふさわしいように思われる。なお侯仁之の北京地域に関する歴史地理研究の多くは、『歴史地理学的理論与実践』上海人民出版社、1978 年に収められている。

（10）　繆荃孫は、光緒『順天府志』巻一二二、芸文志一「紀録順天事之書」の中で、洪武『北平図経』が久しく散佚してしまったこと、『文淵閣書目』の暑字号第一厨書目・旧志に「北平府圖志一冊」とその名を止めているのが、これに相当すると推定している。

（11）　『順天府志』〔存七〜十四巻〕北京大学出版社、1983 年。

（12）　王偉傑等編『北京環境史話』地質出版社、1989 年、32 頁。

（13）　未見。或いは洪武『北平図経』のことか。但し、この書は前述のように散佚している。

（14）　『京師五城坊巷衚衕集　京師坊巷志稿』北京古籍出版社、1982 年。張爵『京師五城坊巷衚衕集』は嘉靖三十九年序刊である。

（15）　『明太祖実録』巻一三五、洪武十四年正月（是月）の条に、「城中曰坊、近城曰廂、郷都曰里」とある。

（16）　天順五年序刊『大明一統志』巻一、京師・順天府によれば、大興県は「編戸三

第 2 章　明代の首都北京の都市人口について　69

十六里」宛平県は「編戸七十五里」である。

(17)　以下、内外城の面積は註（12）前掲の『北京環境史話』35 頁による。

(18)　景泰刊『寰宇通志』巻一、京師・順天府、「城池」都城、「國朝洪武初改大都路爲北平府、隸北平布政使司、縮其城之北五里、廢東西之北光熙・肅清二門。其九門俱仍舊」。

(19)　『明太宗実録』巻二一八、永楽十七年十月甲子、「拓北京南城、計二千七百餘丈」。新宮学「明代前期北京の官店塌房と商税」『東洋史研究』49 巻 1 号、1990 年、本書第三部第 8 章に収録。

(20)　『明世宗実録』巻四〇三、嘉靖三十二年十月辛丑、「新築京師外城成。上命正陽外門名永定、崇文外門名左安、宣武外門名右安、大通橋門名廣渠。彰義街門名廣寧」。なお城壁の変遷については、傅公鉞「明代的北京城垣」『北京文物与考古』総 1 輯、北京燕山出版社、1983 年が詳しい。

(21)　註（8）前掲の『当代中国的北京』上冊 245 頁参照。陳凱歌、刈間文俊訳『私の紅衛兵時代』講談社、1990 年によれば、「城壁は首都建設の障害である」という理由で、毛沢東自身から直接命令が出され、解放軍の工兵部隊によって「破壊」されたという。

(22)　倉持徳一郎「明・清時代都市区画考——北京の五城、特に清の五城十坊——」『石田・和田・龍・山中四先生頌寿記念史学論集』日本大学文学部、1962 年所収。

(23)　霍亜貞主編『北京自然地理』北京師範学院出版社、1989 年、2 頁。1982 年の中国科学院地理研究所の「新量算結果」による。

(24)　『皇明経世文編』巻二一、鄒緝「奉天殿災疏」、「爰自肇建北京以來、焦勞聖慮、幾二十年（中略）、夫民之所頼以爲生者衣食也。而民以百萬之衆、終歳在官供役、既不得保其父母妻子、遂其樂生之心。又不能躬親田畝以事力作」。

(25)　『明太宗実録』巻二三六、永楽十九年四月甲辰の条、なお、奉天殿の火災については同月庚子の条に見える。

(26)　『明太宗実録』巻二三二、永楽十八年十二月癸亥の条。

(27)　『明英宗実録』巻一八一、正統十四年八月庚午、「後軍右都督石亨言、京師官旗・軍民・匠作人等不下百萬、豈無才智出衆、勇力過人者伏於其間」。

(28)　『皇明経世文編』巻四五、林聰「脩徳弭災二十事疏」、「且京師天下之本、官吏軍匠等項、凡有執役之人動以百萬、皆仰給於京儲、固不勝其費矣」。上奏時期は、『明英宗実録』巻二三九、景泰五年三月乙丑の条参照。ただし経世文編に収める

70　第一部　首都と人口・物流

林聰の上奏は 20 項目からなるが、実録では 8 項目のみ載せている。

(29)　『大学衍義補』巻一三六、厳武備、「遏盗之機上」、「今京城地大人衆、聚四海之人、雜五方之俗、承平日久、人煙衆盛、姦宄實繁。一城之大僅設五司官僚十數員・兵卒百十輩、而京城内外不下百十萬人家、力有所不周、勢有所不及。臣請毎城量地廣狹遠近、添設行兵馬司數處、毎處添設副指揮一員居守」。

(30)　1985 年の統計によれば、北京の 4 城区の人口密度は 1 km² あたり 27,197 人である。うち宣武区は 33,270 人で最も人口密度が高い。さらに中心街の大柵欄や崇文門や前門等の地区は 5 万人を超過する。こうした密度が明代において内・外城を全域を覆っていたとは到底考えられない。鄔翊光主編『北京市経済地理』中国省市区経済地理叢書、新華出版社、1988 年、33 頁。

(31)　『明孝宗実録』巻七、成化二十三年十一月丙辰の条。

(32)　新宮学「明初北京への富民層強制移住について——所謂『富戸』の軌跡を中心に——」『東洋学報』64 巻 1・2 号、1983 年。のちに、同『北京遷都の研究—近世中国の首都移転—』汲古書院、2004 年、附篇一に収録。

(33)　嘉靖二十一年（1542）、外城建設を提起した掌都察院事毛伯温の上奏には、城外に溢れた住民の数が城内のそれにほぼ匹敵していたという報告もある。毛伯温『毛襄懋先生全集』巻一二、「一廣時議以防虜患疏」、「成祖文皇帝移都京師、内城之建、極其莊固。所以未設外城者、以内城之廣、民庶可居。但今重熙累洽百數十年、長養休煦、生齒日繁、以四方庶姓、雜居鱗次、百物商賈所聚輻輳。城外之民、殆倍於城中矣」。なお、内城外の南西一帯の一部は、金代以来都市化が進んでいたようである。

(34)　『皇明経世文編』巻七三、丘濬「守邊議」、「又今京城軍民百萬之家、皆以石煤代薪。除大官外、其惜薪司當給薪者、不過數千人之烟爨、無京民百分之一、獨不可用石煤乎」。

(35)　万暦『大明会典』巻二〇五、工部二五「柴炭」に、「惜薪司毎年供應各官及内官・内使人員、木柴二千四百五十六萬二百九十四斤二兩」とある。

(36)　呂坤『去儀齋集』巻一、奏疏「憂危疏」、「京師者朝廷腹心之地也。祖宗時、嘗徙富戸、以實京師。以富民者貧民依以爲命者也。今京師貧民不減萬家、九門一閉、則煤米不通、一日無煤米、則煙火卽絶」。この上奏は『皇明経世文編』巻四一五にも収録されている。上奏時期については、『明神宗実録』巻三〇九、万暦二十五年四月辛酉の条参照。

(37) 唐の長安の人口については、外山軍治（「唐の長安の人口」『学海』4巻5号、1947年）や平岡武夫（「唐の長安城のこと」『東洋史研究』11巻4号、1952年）により100万人以上と算出されている。北宋の開封については、日野開三郎（「北宋の首都開封府の廂坊と戸口数」『唐代邸店の研究』所収、1968年）の500万人（＝100万戸）説と、梅原郁（「宋代の開封と都市制度」『鷹陵史学』3・4号、1977年）や木田知生（「宋代の都市研究をめぐる諸問題──国都開封を中心として──」『東洋史研究』37巻2号、1978年）らの100万人説が対立している。南宋の臨安杭州については、500万説をとる桑原隲蔵（「歴史上から観たる南北支那」『桑原隲蔵全集』第2巻、岩波書店、1968年所収、原載1925年）や池田静夫（「南宋の首都臨安の戸口の再吟味」『支那水利地理史研究』生活社、1940年所収、原載1937年）や前掲の日野説と、150万（100万以上）説をとる加藤繁（「南宋の首都臨安の戸口について」原載1933年、「臨安戸口追論」、いずれも同『支那経済史考証』下巻、東洋文庫、1952年所収）や斯波義信（「南宋の臨安の人口再説」『待兼山論叢』7、1974年、「宋都杭州の商業核」『中国近世の都市と文化』、京都大学人文科学研究所、1984年所収）。J・ジェルネ、栗本一男訳『中国近世の百万都市』平凡社、1990年も、タイトルが示すように後者に大別できる。

(38) 註（11）前掲の永楽大典抄本『順天府志』巻一一・一二には、「（洪武宛平縣）圖經志書」および「（大興縣）圖經志書」からの引用として、次のような洪武年間の戸口数を載せている。

宛平県　洪武二年初報　戸 2,966　口 8,140
　　　　洪武八年実在　戸 11,063　口 40,885
大興県　洪武二年初報　戸 2,993　口 9,892
　　　　洪武八年実在　戸 10,249　口 39,192

(39) 「原額」を万暦十年と推定する理由は、同書巻三に載せる順天府所属の5州22県の原額を合計すると91,309戸、634,547丁口で、万暦『大明会典』巻一九、戸部六、「戸口総数」の万暦六年戸口数目に見える順天府の人戸101,134戸、人口706,861口より少なく、この時期の戸口統計の漸減傾向から判断してより後代のものと考えられること、府志の編纂時から最も近い黄冊大造年は、万暦十年と二十年であるが、後者の場合は「実在」は万暦二十一年となり些か不自然であるからである。

(40) 宛平県治は、西城積慶坊にあったが、1928年南京政府の決定により北京が北平と改称されるに伴ない、城外盧溝橋の拱極城に移った。その後盧溝橋事件の際日本軍の砲撃による破壊を受け、西南2kmの長辛店老爺廟に移った。東城教忠坊内にあった大興県治も、ほぼ同時期に城外黄村に移った。

(41) 加藤繁『支那経済史概説』第二章　戸口、弘文堂書房、1944年。

(42) F・ブローデル、村上光彦訳『物質文明・経済・資本主義：十五―十八世紀――日常性の構造1――』みすず書房、1985年、21頁。

(43) 横田整三「明代に於ける戸口の移動現象に就いて（上・下）」『東洋学報』26巻1・2号、1938・39年。

(44) 原文は、「拾年内」とある。同書巻三、職官には、李蔭の在任期間を万暦三年から八年までとしていることから、本文のように解釈した。

(45) 坊名としての萬宝坊と鳴玉坊は、元代から存在していた。萬宝坊は大都の大内前右千歩廊（現在の南海あたり）に、鳴玉坊は羊市の北（現在の白塔寺東街の東側）に位置する。『日下旧聞考』巻三八、京城総記、北京古籍出版社、1981年、および註（9）前掲の『北京歴史地図集』の「元大都」参照。

(46) 清代の例であるが、康熙『大興県志』巻三、食貨・戸口考の記述によっても、都市民が戸口統計に十分把握されていなかったことを裏付けることができる。大興県全体の「康熙二十二年実在行差人丁」をわずか2,892丁として掲げた後で、戸口統計の少ない理由について以下のようにコメントを加えている。「按戸口之少、未有如大興者矣。蓋天下無不耕之人、是以無無田之戸。三代以上人丁與田土相終始、即漢之算賦、唐之租庸調、皆未有不授田之人。今大興爲畿輔首地、旗屯星列、田在官而不在民。故土着者寡而戸口稀、無足怪也。至於市廛之民、五方雑處、來去無常、版籍莫考。所有二三土著百姓、惟在加意撫循、以待生聚、教誨於百年必世耳」。ここではその理由として、人丁と田土とは元来表裏一体の関係にあるという大原則が示された後で、首都北京の周囲は八旗の屯田が設置され、耕地のほとんどが官有で民田は少なく、ために戸部の戸籍に載せられた戸口数も少ないことを挙げている。さらに商工業に携わる都市住民については、出入りが激しく戸籍も把握していないこと挙げている。

(47) 『宛署雑記』巻六、力役、「乃宛則有大不然者。五方之民各挾所長、以遊京師、典買田園、因而賈富十百千萬、其所受固宛之廛也。而彼則曰、吾偶寄居耳、不可以丁。其名曰流寓。久之長子孫有親戚、墓墳或漸増、地至頃畝、則既食宛土之毛

矣、而彼則又曰、吾故士尚未脱籍、固自有丁差在焉。其名曰寄莊。其甚者陸海素封、繡鏤牙籌、或甲有乙田而仍其籍、或盡有甲乙而空其戶。斯又眞占宛之籍矣（云々）」。

(48) 万暦『大明会典』巻一九、戸部・戸口〈附籍人戶〉、「嘉靖六年詔、巡城御史嚴督各該兵馬司官、差審京師附住各處軍民人等、除浮居客商外、其居住年久、置立産業・房屋・鋪面者、責令附籍宛・大二縣一體當差。仍暫免三年、以示存恤。若有冒假衛所籍貫者、行勘發遣」。本史料は、夫馬進が「明代南京の都市行政」『前近代における都市と社会層』京都大学人文科学研究所、1980年所収の中で、明代後半の都市行政の転換を示すものとして紹介している。

(49) 岸本美緒「明末清初の地方社会と『世論』——松江府を中心とする素描——」1987年度歴史学研究大会報告『世界史認識における国家』青木書店、1988年所収。

(50) 『明熹宗実録』巻八、天啓元年三月丁卯・戊辰の条。

(51) 『明熹宗実録』巻九、天啓元年四月丁亥、「左都御史張問達言、京師根本重地、五方雜處、姦宄易生。況遼左多事、尤宜立保甲之法、嚴加整飭、相應箚行各城御史嚴督各兵馬司、逐戶編集、十家一甲、十甲一保、互相稽查、凡一家之中名姓何人、原籍何處、作何生理、有無父子兄弟。曾否寄寓親朋、開載明白、具造花名、清册呈報。仍各躬親巡歷地方、不時點閱。或有商賈來往不誉、卽于來往之期、消添名姓、每立期限、投遞不違甘結、間有形影面生可疑等人、卽時研訊根繇、直窮下落、務期稽察嚴明、地方清肅、庶使畿甸之內、得保無虞」。

(52) 『宛署雜記』巻五、街道。火甲制については、南京の火甲改革の分析を通じて都市行政の変遷を明らかにした註（48）前掲の夫馬論文が詳しい。

(53) 『明宣宗実録』巻二六、宣徳二年三月壬子、『明憲宗実録』巻六一、成化四年一二月庚子の条など。

(54) 清代に入り、人口把握機能が里甲制から保甲法に移行したことについては、臨時台湾旧慣調査会『清国行政法』1910年、第2巻11頁。松本善海『中国村落制度の史的研究』第一部、中国地方自治発達史、岩波書店、1977年、188頁。栗林宣夫『里甲制の研究』文理書院、1971年、310頁など参照。

(55) 牧野巽「中国の都市における一戸平均人口」『牧野巽著作集』第2巻『中国家族研究（下）』御茶の水書房、1980年所収、原載1944年によれば、近代中国の都市部1戸平均の人口が、商店や「公共処所」の平均人口が多いために、農村部

のそれよりも若干多めになる傾向の存在を明らかにしている。ここでは少な目に見積もるため敢えて5名とした。

(56) 『宛署雑記』巻六、人丁によれば、万暦十年以前の宛平知県李蔭の編審では708丁が、十七年知県徐啓東の編審では301丁が優免の対象となっている。この中に京官や外戚・功臣が見えないのはそもそも宛平県に本籍を有しておらず、丁役の対象ではなかったからであろう。火甲の役（房号銭）については、とりあえず註（48）前掲の夫馬論文に掲げられている優免則例からその概要を窺うことができる。

(57) 三木聰「明末福建における保甲制」『東洋学報』61巻1・2号、1979年は、嘉靖中期巡撫朱紈によって福建沿海地方に施行された保甲制では、「官吏・生儒・軍・匠人等、雖有見行優免事例、惟此與差徭不同、不許容情優免」（『甓餘雜集』巻二）と規定されていたことを紹介している。

(58) 『明熹宗実録』巻一四、天啓元年九月癸丑、「御史董羽宸言、在京官房、起於各衙門。在京人役偶寓不已、私相授受、有頂首、有租賃、紛紛盤踞。況保甲法行、萬蒐剔於宮觀、而官署爲穴、作姦犯科、保伍不察、兵番不問、水火盗賊又其小耳。宜嚴查各官房、有不係在官及應得撥給者、盡行驅逐。命一體申飭」。

(59) 『皇明経世文編』巻四七二、余懋衡「防守薊鎮京師疏」には、「一、欲緝奸細、無如保甲。都察院宜行五城御史、遽督兵馬司división官于都・重二城内、挨街挨巷挨門、以二十家爲一甲、十甲爲一保、編成保甲籍。一樣二本、一藏巡視衙門、一藏該司坊。此坊末保與彼坊首保接、此城末保與彼城首保接、不分戚畹・勳爵・京官・内外郷紳・擧・監・生員・土著・流寓商賈家下男下、但十六歲以上盡數書名、并書生理、左右隣居互相覺察。遇有踪跡可疑之人、隣告于甲、告于保、即時盤詰、不許容瞞。其寺觀庵堂及水戶家、尤奸宄出沒之所、嚴率兵番、倍加體訪」とあり、外戚・功臣・京官や内外の郷紳等を含めて20家=1甲の保甲編成を提案している。この後に見える「其總兵蕭如薫・白兆慶既留用」という文言から判断して、これが上奏された時期は、天啓二年正月より遡ることはありえない（『明熹宗実録』巻二〇、同年同月癸亥の条参照）。おそらく天啓元年四月の保甲編成がこうした人々をも含めていなかったことから、都察院右僉都御史余懋衡があらためて上述の保甲編成を再提案したものと考えられる。張問達の10家=1甲とは異なり、20家=1甲という編成方法もこれに関連するであろう。但し此提案は、実録には載せられておらず、実施されなかった可能性が大きい。

第 2 章　明代の首都北京の都市人口について　75

(60) 『明英宗実録』巻二五〇、景泰六年二月丁酉の条。また文官については王圻『続文献通考』巻八四、職官考「官数」に、「皇明内外官共二萬四千六百八十三人、京師一千四百十六人、南京五百五十八人、在外二萬二千七百九人」とある。また同書巻八四、「設官事例」には、弘治年間の馬文昇の言として「京官額一千二百餘人」とあり、ほぼ一定している。武官については『皇明経世文編』巻五〇、張寧「乞除調帶俸軍職」にも、同じく景泰年間、在京の帯俸の武官が 3 万餘員を下らなかったとしている。

(61) 『明熹宗実録』巻三八、天啓三年九月壬辰の条。

(62) 『明穆宗実録』巻一二、隆慶元年九月辛未、および『明神宗実録』巻五、隆慶六年九月丙戌の条。

(63) 『皇明疏鈔』巻三〇、時政、李夢陽「應詔上書疏」、「臣切計今事勢、内官者腹心之病也。(中略) 今皇城之内、通名籍者幾萬人、亦多矣」。上奏時期については、『国榷』巻四五、弘治十八年二月己巳の条参照。

(64) 王譽昌『崇禎宮詞』。なお、丁易『明代特務政治』中外出版社、1950 年、23 頁では、この資料を用いて明末全国の宦官とその家奴を併せて 40 万人以上と推定している。

(65) 鄭曉『今言』巻二、一六五条。謬全吉『明代胥吏』嘉新水泥公司、1969 年、19 頁参照。

(66) 『皇明経世文編』巻四五、林聰「脩徳弭災二十事疏」。上奏時期については、註 (28) 参照。

(67) 『明武宗実録』巻一五、正徳元年七月甲申の条。

(68) 『明孝宗実録』巻三二、弘治十七年閏四月丁卯の条。

(69) 『明英宗実録』巻一五〇、正統十二年二月戊戌の条。

(70) 『明憲宗実録』巻八四、成化六年十月辛酉の条。

(71) 因みに、山形県全体の人口は約 126 万人 (1,258,404 人、1990 年 10 月国勢調査速報値) であり、ほぼこれに匹敵する人口規模である。ただし北京の都市空間は、前述のように 100 km^2 に満たない空間であったから、100 万人とすれば 1 km^2 あたり 1 万人という超過密都市となる。居住環境、とりわけ食料・燃料需給の問題や住宅建築の問題など検討すべき課題は多く残されている。

(72) 『明熹宗実録』巻九、天啓元年四月甲戌、および同書巻一八、天啓二年正月乙丑の条。

(73) 外戚・功臣・宦官のこうした役割については、不十分ながら以下の小稿で論じた。「明末京師の商役優免問題について」『集刊東洋学』44号、1980年、本書第5章に収録、および「明代前期北京の官店塌房と商税」『東洋史研究』49巻1号、1990年、本書第8章に収録。

(74) 註（37）前掲の諸論文参照。

(75) Ho Ping-ti, *Studies on the Population of China, 1368-1953*. Cambridge, Massachusetts, Harvard University Press, 1959. 何炳棣『1368-1953中国人口研究』上海古籍出版社、1989年。

(76) 王圻『続文献通考』巻八四、職官考〈官数〉に、時期は確定できないものの、万暦の頃北京の文官数1,416人とある。南京と在外をも含めた全国の文官数は24,683人で、その約5.7%が北京に勤務していた。

（補註） 本稿脱稿後に、韓光輝の論文「建都以来北京歴代城市人口規模蠡測」『人口与経済』1988年1期の存在に気づいた。韓も『北京環境史話』と同様『京師五城坊巷胡同集』に見える鋪数670を根拠に1鋪＝200戸と見なして、明代中・後期の住民大約14万戸、84万人という推算を行っている。但し、1鋪＝200戸を導き出した余懋衡の1保＝200戸（1甲＝20戸）の保甲編成提案は、註（59）で述べたようにその実施が確認されていない。

〔補記〕

本章の原載は、山形史学会編集『山形大学史学論集』11号（1991年2月）である。

本論は、北京の都市空間の人口推定に戸口統計ではなく五城兵馬司統計を用いた最初の試みであった。その概要については、1991年8月17〜22日の日程で中国の上海・余姚・松江の諸都市を会場にして開催された第4届国際明史学術討論会（中国明史学会・復旦大学・安徽師範大学共催）において、「関于明代北京的城市人口」のタイトルで大会報告（21日、松江県招待所）を行なったことがある。

ここで提起した都市空間と「都市人口」の把握という問題設定に最初に関心を寄せて紹介したのは、明清史ではなく隋唐史を専門とする妹尾達彦「唐長安人口論」『堀敏一先生古稀記念　中国古代の国家と民衆』汲古書院、1995年であった。

また森正夫は、21人の執筆者によってまとめられた『明清時代の基本問題』（1997年）の「総説」において、日本の明清史研究を12項目にあらためて整理した上で、新たな研究として1980年代末から歴史人口学の方法を援用した上田信の研究ととも

第 2 章　明代の首都北京の都市人口について　77

に、本論を「都市史の一環」として位置づける研究として紹介した。

　また本論で提起した明末北京の都市人口 100 万人説は、現在では中国においても受け入れられ、韓光輝『北京歴史人口地理』北京大学出版社、1996 年など関連する研究が出されている。正統十三年（1448）　96 万人、万暦初年 85 万人、天啓元年（1621）、約 77 万人とする。

　2000 年代に入って高寿仙「明代北京城市人口数額研究」『海淀走読大学学報』2003 年 4 期、および「明成化年間北京城市人口数額初探」『北京檔案史料』2005 年 1 期が発表され、北京の都市人口研究はさらに進展を見せている。前者の論文では、著者の研究を初めとする 1990 年以降の研究を紹介したうえで、洪武八年（1375）の北平府城人口約 10 餘万人、永楽遷都後は迅速に増加して洪熙元年（1425）に 80 万以上となり、明末の天啓元年（1621）には 120 万人に接近したと推算した。天啓元年の統計については、高も著者が紹介した五城兵馬司の保甲統計を用いている。ただ、単身で居住する営兵や班軍および保甲統計から漏れた人口をやや高めに設定している点に違いが残るにすぎない。また韓光輝説に対しては明代後期の推算が明らかに低すぎる点、曹樹基説（葛剣雄主編『中国人口史』第 4 巻明時期、復旦大学出版社、2000 年）に対しても明代前期の推算がいささか低いと批判した。

　後者では、高は『皇明条法事類纂』に載せる成化十六年（1480）の時点における五城兵馬司統計を新たに発掘した。これをもとに都市北京の常住人口を 75 万人前後と推計し、これに流動人口を加えれば 95 万人を下らないとしている。またこれを踏まえて、天啓元年の統計で営兵など軍人 30 万人が保甲統計に含まれていないとしていた前者の論文の誤りと游僧などの流動人口の推計不足を修正して、約 100 万人とした結果、当初の著者の推定にいよいよ近づいた。

　台湾では、中央研究院の邱仲麟「明代的薬材流通与薬品価格」『中国社会歴史評論』9 巻、2008 年が、明代における薬材の生産地・市場の変化や価格について考察したものである。邱も拙論および韓著書の研究を踏まえて 17 世紀初めに 100 万人に達していた北京は、明代最大の医薬消費市場であったとしている。

　なお附言すれば、1986 年に刊行された侯仁之主編『北京歴史地図集』が 2013 年 9 月に装いも新たにして『北京歴史地図集・政区城市巻』として刊行された。唐曉峰「修編説明」によると、2010 年から北京大学歴史地理研究中心と北京市測絵設計研究院が協力して改訂作業を開始し、修訂再版では 1986 年版の図と説明文中の誤りに対して重点的に訂正を加えたとしている。しかし 61 頁の〈明北京城〉の中で、都市人

口として洪武八年（1375）の統計により約 8 万餘人、永楽以後人口が増加し、万暦初年の全城の人口は 20 万を超過し、崇禎時期にはすでに 30 万人に近いであろうと記述し、1986 年版の誤りをそのまま踏襲した点は惜しまれる。

　また呉建雍等編『北京城市生活史』開明出版社、1997 年の第三章　明代北京城市生活、第二節　都城社会生活一（李宝臣執筆）では、とくに「人口統計」の項目を立て京師北京の「城居人口」について詳しく論じている。結論のみ紹介すると、明末には（A）民間人 30 万餘人に（B）宦官・軍人・附籍匠戸・官籍者など併せて 40 万を加えて、約 70 万餘人と想定したうえで、同時代人呂坤の説く 100 万人説を信じがたいと判断している。（A）の 30 餘万人は、本書第 4 章で用いた『宛署雑記』巻一三に見える万暦十六年（1588）の鋪行統計をもとに宛平・大興両県の鋪戸を 4.5 万戸前後と推算したうえで、『大明会典』や『万暦会計録』見える順天府の毎戸の平均口数 6.8 人を乗した数を用いている。しかしながら、鋪行統計の「鋪」を農村の「里」に倣って編成したと解する点は、次章で詳しく論じたように誤りである。鋪行統計は店鋪を開く都市商工業者の統計であり、（B）の官籍・匠籍をもつ者や軍人も含まれることから両者の数を単純に加算することは誤差を拡大することになり採用できない。

　北京の都市空間の変遷については、執筆当時は王偉傑等編『北京環境史話』など限られた参考文献しか見当たらなかった。その後、新華社の記者王軍による『城記』生活・読書・新知三聯書店、2003 年が刊行され、状況は一変した。1950 年代後半以降の北京城の城壁撤去をめぐる論争の経緯と撤去過程に関しては多くの情報が得られるようになったからである。多田麻美訳『北京再造─古都の命運と建築家梁思成─』集広舎、2008 年は、その日本語訳である。日本語版の巻頭に加えられた「作者の言葉」も、ぜひ一読を薦めたい。

第3章　通州・北京間の物流と在地社会
——嘉靖年間の通恵河改修問題をてがかりに——

は じ め に

　1981年、森正夫が提起した「地域社会の視点[1]」は、地主制研究にみられる「階級分析の方法」と賦役制度史研究に顕著に示される「国家基軸論」とに引き裂かれていた70年代までの日本の明清史研究の状況を、人間が生きる基本的な場からその存立と深く関わる社会秩序を通して再考する試みであった。森の定義によれば「地域社会とは、固有の社会秩序に貫かれた地域的な場であり、(政治・経済・イデオロギーのいずれとも微妙に異なる次元に属する) 意識の領域をも包括した意味での地域的な場である」としている。人々の「行動様式」に注目する岸本美緒も、社会統合を読み解く方法概念として、こうした森の「地域社会論」の持つ有効性を高く評価した[2]。

　地域社会論に対しては、国家論の欠如を批判する意見もある[3]が、現時点から振り返ってみれば、その分析視点には、公権力の内在的理解、すなわち国家論への視座が内包されていたと言えよう[4]。ただし、80年代以降の明清史研究の中で主要な関心の一つとなった地域社会史研究は、「方法概念としての地域社会の視点を鍛える」という森自身の問題提起にもかかわらず、「地理的界限」を伴った「実体としての地域的枠組み」とも切れていない形で進んできており、方法概念としての地域社会を設定しようとする立場と、実体としての個別地域にこだわろうとする立場との両者が重なり合う形で進行したというのが実状に近いであろう。

　後者の立場から出発した著者は、ここでは前者の方法にも学びながら、あらためて北京およびその周辺地域に在地社会（地域社会）を設定することにしたい。これまで、北京地域が地域社会史研究の対象として設定されることがほと

んどなかった⁽⁵⁾のは、史料的制約もあろうが、「国家基軸論」への反省から出発した地域社会論においては、国家と社会、中央と地方（中心と周縁）というような構図のもとで、地域社会が暗黙のうちに国家や中央と対置される「地方」に設定されていたからである。本章で、あえて地方（周縁）を意識させない「在地社会」の語を用いたのはこのためである。またこれまでの政治史研究においては、首都北京は政治抗争や権力闘争の舞台として描かれ、固有な社会秩序に貫かれた場として位置づける視点も稀薄であった。とはいえ、権力のお膝元たる首都北京の都市空間にも、様々な勢力がせめぎ合う中で固有な社会秩序が形成された地域社会を設定することは可能であり、こうした試みを通じてより豊かな北京社会史の構築が可能となると考える。

本章では、特に考察の対象として、16世紀、明代嘉靖年間の通恵河改修問題を取り上げ、その改修工事の経緯を明らかにするとともに、通州・北京間の物流⁽⁶⁾をめぐる利害対立の具体相と改修以後の在地社会の変容について考えることにしたい⁽⁷⁾。

最初に、通恵河とそれを取り巻く在地社会について一瞥しておこう。通恵河は、元朝の都水監郭守敬の設計プランによって開鑿された。開鑿工事は、大都建設の最終段階にあたる至元二十九年（1292）八月に着工され、翌年七月に完成した。元代の通恵河は、大都の西北昌平県白浮村より神山泉を引き入れ、西南に流れて扇状地に散在する一畝泉・馬眼泉の諸泉を集め、瓮山泊（現在の昆明湖）や七里泊をへて東流し、西水門より大都城に入る。そののち、積水潭を貫いて大内東側をめぐり文明門を出て東に流れ、南北城河の二流と合流して大通橋よりさらに東流して通州高麗庄に至って白河に注ぐまでの、全長164里104歩（約90㎞）をいう⁽⁸⁾。供水と舟運の双方を兼ね備えた運河で、開閉式の閘（水門）24座が置かれていた。

元末明初にかけては、水源の不足や土砂の堆積により利用不可能な状態となった。北京遷都後、通州・北京間の国家的物流が重要性を増したため、明代中期以降にしばしば改修工事が試みられ、本章で扱う嘉靖七年（1528）の改修に

よって再び舟運による利用が可能となった。明代では、舟運の機能を重視して、通恵河は大通橋から通州の張家湾渾河嘴（こんがし）まで50餘里（約28 kmで、ほぼ東京・横浜間の距離に相当する。大通橋—通州東水関36里58歩と通州東水関—張家湾12里226歩に分かれる）を主に指すようになった[9]。なお、通恵河は、「大通河」や「会通河」とも呼ばれ、あるいは単に「閘河」と呼ぶ場合もある。また通州地域では、潞河（外漕河）と区別して「裏漕河」と呼ぶこともあった。

　本章では、通恵河を取り巻く在地社会として、通州地域のみならず北京地域を含めて考える。この在地社会の中には、通州・北京間の物流の起点となる張家湾があり、「京東第一の大馬頭（フトウ）」と目されていた。また中継点に位置する通州旧城（周囲9里、明洪武元年に都督副使孫興祖が修築）と隣接する新城（周囲8里、正統元年に総督糧儲太監李徳・鎮守都指揮使陳信が建設）の都市空間があり、さらに終着地点の北京城（内城の面積は36.57 km^{2}で、外城は嘉靖七年当時はまだ建設されていない）内外の都市空間[10]が含まれている。

　行政的には通州と北京城附郭の宛平・大興両県とに分かれる両地域を、本章で一体的に捉えようとするのは、これら両地域では物流をめぐって一体化した地域空間が形成されていたと考えられるからである。嘉靖七年の改修以前は、運軍により大運河をへて天津より白河（北運河）を北上した漕糧約400万石は、一般に張家湾や通州で陸揚げされ、陸上輸送業者たる車戸により1日で通州の通倉や北京城の京倉に搬入されていた。首都北京で消費される様々な民間物資も、同様に張家湾から陸路で北京城まで運ばれた。このため、首都空間が成立する成化年間以降には、治安維持の上でも北京城外から張家湾までが一体的に捉えられるようになっていた[11]。

1　嘉靖七年の通恵河改修工事について

　呉仲撰『通恵河志』上・下巻には、嘉靖元年から十二年までの通恵河の改修に関する10本の奏議を収めている[12]。これらを年次順に配列し直せば次のとおりである。

史料 1　（巡視通倉監察御史向信題）乞修河道以便轉運事（嘉靖元年三月十九日）
史料 2　巡按直隷監察御史臣吳仲謹題爲計處國儲以永圖治安事（嘉靖六年九月四日）
史料 3　工部等部尙書等官臣童瑞等謹題爲計處國儲以永圖治安事（嘉靖六年九月十五日）
史料 4　戸部等衙門右侍郎等官臣王軏等題爲計處國儲以永圖治安事（嘉靖六年十一月十三日）
史料 5　巡按直隷監察御史等官吳仲等謹題爲計處國儲以永圖治安事（嘉靖七年五月二十七日）
史料 6　巡按直隷監察御史臣吳仲謹題爲計處國儲以永圖治安事（嘉靖七年六月二日）
史料 7　工部左侍郎臣何詔等謹題爲計處國儲以永圖治安事（嘉靖七年七月七日）
史料 8　巡按直隷監察御史臣吳仲謹題爲議處輕齎銀兩事（嘉靖七年十月七日）
史料 9　浙江等處承宣布政使司處州府知府臣吳仲謹奏爲紀聖政以擄愚藎事（嘉靖九年□月二十日）
史料10　工部尙書臣秦金等謹題爲紀聖政以擄愚藎事（嘉靖十二年四月二十七日）

　ここでは、これらの史料および明実録に依りながら嘉靖年間の改修工事の経過を追っていきたい。

　正徳十六年（1521）、おそらく嘉靖帝が即位した四月以降に、都御史臧鳳（ぞう）と総兵官顧仕隆が通恵河の剝運（閘運ともいう）を提案している[13]。上奏によれば、近年の造営工事で用いた大木を工部侍郎趙璜（こう）が通恵河により北京城大通橋まで曳運したこと[14]や、正徳十五年に参将王佐が張家湾から通州東水関の区間に舟運を試み経費を節約したこと[15]を例に挙げて、大運河を航行する糧船（漕運船）では難しいものの、より小型の剝船（ハシケ）による舟航は可能であるとしている。剝運の方法は、以下のとおりである。通恵河に設けられていた5閘を修理し、閘ごとに大小の剝船を50隻、計250隻を造り、1隻につき運軍4名、合

計1,000名を動員する。また口袋1万条を用意し、輪番に糧米を装填して剝船に載せ、運軍も協力して輓運すれば、天候にかかわらず輸送が可能としている。なお、この方法は浙江の各壩で行われている「盤船」と同様なものであると説明している。

　浙江で行われていた剝運を導入する案は、弘治十三年（1500）にも四川平茶司長官司吏目許瀚が提案したことがあった[16]。これによれば、剝運とは、水位を高める壩堰とその傍らに水位を調節する減（水）閘を設けて、壩毎に浙江奉化県の市河[17]の船式に倣った剝船を置き、糧船の漕糧をこれに積み替えて運河を遡上するものであった。許瀚の案では、剝船は「毎船米一百餘石を貯える」とあり、糧船の3分の1程度の大きさであった。

　年号が改まった嘉靖元年（1522）に入って、前述した臧鳳らの提案を、戸部が吏部等衙門と検討したうえで題奏したところ批准され、王佐・巡倉御史秦鉞・管閘主事華湘に文書を送り処理しているあいだに、今度は御史秦鉞が上奏した。これによれば、8閘を5壩に改め、その傍らに減水閘を設置するというものであった。関係官庁で調査検討せよという聖旨を奉じている（史料3）。調査中の三月には、御史向信もまた8閘を修復し剝運を行なうことを上奏している[18]。向信は、閘ごとに剝船50〜60隻を建造するのは漕運衙門だけでは間に合わないという理由から、しばらくのあいだは張家湾や河西務一帯の住民による造船と剝運への参入を許可するよう提案している。

　これに対し工部は、陸路は45里（約25 km）たらずで、車運の脚価が高いとはいえ1日で京倉に至ることができるのに対し、舟運は脚価がきわめて節約できるものの、大通橋から京倉までさらに4〜5里を陸運しなければならず、橋の近くに一時貯蔵施設を建て車や馬を用意する必要があるとしている。また通州城北側に閘を置き外漕河より直接通州城下に至ることにより従来用いていた4閘を省く案については、地形を検討したうえで挙行すべしとしている（史料3）。嘉靖帝もこれに賛同したものの、工事に着手した形跡はない。外藩より即位した嘉靖帝のもとで、この時期はいわゆる「大礼の議」が始まっており、おそらく通州・北京間の物流改善問題は先送りされたのであろう。

（1）改修工事の発端

　さて、嘉靖七年（1528）の通恵河改修工事の発端は、五年三月の総督漕運都御史高友璣・提督漕運総兵官楊宏の題奏から始まった。高友璣らは、張家湾から北京城東の朝陽門外に至る陸路の補修に加えて、通恵河を浚渫して水陸併用による漕糧輸送を提案した。この時には、嘉靖帝は戸・工二部に対し、巡城・巡倉御史とともに府州県の人員を率いた陸路の補修を許可する一方で、通恵河についてはしばらく中止するように命じていた。しかしその年の夏から秋にかけての長雨で道路がぬかるみ、陸運による輸送が困難となったことから、応急策として先年の運官萬表の奏議に依拠して運軍や夫役をも動員した道路補修を提案したところ、嘉靖帝の許可を得て楊宏が道路補修を命じられた[19]。

　こうした中で、巡視通倉を命じられた監察御史呉仲が、嘉靖六年九月に通恵河の調査をもとに前述した御史向信の説を受け継いで剥運方式を導入する上奏を行ったところ、嘉靖帝の裁可を得て、通恵河の改修工事が動き出した[20]。この間の経緯を、呉仲自身は以下のように述べている。

> 嘉靖六年、臣（わたくし）は巡視通倉となり現地に赴き調査しました。水勢が急峻で直接大通橋に到達させるのは困難であることが判明しましたので、御史向信の提案を受け継いで「搬剥の説」を提出いたしましたところ、恭しく皇帝陛下のご明察に遇い、上奏すると即（ただ）ちにお悟りになられ、賢き宰相もこれに協力し賛同されました。ついで臣および工部郎中何棟・戸部郎中尹嗣忠・参将陳瑶（ばん）にともに修理を行えとの命令が下りました。工事は七年二月に始まりその年の五月に完成しましたから、4ヶ月もかからずに漕糧輸送が可能となったわけで、上の者も下の者もみな快挙と見なしております[21]。

　この時、呉仲が提出した上奏の全文が史料2である。これによれば、呉仲の提案は、通恵河改修費用を民に負担させず、京倉への輸送もしばらくは陸運のままとして試みに100万石を剥運する。首尾よく行った場合には、通倉糧を含めすべての漕糧を剥運方式に切り替えて北京へ輸送するというものであった[22]。

第 3 章　通州・北京間の物流と在地社会　85

　呉仲の提案に対して、嘉靖帝は戸部と工部による検討と報告を命じた。これを承けて工部尚書童瑞は、戸部尚書鄒文盛とともに審議したうえで、戸部の属官1員を選び、工部管閘修倉主事や巡倉御史とともに各閘を調査して経費を見積もり、河道の高低と計画した工程について絵入りの報告書を作成して裁可を得るように提案した。これに対し、嘉靖帝は、九月十五日「通恵河の修理浚渫は、まことに転漕便利の至計である」と述べ、戸部と工部の各堂上官1員が漕運総兵・参将や原委の錦衣衛都指揮王佐、およびこれを上奏した呉仲とともに実地に調査することを命じた。聖旨の末尾で「大事成る可くんば、則ち労費は計る足らず、国計補うこと有らば、則ち浮言は必ずしも恤みず、若し姦豪の人、己(23)の利を妨ぐるを恐れ、故さらに違い騰謗撓阻すれば、緝事衙門の訪拏究問するを聴す」(史料3)と述べ、国家財政的見地から並々ならぬ決意を見せている。

　実地調査を行った戸部右侍郎王軏らは、「修濬閘河画図貼説」1本を進呈して裁可を仰いだところ、十一月十三日(24)、帝は来春を待って工事に着手することを命じた(史料4)。なお、『明世宗実録』(抱経楼本)巻八二、同年十一月乙亥朔の条によれば、これに先立ち礼部尚書桂蕚が、通恵河改修の不便を指摘し三里河の改修を提案していた(25)。嘉靖帝はその上奏を大学士楊一清と張璁に下し、擬票を命じている。

　　楊一清は、「通恵河は、旧閘により転搬の法を行えば、運軍の労力を省くことができます。宜しくこれを断行し、浮言に阻まれてはなりませぬ」と述べた。張璁もまた、「(中略)現在この河を開鑿修理しようとする場合、旧の河道を利用できるので誠に容易です。まして一隻の船の輸送量は、約そ10台の車に相当します。毎年漕船が通州に到達したら新糧を剝運させ、まだ到達していない場合は通州に蓄えている漕糧を剝運させれば、京師は充実して永えに意外の患はなくなりましょう。桂蕚が論じた二里河の開鑿の件は、費用が大きいうえに効果をあげることが難しく、地理の差し障りがあるだけではありません」と述べた。帝は璁の言を深く然りとした(26)。

張璁は、通恵河は従来の河道が利用でき工事が容易であるとしたうえで、桂蕚

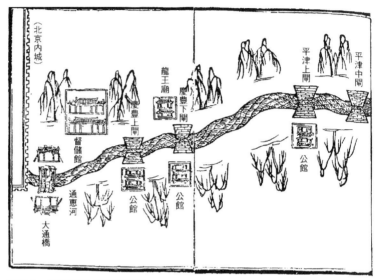

図 3-1　通恵河図（明嘉靖年間）
『通恵河志』上巻に収める「通恵河図」の上下を逆にして作成した

の提案した三里河の改修は費用がかかりすぎるとして否定した。同じく「大礼の議」で帝の恩寵を得ていた張璁と桂萼の二人ではあったが、この問題については意見を異にしていた。それはさておき、この時点で帝の考えが張璁の発言を得てすでに決っていたのは明らかである。また前述した呉仲の「賢き宰相」が、楊一清や張璁を指していたことも判明する。因みに浙江温州府永嘉出身の張璁が文淵閣大学士として内閣入りするのは、まさに嘉靖六年十月のことで[27]、陸路の補修優先から通恵河改修へと路線の転換が行われた時期とほぼ重なっている。

　呉仲は、工部郎中何棟・戸部郎中尹嗣忠・参将陳瑤らとともに改修工事を行った。工事は、七年二月四日から五月までの4ヶ月を要している。完成すると、剝船の舳艫が大通橋のたもとに連なり、北京の父老や運軍が集まり歓声が挙がったという（史料9）。

　完成後の五月二十二日に、呉仲は攢典張鑑[28]を遣わして長期的な維持管理のため以下の5項目からなる題奏を皇帝のもとに届けている（史料5）。

第3章　通州・北京間の物流と在地社会　87

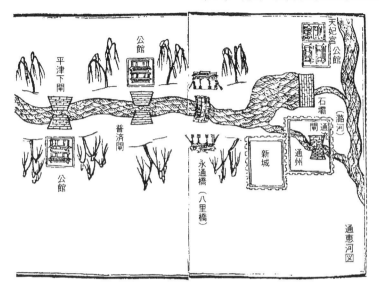

地名等はゴチック体に改めた。（　）内は著者が付け加えたものである

①定期的改修と浚渫費用の確保。堤岸の決壊と河身の淤塞を防ぐため、剝運により節約した脚価銀の中から毎年1,000両を支出し、通州に蓄え管閘主事が暇をみて工事を行なう。

②管閘主事の通州駐在による河道管理の強化。管閘主事は通州に駐在させ入京を許さず、河道を督理させて他の職務を兼ねるのを許さない。また通州に管河同知もしくは判官一員を設けて北京大通橋から通州鮮魚閘（広利閘ともいう）までの河道の修理を管轄させる。

③閘官・閘吏・閘夫の増設。旧額に依拠して、閘官1員・閘吏1名・閘夫100名を増添し、閘の開閉と修理に専念させる。

④通州西水関外の石閘の新設と通州北関外石壩の石閘への改造。通流閘は通州城内の市街地にあり、西水関は長いあいだ水に浸かった状態で不便である。慶豊上閘・平津中閘を解体して通州西水関外に石閘1座を造り、先の石壩を南に20丈ほど移して石閘に改造する。平時は、版（閘板）を閉じて積水し、増水期には版を開いて水を排水する。現在は、漕糧輸送が始まっているので完了

した時点で、工部に命じて検討を加えたうえで石閘に改造する。

⑤剝船の建造費と毎年の修理方法。額設の剝船300隻・経紀300名のうち、すでに張鑑ら120名が経紀に充当し漕糧運搬にあたっており、五月初以来、二十二日までに約17万石を運搬したと中間報告を行っている。

翌日に奉じた聖旨では、3〜4ヶ月で工事が完了し通恵河が利用可能となった功績を評価し科道官各1員に視察させて表彰すること、その他については、工部に審議報告するよう命じている。

（2）改修工事の内容

次に、『通恵河志』巻上、「修河経用」「閘壩建置」「公署建」により工事の内容についてみると、改修工事と新設工事に大きく分かれる。従来から設置されていたものの改修工事としては、まず慶豊上・下二閘（大通橋の東5里）、平津上・下二閘（慶豊閘の東11里、下閘は上閘から東に4里）、普済下閘（平津下閘の東13里）、通流閘（普済閘の東12里）の6座である[29]。ここにいう「閘」とは、流水量を調節する開閉式の水門であり、「牐」とも表記される。これらは、いずれも元の至元二十九年（1292）に郭守敬の設計により設置されたものである。当初は木閘であったが、至大四年（1311）以後に石閘に改められた[30]。明代に入ってからは、成化年間と正徳年間に改修が行われた。また、明代の通恵河剝運の終着点にあたる大通橋1座も改修された。さらに浚渫された河道は、21里13丈に及んだ。

新設工事としては、石壩1座が通州旧城北関外に新築された。高さは1丈6尺、長さ20丈、幅11丈であった。「壩」は「垻」とも表記され、河水を堰き止め、流水量を調節する施設のことである。閘と壩の違いについては、『通恵河志』巻上の「通恵河図」（本書86、87頁参照）に描かれた「普済閘」と「石壩」の図から大要を知ることがができる。閘と壩は、流水量の調節という点では同様の機能を持つが、最も大きな違いは水門の開閉ができるかどうかにあった。壩の建設費用は、水門の開閉設備が設けられていない分、低コストで閘の半分ほどで済んだ。石壩が新設されたことにより、京倉に納入する京糧は人家

の密集する通州城内を剝船が経由せず石壩からただちに通恵河に搬入するようになった。また剝船を停泊させる「潭并びに河」と搬運のための「小巷」がそれぞれ3処が新設された。さらに堤岸15処、総延長654丈も新築された。

このほか、通恵河の維持管理を重視した工事として公署7座の新設がある。大通橋督儲館1座、慶豊閘公館1座(龍王廟1座を含む)、平津上閘公館1座、平津下閘公館1座、普済閘公館1座、石壩公館1座(天妃宮1座を含む)の6座が、嘉靖七年に新設された。また都水分司1座が、呉仲の題奏により嘉靖八年に通州旧城内に新設された。ここには工部郎中1員が置かれ、通恵河や天津一帯の運河の閘壩の運営修理・堤岸保護・河道浚渫などを監督した[31]。従来、通恵河の管理運営に関係する官員はほとんど北京城内から離れることはなかったが、公署の建設で実際に現地に赴くようになり、管理が行き届くようになった(史料6)。

工事の費用についてみると、『通恵河志』巻上、「通恵河考略」には、「この年に費やしたのはわずかに7,000両で、糧200万石を運ぶことができた。省くところの脚価銀は12万両である」とあり、工事費用として約銀7,000両をつぎ込んだことが判る。同書巻上、「修河経用」には、至元二十九年、成化七年、正徳二年、嘉靖七年の工事費用の項目が立てられている。うち、成化七年の記載が欠けている[32]ため、正徳二年と比較すると、嘉靖七年に支出した巡倉贓罰漕運脚価銀6,890両、銅銭2万500文、米123石に対し、正徳二年は、太倉脚価戸部折糧銀4万571両であり、正徳年間の方がはるかに多い。成化年間もおそらく同様であったと考えられる。これは、改修工事自体は成化・正徳年間の時点でかなりの段階まで進行しており、最終的には、剝運の実施に踏み切った嘉靖帝のイニシアティヴが大きかったことを推測させる。

(3) 剝船の運営方法

第三に、剝船の運営方法について検討する。通恵河の改修された6閘のうち、通流閘は通州旧城内にあり、石壩が新設されると前述したように京糧の剝運ルートからはずれることになったから、これを除く5閘にそれぞれ剝船60隻ず

つ、合わせて計300隻を配備する。剝船の建造費用は、1隻につき35両、合計銀1万500両で、これを官銀より支給して淮安廠で建造する。建造された剝船は「経紀」に領有させて経営し、経紀が手に入れた脚価銀から毎年3,000両を返還し、3年半で建造費用を償還させる。その後の運営は経紀に任せ、毎年の修理費用も経紀に負担させるというものであった[33]。ただし、剝船が修理不可能なほどに損壊した場合には、今回と同様に建造費を支給することも考慮されている。なお、提案者の呉仲自身は、「将来、剝船を漕司に編入し、軍に改め自運し、必ず専任の官を設けて、はじめて恒久の計とすることができる」（史料6）と述べるように、最終的には漕運衙門による直接運営に改めるプランを持っていた。

呉仲の試算によれば、各閘に60隻を用意された剝船の1隻には150石を舶載でき、毎日2万餘石を運ぶことができると見積もっている。漕運シーズンは五月から九月までで150日ほどあるから、かりに長雨による中断があっても、京糧250〜60万石全部を剝運することができるとしていた（史料5）。嘉靖七年十月に提出された試行結果の報告（史料8）には、初年度の嘉靖七年に京糧199万3,829石を運搬し、脚価銀11万3,388両を節約したとある。

この結果、当初の試算3,000両を大幅に上回る、節約分の脚価銀5,000両を漕運衙門に送って剝船の建造費用に充てている。こうした実績を踏まえて、呉仲は、もし運軍の各総に対し厳しく督促し期限どおり通州に到達させれば、今年に比べて1ヶ月ほど早く輸送を完了でき、陸運を用いる必要はなくなるとしている（史料8）。また初年度に剝運したのは運軍の運搬する軍糧のみであったが、のちには民糧（糧長以下の納戸が運搬した江南5府の白糧約20万石のことで、官僚の俸禄として支出した）も併せて搬運するようになった[34]。

（4）改修工事の意義

最後に、嘉靖七年の改修工事の意義について考えてみよう。嘉靖七年の工事は、剝船を用いた剝運方式を導入することによって、成化・正徳年間に中断していた改修工事を完成させた。これにより、水位差を調節しながら糧船を用い

た場合、10日あまりかかっても1閘を越えることができないことがあった[35]のに比べれば、物流は大きく改善された。通州石壩から北京の京倉までは1日で到達可能となったという[36]。万暦年間には、石壩から日々京糧3万石が通恵河に運び込まれ、清初の石壩では昼夜を分かたず積み換え作業に従事する抗夫(ニンソク)のかけ声が響いていた[37]。

1992年に中国書店より刊行された『通恵河誌』の「出版説明」の中で、段天順・蔡蕃は、この剝運方式を「倒載制」と呼び、水源減少という状況に対応しながらなおも水運を維持するため、元代以来の大量の閘壩を廃棄して5閘2壩のみを使用したこと、漕運のシーズン中でも閘門を開けず、剝船も閘を通過させず、人夫により閘の上流に停泊している剝船に積み替えるものと説明している。この積み替え方式は、剝船の建造費用償還方法とともに、その後清末咸豊年間(1851〜61)においても継続している[38]ことから見ても、両者がこの嘉靖年間の工事を「通恵河漕運の最も重要な転換期」と位置付けているのは、妥当な指摘である。

ところで、元代の通恵河は、丘濬(しゅん)も指摘するように全長90 kmに及び、20数ヶ所に閘・壩を設置するなど、大規模なインフラ整備のもとに膨大な経費[39]を必要とするものであった。明代にはこうした工事は影を潜め、代わって採用されたのが、大規模なインフラ整備を必要としない「労働集約型」とも言うべき剝船による積み替え方式であった。興味深いのは、こうした方式が、前述した弘治年間の許瀚の上奏が指摘するように浙江の市河の船式をモデルとしている点である。もちろんこうした労働集約型の方式はこれまで北方に存在しなかったわけではないが、江南社会において広く導入されていたのは、当該地域における人口稠密化という要因を無視できない。さらに明末には北方の北京周辺でも剝運が導入されるようになるのは、江南社会と同様に人口増大や都市化が進んだことがその背景にあると考えられる。

2 通州・北京間の物流に関わる人々

（1）漕運に関わる人々

通州・北京間の物流をめぐっては、様々な官員や吏役が関わっていた[40]。

まず戸部関係の官員では、宣徳五年に行在戸部尚書李 昶（ちょう）を添設して在京と通州の倉場を専ら監督させた[41]。これ以後、尚書や侍郎が派遣されるようになり、これが総督糧儲（倉場）として制度化された。また通州には、戸部分司が設けられ管糧主事が置かれていた。成化十一年には、員外郎が派遣されて通倉での糧米の挫撥（支出）を管理するようになり、嘉靖三十八年以後には、代わりに郎中が派遣された。これが、のちの通糧庁に発展した[42]。インフラ整備を担当する工部関係では、物流の改善が大きな問題となり通恵河の浚渫が行われた成化十一年に工部郎中に閘座の管理を命じている[43]。嘉靖年七年に通恵河が改修されると、通州に管河分司が設けられ、あらためて郎中１員を置き通州から天津一帯の運河を督理した。倉廠の修理については、正統年間以来、通州に修倉分司が設けられ主事が常駐していたが、嘉靖四十三年には管河郎中の兼務となった。

監察御史関係では、巡倉御史が置かれた。宣徳九年、京倉と通倉のそれぞれに対して御史による巡視が始まった。景泰二年以後は、通倉には御史１員を専差し、京倉は巡城御史の兼管となった。しかし、倉米の取り締まりが巡視京倉と巡視通倉に分属し、互いに掣肘されて実をあげなかったため、科道官がしばしばその改善を提起したものの、「権豪」に阻まれ実現しなかった。嘉靖八年に至り、毎年御史１員を派遣して京・通２倉を巡視し、兼ねて通恵河の事務を管理するようになった。

内官関係では、宣徳年間に京・通２倉に総督糧儲太監が置かれている。正統年間以後これが定制となったが、嘉靖十四年に廃止された。正統元年には監督糧儲太監が設けられ、とりわけ正徳年間には、個々の倉にも次々と監督太監が添置され、17～8員まで増加した。しかし嘉靖帝即位以後２員に削減され、十

四年にはすべて廃止された。

　武官では、漕運総兵官が漕糧輸送に直接携わる運軍を統率し、彼らの利害を代表していた。通州には、漕運総兵官が一時駐在する漕帥府も設けられていた。

　次に、吏役では、通州に限って見ても『通糧庁志』巻八、服役志によれば、庁役・号役・閘役（後述）・河役・倉役・外役など多数の役人が挙げられている。

　庁役として、通糧庁の東西南北四科と通倉両監督の下に官辦各1名が置かれ、各倉の守支冠帯攢典のうちから考選した。また通糧庁の四科には書筭各1名が置かれ、通州左等衛の吏農のうちから採用した。書辦2名は、通州から採用した。壩・閘の号房には、号役として写字がそれぞれ2名置かれた。

　河役では、運河の河道に沿って浅鋪が設けられ、定期的に河道の浚渫を行ったり、浅瀬に阻まれた糧船の挽曳を担当する浅夫や堤を修築する堤夫が置かれていた。衛所と州県が併存していた通州地方には、軍浅6ヶ所と民浅10ヶ所がそれぞれ設けられており、万暦年間には、軍浅では通州左等4衛から軍夫211名を、民浅では通州から民夫110名を選び充当している[44]。

　通倉に関わっていた倉役としては、各倉官下ごとに小甲・斗子が設けられ、通州等6衛の富裕な餘丁を充当し銭糧の看守と秤量にあたらせた（見年44名、守支約210〜20名）。糧米の運搬を担当した小脚1,100名や運搬中に水を被った糧米を日干しする曬夫(さい)は、各倉近在に居住する軍民が充当していたが、万暦年間には、小脚が自ら雇用するようになった。1官下ごとに額設115名、共に330名が置かれた「歇家」(けっか)は、糧米の囤積や倉廒への搬入、倉墻の修理を請け負った。このほかに「下官歇家」(けっか)が25名おり、運官を宿泊させるなど旅館業務（人夫その他の斡旋業をも含む）を担当した。通州等6衛の正軍内から送られた鋪軍208名は、各倉墻外に設けられた守鋪を昼夜を分かたず巡邏した。軍餘が充当した修倉軍夫は原額が600名であったが、正徳十五年に450名に減された。

　倉役の中でも有力な存在であった歇家は、倉官や攢典と結託して漕糧を満載した車輛や驢馬をすぐに倉内に入れず、わざと各倉の門前に山積みさせ、賄賂を受け取ったうえで納入させるなど、種々の不正を行なっていたことが報告さ

れている[45]。

(2) 陸運に関わる人々

通恵河が改修され剝運が行なわれることによって真っ先にその影響を被るのは、言うまでもなく「車戸」と呼ばれる陸上運送業者たちであった。

こうした車戸は、いかなる人々が従事していたのであろうか。『明英宗実録』巻六二、正統四年十二月戊戌の条には、北京周辺の車戸の出身階層や経済状況をめぐる議論を載せている[46]。これによれば、近ごろ行在戸部の提案により、在京や通州潞県などの官員や軍民の家で驢騾や車輛を所有する者に口糧を支給し長城外の衛倉に運搬させた。車輛を所有する車戸はその日暮らしで、ややもすれば10日や1ヶ月もかかるような長城外に往かされる場合は、残された家族が食っていけなくなったり、途中で秣飼を欠き倒死する驢騾(カイバ)も多くあり、人々の怨嗟の的となっていると、巡按直隷監察御史李匡(きょう)が指摘した。これに対して行在戸部は、現在運糧を担当している車戸は官員の家族や軍戸の餘丁が大半で、民間人は2割に過ぎず、すべてその日暮らしの貧民とは断定できないと反論し、彼らに文憑（証明書）を支給して運送業を営むのを許すように提案したところ、裁可された。車戸は驢騾や車輛を所有しているとはいえ、当初から運送業に専業化していたわけではなく、主に農閑期に運送業に従事した場合が多かったと考えられる。提督漕運都御史臧鳳が、運軍の運ぶ糧米の多くは六、七月に北京に到達するものの、この時期は雨天で道路がぬかるむことに加えて、農繁期にあたり車輛も不足がちとなり、脚価が高騰した事実を指摘しているのは、こうした事情による[47]。官員の家族や軍戸の餘丁がこうした運糧に従事するようになったのは、この時が初めてではなく、北京への物流が重要となった永楽年間の北京造営の際にまで遡るものであった[48]。

それでは、こうした車戸の大半を占めた官員や軍士は在地社会の中でどのような位置にあったのであろうか。これまで地域社会史研究の中では、「郷紳」と呼ばれるような文官系統の官僚身分保持者の存在に焦点が当てられてきたが、明朝前半期の北京およびその周辺の在地社会では、在地の有力者として武官や

軍戸の存在が注目される。

　本来、物流や交通に不可欠なインフラストラクチャーの整備は国家が行なうべきものであった[49]。しかし正統七年七月には、北京城から張家湾に注ぎ込む十里河にかかる土橋を、義捐金を募って石橋に改めることを申し出た錦衣衛の校尉田廣という人物の存在が知られる[50]。また同年四月には、金吾右衛の軍士欒馬駒(らんばく)が通州の西南30里の馬駒橋（弘仁橋）の舗装を再度願い出て、許可されたことを実録に載せている[51]。「馬駒」の名は、『元史』に天暦年間（1328～9）に明宗の「近侍」として登場する[52]。生存時期から見て、欒馬駒がこれと同一人とは考えられないが、元朝を生きた馬駒と同様、非漢族出身者であった可能性がある。このことは、明朝前半期の北京の在地社会が元朝治下の多民族社会の影響をまだ色濃く残していた証左となろう。それはさておき、校尉田廣の事例と同様、軍士の身分を持つ者が在地のインフラ整備に積極的に関わっていたことが窺える[53]。

　こうした事例が『明英宗実録』に散見するのは、この時期における北京の首都空間の形成と物流上のインフラ整備とが密接に関わっていたからであろう。ほかにも、民戸の事例であるが、大興県の民阮藍が通恵河に架かる八里橋の改修を申し出でて許可された事例がある[54]。在地の橋梁の修理について朝廷にいちいち請願している以上の事例から明らかなように、インフラ整備はほんらい国家の管轄であるという認識が存在していたものの、現実には、在地の有力者による修築が認められていたことが判る。

　実際に北京の在地社会では、橋梁の整備についてどのような慣行が形成されていたであろうか。幸いこうした問い対して、嘉靖『通州志略』の記述[55]は、比較的詳細な認識を提供してくれる。これによれば、通州の橋梁は、大河の潞河に架かる浮橋とその他の小河川の橋梁とでは管理維持の方法が異なっていた。潞河に架かる浮橋は、東西交通の要路にあたり、長城にも近く、有事の際には軍馬も必ず利用した。増水期の春から夏にかけては川幅が広がり、恒常的な橋を架けることは不可能であった。従来は、通州と通州5衛が3対7の割合で経費を負担し、秋冬の期間のみ仮設の橋を建設し春になると撤去していたが、規

格どおりに建造しないことも多く、渡渉者が苦しんでいた。弘治年間に巡撫都御史洪鍾の建議により、州と衛に命じて舟を並べて浮橋を建設させた。これ以後、冬や夏も常設となり、増水期のみ一時撤去するようになったので便利になった。これに対し、その他の橋は、通州城内外や張家湾に居住する富裕な家が選ばれて「橋戸」に充当した。橋が損壊した場合は、橋戸が自ら修理を負担し、かわりにその戸の雑役を免除された。以上のことから、インフラ整備をすべて国家が負担していたわけではなく、大規模なものは除いては、在地社会の有力者の力を借りるという慣行ができあがっていたことが判る。

さて、車戸が専業化し在地の有力者による橋梁などのインフラ整備が始まるのと併行して、民間でも運送業務の仲介斡旋などに乗り出す人々が現れるようになった。『明英宗実録』巻六五、正統五年三月乙巳[56]の条には、通州張家湾の軍餘邵斌ら９人が「郎頭」「鐵臉」「閻王」「太歲」「先鋒」「土地」などの名号を立てて上下の馬頭（埠頭）を往来し、善良な者を欺き脅迫して財物を巻き上げていたことが見える。ここでは、特に財物を騙し取ったことが違法行為として問題となっているが、彼らが屋号を掲げて埠頭で行なおうとした行為自体は、官許を得ていた牙行[57]（牙郎ともいう）と同様な仲介斡旋業務や運送保安業務であったと考えられる。後者の運送保安業務は、明代では一般に「鏢行」と呼ばれていた[58]。

また『明憲宗実録』巻一〇八、成化八年九月丙申の条には、順天府下の州県の渡し場では、毎年河川の増水期や凍結時に官司が渡船や浮橋を建設し往来の便宜をあたえていたが、無頼の徒が「貴戚」の名を騙り、勝手に渡し船を造って往来する人々の財物を詐取し、深く民に害を与えていたことが報告されている。ここでは、無頼の徒による違法行為が問題とされているが、かえって「貴戚」と略称される宦官や外戚による渡し船などの仲介斡旋業務への参入が、当地で一般化していた事実を読みとることもできよう。

さらに驢騾や車輛を所有する車戸の下には、これらの輸送手段を借り受け運送作業に従事する日雇い労働者が多数存在していた。嘉靖五年の進士であった陸粲は、通恵河の改修に反対する勢力が主張する論拠として、以下のような

「游手」の存在を指摘している。

> 京城内外の游手の数は1万人やそこらにとどまるものではありません。彼らは車輓きの稼ぎによって食いつないでおります。一旦、陸運を廃止すれば、失業して事件を引き起こすのが気がかりです[59]。

北京城内外で1万人にものぼった「游手」と呼ばれる人々は、文字通り仕事を持たずブラブラと過ごしていたわけではなく、車輓きなど都市のさまざまな雑業に従事する日雇い労働者として生計を立てていたのである。1万人という見積りは、国家的物流としての漕糧以外の官民の商品流通や旅客輸送[60]に従事する人々も含む数字であろう。

(3) 剝運に関わる人々

嘉靖七年以後には、通恵河の剝運に関与する様々な人々が新たに登場する。剝運で最も中心的役割を果たしたのが、「経紀」である。剝運に従事した経紀については、『通恵河志』巻上、夫役沿革では、「經紀二百名、專ら糧米を剝運するを管す」と説明している。ここでは、経紀が200名存在していたとあるが、嘉靖『通州志略』巻三、漕運志には、「經紀一名毎に、船一隻を領す」とあり、前述したように剝船が300隻配備されたのであるから、本来経紀の定額も300名のところ、当初200名が設けられたのであろう。『通糧庁志』巻二、倉庾志・斗斛には、「石壩経紀三百三十名、毎名正兌斛二張を領す、共に六百六十張」とある。この330名という数字は万暦三十年代のもので、石壩のみならず通恵河の1壩5閘の経紀をあわせた数と考えられる。経紀は、剝運の仲介斡旋業者であり、正兌斛（正兌米の標準枡）を官から与えられていた。経紀の領有した剝船は、1隻につき船頭1名と撐夫（カコ）4名で操った。これまでにも張家湾には、北京までの陸上輸送にあたる車戸を運軍に仲介斡旋する「起糧経紀」が存在していた。運軍と馴染みとなるのに任せていたので、往々にして脚価を騙し取るなどの弊害が生じていた。これに鑑み、嘉靖八年に剝船の経紀を厳選して充当するよう命が下っている[61]。剝船の経紀となった者の中には、かつての起糧経紀からの参入者も多数存在したであろう。

また閘や壩には、糧米を運搬して剝船から別の剝船への積み替え業務を差配する「水脚」(小脚ともいう)が置かれた。その内訳は、当初、大通・慶豊上下・平津・普済の各閘15名、石壩30名、計105名であったが、のちに各閘17名、石壩36名、計121名に増加した[62]。万暦年間には、さらに156名に増加した。水脚1名ごとに抗夫15名を雇用したので、あわせて抗夫は2,370名にのぼった[63]。

剝運の終着点大通橋から北京城内の京倉まで陸路の運搬を担当したのが車戸で、60名が置かれた。このほか、通州城東門の土壩から通倉までの陸路運搬を担当した土壩車戸50名が置かれた。通倉への納入の起点となった土壩に置かれた人員の詳細については、省略する。以上は運軍が運んだ軍糧に関するものであるが、『通糧庁志』巻八、服役志・閘役には、別に民運の白糧経紀・白糧水脚・白糧車戸・白糧抗頭の名も見える。

さらに、改修された閘にはそれぞれ維持管理にあたる閘官・閘吏や閘夫が設けられた。もともと通恵河の慶豊等9閘には、成化年間に閘官4員、閘吏4名、閘夫674名[64]が置かれていたが、のちに閘運が行われなくなると、閘官1員、閘吏1名、閘夫88名を残すのみとなっていた。正徳初年の改修工事で閘夫が新設されたこともあったようであるが、工事が成功しなかったため、六年には新設の閘夫も廃止されている[65]。また正徳末年には内府衙門の竹木等料を運送するため、閘夫80名を添増した。嘉靖七年に通恵河が改修され舟運が通じると、しばしば閘門が開閉されるようになったため、呉仲が閘官1員、閘吏1名、閘夫100名を増設するよう提案した結果、閘官2員、閘吏2名、閘夫280名となった。以前から存在していた閘夫は従来通り民間から充当したものの、増設した閘夫については節約した脚価銀から支出して雇用し、民間に負担させなかった[66]。前述した竹木等料運送のために増やした80名分については、元来徴収していた解部銀560両を一時蓄え、南京から歳運の竹木等料が届いた日に車戸を雇用して陸上輸送を行わせ通恵河を利用させなかったというから、改修後の通恵河が漕糧輸送に限定されていたことが判る。

嘉靖『通州志略』には、剝運導入後に設けられた経紀や水脚は、北京人と通

州人が互いに充当することになっていたものの、通州人がより多くを占めていたというが指摘がある[67]。嘉靖以後には、こうした傾向が一層進んだと推測される。なお、彼らへの脚価は、通州にある通済庫から支給されていた[68]。

3　物流をめぐる市場と利害の調整

（1）物流をめぐる市場と身分的特権者層

　最初に、通州張家湾から北京の京倉までの漕糧の陸上運搬費用（脚価）をめぐる市場について考察を加えておきたい。正統十四年（1449）八月、土木の変直後の緊急時であるが、通州から京倉まで漕糧20石を運んだ者に脚銭銀1両を支給した例がある[69]。また秋雨が連綿と続き道路がぬかるんで運賃が高騰した際に、8～9石の運搬に対し銀1両を支払っている[70]。一般には、漕糧10石につき銀1両程度と考えられる。

　ところで、北京にもたらされる漕糧は税糧の銀納化に伴ない明代後半になると減少傾向にあったが、一般に約400万石が定額であった。しかし通州・北京間の物流がネックとなっていたため、その全額が北京城内の京倉に運ばれたわけではなく、通州にある諸倉（大運西倉・南倉・中倉・東倉）にも貯蔵された。京倉と通倉の貯蔵比率は、時期によって変化がある。宣徳八年（1433）には、漕糧約500万石を1対2の比率で京倉と通倉に蓄えている。正統二年では、450万石を4対6の比率であったが、成化六年（1470）以後、7対3に改善された。ただしこれは、運軍が水次から京・通倉に兌運した正兌米330万石についての比率であり、支運米の一部を兌運法に改めた改兌米70万石は、京倉と通倉で4対6で、残りの支運米については、すべて通倉に収められた。従って、京倉には259万石、通倉には141万石がそれぞれ蓄えられていたことになる[71]。

　通州張家湾から京倉までの運搬費用として車戸に支払われる脚価の総額は、前述したように10石につき1両とすると、銀25.9万両となる。一方、通倉に貯蔵された141万石は、「大放糧」と「小放糧」に大別される。大放糧とは、

正月・二月・七月・十二月の初二日から九日まで毎日錦衣衛以下70衛と在京の内府各監局等に対し放出されたもので、小放糧は、毎月通州の官員や通州5衛に放出したものである[72]。京軍に支給されのは、「總計一百二十餘萬石[73]」という史料があることから、通倉の大半が北京まで車戸を雇って運んだと計算上仮定すると、銀12万両程度と見込まれ、併せて約38万両となる。この数字は、呉仲が『通恵河志』巻上、通恵河志敍の中で、「今に至って舟楫が通じ、直ちに京城まで達するようになった。都の人々は陸輓の労苦から免れ、毎年節約した浮費は銀40餘万両を下らない。公家の利益少なからざる所以である」と述べる記述とほぼ一致している。従って、国家的物流の主たる部分を占めた漕糧のみでおよそ銀40万両程度の市場があったと見込まれる。これに漕糧以外の民間の物流を加えれば、より膨大な額となり、銀数百万両という指摘さえある[74]。

このため、この物流市場をめぐっては、前述した在地の車輛や驢騾など輸送手段を有した武官や軍戸の家族成員にとどまらず、様々な勢力が介入していた。嘉靖初年に通恵河の改修を提案した巡視通倉監察御史向信は、通恵河の改修工事が成化年間以来、完成を目前にして毎回中止される理由として、「権勢の家」と「罔利の徒」の存在を挙げている（史料1）。同様に、呉仲も通恵河の改修が「完成間近になって、そのたびに中止するのは、ただ権勢の車輛や罔利の牙税にとって不便なために阻まれるのだ」と述べている（史料2）。通恵河の改修を妨害した勢力として呉仲が挙げている後者の「罔利の牙税」と呼ばれている存在は、車戸の仲介斡旋業務を行なう前述した牙行や無頼の徒を指している。これに対して、前者の「権勢の車輛」は、車輛を所有する車戸や車輓きの游手（日雇）を配下に従えていた外戚・功臣・宦官などの身分的特権者たちを指すと考えられる。事実、呉仲らの功績を称えて嘉靖四十五年に「通恵祠碑記」を書いた山西道監察御史顔鯨は、より具体的に貂鐺（宦官）や勲戚が有力な牙行を手下にして利益を独占していたことを指摘している[75]。

外戚・功臣・宦官などに代表される身分的特権者たちが、首都北京において官店を賜与されたり塌房を設置して倉庫業務や仲買問屋業務を営んでいたこと

については、以前に考察を加えたことがある(76)。また通州張家湾においても、皇親や外戚の家が店舗を列ねて仲買問屋業務に参入し、民間の商工業者の利益を圧迫していたことが報告されている(77)。これに、ここで明らかにした陸上輸送における身分的特権者の介入の事実を加えれば、かかる特権者たちが通州・北京間の物流を包括的に掌握していたことが浮かび上がってくるであろう。従って、外戚・功臣・宦官に代表される身分的特権の動向は、通恵河の改修問題に対しても大きな影響を及ぼしたはずで、成化年間以来、しばしば改修が試みられながら中断した理由もそこにあった。

　それでは、嘉靖年間の通恵河改修の時期には、いかなる身分的特権者が通州・北京間の物流に関わっていたであろうか。まず、嘉靖年間の有力功臣であった翊国公郭勛の場合が考えられる。郭勛は、太祖洪武帝に仕えた武定侯郭英以来の功臣の後裔である。郭英は、妹が寧妃となったことから洪武帝の恩寵を得ていたが、雲南平定戦の論功により武定侯に封じられた。勛は、正徳初年に武定侯の爵位を嗣ぎ、両広を鎮守したのち都に戻って三千営を掌った。嘉靖帝即位後には団営を掌り、大礼の議が起こると、帝の意向を察知して張璁に荷担して寵愛され、翊国公となった。団営を提督し、さらに嘉靖十八年には後軍都督府を兼務するなど、首都の軍事権の大半を掌握していた。しかし職権乱用や利益独占を給事中戚賢らに弾劾され、捜査の結果、北京に「店舎」1,000区以上を所有し、北京の倉庫・仲買問屋業を大規模に経営していたことが判明している(78)。

　通恵河の改修問題では嘉靖帝から絶大な支持を得ていた呉仲自身も、嘉靖七年に郭勛の京営における不法行為を批判した事実がある(79)。ただ、郭勛自身が爵位を嗣ぐのは正徳初年のことで、嘉靖帝の恩寵を得たのも大礼の議を契機にしてであったことから、官店等を賜与され北京の物流市場で大きな影響力を発揮するようになるのは、おそらく通恵河の改修以後のことであろう。

　郭勛に先立ち、外戚として権勢を誇っていたのが、孝宗敬皇后の外戚張鶴齢・延齢兄弟である。弘治・正徳・嘉靖前半期の外戚張氏一族については、佐藤文俊による詳細な研究がある(80)。これによれば、張氏兄弟の財源集積方法

として、荘田の集積や商品流通への介入、および残塩買補を挙げている。特に、商品流通への介入では、北京城内に和遠店や宝源店などの官店を賜与され、倉庫業や仲買問屋業を大規模に営んでいたことが注目される。嘉靖十二年、張延齢の殺人事件が発覚すると、刑部等衙門での審議をへて彼に対し「監候処決」の聖旨が下った。これ以後、張氏一族の没落が始まったとされる。張延齢にかわって和遠店を管理したのは前述した郭勛であった[81]。

以上の考察により、弘治年間から嘉靖初年にかけて通州・北京間の物流に深く関わっていたのが、張氏一族であったことが明らかとなると、嘉靖帝がこの時期通恵河の改修工事に対してイニシアティヴを発揮し始めた理由もよく理解できるように思われる。というのは、嘉靖五年前後から嘉靖帝は、これまでの外戚に対する優遇策を方向転換し、八年十月に外戚世爵裁革令を出すなど官僚とともに外戚問題に取り組み、皇帝権を強化したことがすでに明らかにされているからである[82]。嘉靖帝のこうした方向転換の理由として、大礼の議に関係して、帝の生母蔣氏を抑圧した昭聖皇太后張氏に対する個人的な恨みから外戚張鶴齢・張延齢兄弟の勢力を殺ぐことを意図するようになったと言われる[83]。

嘉靖五年前後は、これまで考察してきたように通恵河の改修工事が動き出した時期とも重なっている。改修工事による剝運方式の導入は、最終的には、漕運衙門による直接運営を目指すものであったから、これまで陸上輸送業者を配下に従え通州・北京間の物流を掌握していた外戚張鶴齢・延齢兄弟の勢力を弱める結果をもたらしたことが推測される。従って、嘉靖年間の通恵河改修工事の決定には、その後に続く嘉靖八年の外戚世爵裁革令と同様に、外戚張氏一族に打撃を与える意図も含まれていたであろう。

(2) 在地社会の様々な利害の調整

とはいえ、嘉靖帝自身の個人的な意図が、ストレートに現実の政治の中に反映されたわけではない。いかに皇帝独裁の政治といえども、権力の暴力的な発動は正当化されてはいなかったからである。改修工事の必要性は、様々な利害

第 3 章　通州・北京間の物流と在地社会　103

の調整を図りながら、公的な場で論理的に示されねばならなかった。

　利害の調整という点に目を向けると、例えば、嘉靖初年監察御史向信は「水陸並進するは、尤も全妙と為す」（史料 1）と述べ、剗運と陸上輸送の併用に言及していた。呉仲も前述したように剗運方式を導入するにあたって、京糧の運搬についてはしばらくは陸上輸送のままとし、船と人夫を雇って試みに 100 万石を運ぶことを提案していた。また通恵河の剗運で運搬するのは、軍糧と民糧のみであり、官私の貨物は従来どおり陸上輸送とし、陸上輸送業者の利源（タツキ）を全く絶つものではないと、念を押している（史料 2）。嘉靖帝自身も、戸部右侍郎王軏（けつ）らの題奏に対する聖旨の中で「且つは車・舟並進して、車脚の利を失うことがないように」（史料 4）と特に注意を与えているし、「糧運過り尽きれば、商民の船隻もまた通行すべし」（史料 5）と述べ、漕糧運搬終了後は、商人や民間の船隻の通行にも配慮を見せている。ただ、後述するように明代では商人や民間の船による通恵河の舟運は行なわれていなかった。

　さて、水陸併用という前提のもとに工事が着手されたものの、後述するようにコスト面の優位性もあり、改修工事後は、漕糧の輸送は水上輸送すなわち剗運が主流となった。こうした中で、嘉靖七年六月に総督倉場尚書李瓚（さん）は、経紀が天候に関わらず剗運を行ない、雨天時には被いをかけるなどの措置も取らなかったため、京倉に納入後に漕糧が劣化したことを問題視し、雨天時には剗運を禁止し、晴天時のみ許可すること、あるいは当初の原案どおりに水陸併用とすることを提案している。これに対し、嘉靖帝は、順調に行われている剗運に難癖をつけ妨害しようとする在倉人役や歇家（けつか）を批判したうえで、当初の原案の水陸併用に理解を示し、長雨の時の剗運停止を決定している[84]。こうした陸上輸送業者の利害に対する帝の配慮は、彼らの在地社会における影響力の大きさを物語るものであるが、皇帝の存在自体がさまざまな利害の調整者として期待されていたからでもある。

　次に、嘉靖七年の改修工事の提案者呉仲の奏議をもとに呉仲自身の論理に即して、通恵河改修の必要性をあらためて検討したい（史料 2）。

　呉仲は、改修を提案する理由として、第 1 に財政的見地、第 2 に在京各衛の

口糧受け取りの便宜、第3に漕糧を通州に蓄えることの危険の3点を挙げていた。

第1点についてみると、陸運を剝運に改めれば、1年に脚価銀10餘万両の節約が可能であるとし、財政難の折、国家財政にとって裨益するところ少なくないとしている。

第2点については、通州・北京間の物流が改善されないために、在京の各衛が通州に出向いて口糧を受け取ることの不都合な点として、官吏の不正支給や軍士の騙取を受けやすいこと、あるいは受け取りに行く身内の者の使い込みや天候に左右されて支給が遅延し、旅費にその大半を費してしまうことを挙げている。

第3点については、長城地帯の密雲等処はみな間道が通じており、もし姦細（スパイ）が手引きしモンゴルが軽騎で疾馳すれば、たちまちのうちに通倉まで達することができること、このため倉廒を占拠されたり焼燬されれば、国家の蓄えが無くなり首都も困窮するという危険を指摘している。

さて、第1点の財政的見地については、車輛脚価と剝船価との比較からも呉仲の主張の正当性を確認することができる。嘉靖初年当時には、車輛脚価銀1両につき8石を運んだ。300石積みの漕運船1隻の漕糧を車輛で陸運すると銀37両5銭となる。これに対し、剝船は100石積みで、剝船価（船運撐挽脚銀）は銀1両でこれを運んだとある[85]。ただし剝船の場合、5閘を利用するため5回積み替えることになるから5両必要で、1両につき20石を運ぶことになる（史料4）。両者をそれぞれ1石あたりの価格に換算すると車輛脚価は、剝船価の2.5倍となり、剝運が陸運に比べてコスト面で経費節減になることは明らかである[86]。

実際に、前述したように京糧199万3,828石を通恵河で剝運して、約銀11万3,388両を節約したことを呉仲が報告している。工事費用を差し引いたとしても、国家財政に裨益すること大であった。ただ、節約分は運軍に還元されたわけではなく、太倉銀庫に送って蓄え、修河などの支用に備えることが嘉靖十年に定式化された。とはいうものの、こうしたコスト比較による国家財政的見

地が、改修工事の必要性を主張するうえで万能であったわけではなかった。呉仲が第3点目の防衛上の理由を特に強調したのは、財政的見地のみでは、外戚・功臣らの反対を抑えることができず、国防というようなより大きな「大義」が必要であったことを示している。

　第2点については、嘉靖『通州志略』の編者左副都御史楊行中（嘉靖二年の進士）は、同書巻三、漕運志・糧額[87]の中で、「いわゆる京軍とは、未だ必ずしもすべて在京居住の人ではなく、通州四境100里内外に住む者も多くは京衛の官軍である」ことから、前述した弊害は北京で支給しても同様で心配するに及ばないとし、通州の在住者の視点から批判を加えている。

　第3点については、こうした危険を解消するために、呉仲は嘉靖九年に通倉の倉儲を北京に運ぶことを提案している（史料9）。さらに剝運が定着すると、中央の視点から通倉を廃止して漕糧をすべて京倉に納入するという提案も出された[88]。しかしこうした提案に対しては、京倉と通倉の分貯による危険の分散という視点から、戸部尚書梁材を始め、多くの批判が出されている[89]。先の楊行中も、同書同巻、漕運志の中で、呉仲の主張する通倉貯蔵の危険の指摘と併せて、通倉廃止提案を批判している。第2点や第3点に対する通州在住の郷紳楊行中によるこうした批判の登場は、通州地域固有の利害が意識され始めてきたことを示すものであろう[90]。明末という時代は、これまで主として北京在住の身分的特権者層によって、通州・北京間の国家的物流を梃子に掌握されていた在地社会が新たな変容を迫られた時期でもあった。

結びにかえて

　本章では、嘉靖年間の通恵河改修問題の考察を通して、通州・北京間の物流市場とこれをめぐる利害の対立の具体相、および在地社会の変容の一端を明らかにしてきた。剝運が導入される嘉靖七年以前においては、通州・北京間の物流は、車戸と呼ばれる陸上輸送業者たちによって支えられていた。これらの車戸のもとには、北京城内外の1万人以上の日雇い労働者が運送業務に従事して

おり、彼らの生業を保障することは、首都北京の治安の動向とも密接に関わっていたであろう。またこうした車戸や車輓きたちを配下に置いていたのは、通州や北京城内外に店房を多数所有し倉庫業や仲買問屋業を営む外戚・功臣・宦官などの身分的特権者であった。彼らは首都特有の在地社会の中で、皇帝権力により接近しているがゆえに様々な身分的特権を有して、その秩序形成に対して無視できない大きな影響力を行使していた。

これに対し、成化年間以来しばしば試みられてきた剝運方式の導入は、身分的特権者たちや陸上輸送業者の利益を奪い、在来の秩序を切り崩すものであったから、通恵河の改修工事に対しては様々な妨害が加えられた。こうした中で嘉靖年間に剝運が実現したのは、大礼の議に関わって外戚張氏兄弟の勢力に打撃を与えようした嘉靖帝のイニシアティヴによるところが大きかった。ある意味では、これは外藩から即位した嘉靖帝であったから可能であったとも言える。また通州在住の郷紳楊行中の発言に示される通州固有の地域利害の自覚化など、在地社会自体の変容もその背景にあったと考えられる。

従来の研究では、地域社会の秩序形成者や有力者として、いわゆる郷紳、すなわち科挙制度に連なる進士・挙人・生員の存在が注目されてきた。こうした点からすれば、軍事系統の軍戸が在地の有力者として物流上のインフラ整備を行なっているのは、特異な事例と片づけられるかもしれない。また軍事系統と関わりの深い、外戚・功臣など身分特権者が在地社会の秩序形成に大きな影響を及ぼした点も、天子のお膝元である首都特有の事例とも言えよう。しかしながら、衛所の多く置かれている辺境地域はもちろん、華北地方や交通要衝となる都市においては、軍事系統に連なる武官や軍戸の存在は在地社会のなかで無視できないものがあった。これは、中国の研究者顧誠がすでに指摘したように、明帝国がその創設当初、行政系統（州県）と軍事系統（衛所）の二大系統の疆域管理体制を取っており、皇帝権力も行政と軍事の両系統の上に成立していたことに照応するものである[91]。

最後に、清代への見通しを述べて、本章を終えたい。清実録には、康熙三十五年（1696）五月にこれまで漕糧のような国家的物流に限定されていた通恵河

が、康熙帝の指示によって、漕運船のみならず民間の船隻にも開放され、「便民船」と名付けられた事実を載せている[92]。こうした措置を取るにあたって、康熙帝は総督倉場侍郎徳珠らに調査を命じている。当初漕運への影響を心配していた徳珠らは、運軍や商人の双方がこれを希望したことを報告している。明朝で実施されなかった「規制緩和」を、非漢族王朝の清朝が行っていることは興味深い。清代後半には、通恵河の5閘の額設の剝船数が明末の330隻から125隻と減少しており[93]、通恵河における国家的物流の占める部分が減少し、かわって民間の業者が参入したと推測される。また雍正八年（1730）二月には、銀34万両をつぎ込んで全長約18 kmの通州石道（長さ5,588丈、幅2丈）が完成している[94]。

　こうした清朝国家の「開放性」を強く印象づける政策は、どのようにして可能であったのだろうか。これは、一つには17世紀、北方での人参・貂皮交易の場から台頭してきた清朝政権自体の性格に由来するものであろう[95]。また明末通州で萌芽的に見られた固有の地域的利害の登場も、これに関連するであろう。明清交替をへて、首都北京や通州の在地社会がどのような変容を遂げていくか、また清朝の皇帝権力がこれとどのような関係を切り結んでいくかについては、今後の課題としたい。

註

（1）　森正夫「中国前近代史研究における地域社会の視点――中国史シンポジウム『地域社会の視点』――地域社会とリーダー」基調報告『名古屋大学文学部研究論集』83号〈史学28〉、1982年。

（2）　岸本美緒「モラル・エコノミー論と中国社会研究」『思想』792号、1990年。同「明清期の社会組織と社会変容」社会経済史学会編『社会経済史学の課題と展望』有斐閣、1992年所収。なお、『歴史評論』580号、1998年は、「中国『地域社会論』の現状と課題」と題して、山本進・三木聡・井上徹・山田賢らの論考を掲載している。

（3）　山本進「1992年の歴史学界――回顧と展望――（中国―明・清）」『史学雑誌』102編5号、1993年。

（4）　新宮学「1995 年の歴史学界――回顧と展望――（中国―明・清）」『史学雑誌』105 編 5 号、1996 年。地域社会論のもつ国家論への視座については、伊藤正彦「中国史研究の『地域社会論』――方法的特質と意義――」『歴史評論』582 号、1998 年の研究史の整理が有益である。

（5）　近年にいたって、ようやく以下のような北京の周辺地域（明の北直隷・清の直隷省）を扱った地域社会史研究の取り組みが始まっている。黨武彦「清中期直隷省における地域経済と行政――永定河治水を中心として――」川勝守編『東アジアにおける生産と流通の歴史社会学的研究』中国書店、1993 年所収。同「明清畿輔水利論の位相」『東洋文化研究所紀要』125 冊、1994 年。田口宏二朗「明末畿輔地域における水利開発事業について」『史学雑誌』106 編 6 号、1997 年など。

（6）　「物流」という語は、近年一般に physical distribution（物的流通）の略語として用いられていることが多いが、本章では、単なる漕糧の輸送や商品流通にとどまらず、荷役・保管業務などを含めた物資流通をめぐる諸活動の全体を含めて用いることにしたい。

（7）　先行研究として、王璧文「清官式石閘及石涵洞做法」『中国営造学社彙刊』6 巻 2 期、1937 年。星斌夫『明代漕運の研究』日本学術振興会、1963 年、第 1 章第 3 節。同「明・清時代の漕糧輸送制を比較して」『明清時代社会経済史の研究』国書刊行会、1989 年所収。傅崇蘭『中国運河城市発展史』四川人民出版社、1985 年。侯仁之「北京都市発展過程中的水源問題」『北京大学学報』1955 年 1 期、のちに『歴史地理学理論与実践』上海人民出版社、1979 年に収録。蔡蕃『北京古運河与城市供水研究』北京出版社、1987 年。北京市公路交通史編委会『北京交通史』北京出版社、1989 年、新宮学「明代前期北京の官店塌房と商税」『東洋史研究』49 巻 1 号、1991 年、本書第三部第 8 章に収録などがある。とくに、運河としての通恵河の技術史的側面については、蔡蕃著書の研究成果に負うところが多い。

（8）　『国朝文類』巻三一、宋本「都水監事記」、および『元史』巻六四、河渠志・通恵河。

（9）　呉仲『通恵河志』巻上、通恵河図、『明史』巻八六、河渠志四、運河下・大通河、および『通糧庁志』巻九、芸文志上・奏疏、「請開通恵河疏一」。

（10）　新宮学「明代の首都北京の都市人口について」『山形大学史学論集』11 号、1991 年、本書第一部第 2 章に収録。

(11) 『明憲宗実録』巻五三、成化四年四月癸丑、「兵科給事中陳鶴言三事。(中略)一、張家灣抵京城裁六十里、不逞之徒往往肆行劫掠。(中略)於城外起至張家灣一路、毎五里置一鋪、毎鋪撥軍十名守之。毎三鋪設一官總之。而以指揮更相輪替、置銅鑼・軍器、時行巡邏」。

(12) 『通恵河志』のテキストは、玄覧堂叢書本を用い、近年評点を付して出版された段天順・蔡蕃点校『通恵河誌』中国書店、1992年を参照した。『通恵河志』については、史料紹介を行った新宮学「呉仲撰『通恵河志』について」『慶應義塾大学地域研究センターCASニューズレター』97号、1999年、本書第四部附篇3に収録を参照されたい。なお、『通恵河志』に載せるこれらの奏議については、史料番号で典拠を示し、奏議原文で用いられている会計用漢字は、常用漢字に改めた。10本の奏議のうち、史料2は、『皇明経世文編』補遺巻三、呉仲「重開通恵疏」の全文である。史料4は、同書巻一八四、王軏「重開通恵河疏」の全文である。史料9は、同書巻一〇六、梁材「議處通恵河」の前半部分にも収められている。

(13) 謝純『漕運通志』巻八、漕例略、「(正徳)十六年、造剝船置布袋舣運京糧」。

(14) この造営工事とは、おそらく正徳九年正月火災で焼失した乾清宮の再建工事のことで、十月に全国に大木採取の命が下った。『明武宗実録』巻一一七、正徳九年十月己酉の条。

(15) 史料1によれば、正徳十五年の春から夏にかけて、参将王佐は、従来陸運となっていた張家湾から通州東水関までの区間に「運船を催督し」通倉への搬入を行い、脚価銀一万餘両を節約している。しかし史料1の他の部分では、「剝船を小試し、屢しば試み屢しば利する」とあることから剝船と考えられる。隆慶六年以後は、水量が増したため運船に切り替えられた。『明神宗実録』巻七、隆慶六年十一月庚戌の条。

(16) 『明孝宗実録』巻一六〇、弘治十三年三月乙丑の条。

(17) 『読史方輿紀要』巻九二、浙江四、奉化県・市河参照。なお、浙江寧波府奉化県を流れる市河は、奉化江の支流で「新河」「新渠」とも呼ばれた。

(18) 『明世宗実録』巻二四、嘉靖二年三月庚戌の条、および史料1、「毎聞轉行漕運衙門、打造剝船五六十隻、恐緩不濟事。或暫令張家灣・河西務一帶居民、聽其造船覓利、定以閘口、編以班次。其各船合用布袋二三百條、令其自備。其合用脚夫、俱在臨期斟酌、責令船頭給價雇覓」。

(19) 『明世宗実録』巻六二、嘉靖五年三月戊戌の条、および史料3、「又經議擬、覆奉聖旨、是、戶・工二部、便差能幹屬官一員前去、會同巡城・巡倉等官、督率府州縣應管人員、相度修理。務在早完、以便糧運。開運事且罷、欽此。已經通行委官行勘修理間、緣夏秋時月、雨水連綿、道路泥濘、車不得行、反爲運道之阻。合無查照先年運官萬表所議、量撥軍夫、隨處填墊、特目前一時之急、等因。覆奉聖旨、是、欽此」。

(20) 『明世宗実録』巻八一、嘉靖六年十月戊午の条。

(21) 呉仲『通恵河志』巻上、通恵河考略。

(22) 史料2、「臣竊思之、水陸轉運、其勞逸省費、較然甚明。況陳銳等多累朝漕運名臣、言必不妄。(中略) 惟陛下留神察察、謀之二三元老大臣、而獨斷焉。萬一臣言或是誤蒙採納、即今漕運會議在邇、乞敕戶・工二部、查照先今節次題覆事例、一併處處。就著巡倉御史、會同工部管閘修倉主事、兼理開運。閘板見存、修補借之各廠、少有疏濬、幷其他用度、量支修倉餘剩・巡倉贓罰幷所省脚價、民財民力、一不妄費。大運京糧、姑聽陸路自進。且令覓船雇人、署者百萬以試之。如果可行、就將省下銀兩、蓋房造船、築堤展河、次第擧行。所謂三七通糧、漸撥京師、自二八・一九而全輸矣。興國家自然無窮之利、杜後世意外不測之虞、所謂富國強兵、殆一擧而兩得之矣、等因。奉聖旨、戶・工二部便查議了來說、欽此」。なお、呉仲は、平江伯陳銳（成化年間――カッコ内は、上奏時期が判明したものを著者が注記した、以下同じ）をはじめとする、都御史李裕（成化年間）・臧鳳（正徳十六年）・兪諫・高友璣（嘉靖五年）、御史薛爲學（成化年間）・楊偽（儀）（正徳二年）・楊樟・秦鉞（嘉靖元年）・向信（嘉靖元年）・主事廓珩（正徳六年）・給事中翟瓚（正徳十一年）・鎮遠侯顧仕隆（正徳十一年）・署都督楊宏（嘉靖五年）らによってしばしば提出された通恵河剝運についての上奏に検討を加えたうえで、御史向信の奏議がもっとも「明白簡當」であるとしている。

(23) 玄覧堂叢書本や中国書店評点本はいずれも「巳利」としているが、「己利」の誤りであろう。

(24) なお、この決定を『明世宗実録』では、巻八一、嘉靖六年十月戊午（十四日）の条に載せているが、ここでは『通恵河志』に従う。

(25) 三里河の改修については、『皇明経世文編』巻一七九、桂萼「論開濬河道疏」。

(26) 『皇明経世文編』巻一七七、張孚敬（聰）「疏恵通河奏議」には、同様の記述を載せているが、張の回答部分はこちらの方が省略が少ない。

第 3 章　通州・北京間の物流と在地社会　111

(27)　『明史』巻一一〇、宰輔年表二。
(28)　攅典張鑑の名は、史料 5 の他のところでは「經紀張鑑」として出ているが、同一人物であろう。
(29)　なお、「通恵河図」では、この 6 座に加えて平津中閘も描かれているが、小脚の配置からみて平津上中下 3 閘はのちに 1 閘にまとめられたと考えられる。
(30)　『漕河図志』巻五、碑記、宋裴「改修慶豊石牐記」、『通恵河志』巻上、閘壩建置。
(31)　『通恵河志』巻下、碑記、楊行中「工部都水分司題名記」。
(32)　なお、成化十二年の工事費用については、『通糧庁志』巻五、河渠志、河工・補遺に収める張家湾鮮魚閘の鉄牛寺に残る「棄碑」に記載が見える。明代前半期の通恵河改修工事については、別稿を用意している。
(33)　『通恵河志』巻上、經理雜記、「剝船三百隻、分爲五閘、每閘該船六十隻。其始也、官爲應銀、造於淮安廠、經紀領之、三年扣還原價、自後責之經紀、官無預焉」。史料 5、「原議漕運衙門打造剝船三百隻、每隻原定價銀三十五兩、共銀一萬五百兩。今已分布各閘、責令經紀張鑑等一百二十名領運。將經紀名下脚價銀内每年扣出三千兩在官、抵作船價、計三年半扣完。其船遞年修艌、經紀自備。若損壞不堪撐駕、仍將前扣船價、發漕運衙門打造、照前給領扣除、庶不悞事」。
(34)　『通恵河志』巻上、通恵河考略、「初年止運軍糧、今則併民糧亦運之」、および『通糧庁志』巻一二、備考志、民運考。
(35)　『漕運通誌』巻九、奏議略「巡按直隸監察御史某具奏」、「即今營建木植幷竹木雜料、皆從此河而入。積至月餘而後可剝運一次。若舩船一齊湧到七牐、竝啓上源下來、下流不接、固有經十餘日而一船不得渡一牐者。水行之遲、不如陸輓之速。故寧就車驢之多費、而不圖船價之輕省也」。
(36)　史料 7、「其剝船分布於各閘。候者鱗次、行者魚貫。通州而抵京倉、可朝發而夕至」。
(37)　『通糧庁志』巻九、芸文志上・奏疏、「剤量収支以平倉政疏」、および乾隆『通州志』巻一〇、芸文、陳豫朋「石壩大光樓行幷序」。
(38)　同治十年抄本『戸部檔案漕務』(東洋文庫所蔵)。
(39)　『皇明経世文編』巻七一、丘濬「通州輓運至京議」、「元人所開之河、總長一百六十四里、其間置牐壩凡二十處、所費蓋不貲」。
(40)　『通恵河志』巻上、部院職制。嘉靖『通州志略』巻二、建置志・公署。『通糧庁

志』巻一二、備考志・官制。
(41) 『明史』巻七二、職官志一、戸部・総督倉場。
(42) 星斌夫「清代坐糧庁考補正」『明清時代社会経済史の研究』国書刊行会、1989年所収。『通糧庁志』巻三、秩官志・部使・通糧庁郎中。
(43) 『明憲宗実録』巻一四六、成化十一年十月癸未の条。
(44) 『通糧庁志』巻五、河渠志・河浅。
(45) 『漕運通志』巻八、漕例、正徳十六年「禁約通倉官攅歇家阻害運軍」。
(46) 「巡按直隷監察御史李匡奏、比者、行在戸部奏准、將在京幷通州漷縣等縣官員・軍民之家驢騾・車輛關糧、運實口外缺糧衞倉。(中略)其有車之家、營生僅足日給。若令出口、動經旬月、家人何所仰食。驢騾在途缺乏秣飼、多到倒死。小民寧不嗟怨。(中略)事下行在戸部覆奏、以爲今所令運糧車戸多出官家及軍餘、民人僅八之二。豈得概稱貧難。況已給與免納課鈔半年、又各給與口糧借倩裝運、止於二次。今又每年減運二石、及此農閑時月償運完備。本部給與文憑、聽其理運、亦未至于甚勞。從之」。
(47) 『通糧庁志』巻九、芸文志上・奏疏「請開通恵河疏二」、「毎年各衞運糧多至六七月内到京。彼農務正忙、大雨不時、車輛數少、泥淖難行、須用厚價顧車、方肯裝載。往往脚價使用不敷、揭債上納、展轉遅悞」。
(48) 『明英宗実録』巻六〇、正統四年十月壬午の条。
(49) 国家が道路や橋梁の建設や修理を行っている事例は多い。例えば、京倉に通じる朝陽門内の南北二街については、『明英宗実録』巻九二、正統七年五月丙戌の条。通恵河に架かる八里橋の修理については、『明英宗実録』巻三三、正統二年八月甲子の条など。
(50) 『明英宗実録』巻九四、正統七年七月己卯の条。
(51) 『明英宗実録』巻九一、正統七年四月戊申、「金吾右衞卒欒馬駒言、臣營請甃〔馬〕駒河石橋、未許。然臣運石已備、乞許卒其事。從之」(〔　〕内は引用者が補う)。嘉靖『通州志略』巻二、建置、橋梁・州、「弘仁橋、在州城西南三十里、跨渾河、舊名馬駒橋、又曰壓渾橋」。
(52) 『元史』巻三三、文宗本紀二、「(天暦二年) 六月丁亥朔、明宗遣近侍馬駒・塔臺・別不花至」。
(53) 橋梁の修築は、単に交通の便宜を提供するためだけではなく、維持費の名目で通行銭を徴収することとも関係していた。『明神宗実録』巻二一二、万暦十七年

第 3 章　通州・北京間の物流と在地社会　113

　　　六月癸巳の条。
(54)　『明英宗実録』巻一一九、正統九年閏七月庚寅の条。
(55)　嘉靖『通州志略』巻二、建置志・橋梁、「通州橋梁、惟潞河浮橋、關涉爲重。蓋河乃巨浸、通東西要路、且逼近關塞、有事徵調、兵馬之所必經、每春夏水漲、兩無涯際、橋不能常設。往年例分秋冬、州三衛七共建草橋、至春撤罷、往往建不如法、涉者病焉。弘治間、巡撫都御史洪鍾建議、令州衛造舟爲浮橋、冬夏常設、惟河漲時暫撤、河復仍設、州衛相時修理、撫按臨視稽查、橋常完設、人甚便之。其餘諸橋、則本州擇取在城內外及張家灣居住軍民殷實之家、僉充橋戶。遇各橋損壞、行令橋戶自行修理、量免門戶差役。嘉靖七年修通惠河設管河衙門、工部尙書甘爲霖遂將通州合境橋梁、奏行管河衙門帶管、橋戶則令銀納官、管河衙門收貯、以備修橋、橋之修否、州衛不與其事、撫按亦過而不問矣。要之、在外橋梁、自是有司　事也、顧以部使司之、體應若是耶」。
(56)　「通州張家灣軍餘邵斌等九人、各立郎頭・鐵臉・閻王・太歲・先鋒・土地等名號、往來上下馬頭、欺侮良善、嚇騙財物、肆惡恃強、莫敢誰何。行在錦衣衛奉命擒付三法司鞫之、獄具、當贖罪寧家（下略)」。
(57)　牙行の仲介斡旋業務については、新宮学「明代の牙行について――商税との関係を中心に――」『山根教授退休記念明代史論叢』汲古書院、1990 年所収、本書第 6 章に収録。
(58)　曲彦斌『中国鏢行――中国保安業史略』上海三聯書店、1996 年。
(59)　『皇明経世文編』巻二九〇、陸粲「詔修濬通州閘河議」、「難者又曰、京城內外游手何啻萬人、藉輓運儀直以餬口、一旦罷之、將使失業、恐生他變」。
(60)　『皇明経世文編』巻二四五、徐階「張家灣城記」、「自都門東南行六十里、有地曰張家灣。凡四方之貢賦與士大夫之造朝者、舟至於此、則市馬僦車、陸行以達都下、故其地水陸之會、而百物之所聚也」。
(61)　『通恵河志』巻上、夫役沿革、「張家灣舊有起糧經紀、聽與運軍自爲相識、往往詑拐脚價、負累官軍。嘉靖八年該臣題奉欽依、揀選充當、眞可行之、永久而無弊矣」。
(62)　『通恵河志』巻上、夫役沿革、および嘉靖『通州志略』巻三、漕運志・漕渠。
(63)　『通糧庁志』巻八、服役志・閘役。
(64)　『通恵河志』巻上、夫役沿革には閘夫 647 名とあるが、史料 5 には 674 名とある。ここでは後者に従う。

(65) 『明武宗実録』巻七五、正徳六年五月辛亥の条。
(66) 『通恵河志』巻上、夫役沿革。
(67) 嘉靖『通州志略』巻三、漕運志・漕渠、「裏漕河、即通恵河也。河之地方、雖半屬在京大興縣、然河運事務、倶隷通州戸工二部分司總理、而委用管閘管壩、倶通州各衛之官。經紀水脚之役、則京通人互充、而通人居多、一河之事、通用紀之」。
(68) 『通糧庁志』巻四、漕政志・議単。
(69) 『明英宗実録』巻一八一、正統十四年八月丙寅・癸酉の条。
(70) 王瓊『漕河図志』巻四、奏議「乞趁時般運通州倉糧赴京倉」。『明孝宗実録』巻一六〇、弘治十三年三月乙丑の条も同様な事例である。
(71) 『皇明経世文編』巻一〇六、梁材「議處通惠河倉疏」。
(72) 『通糧庁志』巻四、漕政志・関支。
(73) 『通糧庁志』巻一〇、芸文志中・論掲「漕糧抵壩初議」。
(74) 王瓊『漕河図志』巻四、奏議「乞開三里河通運」に、「官私車脚之費數百萬」とある。
(75) 『通糧庁志』巻一一、芸文志下・碑記「通祠碑記」に、「比抵（張家）灣、率十鍾而致一、蓋強弩之末、焦然憊云。已復僦車牛資、丁壯陸輓、以達京師、費脚價鉅萬。貂鐺・勳戚與諸豪儈強有力之家競爲齒牙、攬結以牟利、不可究詰、邦民大厲」とある。
(76) 註（7）前掲の新宮「明代前期北京の官店塌房と商税」。
(77) 『明世宗実録』巻四、正徳十六年七月庚申、「南京給事中陳江上言、（中略）一、通商賈言、通州張家灣密切京畿、當商賈之轍、而皇親貴戚之家、列肆其間、盡籠天下貨物、令商賈無所牟利、宜亟禁治、使商民樂業。疏下、戸部覆議、（中略）恤解戸、通商賈、倶宜如御史言。上是之、乃禁皇親貴戚家不得列肆奪民産、仍敕御史察不法者以聞」。
(78) 『明史』巻一三〇、郭英伝、『明世宗実録』巻二五三、嘉靖二十年九月乙未の条。
(79) 『明世宗実録』巻八四、嘉靖七年正月辛巳、「御史吳仲劾奏、武定侯郭勛京營諸不法事。且言、勛借口大禮大獄、益驕縱自恣、擧朝無敢議之者。請解勛兵柄、按治其罪。上責仲假大禮大獄、傾陷勳臣、貰勛勿問」。
(80) 佐藤文俊「明代中期の外戚、張氏兄弟」『東洋史研究』49巻3号、1990年、のちに『明代王府の研究』研文出版、1999年に収録。

(81) 『本朝奏疏』不分巻「都察院左副都御史臣周照等謹題爲乞究惡逆奸黨未盡□犯贓以彰聖（斷）以正國法事」（中国国家図書館所蔵）、「本年（嘉靖十二年）九月内、張延齡爲故殺人命、事發、刑部等衙門節該、題奉欽依、監候處決。郭勛不合黨附、將伊家人李彥實・吳質等各收留在家、遞送消息。又不合令孫淐・孫淮代伊掌官（管？）欽賜和遠店一處、索取店錢、及招攬官私引鹽、在外堆收。每年共得銀一千五百六十兩、送與張延齡收用」。

(82) 佐藤文俊「嘉靖八年『外戚世襲裁革令』について」『東方学』83 輯、1992 年、のちに註（80）前掲の佐藤著書に収録。懷效鋒『嘉靖專制政治与法制』湖南教育出版社、1989 年。

(83) 『皇明史概』大事記卷三二、「張延齡之獄」、および『明史』卷二〇二、唐龍伝。

(84) 『明世宗實錄』卷八九、嘉靖七年六月庚戌、「上曰、往因陸路艱阻、以致漕運稽遲。今修復閘運、正欲歲漕早完、省費恤軍、舟車填擁、源源入倉、其事甚善。乃不厭遲而厭速、不患少而患多、何故。此必在倉人役及倉前歇家欲以留難規利、駕言惑人。況雨水不常、中途難測、必待晴明、是終無剝載之期。其稱水陸竝進、本係原擬、不知何人阻遏、不容陸運。戸部查究施行、令起糧官陰雨毋得起剝、仍多置蓆以備苫蓋、或舟搭棚以防不測」。

(85) 『漕運通誌』卷九、奏議略「巡按直隸監察御史某具奏」、「每壩內置剝船一百隻、每船可載一百石、魚貫而行、晝夜不息。一晝一夜可運數萬石到大通橋京倉之東、通計一百餘日而可運完。車輛脚價每兩八石、運船一隻裝三百石、該車脚三十七兩五錢、剝船價每兩可百石。運船每隻三百石、該船價三兩、車價用其七而船價用其三」。

(86) 史料 5 に、「運糧の大船いまだ直達する能わずといえども、剝船の轉搬また費十の三四を省くべし」とあるのは、車輛脚價が剝船價の 2.5 倍という数字とほぼ一致する。ただし、史料 1 では、「また果して天晴れ雨ふらず、道に泥濘無く、船價・脚價略ぼ相等分すれば、その自便に聽す」とあり、晴天時に、剝船價と車輛脚價が等しくなる場合も想定している。なお、通州・北京間の剝船價が 5 両という推定は、別系統の史料である嘉靖『通州志略』卷三、漕運志、漕渠の記述（後掲）からも確かめることができる。これによれば、「裏漕河」すなわち通恵河の普濟・平津上・平津下・慶豊上・慶豊下の 5 閘の剝船経紀に対しては、糧一石につき脚價銀 0.021 両（毫以下切り捨て）、5 閘 1 壩を担ぎ上げる水脚に対しては、糧 1 石につき脚價銀 0.009 両（同上）という数字を掲げている。剝船價と水脚の

116　第一部　首都と人口・物流

　　　脚価を合わせると、糧 1 石につき 0.03 両となり、呉仲の提案した剝船は 150 石積み（史料 5）であったから剝船価は 4.5 両となり、大体これと一致する。「每閘剝船六十隻、經紀六十名、普濟・平津上下・慶豐上下五閘、共剝船三百隻、經紀三百名、每經紀一名領船一隻、看管修理、每糧一石、脚價銀二分一釐一絲八忽二微。水脚五閘、每閘十七名、石壩三十六名、共一百二十一名、搬扛糧石、每糧一石、脚價銀九釐一毫三絲九忽一微」。

(87)　『通糧庁志』巻一〇、芸文志中・論掲には、楊行中「通庾宜充論」として収める。

(88)　嘉靖『通州志略』巻三、漕運志。

(89)　『皇明経世文編』巻一〇六、梁材「議處通恵河倉疏」。この奏疏には、呉仲の提案を批判した広西道監察御史戴金の上奏が含まれている。『通糧庁志』巻九、芸文志上・奏疏、楊家相「通糧不宜盡改京倉疏」など。

(90)　史料 9 では、呉仲自身も「通人の利」を奪うという批判を予測して、すべて従来の官吏・夫役を用いるとしている。

(91)　顧誠の二大系統論とは、明帝国疆域管理体制が行政系統（六部—布政使司—府—県）と軍事系統（五軍都督府—都指揮使司—衛—千戸）の二大系統からなり、田土統計や戸口統計もこの二大系統で管轄されていたというものである。詳しくは、顧誠「明帝國的疆域管理體制」『歴史研究』1989 年 3 期、および新宮学「明清社会経済史研究の新しい視点——顧誠教授の衛所研究をめぐって」『中国—社会と文化』13 号、1998 年、本書第四部附篇 2 に収録。

(92)　『清聖祖実録』巻一七四、康熙三十五年六月丙辰、「先是、上諭總督倉場侍郎德珠等、通州至大通橋閘河向無民船往來。今應令小舟泛載、於民殊有利濟、著議奏以聞。至是、總督倉場侍郎德珠・石文桂遵旨看通州至京城河道、繪圖呈覽。上問曰、『五處開口行船、有便於民否。』德珠・石文桂奏曰、『初奉旨時、臣等恐於運米有誤。今運丁及商人互爲推挽、甚是兩便。百姓各造小船、將通州貨物運至京師甚易、而雨水時、往來行人亦便、皆感激皇恩、名其船曰便民、非臣等思慮所能及也』」。

(93)　註（38）前掲『戸部檔案漕務』。

(94)　乾隆『通州志』巻首、「世宗憲皇帝御製通州石道碑文」（雍正十一年十二月初九日）。明代正徳十一年にも鋪装の提案がなされているが、反対意見が出て実現しなかった。『明武宗実録』巻一四四、正徳十一年十二月己巳の条。

(95) 岩井茂樹「十六・十七世紀の中国辺境社会」小野和子編『明末清初の社会と文化』京都大学人文科学研究所、1996 年所収、および岸本美緒『東アジアの「近世」』山川出版社、1998 年。

〔補記〕

　本章の初出は、山本英史編『伝統中国の地域像』（慶應義塾大学出版会、2000 年 6 月）である。1997 年 4 月から始まった慶応義塾大学地域研究センターの共同研究プロジェクト「中国清代の国家と地域」の成果の一部である。同大学の山本英史氏が企画したこのプロジェクトのメンバーは、三木聰・岸本美緒・片山剛・渋谷裕子・山田賢など、ほぼ同世代の明清史研究者で構成されていた。明清史夏合宿の会のメンバーとも重なっているが、3 年に及んだ研究会での様々な議論を通じて多くの学問的刺激と啓発を受けることができた。

　本論で北京およびその周辺地域にあらためて在地社会（地域社会）を設定して考察を加えたのは、当時の日本の明清史研究において大きな関心を集めていた「地域社会論」を自ら捉え直そうとする試みでもあった。タイトルに広く用いられていた地域社会ではなく「在地社会」をあえて用いたのは、本書 79 頁でも述べたように地域社会が暗黙のうちに国家や中央と対置される「地方（周縁）」に設定されることが多かったからである。天子のお膝元の北京の社会史を構築するには、地方（周縁）を意識させない「在地社会」の語がより相応しいと判断した。この「在地社会」の設定については、中国の高寿仙が『明代北京社会経済史研究』人民出版社、2015 年の第 6 章の中で論及したうえで、外戚・功臣・宦官に代表される北京の在地社会の有力者層を新たに「在地勢力」と捉えている。この語が、欧米の学界で取り上げられる "Local Elite" の中文訳語として一般に用いられてきた「地方精英」の語に比べて、より妥当性を持つという指摘（339 頁）は首肯できるものである。

　本論が扱ったのは嘉靖年間の通恵河改修問題であった。10 年あまりをへて、高寿仙「奸豪阻攘抑或技術阻碍──明代修復通恵河的曲折過程」『明史研究論叢』11 輯、2013 年（のちに同『明代北京社会経済史研究』第 6 章 4、人民出版社、2015 年に収録）は、嘉靖以前の成化年間の改修工事にも考察を広げたうえで、工事の成否に最も影響をあたえた根本原因として水源問題をより強調している。胡吉勲「通恵河的修浚及争議──兼論明代朝廷決策中利益権衡」『古代文明』9 巻 2 期、2015 年もまた、著者の研究を基礎にして前近代中国における公共工事が「最優化」の方向に進んだので

は決して無く、かなりの程度各勢力間の利益争奪に左右されたとしている。また熊遠報「清代至民国時期的売水業与"水道路"」『城市史研究』2012 年 3 期は、飲料水としての北京の水問題を扱っている。

第二部　舖戸の役と同業組織

第4章　明代北京における鋪戸の役とその銀納化
――都市商工業者の実態と把握をめぐって――

はじめに

　明代史研究において、農村社会研究に比し都市社会研究の不足は、近年すでに多くの論者によって指摘されている[1]。戦後、時を同じくして日中双方で展開されたいわゆる「資本主義萌芽論争[2]」の重要な一分野に位置づけられ、比較的研究成果を有する都市民変研究[3]においても、意外にその舞台となった都市社会そのものの実態は、未解明のままに残されている。

　かかる都市社会研究の不足は、戦後の明代史研究の中で最も多くの研究蓄積を持つ賦役制度史研究の分野においても例外ではない。都市住民の多数を占める商工業者に科派された税および徭役の制度的内容、換言すれば、国家の都市商工業者把握のあり方さえも十分に明らかにされておらず、解明されるべく残された課題と言わざるを得ない[4]。

　本章は、かかる課題にいくらかなりとも答えるべく、北京[5]の都市商工業者に科派された「鋪戸の役」とその銀納化の過程を取り上げる。商人による官庁必要物資の買辦調達の役[6]は二つに大別できる。一つは、北京城附郭の宛平・大興両県の各官庁における恒常的な所要物品の買辦の役（狭義の鋪戸の役）であり、他の一つは、嘉靖中期に創まる戸・工部や光禄寺などにおける所要物資の大量買辦（商役）である。後者の商役については、すでに拙稿[7]で指摘したように、国家財政の窮乏や政治的弛緩による宦官層の収奪強化等を背景にして応役の忌避が大きな社会問題となった。

　前者の鋪戸の役は、史料上「鋪行」「當行」「當官」などの語が用いられ、明代後半になると、北京や南京のみならず地方の諸都市でも広汎にその存在が知られるようになる[8]。従って、貨幣経済・商品生産の進展の中で出現する都市

的徭役の一つとして、かつ明末の税役改革の一つの方向として、より一般化して考察する必要があろう。しかし、とりあえず本章では、北京（通州を含む）を中心に鋪戸の役の諸特徴とその銀納化による鋪行銀成立に至る過程を分析し、そこに示される当該時期における都市商工業者の実態および国家権力による把握のあり方を検討することにしたい。

1　鋪戸の役の諸特徴

　鋪戸の役は、『明史稿』巻八三、食貨六、採造に「京師の役の最も苦しき者、鋪戸と曰う」と見えるように、明代後半の京師北京における負担の最も過重な役であった。
　この鋪戸の役の諸特徴について分析を加えれば、まず最初にこの役が明代の徭役制度体系の中で、里甲制に基づく里甲正役とは異なる雑役（雑泛差役）に位置づけられる点を指摘できよう。この点は、すでに佐々木栄一によって言及されている[9]が、このことを改めて史料によって確認したい。
　『明世宗実録』巻三〇六、嘉靖二十四年十二月丙辰の条に見える南京給事中游震得の上奏には、
　　　南京城坊居民、自里甲正繇之外、復有各項鋪戸（下略）。
とあり、里甲正役外の科派として説明されている。また嘉靖二十年ごろに上奏したと推定される南京給事中張永明の「議處鋪行疏[10]」にも、
　　　臣自到任以來、竊見南京城坊生理蕭條、居民窮悴、令苦於多門、力疲於重
　　　役、財竭於暴取。蓋府縣里甲正差之外、有匠役、有夫差、有養馬戸、而又
　　　有各項鋪戸之名。（傍点は引用者、以下同じ）
とあり、南京城内各坊に住む都市住民に科派された徭役として、里甲正役の外に匠籍を有する者に科派される匠役[11]・駅伝の役[12]・馬戸に科派される養馬の役[13]と並んで、鋪戸の役を挙げている。
　次に鋪戸の役の負担者について検討する。言うまでもなく鋪戸の「鋪」は、「鋪面」のことで、鋪戸は店舗を開いて営業する商工業者を意味する[14]。以下

に引用する嘉靖『通州志略』巻四、貢賦志・雑賦の太宗皇帝聖旨[15]は、明初の鋪戸買辦の存在を伝える貴重な史料である。

　　永樂十三年十一月南京戸部尚書夏□□(原吉)欽奉太宗皇帝聖旨、那軍家毎在街市開張鋪面、做買賣。官府要些物料、他怎麼不肯買辦。你部裏行文書、着應天府知道。今後若有買辦、但是開張鋪面之家、不分軍民人等、一體着他買辦、敢有違了的、挐來不饒。

この聖旨の部分は、元代の法制史料である『元典章』の如く、漢文吏牘体と蒙文直訳体[16]を含み些か難解であるが、試訳すれば以下のようになるであろう。「かの軍戸たちは、市街地にあって店舗を開き商売をしている（のに）、役所で必要とする些かの物料をどうして彼らは買辦しようとしないのか。おまえの（南京戸）部より文書を出して応天府をして（十分に）知道(し)せよ。今後、もし買辦を行なう際には、およそ店舗を開いている家は、軍戸であろうと民戸であろうと、一体(イッショ)に彼らをして買辦させよ。敢えてそむく者があったら、挐(とら)えて饒(ゆる)さないぞ」と。

　これによって南京ではすでに永楽十三（1415）年の時点で、市街地に店舗を開く鋪戸による買辦が実施されていたことが明らかとなる。おそらく同様の鋪戸買辦は、当時の首都南京のみならず、副都北京[17]においても実施されていたであろう。

　それはさておき、この聖旨からはさらに、物料の買辦が軍戸籍・民戸籍を問わず店舗を開く者全てに科派されていたという注目すべき事実をも指摘できる。この軍・民を問わず双方に科派されていた事実は、明初に止まらず明代後半においても確認できる。万暦庚戌（三十八年）の序を持つ周暉の『金陵瑣事』巻四、「四苦役」には、

　　衛軍有快船與運糧、縣民有坊廂、若鋪行又軍民共之。此四役乃役之至苦者也。

とあり、南京諸衛の軍戸には快船と運糧の役、県城の民戸には坊廂の役（郷村の里甲の役に相当）がそれぞれ科派されていたが、鋪行（鋪戸の役）は軍・民双方に及んでいた。従って、鋪戸の役は、軍戸・民戸の別なく広く店舗を開く都

市住民の負担であり、都市徭役[18]の一つと見做すことができよう。

　第三に、鋪戸買辦が開始された時期に関する問題である。この点は明確な史料を提示しえず、その開始時期は必ずしも明らかではない。佐々木の研究によれば、「それ（鋪戸の義務的供辦体制――引用者）が正式に発足したのは正統（1436～49――引用者）以前に遡ることはなかった[19]」と推定し、その主な論拠として王折『続文献通考』巻三一、市糴考の正統二年の令を挙げる。しかしながらこの令は、後に詳しく検討するように「鋪戸による買辦請負制の確立を始めて伝え[20]」るものではなく、むしろ鋪戸買辦の改善に主眼があったと考えられること、また先に紹介した嘉靖『通州志略』巻四、貢賦志・雑賦によれば、すでに永楽十三年の時点で南京の鋪戸買辦に関して太宗皇帝の聖旨が出されていることから、正統年間以前、少なくとも永楽年間まで遡ることができる。おそらく物料調達全体に占める比重は小さかったとはいえ、鋪戸による買辦自体も明初洪武年間から存在したのではなかろうか[21]。

　ところで、買辦とはほんらい官（国家）と商人との間の代価の支払いを前提とした商業行為であり、それ自体としては徭役ではない。しかし本章において強制的な徭役として把えるのは次の二つの理由に基づいている。一つには、実質的な意味においてである。つまり、この物料買辦をめぐって代価支払いの遅延や不当な支払いが恒常化する一方で、国家の商工業者に対する強制的負担としての性格が強まり、明中期以降になるとこの買辦行為は明らかに事実上の徭役に転化したと考えられる。このことは、後述する鋪戸の応役忌避という事態の発生や優免特権の適用[22]および銀納化の過程にも如実に示されている。また中国の許敏も、実質上の封建的徭役として把えている[23]。二つには、当時の人々の認識に照しても徭役と理解されていたことである。嘉靖『通州志略』巻四、貢賦志・雑賦には、光禄寺・欽天監・翰林院・吏兵二部・挙場で必要とする19の物品の品目を列記した後に、次の記述が付されている。

　　已上順天府行州、於在城及張家灣居住軍民僉充鋪戸、買辦解納、其役謂之鋪行差役。査得（中略――この部分には永楽十三年十一月、成化十二年正月、正徳四年十一月に出された皇帝の聖旨[24]が列挙されている）觀此、則是役也。

即ち『通州志略』の編者楊行中は、北京の鋪戸を援助すべく設けられた通州城内および張家湾居住の鋪戸による物料買辦（鋪行差役）が事実上の徭役に転化したことを鋭く指摘している。

最後に、鋪戸の役出現の背景について検討する。この問題に関しては、すでに佐々木が的確な分析を加えている[25]。それによれば、まず両京における鋪戸の買辦調達方式が出現し、明中期以降次第にその比重を増大させた原因として、国家の物料需要の増大と地方から中央に送られる上供物料の銀納化を挙げている。また物料買辦が鋪戸に対する「犠牲的供辦の強要」へと進展する要因として、国家の財政的窮乏を指摘している。

佐々木の分析は、主に明朝国家の財政事情に注目したものであるが、さらにその背後には、許敏が考察した如く、この時期の商品生産の進展という事実が存在していたことも否定できない。その分析[26]は主として嘉靖～万暦期の召商買辦の出現の歴史的背景についてなされたものであり、この時期は、封建的生産関係が衰退に向い、その内部に資本主義の「因素的萌芽」が出現したとされている。資本主義の「因素的萌芽」の出現の当否はさておき、許敏が指摘したこの時期の商品生産の進展を示す諸特徴、即ち商品流通量の増大・城鎮市場の繁栄・官営手工業の衰退と民間手工業の発展・税役銀納化による貨幣経済の推進・商人層の成長等が、鋪戸の役の出現と普及の後景にも存在していた。従って国家の財政的窮乏と貨幣経済・商品生産の進展の中で、都市商工業者層が新たに収奪の対象とされたところに、鋪戸の役出現の歴史性を見い出しうるであろう。

以上の諸点にわたる考察により、鋪戸による買辦の役は、里甲正役外の雑役の一つであり、京師の市街地に店鋪を開く軍戸・民戸双方に科派され、都市徭役の性格を有していたこと、また鋪戸による買辦調達方式は、すでに永楽年間から存在したが、国家財政の窮乏や商品生産の進展に伴ない次第にその比重を増大し、実質上の徭役に転化したことを明らかにした。

2　鋪戸の定期的調査の実施

（1）正統二年令

　先に紹介した嘉靖『通州志略』の永楽十三年の聖旨は、鋪戸による物料買辦が早くも何らかの理由で軍戸の忌避を招いていたことに対してなされたものであった。かかる忌避の出現は、宋代の坊郭戸に対し臨時に科派された「科率」や「配賣[27]」などと同様、ほんらい商業行為たる鋪戸買辦が、国家権力の下でその当初から絶えず強制的な徭役負担に転化する危険を孕んでいたことを示すものである。上記の聖旨では、軍戸が官庁の物料買辦を忌避した理由について何ら言及されていない。しかしそれが代価の支払いをめぐる問題に端を発していたであろうことは容易に推察できる。おそらく、明初民戸に比べ優位に立っていた有力な軍戸がその力を背景に正当な支払いの得られない物料買辦を忌避していたのではなかろうか。

　いずれにせよ、代価の支払いをめぐって問題が生じつつあったことは、先の永楽十三年から約20年を経過した『明英宗実録』巻三〇、正統二年五月庚戌の条に、

　　順天府府尹姜濤奏、昨修靈濟宮、市物民間、應給鈔十二萬貫。上命御史一
　　人給之、且曰、凡市物民間、所司卽給直、毋遲緩以困民。

とあって、民間の鋪戸から物料を調達する際の代価支払いについて英宗が多大の関心を払っていたことからも窺える。これを承けて出されるのが、おそらく以下に引用する王圻『続文献通考』巻三一、市糴考に見える正統二（1437）年の令であろう。

　　英宗正統二年令、買辦物料、該部委官一員、會同府縣委官、拘集該行鋪戸、
　　估計時價、關出官錢。仍委御史一員、會同給與鋪戸、收買送納。

ここでは、価格の決定[28]と代価の支払いの適正化に特に重点が置かれ、その具体的措置として中央の六部から委任派遣された官が、府県の委官の立ち合いのもとで価格を決定すること、官銭の支払いについては公正を期して監察御史

を派遣することを制度化した。

　ところでこの正統二年令については、先にも触れたようにすでに佐々木が、「鋪戸による買辦請負制の確立を始めて伝え」るものとして紹介している。しかし、その時期と内容（特に御史の派遣）などの点での『明英宗実録』巻三〇二、正統二年五月庚戌の条との密接な関連から明らかな如く、この令は、義務的買辦の制度化を述べたものではなく、むしろ御史等の派遣により鋪戸買辦に対する監察を強化すること[29]、即ち従来からも存在していた鋪戸買辦の改善に主眼があったと考えられる。

　附言すれば、正統二年令は価格決定と代価支払いの面に重点が置かれ改善がはかられる一方で、買辦負担の鋪戸への割り当て方法については、「（当）該行[30]の鋪戸を拘集する」と述べるのみで、後述する資本調査の如き国家による鋪戸掌握の問題に関しては何も触れていない。おそらくこの時点では、買辦負担割り当てのための定期的資本調査は実施されていなかったのであろう。

　従来の研究によって明らかにされているように、宣徳八年（1433）巡撫周忱による田賦改革、および正統元（1436）年の在京武官の俸米の銀による支給を契機とする税糧銀納化の実施は、明初以来の財政上の現物主義の転換を示すものであった[31]。この銀納化の趨勢は、当然税糧のみならず上供物料や地方公費にも及んでいった[32]。しかし、ほんらい現物を必要とする物料の場合、中央政府では新たに現物調達方法の創出を迫られることになった。宣徳八年の富裕な大戸を生産地に派遣して物料を調達する方法の採用[33]や、正統八（1443）年の地方に存留する銭糧から物料を折色徴収する方法の実施[34]は、かかる状況の中でなされた一つの模索と言えよう。しかしながら、これらの方法も十分な成果を挙げることなく、結局京師での鋪戸による買辦がより大きなウェートを占めていかざるを得なかったのである。従って、鋪戸買辦方式の改善強化を意図した正統二年の令の意義も、こうした趨勢の中で捉える必要があろう。

（2）景泰六年の論議と成化十二年の実施

　その後景泰六年（1455）に、北京では鋪戸の「整理」[35]の実施をめぐる論議

が行なわれた。『明英宗実録』巻二五四、景泰六年六月乙丑の条[36]によれば、議論の発端は、北京城附郭の大興県と宛平県とではそれぞれの店舗数に違いがあり、店舗数の少なく疲弊の度合も大きい宛平県が大興県と同量の買辦を割り当てられている[37]ことに対し、宛平県側が不満の意を表わし、両県の鋪戸数の調査と公平な買辦割り当てを主張したことにあった。また大興宛平両県から、北京城内外の鋪戸の取り扱う商品を逐一官に登録し、買辦に備えさせるという改革案が提出された[38]。これらを承けて、戸部では鋪戸の「整理」の実施を決定し、給事中・御史の京官を両県に派遣しようとした。

こうした動きに対し、礼科給事中楊檖[39]は、両県の買辦割り当て率を変更するだけでは根本的な改革となりえないという理由でこれに反対し、不必要な支出の節約を主張した。同じく吏科都給事中李瓚も、5項目にわたる上奏の中で、災害時であるので混乱を避けて京官の派遣を中止し、「先年措置せし買辦事例」に照らして行なうことを提案した[40]。李瓚の提案は、英宗の許容するところとなり、京官の派遣は中止され、従来どおり大興県と宛平県が同量の買辦を割り当てられることになった。なお、この時恒常的に店舗を開いていない者や小資本の露店商や振り売りなどの小商人の買辦割り当ての免除も決定された[41]。

以上の論議の経過を辿ることによって、前節で推定した如く、正統・景泰年間に至るまで北京の鋪戸の営業種目や資本の定期的調査が実施されていなかったことが明らかとなった。

景泰六年に実現をみなかった鋪戸の調査は、20年後の成化十二年（1476）に至って、両京[42]並びに通州所在の鋪戸に対する科道官を派遣した10年に1度の定期的資本調査（清理）として実現した。嘉靖『通州志略』巻四、貢賦志・雑賦に見えるのがそれで、

> 成化十二年正月内、南京戸部奏、要將上元・江寧二縣鋪戸、今後十年一次清理。題奉太宗（憲宗の誤り）聖旨、是。這京城内外、不拘有免無免者、要照依委官、從公取勘出來、一體當差、不許徇情作弊。亦不許勢要之家妄告優免、槩給票帖、不許靠損貧難。如違、許被害之人赴巡城御史處首告、

治罪不饒。

とある。

このような定期的調査が実施される背景として、一般に「京城内外の商賈の来去常無ぐ、資本の消長も一ならず[43]」と言われるような当該都市商工業者の流動性と不安定性が存在していた。しかしここに見える「清理」が、単なる定期的調査による営業種目や資本の実態把握に止らず、「勢要之家」の優免を防ぐという、より積極的な意図をも有していたことは注目すべき点である。この「勢要之家」が具体的に如何なる階層を想定しているかは、ここではさておき[44]、鋪戸買辦がすでに優免特権の対象と化していたことの中に、鋪戸買辦がより強制の度合いを強め、事実上の徭役に転化していたことを容易に読み取ることができる。

（３）正徳四年の牌甲法

ここまで鋪戸の定期的調査が実施される経緯について若干の考察を加えてきたが、史料に見える「清理」そのものの内容はいま一つ判然としなかったのでさらに考察を加えることにしたい。『明世宗実録』巻一六、嘉靖元年七月癸丑の条には、

　　初順天府府尹萬鏜條恤民隠五事。一、清鋪戸以均買辦、言、兩京鋪戸十年
　　一清、今已偷期當清、請如正徳初牌甲法、近所革投托濫免者、悉編入。

とあり、順天府尹萬鏜[45]によって先の決定に基づき鋪戸の清理を行なうことが上奏され、皇帝の裁可を受けている。ここでは、その方法として正徳初年の「牌甲法」の如く実施することが主張されていることから、清理の具体的方法の一つとして「牌甲法」と呼ばれるものの存在が知られる。

ところで、明実録の記載を見る限りでは正徳初年の牌甲法とは、その下に続く「近ごろ革せられし所の投托濫免者は、悉く編入する」ことを指しているかの如く受け取れる[46]が、果してそうであろうか。明実録の記載は、あまりに簡略化されているために判然としないことが多い。幸いなことにこの萬鏜の原奏が、『皇明経世文編』巻一五一に「恤民隠均偏累以安根本重地方疏」として

130　第二部　舗戸の役と同業組織

収録されているために、その詳細を知ることができる。些か長文であるが、その該当する部分を引用すると、

(a) 一、清鋪戸以均買辦。竊照在京宛・大二縣幷通州各行鋪戸、不拘有無優免、倶合取勘當差。先年節奉太宗皇帝及憲宗皇帝詔旨甚嚴、成憲具在。弘治年間又經題有十年一次清查事例。自正德四年清查以後、到今一十三年、所司因見時勢難爲、過期未擧。

(b) 臣等以爲、人戸消長、固應清查、而今日當務之急、又不止此。無名之派日繁、交納之費日重、藉勢力而濫免者日多、因靠損而貧難者日甚。此正德年間積弊、所當痛加釐正者也。往時冒濫職役之人、多係京城內外之籍、近已革退、卽同編民。行戸若增、差役自少、此更化以來德意所當着實擧行者也。

とある。

この萬鎧の原奏は、二つの部分からなる。前半部分 (a) では、牌甲法について直接には言及していない[47]ものの、正徳四年以後現在まで13年間清理が実施されていないことを指摘し、その実施を提案している。後半 (b) では、それのみに止まらず、正徳年間の政治的退廃等によって引き起されたパニック時代[48]の中で、職役に不正に充当しそれを口実に濫りに徭役を免れている者のうち、近年革職退役させられた者も、新たに鋪戸の役に充当させること、それによって行戸の総数を増加し、各々の差役負担の軽減を主張している。

ここに言う「近年」とは、嘉靖帝即位直後の正徳十六年六月および七月のことを指す[49]。この時、錦衣衛を筆頭とする80衛所や各監局寺廠司庫など諸衙門の旗校・勇士・軍匠・人役の名目で不正に職役に充当していた者、のべ18万人が詔勅により革職退役させられている。萬鎧の原奏に示されている論理は、簡潔に言えば定期的清理の実施にあたり、近年革職退役させられたこれらの濫免者の編入を不可欠の附帯条項とすることで、鋪戸の清理の実効を挙げんとするものである。従って、正徳初年の牌甲法による清理と以前の濫免者をも悉く編入して鋪戸の役に充当させることとは、一応別個のことであることが判明する。

第 4 章　明代北京における舗戸の役とその銀納化　131

　それでは、正徳初年の牌甲法とは如何なるものであったろうか。牌甲法については、断片的な記述しか残されていない。それらを列記すれば、まず汪応軫『青湖文集』巻一、「恤民隠均偏累以安根本重地疏[(50)]（一）」には、

　　其行戸等第、仍照正徳四年題准事例、分爲上中下三等、編作牌甲、協力湊辦。

とあり、次に『明世宗実録』巻七二、嘉靖六年正月丙申の条に、

　　戸部應詔條上恤民未盡事宜、（中略）六、均鋪戸、言、簽報鋪戸、貧富不均、任意網利。請稽牌甲舊籍、以次徵納、納完予價、毋令久稽。

とある。これらより牌甲法とは、正徳四年（1509）に題奏議准の手続きをへて実施されたものであること[(51)]、その内容は、舗戸を資本の大小により上中下の 3 等に分け籍簿を作成し、それに基づき負担能力の均等な一定戸数（おそらく 10 戸単位）のグループを作り、輪番制で買辦の役に充当させたものと考えられる。

　ところで、万暦二十年の自序を有する沈榜の『宛署雑記[(52)]』巻一三、鋪行には、

　　鋪行之起、不知所始。蓋鋪居之民、各行不同、因以名之。國初悉城内外居民、因其里巷多少、編爲排甲、而以其所業所貨註之籍。遇各衙門有大典禮、則按籍給値役使、而互易之、其名曰行戸。或一排之中、一行之物、總以一人答應、歳終踐更、其名曰當行、然實未有徵銀之例。

と見え、明初より北京城内外の住民に対して、里巷の戸数の多少により「排甲」を編成し、その組織を通して各戸の営業種目を籍簿に登録したこと、官庁での大典礼の際には、その籍簿に基づいて、行戸に値を給して必要物品を買い調えさせたこと、さらに一排の行戸が一年交代で調達の役に充当すことを「當行」と呼んだことを述べる。この記述は、明代における都市商工業者把握のあり方を解明するうえで、実に貴重なものであるが、同時にいくつかの問題をも孕んでいる。

　最初に問題となるのは、住民の営業種目登録の母体となった「排甲」が何を意味するかである。同じく『宛署雑記』巻一三、鋪行の按語の部分には、

惟我皇朝、再隆熙皥、當成祖建都金臺時、即因居民疏密、編爲保甲、屬五城兵馬司、而以所職業・籍名在官、別無徵銀之例、此即法而不擾之意。

とあり、先の「排甲」という表現を「保甲」と言い換えていることから、具体的には地域自警組織である保甲⁽⁵³⁾を指すことが判る。実際、保甲組織を統率した総甲によって鋪戸の調査が行なわれていたことは、後述するように万暦年間の史料からも裏付けることができる。但し、この記述の如く永楽年間から北京で保甲制が施行されていたとする点はにわかに信じ難く[54]、沈榜の事実誤認と思われる。

次にこのことと関連して、最初に引用した『宛署雑記』でも「國初悉城内外居民」云々とあり、明初から保甲制が施行され、その組織を通して営業種目の登録が行なわれていたという点が問題となる。当該史料の成立時期や本文の引用に続く鋪戸の役銀納化の叙述[55]などから判断して、おそらく「國初」の言葉で始まるこの記述は、文字どおりの明初ではなく、嘉靖末年の銀納化の実施からそれ程遠く遡らない時期の状態を述べたものと考えられる。かかる推定が成り立つとすれば、この記述が述べている時期と牌甲法が実施されていた時期とは、ほぼ同時期にあたることになる。従ってこの『宛署雑記』の記述に示された商工業者把握のあり方も、先に考察した牌甲法と同一のものではなかろうか。

さらに興味深いことは、鋪戸の役科派の性格をめぐる問題である。物品調達の役に充当すること、即ち「當行[56]」という行為は、宋代の「行役」と非常に類似している。一般に宋代の行役は、同業者組合（商人組合）の営業独占権に対する代償として科派されたと考えられている[57]。しかし明代では、この記述からも明瞭な如く、国家により物品調達のために北京城内外の行戸（鋪戸）が掌握され、強制的に「牌甲」が編成されているに過ぎず、所謂「同業者組合」はどこにも介在していない[58]。この点は、当該時期の都市商工業者の実態を解明するうえで、重要な示唆を与えると思われるが、ここではその指摘のみに止めておきたい。

以上、鋪戸の定期的調査が実現される過程を辿り、その営業種目および資本

調査の一方法としての正徳四年の牌甲法の検討によって、不十分ながらも国家による商工業者把握強化の一斑を明らかにした。明中期以降の史料上には、鋪戸に関して「清理」「整理」「審編」という語が頻出するようになるが、これらはいずれも事実上の徭役と見做される鋪戸買辦負担の均等化・適正化をはかるための営業種目や資本調査を意味し、さらには調査に基づく応役グループの編成をも意味している。

附言すれば、成化十二年（1476）に決定した10年に1度の定期的調査は、南京に続き北京でも万暦七年（1579）に至り、5年に1度に短縮されるようになる[59]。このことは、鋪戸の役がますます過重なものとなる一方で、商工業者の階層分化が進行し、国家がその調査把握を強化せざるを得なかったことを物語るものである。

3　鋪行銀の成立

前節では、鋪戸の役負担の適正化・均等化のために実施された営業種目や資本調査について考察を加えた。しかし、かかる調査の実施も国家による商工業者把握の強化を意味しても、根本的改革となるものではない。このことは前述した景泰六年の礼科左給事中楊穟の鋪戸調査実施に対する反対意見[60]の中にも的確に示されていた。事実その後も依然として、鋪戸の役をめぐる弊害が様々な形で指摘されている。こうした中で、北京の宛平・大興両県および通州では、鋪戸の負担の実質的軽減をはかるために、鋪戸の役の銀納化が実施された[61]。銀納化によって鋪戸から徴収された銀は、「鋪行銀」または「行銀」と呼ばれた。

この鋪行銀については、部分的に触れた一、二の研究を除いて、これまでほとんど注目されずその詳細は明らかにされていない。宛平県知県沈榜（在任万暦十八年～二十年）の手になる『宛署雑記』巻一三、鋪行は、鋪行銀に関する詳細な記録を残している。ここでは、主に同書に基づき検討することにしたい。

134　第二部　舗戸の役と同業組織

（1）北京の舗行銀

　最初に北京の場合を取り上げよう。『宛署雑記』巻一三、舗行には、前節で引用した部分に続けて、

　　然實未有徴銀之例、後因各行不便、乃議徴行銀。其法計生理豊約、徴銀在官、毎遇有事、官中召商徑自買辦。本意爲行戸當行賠賖不貲、故徴其銀、不復用其力取其物。即古免役錢、今徭編銀差之例。

とあり、舗戸の役が銀納化された事情を伝える。つまり、行戸（舗戸）が買辦調達の力役に充当するに際し、損害が甚しかったために銀納化されたのである。従ってこの改革は、力役負担を銀納化し各舗戸から舗行銀を徴収する一方で、その徴収した舗行銀を財源として、舗戸を用いず希望の商人を募って必要物品を購入させるものである(62)。力役を銀（銭）納化する点では、『宛署雑記』の指摘の如く、宋代の免役錢(63)、明代の徭役の銀差(64)と同一の性格を有していた。

　『宛署雑記』では舗行銀成立時期を述べていないが、『明世宗實録』巻五五六、嘉靖四十五年三月辛酉の条には、

　　戸部覆、給事中趙格議、將在京宛・大二縣舗商、分爲三等九則。上上・上中二則免其徴銀、聽有司輪次僉差、領價供辦。其餘七則、令其照戸出銀。上下戸七錢、以下毎則各遞減一錢、以代力差。報可。

と見え、嘉靖四十五年（1566）三月に決定されたことが判明する(65)。この段階で、両県の舗戸に対し3等9則のランクを付け、有力舗戸たる上上・上中2則には従来どおり力役に充当させ、自餘の7則からは銀を徴収することが決定した。さらに同年翌四月には、戸部尚書高燿の提案により先の2則をも銀納化した(66)。かくして、上上則銀9銭、上中則8銭、上下則7銭、中上則6銭、中中則5銭、中下則4銭、下上則3銭、下中則2銭、下下則1銭という額が、毎年各舗戸より徴収されることとなった。因みに宛平・大興両県の舗行銀徴収額は、**表4-1**の如くであり、後述する万暦十年の下3則徴収免除以前は、毎年約銀8,000両に及んだ。

　ところで、舗行銀徴収が実施された嘉靖四十五年以後には、舗戸が全く力役

表 4-1　年次別舗行銀徴収額の内訳

年次	A 宛平	B 大興	C 錦衣衛	D 通州	合計（両）	出典
万暦 4 年	—	—	—	—	A＋B＋D 8,850	『明神宗実録』万暦 4 年 2 月丁丑の条
万暦 7 年	—	—	—	—	A＋B＋D 10,641	『宛署雑記』巻 13　給事中鄭秉厚の上奏
万暦 9 年	2,663	5,605	—	—	A＋B 8,268	同書巻 13　府尹張国彦の上奏
万暦 10 年以前	2,733	5,600	1,134	319 (1,319？)	A＋B＋C 9,467	同書巻 13　府丞宋仕の上奏（但し正確な年次不明）
万暦 10 年	A＋B 5,631			1,017	A＋B＋D 6,648	同書巻 13　同上
万暦 16 年	1,784	3,353		800	A＋B＋D 5,937	同書巻 13　万暦『順天府志』巻 3

＊―は統計の記載がないもの　両以下の単位は四捨五入した

に充当せず弊害が除去されたかというと、事態は必ずしもそのように進行せず、嘉靖四十五年の改革は骨抜きとなり、舗戸に新たな力役が科派されていった。というのは、官府が自ら購入するよりも舗戸に買辦させた方が便利であったことや、貨幣経済の進展に伴ない徴収された舗行銀よりも官府の購入物品が増大していったからである。かかる事実は、『宛署雑記』巻一三、舗行に見える万暦七年の舗戸審編を担当した吏科給事中鄭秉厚の 6 条にわたる上奏の一つに、

　一曰、節舗行之力、以紓重累。(中略) 若今之買物、仍責舗戸領價、則其賠貱之苦、猶夫故也。徴銀又何名哉。

とあることから読み取ることができる。

このような事態を目撃した給事中鄭秉厚は、

　如蒙勅下各該衙門査議、有可代價自買者、倶照先年給事中趙格等題准事例、盡解折色、其不得已、應解本色者、則順天府酌勘議價、責令宛・大二縣召買、或在商人、或在舗行、但須彼此情願、不得定以舗行之名、以致重累。(中略) 庶舗戸之積困少甦、而今日之徴銀有名矣。

と述べ、北京の各官庁が独自に購入調達できるものは、前述の嘉靖四十五年の事例に照して全て銀で納入させること、やむを得ず現物で納入させる必要のある物は、適正な代価を支払い、納入を希望する「商人」や「舗行」に調達させ

ることを提案した。この提案は、同年三月に戸部の題覆をへて裁可された[67]。

　ここに言う「商人」と「鋪行」とは、当時どのように区別されていたのであろうか。許敏は、註（6）所掲の論文189頁で上記の史料を紹介し、その中で「商人」を客商（行商）、「鋪行」を坐賈と把えている。著者もこの把え方に基本的には同意するが、さらにこれに加えて次の点も指摘できよう。上記の引用史料の直前には、

　　　臣等弔査鋪行支銷款目、如内府供應及五府六部各衙門年例雑費郷會科場等
　　　用、至爲浩繁、中有不必賠補而利在者、則奸商包買包納。有賠補數倍而害
　　　在者、則拘鋪戸領價、責之買納銷批、此非鋪戸今日之膏肓乎。

とあり、鋪行銀の支出項目[68]の中でも内府供応や各衙門の恒常的雑費や郷試・会試の試験場での必要経費の額が大きく、そのうち利益の上がる物品の調達を狡智な商人が独占する一方で、損失の大きい物品の調達を鋪戸に押しつけていることを指摘している。この「奸商」と「鋪戸」とは、それぞれ上記の「商人」と「鋪行」とに対応している。この両者の力関係の背後には、資本力の差異が存在していたことが十分に推測される。しかし、それのみならず両者には、国家の商人把握のあり方の差異も存在していたことが知られる。つまり、「鋪行」とは、これまでの考察で明らかなように公権力によって営業種目や資本力等が把握された都市商工業者であり、「商人」とは、本来かかる把握から除外されていた客商や、或いは何らかの理由で公権力の把握をのがれた商人を指すと考えられる。後者にはおそらく利益の上がる物品納入のみを扱う中央官庁出入りの「御用商人[69]」の如きも多く含まれていたであろう。従って首都北京の商業構造を考える場合、公権力の把握のあり方や資本力が異なるこの両階層の存在を看過することはできないと思われる。

　それでは、鋪行銀が成立した段階で国家は鋪戸をどのような形で掌握し、鋪行銀を徴収していたのであろうか。『宛署雑記』巻一三、鋪行に見える次の記述は、この問いに対する解答を用意してくれる。

　　　及査、行銀先年原議定五城兵馬徴解戸部、轉發聽用。至隆慶五年、該巡視
　　　衙門題議、改行二縣徑自催收、未爲不善。但各行散處五城、況審編之初、

俱係各司督同該坊總甲供報、中間移徙消長、惟兵馬與總甲能辦詰之。必須責成總甲督催、始克有濟、況此輩向屬兵馬、不受縣官約束。

これは、万暦十年十月の順天府府尹張國彥の上奏中に含まれている宛平・大興両県からの申文の一節である。この中で両県当局は、舗戸の審編は五城兵馬司がその管轄下の総甲の報告に基づいて行なっており、審編後の舗戸の移転・変動も彼らがよく察知しているという理由で、兵馬司による舗行銀徴収を主張している。従って、舗戸の営業種目や資本の調査は、保甲組織を統括した総甲の報告に基づいて、北京城内の警察・市場管理・消防等の業務を担当し、都市行政に大きく関わっていた五城兵馬司[70]が行なっていたことが判明する。

しかし舗行銀の徴収の方は、兵馬司と両県との間で多少の変更が見られた。現在判りうる限りでも、隆慶五年（1571）に兵馬司より両県に変更したが、万暦十年（1582）は、再び兵馬司に戻っている[71]。兵馬司の徴収を主張する意見は、その理由として先の史料の如く、各城兵馬司が審編を担当しており舗戸の実態をよく掌握していること、また各々の舗戸から徴収の督促にあたる総甲が、兵馬司の管轄下にあることを挙げる。他方、両県の徴収を主張する意見は、徴収した舗行銀を実際に支出するのは両県であり、徴収と支出とを同一衙門で行なうことの便利さを述べる[72]。その限りでは双方の意見とも一定の妥当性を持つわけで、こうした再三にわたる徴収権の変更の背景については、現在のところこれ以上具体的に明らかにしえない。

（２）通州の舗行銀

次に通州の舗行銀について考察する。両京のみならず通州でも、舗戸の役が科派されていたことは、すでに佐々木によって指摘されている[73]。ここでは、通州の舗戸の役が早くから銀納化した過程を検討する。

まず、汪應軫の『青湖文集』巻一、「恤民隠均偏累以安根本重地疏（二）[74]」に、

臣等査得、通州舗戸與宛・大二縣不同。太宗皇帝聖旨、止令軍家毎在街市者買辦、未嘗言及通州。後因京民受累太重、攀告同當。宏〔弘〕治年間、

科道官又因通州鋪行赴京買辦、路遠不便、商賈離肆、以供輸納、老稚裏糗、以候批文、編爲三等九則、出辦銀兩、奏繳准行。

と見える。これによれば、北京の鋪戸の過重な負担を軽減するために、永楽年間には存在していなかった鋪戸の役が通州にも設けられたのであるが、弘治年間（1488～1505）には早くも、北京の鋪行銀の原型とも言うべき3等9則に基づく銀納化か実施されている。鋪戸の役が、通州において早期に銀納化されたのは、通州の場合、北京まで若干の距離があり（約20 km[75]）、現物を運搬納入するよりも銀納の方が便利であるという事情によるものであった。

　その後弘治十五年（1502）に、再び改革が行なわれている。上記の史料に続けて、

　　至宏〔弘〕治十五年、張家灣住人蔣松又因貧富不均、告蒙巡撫洪都御史照依門面房屋間架、分爲四等出銀。每年上戸每間出銀二錢、中戸出銀一錢五分、下戸出銀一錢、下下戸出銀五分。

とあり、張家湾[76]の住人蔣松によって先の戸則が貧富の実情に即していないという訴えがなされ、これを承けて順天巡撫洪鍾[77]が改革を行なったことを指摘している。この改革では、間口と家屋の間数に対する単位課税額が、戸則によって異なっており、所謂「累進課税」原理を採用して徴収が行なわれている。従って、商工業者間の貧富の格差をより考慮して取られた措置であったにちがいない。

　さらに嘉靖二年（1523）ごろ[78]戸科給事中の汪應軫は、上記の上奏の中で、北京での鋪戸の宿弊が改善されつつあることを理由に、今後10年間は通州の鋪戸を革去して鋪戸の役の科派を中止し、その後に最終的判断を下すことを提案した[79]。しかしこの提案は許可されず、再び鋪戸の審編が行なわれ、この時通州では2,495戸の鋪戸が把握登録されでいる[80]。

　このようにして通州の鋪行銀は、北京の鋪戸の役を援助するための財源を捻出する役割を果したのである。万暦十年の例を挙げれば、約1,000両の鋪行銀が徴収され、北京の宛平・大興両県に送られている[81]。

4　商工業者の実態とその把握──下3則免徴の分析を通して

　前節では、北京の宛平・大興両県および通州の鋪行銀の成立について考察を加えたが、鋪戸の役の銀納化それ自体は、明中期以降における貨幣経済の進展の中で、均徭や里甲正役の銀納化と軌を一にし、力役に附随する様々な弊害の除去による負担軽減を意図したものであった。

　北京の鋪戸の役の場合、嘉靖四十五年四月の時点ですでに3等9則全ての銀納化か実現していたが、その後十数年を経た万暦十年（1582）十月には、旱害など天候不順によって引き起された畿内の民衆の窮乏を救済すべく、資本評価が下3則（下上・下中・下下則）の鋪戸の鋪行銀徴収免除が実施された。これまでも度々引用してきた『宛署雑記』巻一三、鋪行は、主にこの下3則免徴の実施にいたる経過と、その実施によってもたらされた宛平・大興両県の財政上の赤字を改善するための方策に関する諸官庁の上奏に、大半のスペースが割かれている。

　言うまでもなく、明代における都市商工業者の実態に関して直接的に言及する史料は、甚だ少ないが、この『宛署雑記』の記述をもとに、下3則免徴の決定にいたる過程の分析によって、当該時期の北京の商工業者の実態と公権力による把握のあり方を浮び上がらせることがある程度可能である。以下では、万暦十年四月の順天府府尹張國彦の上奏から、同年十月の下3則免徴の聖旨が下るまでの約半年間の経過を順次追跡したい。

　はじめに万暦十年四月、数ヶ月に及ぶ旱災の後に提出された府尹張國彦の上奏[82]の内容は多岐にわたるが、その主なものは、正規の税役以外の誅求である買房や典田の際の税契銀[83]の徴収免除（買房典田税契可免）と商人や鋪戸への強制的力役科派の免除（商人鋪戸酌議免僉）であった。

　これを承けて翌五月に戸部尚書張學顔は、税契銀の減免（議處税契）と鋪戸の寛恤（議處鋪戸）および中央官庁出入りの商人の寛恤（議處商人）の3点にわたる提案に具体化した[84]。ここでは、当面問題となる第2番目の鋪戸に関す

る提案に限って見ていく。張學顔は宛平・大興両県に編籍された132行（営業種目(85)）の中で、典當業など資本力が大きく利潤の多い100行に対して従来どおり鋪行銀を納入させ、それ以外の32行の納入免除を提案した。この32行とは、網襪行・針篦(86)（行）・雑糧行・碾子行・炒鍋行・蒸作行・土鹼行・豆粉行・雑菜行・豆腐行・抄報行・売筆行・荊筐行・柴草行・焼煤行・等秤行・泥罐行・裁縫行・刊字行・図書行・打碑行・鼓吹行・抿刷行・骨簪（行）籠圈行・毛縄行・淘洗行・籮桶行・泥塑行・媒人行・竹篩行・土工行である。

これに対し神宗万暦帝は、典當行・布行・雑糧行などで資本が300乃至500両以上の者の鋪行銀徴収を決定した(87)。両者のちがいは、どちらにも見える雑糧行で見た場合、戸部尚書張學彦の提案では、雑糧行は一括して鋪行銀徴収免除の業種に入っているのに対し、万暦帝の決定では、雑糧行でも資本が300両以上であれば徴収免除を認めていないところにある。従って万暦帝の決定は、戸部尚書の営業種目別により鋪行銀の徴収を決定するのに比較して、個々の鋪戸の資本力の大小をより重視したものとなっている。

その後十月に、府尹張國彦によって再度鋪行銀に関する上奏が提出された。それは、順天府が先の万暦帝の決定を下級官庁たる宛平・大興両県に通達し、その実施に取りかからせる中で不都合が生じたからである。そのことを指摘した両県からの申文の一節には、

> 行據宛・大二縣申稱、（中略）查得、先年原編就行戸底册、未審開資本之數。今若一概優免。本年正費浩繁。無處措辦。如一概混徴、則小民觀望、誰肯輸納。欲另行審編、不惟倉卒難完、且滋擾不便、矧明年又値審編之期、似慮酌處。

とあり、先年（万暦六年のものか）作成した「行戸底册」には、鋪戸の戸則のみで資本額が明記されていないので、聖旨の決定どおりに実施し難いことを述べている。また改めて調査を行なうとしても即座に完了するのは困難で、住民の混乱を引き起すだけであること、その上翌年が5年に1度の定期的審編の年に当たることから、今年は暫定措置を取ることの伺いを立てている。

暫定措置とは、先の史料に続けて、

訪得、原編上三則、人戸多係富商、資本數千、中三則、亦不下三五百金、獨下三則委係資本不一、合無將本年分下三則、遵照明旨免徵。上中六則、查照編册、仍舊徵銀、供辦額用。

とある如く、従来の戸則の上中6則から舗行銀を徴収し、下3則はその徴収を免除するというものであった。このことは、従来の「行戸底冊」には舗戸の資本額が明記されていないとはいえ、一般に上3則は資本力が数千両に相当する富商であり、中3則も300乃至500両を下らず、残る下3則のみ資本力もまちまちで零細であるという事実を踏まえていた。これは。当時における北京の商工業者の実態を窺う上で注目すべきものであるが、のちに改めて検討を加えたい。

この両県からの暫定措置実施の伺いを受けた府尹張國彦はほぼそのまま上奏したところ、戸部の議覆をへて裁可されている[88]。

以上の経過をあらためて検討すれば、次のことが指摘できるであろう。まず第1に、北京に店舗を持つ都市商工業者は、その営業種目ごとに132行に分類されていたこと。このうちそれぞれの営業を営む際の資本の多寡や利潤の大小により、典當業など有力な100行と網襪行など零細な32行に大別されることである。

第2に、これらの商工業者の戸籍とも言うべき「行戸底冊」には、その営業種目と資本評価（評価方法の詳細は不明）に基づく3等9則の戸則は記入されてあっても、資本額そのものは明記されていなかったこと。しかし一般的に言えば、上3則は資本額数千両、中三則も300乃至500両以上に相当すると万暦年間当時考えられていたことである。

しかも、『宛署雜記』巻一三、舗行の順天府府尹張國顔の題奏に収められた万暦四年のものと推定される統計[89]では、宛平・大興両県あわせて上中6則5,425戸、下3則3万4,370戸とあるように、下3則舗戸は上中6則の約6倍、全体の約86％を占めていた。これらの事実は、この時期の北京の商工業者の階層分化の進展を示すものである。さらにこの外に、従来から舗行銀を徴収さ

表 4-2 五城各坊の上中六則戸の戸数と鋪行銀額

五城名	所属県	坊名	上上則	上中則	上下則	上則小計	中上則	中中則	中下則	中則小計	上中六則合計(戸)	鋪行銀額(両)
中城	宛平	大時雍	99	33	29	161	49	107	417	573	734	378.3
		小時雍	1	3	4	8	15	21	83	119	127	56.8
		安富	14	10	21	45	27	56	160	243	288	128.7
		積慶	2	4	3	9	9	14	85	108	117	50.3
	大興	南薫	87	53	14	154	28	61	222	311	465	263.8
		澄清	34	32	15	81	24	33	146	203	284	153.2
		仁寿	15	12	5	32	10	32	93	135	167	81.4
		明照	17	5	2	24	12	16	56	84	108	57.1
		保代	4	4	3	11	2	25	34	61	72	32.2
		小計	273	156	96	525	176	365	1,296	1,837	2,362	1,201.8
東城	大興	明時	50	39	20	109	31	84	289	404	513	261.8
		黄華	43	24	10	77	17	52	183	252	329	170.3
		北居賢	22	28	8	58	22	54	166	242	300	150.8
		南居賢	9	8	13	30	27	71	196	294	324	148.5
		思誠	16	11	13	40	14	42	164	220	260	122.1
		朝陽(関)	5	5	6	16	14	19	65	98	114	55.8
		小計	145	115	70	330	125	322	1,063	1,510	1,840	909.3
西城	宛平	河漕西	16	16	13	45	19	32	85	136	181	91.3
		阜財	12	16	5	33	21	27	130	178	211	99.2
		金城	17	22	15	54	35	56	278	369	423	196.8
		朝天日中	7	6	6	19	15	46	128	189	208	83.7
		鳴玉	20	24	19	63	36	54	198	288	351	167.5
		阜城(関)	2	8	7	17	38	18	52	108	125	58.1
		小計	74	92	65	231	164	233	871	1,268	1,499	696.6

れていなかった店舗を開いていない小商人・露店商・振り売りなどの零細商人が多数存在し、末端の商品流通を支えていたと考えられる[90]。

　第3に、鋪行銀の下3則徴収免除の決定に際しては、戸部尚書張學顔が提案した営業種目ごとに徴収免除を決定する方法と、万暦帝の聖旨に示された業種を問わず個々の鋪戸の資本額によって決定する方法との両者が対立する形で存在していたこと。しかも、実際には暫定措置が取られたにせよ、後者の方法に決定したことは、同一業種内における資本力の大小等に示される階層分化がか

第4章　明代北京における鋪戸の役とその銀納化　143

五城名	所属県	坊　名	上上則	上中則	上下則	上則小計	中上則	中中則	中下則	中則小計	上中六則合計(戸)	鋪行銀額(両)
南城	宛平	宣　南	7	5	5	17	11	17	41	69	86	44.5
		宣　北	20	25	32	77	29	22	80	131	208	125.8
	大興	正　東	73	34	59	166	115	120	267	502	668	367.2
		正　南	12	16	19	47	32	33	79	144	191	103.4
		正　西	39	46	70	155	61	55	139	255	410	236.6
		宣　北	29	32	88	149	29	53	117	199	348	202.4
		崇　南	11	30	34	75	37	34	77	148	223	130.1
		崇　北	38	41	39	118	72	46	186	304	422	233.5
		宣　南	8	6	24	38	26	21	47	94	132	73.9
		小　　計	237	235	370	842	412	401	1,033	1,846	2,688	1,517.4
北城	宛平	発　祥	8	1	4	13	8	11	39	58	71	33.9
		日　中	29	21	16	66	38	57	229	324	390	147.8
		関　外	5	21	3	29	20	23	185	228	257	120.9
	大興	崇　教	12	10	6	28	30	26	95	151	179	88.0
		昭　回	15	3	3	21	8	22	105	135	156	75.4
		靖　恭	7	7	13	27	17	42	189	248	275	122.6
		霊　春	6	7	7	20	7	25	63	95	115	54.6
		金　台	6	3	3	12	10	16	95	121	133	60.3
		教　忠	8	27	18	53	21	38	67	126	179	101.0
		安定(関)	0	0	1	1	1	2	12	15	16	6.7
		小　　計	96	100	74	270	160	262	1,079	1,501	1,771	811.2
宛平県小計			259	215	182	656	370	571	2,190	3,131	3,787	1,783.6
大興県小計			566	483	493	1,542	667	1,022	3,152	4,841	6,383	3,352.7
両県合計			825	698	675	2,198	1,037	1,593	3,342	7,972	10,170	5,136.3

＊『宛署雑記』巻13 鋪行により作成　万暦16年の統計

なり進展しており、前者の方法では、もはや実態に即さなくなったことを示す。換言すれば、当該時期における国家の都市商工業に対する把握のあり方は、同業種ごとの把握よりも、個々の鋪戸を資本力に基づき戸則を決定して直接的に把握する方法が、より適合的であったと考えられる。

　その際、前述した鋪戸調査や鋪行銀徴収が、五城兵馬司とその管轄下の総甲によって行なわれていることから判断して、地縁的関係を重視し城内各坊ごとに鋪戸を掌握する方法が取られた。この点は、『宛署雑記』巻一三、鋪行に収

144　第二部　鋪戸の役と同業組織

表4-3　年次別大興・宛平両県の鋪戸数

県別 戸則 年次	大興県			宛平県			両県			出典
	上中六則	下三則	九則小計	上中六則	下三則	九則小計	上中六則合計	下三則合計	九則合計	
嘉靖2年 (1523)	—	—	14,939	—	—	7,733	—	—	22,672	『青湖文集』巻1
万暦4年 (1576)	3,925	22,298	26,223	1,500	12,079	13,573	5,425	34,377	39,796	『宛署雑記』巻13
万暦16年 (1588)	6,383	—	—	3,787	—	—	10,170	—	—	『宛署雑記』巻13

＊—は統計の記載がないもの

められた万暦十六年の宛平・大興両県の上中6則鋪戸統計にも示されている。この統計は、すでに梅原郁によって紹介されている(91)が、あらためて各城ごとに作成したのが表4-2である。この統計に下3則の鋪戸数が欠如しているのは、先に考察したように万暦十年に下3則の鋪行銀免徴が実現していたからである。それはさておき、この詳細な鋪戸統計が、営業種目の如何を問わず、各坊毎に戸則によって分類集計されているのも当時の商工業者把握のあり方から帰結したものと言えよう。

かかる都市商工業者把握の出現がどの時点まで遡りうるのかは、現在のところ明確にできないが、鋪戸の役銀納化の実施により鋪戸がそれぞれの営業種目に即した力役負担からひとまず解放されたことは、こうした傾向に拍車をかけるものであったと考えられる。

さらに付け加えれば、表4-2の上中6則鋪戸数と鋪行銀額によって、北京五城内各坊の商工業者の分布状況の概略をも知ることができる。即ち、五城の中でも中城と南城に商工業者の店鋪が多く存在していたこと。その中でも特に、大時雍坊・南薫坊・正東坊・正南坊が置かれていた、正陽門を間にはさむ崇文門から宣武門までの城牆の両側に沿った地域に集中していたことが知られる(92)。

最後に、汪應軫の『青湖文集』巻一および『宛署雑記』巻一三によって、宛平・大興両県に登録された鋪戸数を年代毎に比べたのが表4-3である。この表は史料の欠如に制約されきわめて不十分なものであるが、それでも嘉靖初年から万暦初年に至るまでの約50年の間に、両県の掌握した鋪戸はほぼ倍増した

第4章　明代北京における鋪戸の役とその銀納化　145

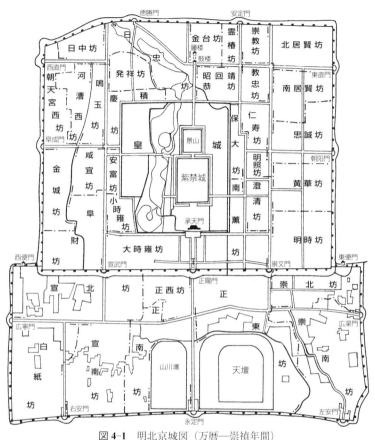

図 4-1　明北京城図（万暦―崇禎年間）
（出典）曹子西主編『北京通史』第6巻（中国書店）を参照して作成

ことを知ることができる。このことの持つ意味は、一つにはもとより貨幣経済の進展や商品生産の展開の中で、北京の商工業者数自体が増加したことを指摘できる。しかしそれのみに止まらず、この時期明初の里甲制体制が解体に瀕する中で、新たに商工業者層に対する把握と収奪を強化せざるを得なかった明朝の財政事情を忘れてはなるまい。

　また、下3則免徴か実施された後の万暦十六年の審編では、両県の上中6則鋪戸数が免徴実施以前に比較し倍増していることも注目される。これは、下3

則の徴収免除により結果として両県の財政収入が減少し、大幅な赤字をきたした[93]ために、それを補塡すべく従来の下3則を上中6則に評価し直すなど、意図的に上中6則戸を増加させたことによると考えられる。従って、北京の商工業者を救済すべく実施されたこの下3則免徴という寛恕政策の中にも、貨幣経済の進展や商品生産の展開の中で新たに成長しつつある商工業者層に対して国家の把握を強化するというこの時期に共通する基調を見い出すことができる。

おわりに

以上の4節にわたる考察を要約すれば、次のとおりである。

1 　舗戸の役は、里甲正役以外の雑役として、市街地に店舗を開く軍戸と民戸の双方に科派されていた。この役はすでに明初永楽年間からその存在が知られる代価支払いを前提とした官庁必要物品の買辦調達方式が、中期以降事実上の徭役（義務的負担）に転化したものである。

2 　明代中期以降舗戸による物料買辦がより大きな比重を占めるに伴ない、国家の都市商工業者把握も強化された。例えば、成化十二年（1476）には、舗戸に対して10年に1度の定期的な営業種目や資本の調査が決定した。また正徳四年（1509）には、舗戸を資本力の大小により上中下3等に分け、負担能力の均等なグループを編成し輪番で役に充当させる牌甲法が実施された。さらに嘉靖四十五年（1566）に北京では舗戸の役の銀納化が行なわれ、舗行銀が成立した。この時点では、舗戸の調査と舗行銀の徴収は、五城兵馬司の管轄下にある総甲が行なっていた。

3 　北京の商業構造を支えていた階層として、客商や舗戸（坐賈）、さらには露店商や振り売りなどの零細商人層が存在していた。客商は資本力において舗戸を圧倒しており、その中には中央官庁出入りの「御用商人」も含まれていた。万暦初年北京では、約4万弱の舗戸が国家によって把握され、営業種目毎に132行に分類される一方で、資本力の大小によって3等9則に格付けされていた。一般に上3則は資本金数千両、中3則も300両以上と言われ、そ

れ以下の下3則は9則全体の鋪戸数の約86%を占めており、この時期の都市商工業者の階層分化の急速な進展を示している。

4　同一業種内でも階層分化がかなり進展する中で、万暦十年（1582）下3則鋪戸の徴収免除の決定がなされた際には、商工業者に対し業種毎ではなく資本力に基づき総甲を通じて地縁的に把握する方法がとられた。また下3則徴収免除の実施前後の鋪戸統計を比較すれば、実施以後の上中6則の鋪戸数は、以前のそれに比べて倍増しており、結果として上層鋪戸への把握はむしろ強化された。

5　以上のことから明代中期以降の鋪戸の役出現と鋪行銀の成立は、明朝国家の財政的窮乏が進行する中で、貨幣経済・商品生産の展開を背景にして成長しつつあった都市商工業者に対し、国家が注目しその把握と収奪を強化していったところに、その歴史的意味を見い出すことができる。

　本章では、首都北京を例に不十分ながらも明代の都市商工業者の実態と国家の把握のあり方を明らかにしてきた。これらの諸点をより一般化するためには、副都南京の鋪戸の役はもちろん、当時の経済的先進地帯とされる江南の諸都市の分析を急がねばならない。これらの課題は、今後に期し、ここではとりあえず北京のみの分析を提示し、大方の叱正を仰ぐことにしたい。

註
（1）　斯波義信「中国都市をめぐる研究概況――法制史を中心に――」『法制史研究』23、1973年、189頁、夫馬進（A）「明末の都市改革と杭州民変」『東方学報（京都）』49冊、1978年、217頁、同（B）「明代南京の都市行政」中村賢二郎編『前近代における都市と社会層』京都大学人文科学研究所、1980年、245頁、山根幸夫「中国中世の都市」『中世史講座』3、中世都市、学生社、1982年、78頁。

（2）　日本の研究者による研究史整理として、佐伯有一「日本の明清時代研究における商品生産評価をめぐって」鈴木俊他編『中国史の時代区分』東京大学出版会、1957年所収、同「中国の歴史学界における"資本主義の萌芽"に関する論争その後」『社会経済史学』27巻3号、1961年、田中正俊「中国歴史学界における"資本主義の萌芽"研究」『中国史の時代区分』所収、寺田隆信「明清時代におけ

る商品生産の展開」『岩波講座世界歴史』12、岩波書店、1971年所収など。
（3）　夫馬進訳注「明末清初の都市暴動」『中国民衆叛乱史』4、明末～清Ⅱ、平凡社、1983年の「参考文献」参照。
（4）　註（1）前掲の夫馬（A）（B）論文は、こうした空白を埋めるべくなされた研究成果である。ほかに、佐久間重男「明代の門攤税と都市商業との関係」明清史論叢刊行会編『中山八郎教授頌寿記念明清史論叢』燎原書店、1977年所収、山根幸夫「明・清初の華北の市集と紳士・豪民」同書所収、同「明清時代華北市集の牙行」『星博士退官記念中国史論集』星斌夫先生退官記念事業会、1978年所収、川勝守「中国近世都市の社会構造――明末清初、江南都市について――」『史潮』6号、1979年など。
（5）　ここで北京を取り上げるのは、北京が明代の都市として最も典型的性格を具備しているからではない。むしろ首都としての政治的性格から帰結する都市機能のある種の畸形化さえ濃厚に看取できる。にもかかわらず、最初に北京を取り上げざるを得ない理由は、他の諸都市に比べ比較的史料が残されているという史料上の制約による。
（6）　従来の研究として、佐々木栄一「商役の成立について――明代両京における買辦体制の進展――」『歴史』15輯、1957年、新宮学「明末京師の商役優免問題について」『集刊東洋学』44号、1980年、本書第二部第5章に収録、許敏「明代嘉靖・万暦年間"召商買辦"初探」中国社会科学院歴史研究所明史研究室編『明史研究論叢』1輯、1982年がある。佐々木論文は、商人による物料買辦の役を最初に取り上げた先駆的研究であり、両京における買辦体制の進展の中で、有力商人による物料買辦の役（商役）が成立する事情について明初まで遡って制度的考察を行なった。また許論文は、資本主義萌芽問題解明の立場から、嘉靖～万暦年間の「召商買辦」を取り上げ、その盛行した背景として、商品流通量の増大や城鎮市場の繁栄および商人層の成長など商品流通の進展を指摘する一方で、「召商買辦」の持つ封建的性格（経済外強制）のゆえに、結果として商品流通・商品生産の発展を阻碍するものとなったと結論づけた。ほかに註（1）前掲の夫馬（B）論文や呂作燮「明清時期的会館幷非工商業行会」『中国史研究』1982年2期に若干の言及がある。
（7）　註（6）前掲の新宮論文、本書第二部第5章参照。
（8）　この点についてはあらためて考察を加えたいが、さしあたり註（6）前掲の新

　　　　　　　　　　　　　　　　第4章　明代北京における鋪戸の役とその銀納化　149

　　宮論文、本書第二部第5章の註（6）および許敏論文195頁参照。
（9）　註（6）前掲の佐々木論文15頁。
（10）　張永明『張荘僖文集』巻二。張永明の伝記は『明史』巻二〇二に見える。
（11）　陳詩啓「明代工匠制度」『歴史研究』1955年6期、のちに同『明代官手工業的研究』湖北人民出版社。1958年に収録、佐伯有一「明前半期の機戸――王朝権力による掌握をめぐって――」『東洋文化研究所紀要』8冊、1956年。
（12）　蘇同炳『明代駅逓制度』第四編、役法、中華叢書編審委員会、1969年。
（13）　谷光隆『明代馬政の研究』東洋史研究会、1972年、第二篇第6章、南直隷の孳牧体制。
（14）　註（6）前掲の佐々木論文17頁および許論文189頁参照。
（15）　同一の聖旨は、汪應蛟『青湖文集』巻一、「恤民隠均偏累以安根本重地疏（一）」にも見える。なお『青湖文集』巻一には、これと同じタイトルの上奏がほかに二つ収められているので、区別するために始めより順次番号を付して用いる。
（16）　『校定本元典章刑部』第一冊附録の吉川幸次郎・田中謙二著『元典章の文体』京都大学人文科学研究所元典章研究班、1964年参照。
（17）　北京遷都は永楽十九年（1421）のことである。十三年のこの時点では、南京が首都であり、北京は「行在」と称していた。遷都をめぐる経過については、新宮学「明初北京への富民層強制移住について」『東洋学報』64巻1・2号、1983年の註（3）掲載論文参照。
（18）　都市徭役の一般的性格については、註（1）前掲の夫馬（A）論文220頁参照。
（19）　註（6）前掲の佐々木論文19頁。
（20）　同上。但し、佐々木も正統二年以前すでに部分的には行なわれていた可能性を指摘している。
（21）　岩見宏は、「明代における上供物料と徑役」『東洋学報』55巻2号、1972年で、洪武二十六年に刊行された『諸司職掌』に見える物料調達方式の一つとして、民間からの買い上げ（買辦）が行なわれていたことを述べている。
（22）　徭役優免特権については、和田正広「徭役優免条例の展開と明末挙人の法的位置」『東洋学報』60巻1・2号、1978年など参照。商役の優免特権および錦衣衛寄籍の商人に対する鋪行銀徴収の優免適用をめぐる論議については、註（6）前掲の新宮論文、本書第二部第5章参照。
（23）　註（6）前掲の許論文189頁参照。

(24) 永楽十三年十一月の聖旨は本書123頁に、成化十二年正月の聖旨は128頁にそれぞれ引用した。

(25) 註（6）前掲の佐々木論文21頁～23頁参照。

(26) 註（6）前掲の許論文参照。

(27) 曽我部静雄『宋代財政史』生活社、1941年、61頁・102頁、宮崎市定「宋代州県制度の由来とその特色」『史林』36巻2号、1953年、のちに『アジア史研究』第四、同朋舎、1975年に収録、72頁。

(28) 『明英宗実録』巻三四、正統二年九月庚子に、「命五城兵馬指揮司及都税司等衙門、同坊市度量衡、従順天府奏請也。」と見え、北京各坊の度量衡統一の通達が出されている。かかる措置も市場価格決定の適正化と関連している。

(29) 間野潜龍「明代の光禄寺とその監察について」『東洋史研究』29巻2・3号、1970年によれば、宣徳年間（1426～35）は御史による監察体制が強化された時期であり、正統二年（1437）年のこの措置もこうした動きの一環として考えられる。

(30) この「行」は一般に言われているような「同業商人組合（商店組合）」ではなく、営業種目を表わす言葉であろう。また実際に買辦調達にあたって鋪戸の組織が何らかの形で存在したとしても、それは、物料買辦のために官庁主導の下に業種毎に掌握編成されたものに過ぎない。

(31) 清水泰次「明代における租税銀納の発達」『東洋学報』22巻2号、1935年、鼇谷英夫「近世中国における賦・役改革（一）（二）」『歴史評論』1巻2・3号、1946年、森正夫「十五世紀前半太湖周辺地帯における国家と農民」『名古屋大学文学部研究論集』38、1965年など参照。

(32) 山根幸夫「丁料と綱銀──福建における里甲の均平化──」『和田博士古稀記念東洋史論叢』1961年所収、のちに同『明代徭役制度の展開』東京女子大学学会、1966年に収録、岩見宏「明代地方財政の一考察──広東の均平銀について──」『研究（神戸）』3号、1953年、栗林宣夫『里甲制の研究』文理書院、1971年、第2章、谷口規矩雄「明代華北における銀差成立の一研究──山東の門銀成立を中心として──」『東洋史研究』20巻3号、1961年など参照。

(33) 王圻『続文献通考』巻三一、市糴考、「宣宗宣徳八年令、各處買辦諸色物料、聽差殷實大戶齎價於出產地方、收買供用」。

(34) 『明英宗実録』巻一〇一、正統八年二月己亥、「上諭戸部臣曰、朝廷所需、毎令

有司買辦、不無擾民。爾等卽查地産所宜、於歲徵存留錢糧内折收完備、差人管解。直隸幷山東府分送北京、福建・廣東・浙江・湖廣・江西・四川府分送南京、該司收貯、以備應用（下略）」。岩見は、註（21）前掲の論文150頁で「この上諭はあまり実質的な影響を持たなかった」ことを指摘している。

(35)「整理」は、後出の「清理」と同様、官庁による鋪戸掌握のための営業種目や資本調査を意味すると考えられる。

(36)『明英宗實録』卷二五四、景泰六年乙丑（十一日）、「禮科左給事中楊穟言、邇者順天府宛平縣奏、大興縣地方廣闊、鋪面數多、本縣地方鋪面稀少、鋪戸消乏、乞踏勘多寡、均平買辦、奉旨令戸部整理。臣等風聞、此令一下、外議誼騰、謂將減宛平之常供、加大興之新額。臣等切見（中略）、今日宛平告乏、旣歸之大興、倘他日大興告乏、又歸之何地。伏望要用以裕民（中略）、豈必互爲增減、而可以當國裕民哉。詔曰、朝廷用度、倶出于百姓措辦、其命戸部量情寬免」。

(37) 宛平県と大興県の鋪戸数については、表4-3参照。宛平県と大興県との買辦割り当ての不公平は、その後も容易に改善されなかったらしく、万暦年間にも同様の指摘が見える。『宛署雜記』卷一三、鋪行、「萬曆十一年分該吏科等衙門給事中陳燁等具題、内一款開、酌行銀以均差役。戸部題覆、看得、大興縣市廛稠密、宛平縣鋪面稀少、歲徵行銀、迥然多寡不類、乃一應差派、二縣均當、誠非劑量之宜、委有偏累之苦。該科道官議題前因、相應依擬、合行順天府、備行宛・大二縣、以後一應公費、計分爲率、大興鋪行頗多、應辦六分、宛平鋪行頗少、應辦四分、庶衷益適中、彼此均便矣」。

(38)『明英宗實録』卷二五五、景泰六年閏六月壬申（二十八日）、「吏部〔科〕都給事中李瓚等言五事（中略）。一、京師天下之根本、近因大興・宛平二縣奏、連年買辦物料、供用不給、欲將京城内外開張鋪店之家、逐一照依所賣物貨名色、報官聽候買辦、見差給事中御史等官、在外清查類册。臣等近見、天雨連綿、房屋傾圮、物貨蕭條、人民艱食。若不存恤、實不安寧、乞移文順天府、仍照先年措置買辦事例供用、將見差官取回、候豐稔之時、再爲區處、庶可以安人心、而固國本也（中略）。帝曰、朕覽爾等所言、多有理、倶從其請」。

(39) 註（36）参照。この礼科左給事中楊穟の上奏とほとんど同一の内容の上奏が、張寧の文集『張方州集』卷二に「乞省買辦疏」として收められている。『國朝獻徵録』卷九一、「汀州府知府張公寧傳」によれば、この時期張寧も礼科給事中であったことから、おそらく上官の楊穟のために張寧が代筆したものと考えられる。

(40) 註（38）参照。「先年措置せし買辦事例」が具体的に何を指すか明記されていないが、おそらく先の正統二年令を指すのではなかろうか。

(41) 王圻『続文献通考』巻三一、市糴考、「景皇帝景泰六年令、京城内不係常久開帳鋪面、及小本出攤提買等項買賣、倶免買辦」。

(42) 本文に引用した『通州志略』では、南京の場合しか述べていないものの、北京の宛平・大興両県と通州でも同様のことが実施された。万暦『大明会典』巻二一三、六科・戸科に、「凡順天府宛・大二縣及通州鋪戸、成化十二年議准十年一次、差科道官清理。」とある。但し『宛署雑記』巻一三、鋪行に見える万暦七年の吏科給事中鄭乗厚の上奏には、「臣等査得、鋪行清審、十年一次、自成祖皇帝以來、則已然矣」とあり、永楽年間より十年に一度の清理が実施されていたとしているが、それ以外の史料にはこの事実に言及するものはなく、疑問が残る。

(43) 沈榜『宛署雑記』巻一三、鋪行、吏科給事中鄭乗厚の上奏。

(44) 註（6）前掲の新宮論文、本書第二部第5章では、北京の商役優免問題を扱い、ここに言う「勢要之家」と目される勲戚・宦官層と結託し、優免特権を獲得する層として錦衣衛に寄籍した有力商人の存在を明らかにした。

(45) 萬鐘については、『明史』巻二〇二に伝がある。弘治十八年の進士。

(46) 佐々木も註（6）前掲の論文20頁で、この明実録の史料を書き下し文で提示しているが、「牌甲法の如く」の下に句読点を打っていないことから、そのように理解していると思われる。

(47) 註（50）参照。

(48) 西村元照「劉六劉七の乱について」『東洋史研究』32巻4号、1974年。

(49) 『明世宗実録』巻三、正徳十六年六月丁酉に、「革錦衣衛冒濫旗校三萬一千八百二十八名」とあり、また同書巻四、同年七月丙子に、「命革錦衣衛等八十衛所及監局寺廠司庫諸衛門旗校勇士軍匠人役、凡投充新設者十四萬八千七百七十一人、敢有違明詔、影射存留、冒支倉糧者、罪如律」とある。

(50) この汪應軫の上奏の要約が、『明世宗実録』巻二五、嘉靖二年四月辛卯の条に見え、その上奏時期を知ることができる。ところで興味深いことに汪應軫の原奏を仔細に検討すると、本文に引用した部分は、順天府尹萬鐘の上奏（『皇明経世文編』巻一五一）を承けてなされた戸部の題覆からの引用であることが判明する。従って、先に本文に引用した『明世宗実録』巻一六、嘉靖元年七月癸丑の記載に、萬鐘の原奏にはなかった「牌甲法」の表現が見えるのは、この戸部の題覆

をもとにして編纂されたからであろう。

(51) 但し、牌甲法が正徳四年に初めて実施されたものかどうかは、必ずしも明らかではない。それ以前の定期的調査が実施された成化年間から、牌甲法と類似した方法が行なわれていた可能性も否定できない。

(52) この史料は、すでに小野寺郁夫が「宋代における都市商人組織『行』について」『金沢大学法文学部論集』史学編3号、1965年の中で紹介している。また梅原郁も、「宋代都市の税賦」『東洋史研究』28巻4号、1969年で、宋代の免行銭と類似した制度として紹介している。『宛署雑記』については、徐萃芳「『宛署雑記』中的北京史料」『文物』1959年9期参照。なお、本書では『宛署雑記』は主に北京古籍出版社、1980年重印本を用い、一部尊経閣文庫所蔵本を参照した。

(53) 北京の保甲については、その開始時期は明らかでないものの、『宛署雑記』巻五、街道に、「按、見行城内各坊、隨居民多少、分爲若干鋪、毎鋪立鋪頭・火夫三五人、而統之以總甲。城外各村、隨地方遠近、分爲若干保甲、毎保設牌甲若干人、就中選精壯者爲郷兵、兵器畢具、而統之以捕盗官一人・保正副各一人。棋布星羅、條分綾析、比之外府州縣、特加繁重」とあり、城内の各坊はいくつかの鋪に分かれ、鋪毎に鋪頭・火夫が数名が置かれ、それらを總甲が統率していた。ここでは鋪は地域区画として用いられているようであるが、ほんらいは夫馬が註(1)前掲の(B)論文283頁で明らかにした如く、消防小屋と番小屋とを兼ねた建物で、総甲や火夫の詰め所として用られた。

(54) 酒井忠夫「明代前中期の保甲制について」『清水博士追悼記念明代史論叢』大安、1962年。

(55) 本書134頁に引用。

(56) 註(52)前掲の小野寺論文48頁によれば、「當行」という語はすでに宋代に存在している。

(57) 加藤繁「唐宋時代の商人組合『行』を論じて清代の会館に及ぶ」『史学』14巻1号、1935年、のちに『支那経済史考証』下巻、東洋文庫、1952年に収録、古林森広「北宋の免行銭について——宋代商人組合『行』の一研究——」『東方学』38輯、1969年、日野開三郎「唐宋時代における商人組合『行』についての再検討（一）～（七）」『産業経済研究』21巻1号～22巻3号、1980～81年。但し、註(52)前掲の小野寺論文の如く「行」が上からの組織であることを強調する意見もある。

(58) 佐々木も註（6）前掲の論文19頁で早くからこのことを指摘している。
(59) この経過の詳細については、『宛署雑記』巻一三、鋪行の史科給事中鄭秉厚の上奏および戸部尚書張學顔の題本参照。南京ではすでに嘉靖四十年（1561）より5年1次に短縮されていた。万暦『大明会典』巻四二、戸部二九、南京戸部・鋪行参照。なお、夫馬は註（1）前掲の（B）論文272頁で、万暦年間に北京では6年毎の編審に変更されたと述べているが、これは5年の誤記であろう。
(60) 註（36）参照。
(61) 南京でも、万暦二十七年（1599）に鋪戸の役銀納化の動きがみられるが、実現しなかった。李廷機『李文節集』巻二七、「議處鋪行疏」参照。なお、南京の鋪戸の役については、本書第二部第6章であらためて考察を加える。
(62) 以上のことから明らかなように、鋪行銀は官庁の儀式等に用いる必要物品を供辦するための鋪戸の役が銀納化されたものである。佐久間重男は、「明代における商税と財政との関係（一）」『史学雑誌』65編1号、1956年の20頁、および「明代の門攤税と都市商業との関係」『中山八郎教授頌寿記念明清史論叢』燎原書店、1977年の275頁で、『明神宗実録』巻七三、万暦六年三月乙丑の条に見える記載（本註末に引用）を門攤税（営業税の一種）の徴収に関するものと理解されているが、これは誤りで鋪行銀の徴収に関する史料である。鋪戸の役の銀納化した鋪行銀は、門攤税と負担者および徴収方法が類似することとなったが、両者は系譜的には全く異なるものである。「戸部題、宛・大二縣鋪戸、無分勢要之家、逐一審編、不許妄告優免。仍酌各行資本、定爲三則、照數徵銀、務使各得其平。至投冊審戸、該府縣・五城兵馬詳加査核、毋得隱匿、及違慢等情。至於書皁工食・造冊紙張・供應等項、原係鋪行答應、不無騷擾、合行裁革。從之」。
(63) 免役銭については、曽我部静雄『宋代財政史』生活社、1941年の143頁など参照。
(64) 銀差については、岩見宏「銀差の成立をめぐって――明代徭役の銀納化に関する一問題――」『史林』40巻5号、1957年、山根幸夫『明代徭役制度の展開』東京女子大学学会、1966年、第二章第一節など参照。
(65) 佐々木は、註（6）前掲の論文を締め括るにあたり、この史料によって、自身が明らかにしたところの景泰年間より存在した一般鋪戸を対象としたものと、嘉靖中期に新たに始められた原則的に富商を対象としたものとの、二重の義務的供辦体制がここに一本化し、以後実役に服するものは共に富商のみに限られるよう

になったと述べている（27頁）。しかし、本章ではむしろ宛平・大興両県の公費負担の一財源と化した鋪行銀徴収と、嘉靖以後中央の六部等を中心とした商役とは、一本化せずにその後も並立する形で存続していたと考える。というのは、『明世宗実録』巻五五七、同年翌月の記載（註（66）参照）や『宛署雑記』巻一三、鋪行の記述を見れば、その直後に上上・上中 2 則の力役も銀納化し、9 則全てから鋪行銀が徴収されている事実が少なくとも万暦三十年代まで引き続き確認される（『明神宗実録』巻四四六、万暦三十六年五月庚寅の条参照）一方で、それとは別に商役も存在しており、その科派をめぐって特に万暦半ば以降大きな社会問題となっているからである。

(66) 『明世宗実録』巻五五七、嘉靖四十五年四月己卯、「尚書高燿等乃復上數事。一、原編九則鋪行、皆徴銀入官、官爲招商市物、不得以買辦獨責之上上・上中二則。（中略）得旨、如議行（下略）」。

(67) 『宛署雑記』巻一三、鋪行の戸部尚書張學顔の題覆およびそれに対する聖旨参照。

(68) 『宛書雑記』巻一五、経費下・内府・各衙門・郷試・会試の項参照。

(69) 典型的な御用商人として、『明神京実録』巻三二〇、万暦二十六年三月甲辰の条に、戸・工二部の御用商人となり、巨万の富を蓄えた姚贊の例が見える。

(70) 北京の五城兵馬司の職掌については、万暦『大明会典』巻二二五、五城兵馬司の項参照。なお、南京の兵馬司については、註（1）前掲の夫馬（B）論文 280 頁に適確な分析がある。

(71) 『宛署雑記』巻一三、鋪行の万暦十年十月の順天府府尹張國顔の上奏参照。

(72) 『宛署雑記』巻一三、鋪行の順天府府丞宋仕の上奏、「隨據大興縣申稱、（中略）其鋪行、査得、舊時原縣徴收、便於支給、今屬五城兵馬司徴收、仍復解回本縣支用、轉展繁文、不能濟急。合行仍歸本縣、及時徴收、以濟緩急之用、等因」。

(73) 註（1）前掲の佐々木論文 18 頁参照。

(74) この上奏は、『皇明経世文編』巻一九一にも収められているが、本文に引用した『青湖文集』に比べて省略がみられる。

(75) 嘉靖『通州志略』巻四、貢賦志・雑賦には、「涌州、京を去ること四十餘里」とある。

(76) 張家湾については、嘉靖『通州志略』巻一、輿地志・市集に、「張家灣、在州城南一十里、南北水陸要會之處、人煙輻輳、萬貨駢集、爲京東第一大馬頭、日日

為市」とある。

(77) 呉廷燮撰『明督撫年表』巻一、順天。在任は弘治十一年から十七年までである。
(78) この上奏が出された時期を嘉靖二年ごろとした理由は、『青湖文集』には同じタイトルの上奏が全部で三つあり、その中の最初のものは『明世宗実録』巻二五、嘉靖二年四月辛卯の条にその要約があり、2番目のこの上奏は、内容から判断して最初の上奏と同時或いはその直後に出されたと考えられるからである。
(79) 『青湖文集』巻一、「恤民隱均偏累以安根本重地疏（二）」、「京師宿弊始清、已荷萬鈞之賜、而通州舊例難變、未受一分之惠。以臣等愚計、莫若將通州鋪戸暫革去、待十年之後、如果京民不累、守爲恆規、如前弊復滋、官價不給、根本虧耗、元氣損傷、此又當廣營曲處、微察遠觀（下略）」。
(80) 『青湖文集』巻一、「恤民隱均偏累以安根本重地疏（三）」参照。
(81) 表4-1参照。
(82) 『明神宗實録』巻一二三、万暦十年四月癸卯の条、および『宛署雑記』巻一三、鋪行の順天府府尹張國彦の題奏。張國彦は広平府邯鄲県人、嘉靖四十一年進士、万暦九年より十一年までその任にあった。
(83) 税契銀は、官印を有する印契や印券に対する課税。北京の税契銀については、『宛署雑記』巻一二、契税が詳しい。
(84) （A）『明神宗實録』巻一二四、万暦十年五月戊午朔、「戸部題議三事、一減税契、一寬鋪行、一恤商人、覆順天府尹張國彦之請也。上以都城小民累苦、當加意存恤、倶報如議」。

（B）『宛署雑記』巻一三、鋪行の万暦十年四月戸部尚書張學顔の題覆、「戸部尙書臣張學顔等謹題、爲禱雨三應等事、（中略）計開、一議處税契（中略）、一議處鋪行（中略）、今查得、宛・大二縣原編一百三十二行、除本多利重如典當等項一百行、仍行照舊納銀、如遇逃故消乏、許其告首、查實豁免外、將網禩行（以下は本文中に列挙）土工行、共三十二行、仰祈皇上特賜寬恤、斷自本年六月初一日以後免其納銀。（中略）一議處商人云云」。

ところで、（A）の明実録ではこの題覆が五月一日の条に記されているのに対し、（B）の『宛署雑記』では四月となっていることから、一見すると両者は全く異なるものである如く見える。しかし、両者の記述に含まれる三つの提案の小見出しが全く同じ内容であることから判断して、両者の題覆は同一のものであり、四月中に出された戸部の題覆に対し五月一日に万暦帝が聖旨を下したものと考え

第4章　明代北京における舗戸の役とその銀納化　157

られる。なお、第3番目の提案の商人の寛恤については、その後より具体化されたことは、『明神宗実録』巻一二八、万暦十年九月丙子の条に見える。張學顔は、府尹張國彦と同じく広平府肥郷県の人、嘉靖三十二年の進士、万暦六年七月より十一年四月まで戸部尚書の任にあった。

(85)　註 (30) 参照。梅原は、註 (52) 前掲の論文 54 頁で、この「行」を「行舗の種類」と説明しており、著者もそのように考える。明代の「行」の全般的な検討は、本書第二部第 6 章であらためて行なう。

(86)　原文では「針篦」と「骨簪」には「行」が附されていないが、それでは全部で三十二行にならないので脱落と考えて、それぞれ「行」を補った。なお梅原は、註 (52) 前掲の論文 54 頁で、これらの三十三行(三十二行の誤り)はすべて資本評価が下 3 則であるとしているが、必ずしも正確ではない。戸部尚書張學顔は、典當営業などの 100 行に比べて資本が少なく利潤も少ないので、舗行銀の免除を提案したに過ぎない。従って、これらの 32 行の中にも上中 6 則のものが存在したと考えられる。註 (84) の (B) および註 (87) の (C) 参照。

(87)　註 (84) の (A)、および (C)『宛署雑記』巻一三、舗行、「萬暦十年四月内、該本府題爲禱雨三應、議寬舗稅等銀、本部覆奉聖旨、朕念都城小民困累、這稅契、既係祖制、着買田宅的、價至四十兩以上的、俱減半納稅、典房的、俱免納稅。其舗行果有典當・布行・雜糧等項、三五百兩至千兩的、方許編行。其餘再不許騷擾、其餘依擬」。原文では「三五百両より千両にいたるもの」となっており、千両以上に言及していないが、千両以上も舗行銀を負担したことは言うまでもない。ところで、註 (84) の (A) 明実録では、ただ「俱に議の如く報ぜよ」とあることから、戸部の題覆は万暦帝により 3 点とも全面的に受け入れられたかに見える。しかし (C) の『宛署雑記』では、戸部の題覆はそのまま承認されず変更が加えられており、其の餘のものがそのまま受け入れられているだけである。これは、(A) 明実録の記述があまりに簡略化されたために生じたものであろう。『宛署雑記』巻一三の詳細な記述は、宛平県の衙門に保存された檔案類に基づいたものと考えられることから、ここでは、(C) の記述に従う。

(88)　『宛署雑記』巻一三、舗行、「本年 (萬暦十年) 十月内、本府行據兩縣會議、題將舗行下三則免徵、上六則改令五城兵馬司徵銀解府、供辦歲用。戸部覆奉聖旨、這舗行依擬選差科道官、着同張國彦上緊從公編審、務求妥當、毋得賠累貧弱」。

(89)　この統計を万暦四年のものと推定する論拠は、この統計数字の直前に、「査得、

鋪行銀両先年題奉欽依、抵二縣里甲、竝內府各衙門年例一應錢糧支用」とあり、ここに言う「先年」が、『明神宗実録』巻四七、万暦四年二月丁丑の条によって万暦四年を指すことが判るからである。

(90)　註（41）参照。

(91)　註（52）前掲の梅原論文 55 頁参照。

(92)　各城兵馬司がそれぞれ管轄した各坊の区域については、嘉靖庚申（三十九年）の序を有する張爵の『京師五城坊巷衚衕集』を参照。

(93)　例えば大興県を例に挙げれば、9 則全徵の時に年額 5,600 餘両にのぼった鋪行銀が、下 3 則免徵実施以後は、2～3,000 両に減少した。『宛署雑記』巻一三、鋪行の順天府府丞宋仕の上奏参照。

〔附記〕

　本論文脱稿後、『歴史研究』1983 年 5 期誌上に唐文基「明代的鋪戸及其買辦制度」が発表された。唐の論稿は、「資本主義萌芽」成長の阻碍要因を解明する視点から鋪戸買辦制度を扱ったものであるが、本章の論点と重なる部分も多いので併読されることを希望したい。

〔補記〕

　本章の原載は、東北史学会編集の『歴史』62 輯、1984 年 7 月である。

　本論では、明代北京の店鋪を開く都市商工業者に科派された「鋪戸の役」とその銀納化の過程を取り上げた。当該時期における都市商工業者の実態と国家によるその把握のあり方を解明したものである。それまで学界で主流を占めていた農村の賦役改革ではなく、本書第二部第 5 章に収録した 1980 年の処女論文以来、都市における商工業者「鋪戸」を取り上げ、都市社会研究の必要性を指摘した問題提起は、現在では日本のみならず中国や台湾、韓国でも広く受け入れられている。

　中国で鋪戸の役を扱った論文はすでに多数にのぼるので、代表的な論文の列記に止める。前掲した許敏「明代嘉靖・万暦年間"召商買辦"初探」1982 年、唐文基「明代的鋪戸及其買辦制度」1983 年のほかに、趙毅「鋪戸・商役与明代城市経済」『東北師大学報』〈哲学社会科学版〉1985 年 4 期がある。

　21 世紀に入ってからは、胡海峰「明代北京城市的鋪戸」『中山大学研究生学刊』〈社会科学版〉24 巻 1 期、2003 年、高寿仙「財竭商罄：晚明北京的"公私困憊"問題——以《宛署雑記》資料為中心的考察」『北京聯合大学学報』〈人文社会科学版〉8 巻

4号、2010年、同「市場交易的徭役化：明代北京的"鋪戸買辦"」『史学月刊』2011年3期などがある。後者は、日本の佐々木栄一の先駆的研究や拙論を丁寧に紹介しつつ、市場での交易が強制的徭役に転化する過程をあらためて跡づけている。のちに、高寿仙『明代北京社会経済史研究』人民出版社、2015年、第5章に収録された。

　韓国では、金弘吉「明代北京の買辦と"短價"」（韓国語）『明清史研究』5輯、1996年、同「清初直隷三河縣の穀物採買と"短價"」（韓国語）『歴史教育』62輯、1997年が、鋪戸に対する短價（買いたたき）の問題を扱っている。また「明末四川皇木采辦的変化」『中国社会経済史研究』2001年1期では、宮殿造営に必要な皇木の調達を取り上げ、専官採辦から召商買辦への変遷過程を解明したうえで、木商が特別待遇を利用して利益を獲得した点を重視する。この点こそ「前期的資本」としての客商と都市商工業者の鋪戸との差異と捉えるべきであろう。

第5章　明末京師の商役優免問題について

はじめに

　明代後半の京師北京における負担の最も過重な役として、戸部や工部などの所要物品を調達する役が、鋪戸（都市商工業者）に科せられていた[1]。この鋪戸の役は、例えば里甲制などのように、明初から制度的に完備していたものではない。明代中期以降、銀流通の一般化に示される貨幣経済の進展に伴なって、上供物料（中央諸官庁の所要物品）の銀納化が進むと、その銀をもって商人を召募し、京師で現物を買い調えさせる方式が一般化し、それが義務的な徭役としての性格を有するまでになったものである。

　従来、明代賦役制度史の研究では、国家による人民把握の原則としての里甲制が、都市と農村とを問わず貫徹していたという側面のみが強調され、都市と農村における徭役科派の差異は、それほど考慮に入れられることが無かった[2]。このため、都市商工業者に科せられた鋪戸の役についてもほとんど注目されず、主な研究としては、佐々木栄一による「商役の成立について——明代両京における買辦体制の進展——」が、先駆的業績としてあるに過ぎない[3]。この論文は、京師の有力商人による物料買辦の役を「商役」として把え、その成立に至る事情を明初にまで遡って制度的考察を試みたものである。しかし、佐々木自身もその中で述べておられるように、商役の成立過程の探究に主眼がおかれ、運用過程における諸問題を含めたその全体像は、必ずしも解明されていない。

　本章では、この運用面における各種の弊害に起因する商人層の応役忌避が重大な社会問題化した嘉靖年間（1522〜66）以降に焦点をあて、忌避の主要な形態である優免問題を検討し、都市商業をめぐる諸階層の動向を考察するとともに、京師の有力な商工業者である錦衣衛寄籍の商人について明らかにしたい。

附言すれば、こうした問題を取り上げる意図は、単に徭役制度の解明に止まらない。何故ならば、新安商人や山西商人の研究などの先駆的業績[4]からも知られるように、従来の商業史研究は、遠隔地間商業を中心として進められ、都市商業の実態（都市内部の日常的市場構造など）については、ほとんど触れられることが無かったからである。このことは、首都北京についても当てはまる。

1　募商から僉商へ

　鋪戸の役は、次の二つに大別される。一つは、順天府に属する宛平・大興両県の各官庁における所要物品（儀式用その他）の買辦であり、他の一つは、嘉靖中期に創まる戸・工部などにおける所要物料の大量買辦である。

　前者は、所謂「公費」の一部負担を鋪戸に科したものである。地方官庁の経費を支辦する公費は、一般には里甲正役として現年里甲に科せられたり、雑役として均徭の項目中に内包された場合が多い[5]。しかし、北京（宛平・大興両県）や南京（上元・江寧両県）および通州では数多くの官庁が輻輳し、公費負担が多額に上ったことや、商工業者人口の割合が大きかったために、それとは別個に鋪戸による買辦負担が存在していた。またこれ以外の都市でも、明代後半になるとそれほど体系化されたものではないにせよ、何らかの形で鋪戸に対して物品買辦の役が科せられている例が出現し、貨幣経済の浸透したこの時期の一つの趨勢として把えることができる[6]。北京について言えば、この鋪戸の役は、嘉靖四十五年（1566）に銀納化されて「鋪行銀」が成立し、一応の解決をみた[7]。明代後半京師の重大な社会問題となるのは、むしろ後者の戸・工部を中心とした「商役」である[8]。

　そもそも、商人による官庁の所要物品調達は、商人・国家間の商業行為である。従って公正な代価が支払われる限り、問題は存在しない。それどころか国家という大口の顧客は歓迎すべきでさえある。事実、言わば「御用商人」として利益を享受している例も存在する[9]。しかし、何らかの理由で代価の支払いが遅れたり、不当な支払いが行なわれるようになると、この買辦行為は、商人

にとって苦しみ以外の何ものでもなくなる。明実録を始め諸史料において、従来から用いられていた「募商」・「召商」という語が、嘉靖以後「僉商」・「報商」という語に取って代わられる過程は、かかる買辦行為をめぐる弊害が顕在化したことを物語る。

糧草の事例について見れば、『明世宗実録』巻六六、嘉靖五年七月戊戌の条に、

> 請自今北直隸・山東・河南各州縣糧草可自輩致者、聽之。他處道遠、宜止計直輸戸部、而官爲募富商代納。納已、乃發直給之、則無侵費之患。詔可。募商納糧草、自此始。然其後皆徑僉富人爲之、不俟應募。主計者多大抑商直、且不以時給、京師富人往往坐此破產矣。

とある。京師における包攬代納（高率の手数料取得の前提条件つきで代納を独占的に請負うこと）の弊害(10)を、山東参政常道によって指摘された戸部が、その対策として遠隔地の糧草を銀納化し、その銀を用いて富商を召募して代納させることを提案し、裁可された。その後、在京の富商に対して応募を俟たず強制的に代納を割当て、しかも代価を大幅に抑制したうえに即時に支給しなかったので、当該商人のうちで破産するものがあった、という。これこそが前述の「募商」から「僉商」への移行に外ならない。

ところで、かかる新しい体制への移行、言い換えれば商役出現の時期については、『明史稿』巻八三、食貨六、採造では「神宗の時に至りて僉商の令下る」とあり万暦年間とするが、必ずしも正確ではなく、すでに佐々木が指摘しているように嘉靖中期まで遡ることができる(11)。もとより商人による買辦行為が実態として義務的徭役に転化する時期は、明確に限定し難い点があるが、その時期を推定するための指標として、嘉靖二十七年（1548）の定期的な審編（資本調査と編役）の実施が考えられる。

ここで審編について若干の説明を加えれば、順天府の公費を買辦調達する鋪戸の役では、すでに成化十二年（1476）から定期的な審編（清理ともいう）が実施されていた(12)。一般にかかる定期的資本調査が実施されたのは、「京城内の商賈の来去常無く、資本の消長も一ならず(13)」と言われるような当該都市商

工業者の実態に対応したものと考えられる。商役の場合も、嘉靖二十七年以降審編が行なわれるが、広汎な応役忌避の出現を前にして単なる定期的な資本調査のみならず、不正な濫免戸を新たに編役し直すことが、審編のより大きな目的となった。かかる審編実施にいたる経緯を伝える『明世宗実録』巻三三六、同年五月癸巳の条[14]では、審編実施そのものの論議もさることながら、誰が審編を担当するかがより問題となっているのも、このためにほかならない。というのは、戸部の部臣が科道官（十三道監察御史・六科給事中）による審編を主張する背景には、「権貴これが囊橐と為るを以って、吏問うを得ず」というような当時の富商層の応役忌避が、権門貴戚の権威を笠に着ており、一地方の県官では威圧するだけの力を持たず、公正な審編を期待し難いという認識が存在していた。これに対し、自ら科道官の一人である戸科給事中羅崇奎(けい)は、商役に際して存在する弊害（第二節で考察）の除去が先決であるとし、さらに中央から一時的に派遣される科道官は、京師内外の商人の実情について十分把握しておらず、結局は部下の官員に任せることになるので、わざわざ科道官を派遣する必要はないと主張した。こうした彼の主張は、確かに事実の一面を言い当ててはいるが、そこには、権門貴戚の介入によって公正な実施の難しい審編という重大な仕事が、科道官である自分たちに押付けられることを回避しようとする意図を看取できる。両者の議論に対して嘉靖帝は、羅崇奎の指摘を受入れたうえで、なおかつ戸部の前議に従って科道官による審編を命ずるという妥当な処置を下した[15]。

　以上のような審編の実施によって、国家からの強制の度合いを強めた商役が、万暦期（1573〜1620）に入ると重大な社会問題となった。「一たび僉商のことを聞くに、鋪商は牛羊雞犬の屠（殺場）に赴くが如し」とか、「昨歳商人を僉報せし時は、十餘名に過ぎざりしも、なお満路哀告し、自縊して河に投ぜし者あるが如し」という史料[16]は、その一例に過ぎない。

164　第二部　鋪戸の役と同業組織

2　商役をめぐる弊害

　商役をめぐる弊害には様々なものが存在したが、大別して二つに分けることができる。一つは、国家からの代価の支払いが適正に行なわれなくなり「白取」に近い状態であったこと、他の一つは、物品納入の際に宦官や胥吏層より「鋪墊」（ほてん）などの名目の下に搾取が行なわれたことである。かかる弊害に起因する商人の応役忌避こそ、「募商」から「僉商」（せん）へと強制が加重された直接的要因と見做すべきである。以下、各項について検討を加える。

（1）代価の支払いについて
　買辦の役は、商業行為としての性格を持つ以上、代価の支払いが適正に行なわれるかどうかが、商人にとって最大の関心事であることは言うまでもない。しかし現実には、買辦とは名ばかりの白取（無償取受）に近い状態が多かった。次に掲げる李廷機『李文節集』巻二七、雑著「議處鋪行疏」に見える内容は、そのことを鋭く批判している[17]。即ち、

　　三曰、價銀之給宜速。臣毎詢、鋪行所苦固多、而太常・光祿二寺尤爲難處、
　　蓋二寺本無錢糧、取給戸部者十之一、而取給應天府戸口食鹽者十之八九。
　　然各府或不以時解部、各縣或不以時解府。又或解矣、而不以時給。一遇公
　　事、票取鋪行、及旣辦納、有數歲不得價者、有竟無領者。是以通政使楊某
　　嘗對臣言、以爲此白取民膏、使鬼神有知、祭必不享、誠確論也。

とあるように、数年にわたって代価が支払われなかったり、踏み倒される場合が日常化していた。
　またこのほかにも、官と民間との貨幣換算率の相違を利用した支払いの実質的なピンハネも行なわれていた。『明神宗実録』巻四八八、万暦三十九年十月戊子の条に見える記載がそれである。巡青馬房商人劉仲智らの訴えによれば、万暦二十七年より二十四（三？）馬房に納める草糧の代価の支払いに関して、銀両のほかに3分の1は銅銭を混ぜることとなり、銅銭50文＝銀両1銭とい

う換算率が決められた。しかし、その後民間では銅銭が下落し、銅銭66文が銀1銭に相当するようになった。官吏の俸給は、それに伴ない民間相場どおりに換算されたが、商人に対する支払いだけは従来の決定による換算率で行なわれたので、商人が莫大な損害を被っているという。このため、商人一人あたりの損害額は3,000両から1万両にまでのぼり、以前は応募する者の多かった草糧買辦の役が、逆に嫌忌されるほどであった。

　以上、代価の支払いが適正に行なわれなかった例を幾つか見てきたが、こうした背景には、この時期の国家財政収支の問題が根底に横たわっている。周知のように、正徳・嘉靖以後宮廷内部の腐敗や「北虜南倭」による支出の増大のために、国家財政収支は赤字に転化しつつあったが、万暦初年の張居正の財政再建策により一時的に好転をみるも、万暦二十年のボバイの叛乱に続く朝鮮出兵・楊応龍の内乱と、所謂「万暦三大征」のための軍事費、さらには火災により焼失した北京の両宮三殿の再建費のために、国家財政はますます窮乏の一途を辿っていた[18]。

　従って、代価の支払いをめぐる弊害を除去するためには、国家財政の再建こそが急務であるのは言うまでもない。しかし、こうした根本的な問題は別にしても、当面の所要物資を円滑に調達するために改善の試みも行なわれた。代価の支払いを物品納入以前に行なう預支（前払い）の法は、その一例である[19]。これは商人に対する優遇措置を意図したものであったが、姦人がそれを悪用して自ら商役に代充し、預支された代価を詐取したりするなどの弊害を惹起している。さらに、商人が代価を手にした後の不正を恐れて、納入量に見合った代価を支払う截支（分割払い）の法まで考案された[20]。

　ところで、買辦の役の代価支払い時期は各官庁によって異なり、工部では預支が実施されているが、戸部では実施されていないというように一定していない[21]。このために、工部と戸部とでは、商人の応役忌避の度合いが異なっていたという場合もあったようであるが、かかる預支や截支の方法も、代価の支払いをめぐる不正を根本的に解決するものではなかった。

（2）宦官の搾取について

商人が官に物品を納入する際、「鋪墊(ほてん)」という名目で宦官による誅求が行なわれた。鋪墊とは、元来上供物料を安全に保護するための包装物を指したが、それが転じてその名目の下に、宦官などが商人から心付けや手数料を徴収するようになり、遂には納入の際の陋規(ろうき)と化したものである[22]。

この鋪墊が、商役に充てられた商人の過重な額外負担となっていたことを示す例は、枚挙に暇がない。例えば、『明神宗実録』巻四五六、万暦三十七年三月庚寅の条の工部侍郎王汝訓の言に、「商の困しむや、鋪墊より始まる」とあるように、商人の苦しみの根源が鋪墊に由来することを明確に指摘している。また、『皇明経世文編』巻三〇一、高拱「議處商人錢法以蘇京邑民困疏」にも、

> 臣奉召至京兩月有餘、見得、里巷小民十分凋敝、有素稱數萬之家、而至于賣子女者、（中略）而富室不復有矣。臣驚問其故、則曰、商人之爲累也。臣又問、朝廷買物、倶照時估、商人不過領銀代納、如何輒致貧累。則曰、非朝廷之價値虧人〔欠？〕也、商人使用甚大。如上納錢糧、該是百兩者、使用既有六七十兩、少亦不下四五十兩。

とあり[23]、3年間の郷里での生活の後、隆慶四年（1570）に再び閣臣として入京した高拱が、まず目にしたものは、重い商役負担のために活気を喪失した「市民」の姿であった。ここに出てくる「使用」も、鋪墊と同様なものを指す。ここでも、官の不当な支払いよりも鋪墊費用の甚大であることが、在京商人没落の原因とされている。

さらに問題となるのは、鋪墊を満足に納めるか否かによって、納入物品に不当な言いがかりをつけ、商人に対する凌辱を擅にする宦官たちの姿である。かかる宦官の横暴な行為に対して、商人は求められるがままに鋪墊を納めるより術が無かったという[24]。

それでは、以上のような鋪墊の増大は如何なる背景を有していたであろうか。『凝翠集』疏草「根本重地痛苦剥膚疏」の工科右給事中王元翰の指摘は、その手がかりを与えてくれる[25]。

> 臣待罪工垣、有廠庫之役。時至公所、見羣商羅跪垂泣號呼、自稱差重人少、

家空勢迫（中略）乃察其受累之繇、詢之公共之口。始知商人之困憊者、爲
鋪墊多也。鋪墊之過多者、爲惜薪司之內官多也。（中略）鋪墊之名、臣不
知所自、但該司內官、舊不過二三十人、其欲易辦。今朝進一人、暮進一人、
幾十倍于前矣。（中略）人數愈多、則谿壑愈濶、谿壑愈濶、則塡補愈難。
聞上萬兩柴炭、至用九千兩鋪墊矣。

これによれば、鋪墊の増大は、惜薪司などの宦官の著しい人員増加によっても
たらされたものであるという。

宋代以降の中国社会において、胥吏などの搾取は周知のことであり、取り立
てて言うほどのことも無い。しかし商役の場合に問題となっている鋪墊の誅求
が主に宦官によって行なわれている事実は、あらためて注目すべきであろう。
何故ならば、万暦年間に殊更に鋪墊の弊害が喧伝されることから見ても、万暦
二十四年（1596）に始まる「鉱・税の禍」に示される宦官の増大・専横と軌を
一にしていたと見做すことができるからである。そして、国家財政の収入増加
を名目とした鉱税と商税の徴収が、商業の発展を阻害する結果に終った[26]の
と同様に、商役の際の宦官による鋪墊収奪も、京師の都市商業発展を阻害する
ものであったと言えよう。

3　優免特権と錦衣衛

周知のように明代の徭役は、里甲正役と雑役とに大別されるが、現任と退役
の官僚・挙人・生員などの所謂郷紳に対しては、雑役の割り充てを免除される
特権が付与されていた。ほんらい里甲正役には、その特権は適用されないはず
であったが、その後里甲正役にも拡大していく。と同時に、徭役を忌避するた
めに優免特権を持つ郷紳層への投献・詭寄による土地寄託が進行したことが従
来の研究によって明らかにされている[27]。商役をめぐる特権者層の応役忌避
も、これと軌を一にする優免特権の濫用にほかならない。

始めに、商役において如何なる階層に優免特権が付与されていたかを考察す
る。『明穆宗実録』巻三二、隆慶三年五月戊午の条に、

二、倉場各商、各係中戸、宜令巡青科道五城御史、盡心查審、必求其當。
　除文武正途如例優免（外）、若援例監生・錦衣官校・傳陞・乞陞・納級・買功諸類、止免本身。其弟姪子男一體均派。(中略)得旨、允行。

とあり、科挙による正途の官僚はもちろん、納粟や廕子による援例監生や錦衣衛官校など正途によらない者にも、本人のみではあるが免除規定が存在している。また、「文武の正途は、例の如く優免す」とは、嘉靖二十四年（1545）の優免則例[28]を指すものと思われる。それによれば、優免特権の範囲は、現役の京官・内官・内使・外官および致仕・閑住の者、さらには教官・監生・挙人・生員・雑職・省祭官・承差・知印・吏典にまで及んでいる。

　こうした官僚等に付与された身分的特権自体は、この時期に新たに出現するものではなく、中国史においては一種の「超時代的性格[29]」を有している。問題は、かかる特権が新たに付与されたためにこの規定が出現するのではなくて、従来から存在した官僚身分に伴なう特権を制限するために優免則例が決められたということである。このことは、優免特権の濫用という事態が広汎に惹起されたために、国家によってその制限が必要と認識されてきたことを意味している。無論、こうした国家側の意図がすんなりと実現するわけではなく、優免額の拡大をはかる特権者層とのせめぎ合いが存在し、その後明末清初にかけては、優免特権の実質的拡大の方向で進行している。

　次に、商役における優免特権濫用の実態を見ておきたい。

　『明神宗実録』巻三五四、万暦二十八年十二月壬午の条には、鴻臚寺鳴賛李偉らによる李元祥以下 6 名の商役免除を求める上奏に、万暦帝の許可が下りたことに対する工科給事中張問達の反対意見を載せる[30]。

　臣惟國家之工作、不得不取辦於鋪戸。鋪戸之應充、又不得不斂報乎富商。今新商六人之身家何如也。李元祥・康葵・李廷祿・劉良佐・馮鍾錫・查雍、皆身擁雄貨、列肆連衢、舊商開報、人人共知、可曰無生理而求脱乎。若等自知富厚難免重役、預以餘貲、營求解脱。元祥則身充文思院副使、子偉仍買爵鴻臚、餘者或占名旗尉、或寄籍匠作。

彼の指摘によれば、商役を免除された李元祥らは、巨額の資金を擁し目抜き通

りに店舗を幾つも構えるほどの大商人であるという。特に、李元祥とその免除を上奏した李偉とは親子の関係にあり、彼らの文思院副使（従九品）や鴻臚寺鳴賛という地位は、財貨で購ったものであった。それ以外の者もまた、徭役を免れるために旗尉（総旗・校尉）や匠作に占籍していた。こうした応役忌避のために名目上の官員身分を財貨によって購入する例は、そのほかにも多々見られる。さらに一例を挙げれば、

　　今京師富家、大抵有預買職銜、竄入侍衛・金吾之籍、依叢抵社、爲倖免地(31)。

とあるように、京師の富商が買官や皇帝直属の親軍への寄籍によって優免特権を手に入れることが一般化していたのである。

　京師の商役をめぐる優免特権濫用の例を検討する時、とりわけ著しい特徴として指摘できるのは、商人層が錦衣衛官校（軍官・校尉）に寄籍することである。この点は、明実録などに収められた上奏の大部分が、士大夫官僚によるものであるために、彼ら自身の優免特権の濫用が表面化しにくい点を考慮に入れたとしても、従来の研究で明らかにされた主に農村社会を舞台とした優免問題が、郷紳を中心にして展開している点とやや趣きを異にしていると言えよう。錦衣衛は、ほんらい皇帝直属の侍衛上直軍（二十六衛）の一つに過ぎなかったが、京城内外の巡察や犯人の緝捕および詔獄（刑部・大理寺・都察院の三法司に拘束されず、天子の勅命によって取り行なわれる取り調べ）を担当することにより、他の衛とは異なる独自の権限を与えられた。衛内には、1,507員の大漢将軍と校尉（鹵簿の際に儀仗を持ったり、駕前での官員の宣召を行なう）などが属しており、主に勲戚の都督がそれらを統轄していた(32)。校尉は、初期には民間の壮丁を徴用していたが、その後、有力商人の寄籍の対象となったのは、何よりもまず商役の負担が過重であったからにほかならない。

　以上のような錦衣衛に関する一般的説明に加えて、そこに寄籍した商人層が、京師の商業の中でどのような役割を果していたのかを考察するために、『明世宗実録』巻五五七、嘉靖四十五年四月庚辰の条に見える錦衣衛寄籍の商人に対する鋪行銀徴収の優免をめぐる論議を検討する。ここに言う鋪行銀とは、第一

節で述べたように、宛平・大興両県の公費調達の役が銀納化したものである。
まず、

> 先是有旨、命有司清理京師鋪行。時錦衣衞官校、多占籍行戸者。宛大二縣官、以詔書召之承役。掌衞事左都督朱希孝聞之不平。乃上疏言、禁衞親軍、例當優免、不宜聽縣官擅自勾問。因參大興知縣高世儒奉詔無狀。

と見え、事件は、京師の鋪行の審編を命ずる詔勅が下り、これを承けて両県の県官が遺漏のない審編を行なおうとしたところから始まった。この詔勅は、前月（三月）に出されたもので、京師の鋪戸を資本力に応じて3等9則に分け、上上・上中の2則に力役を充て、他の7則より銀を徴収するという内容を持っていた[33]。この審編の実施に対して、錦衣衛の長官朱希孝[34]が直ちに不満の意を示した。というのは、彼の配下の官校たちの中には商業を営む者が多く、彼らにも鋪戸の役が科派されることを恐れたからである。

史料を文字通りに解釈すれば、「時に錦衣衛官校の行戸に占籍する者多し」という表現は、錦衣衛の官校の中で商業をも営むようになった者が多いという意味になろうが、むしろ因果関係は全く逆で、商人が役を避けるために錦衣衛の籍を手に入れたという方がより実態に近い。その例証として、『国朝献徴録』巻八八、湖広一、副使、「顔先生鯨伝」（郭正域撰）がある。即ち、

> 先是、都督朱希孝受富入金、補校尉。諸校列要郡、連上產、千百計、不供縣官賦、抑小民代輸。

とあり、朱希孝が富人の賄嘱を受けて彼らに校尉の籍を与えていた事実をはっきりと述べる。しかも、かかる事実が朱希孝の例のみならず一般化していたことは、錦衣衛官校の数が明初以来増加の一途を辿ったこと[35]からも推定が許されるであろう。従って、錦衣衛の優免を求める朱希孝の主張は、部下のうちに包含された商人層の利害を代表したものと解すべきである。

これに対して嘉靖帝は、自己の四肢とも言うべき錦衣衛長官のこの意見を受容することに傾いたようであるが、一応戸部と都察院に命じて良策を検討させた。これを承けて出されたのが、戸部尚書高燿の6ヶ条にわたる提案である。関連する1条を引用すれば、

一、錦衣衞官校、初無優免之例、但以縣職而號名禁衞之官、爲非體耳。今後各以家人義男姓名、送原編科道籍記、令衞官自徵銀送府。

とあるように、錦衣衞官校についてはほんらい優免特権が与えられていなかった[36]が、その後皇帝直属の親軍の官人を一地方の知県が指図するのは体例に合わないので、優免が認められるようになったとその経緯を述べ、今後は（本人は優免し）彼らの家人や義男に科せられた鋪行銀は、衞官が各自徴収して順天府に送ることを提案し、嘉靖帝の裁可を受けた。この決定は、知県に拘束されない独自の徴収を認めた点で、実質的には朱希孝ら錦衣衞側の利害に与するものであった。

それゆえに、御史顔鯨[37]によって朱希孝弾劾の上奏が提出された。顔鯨は、朱希孝が応役忌避を企てる商人たちを庇護していることを暴露し、知県高世儒の行為は親軍を拘束するものではなく、詔書どおり審編を行なったに過ぎないと主張する。そして、知県が親軍である官校から取り立てることが正しくないとするならば、現在爵位俸禄を有する官僚たちはみな郷里で縉紳として優免特権を持っている。彼らに対しても税役の取り立てができないではないか、それとも、官校は縉紳よりも重視されるのだろうかと、伝統的な士大夫論理に基づいて反論を試みている。さらに、たとえ戸部の意見の如く自ら徴収し納入させたとしても、その遺漏なき実施は疑わしいと述べた。かかる批判が、単に所謂清流である士大夫官僚と、それ以外の正途によらない官僚との伝統的対立に基づくものに過ぎないのか、それとも、その背後に何らかの社会経済的な要因を有するものなのかは即断しかねるが、両者の商業活動への関与の程度の相違が要因の一つとして想定できよう。

以上のような顔鯨の弾劾に対して、嘉靖帝は、この問題はすでに処置済みであるとし、逆に勲臣を誣告したかどで、顔鯨を江西省安仁県の典史に左遷させてしまう。かくして錦衣衞は、県官に拘束されない鋪行銀の独自の徴収権が与えられることとなった。『宛署雑記』巻一三、鋪行に見える順天府府丞宋仕の上奏には、宛平県の鋪行銀の外に「錦衣衞協済鋪行銀」という項目を載せるが、このことは錦衣衞独自の徴収が現実に行なわれていたことを示す。しかも、鋪

172　第二部　鋪戸の役と同業組織

表 5-1　鋪行銀徴収額の内訳

項　　目	徴収額（兩）	割合（％）
大 興 県 鋪 行 銀	5,600	59
宛 平 県 鋪 行 銀	2,733	29
錦衣衛協済鋪行銀	1,134	12
合　　　　計	9,467	100

＊『宛署雑記』巻 13　順天府府丞宋仕の上奏より作成
＊万暦 10 年下三則免徴が行なわれる以前万暦初期のもの

行銀徴収額の内訳（表 5-1）を見ても判るように、宛平・大興両県における鋪行銀総額中、錦衣衛在籍の商人層のそれが占める比率が 1 割以上であることが注目される。さらに前述の独自の徴収権獲得の経緯に示されるように、彼らが共通の利害の下に結束した動きをしていることから、彼らは京師の商業構造を解明するうえで無視できない存在であったと言い得る。

　これまで、鋪行銀徴収に関する錦衣衛の動向を追ってきたが、商役の場合においても同様のことが看取される。『明世宗実録』巻四二九、嘉靖三十四年閏十一月癸未の条にこれを窺えば、

　　錦衣衛都督陸炳言、在京商人、比因估價虧折、領銀過期、上納不前、率多
　　逃竄。不得已、審編鋪戸。乃有力者、百計營免、惟貧民坐受其困。乞敕該
　　部、照時估外、量加羨餘、依限給價、使民樂趨。

と見える。錦衣衛都督陸炳[38]の発言では、有力商人の応役忌避の事実に触れているものの、その眼目は、商役の代価支払いの優遇と期限通りの支給にあり、自己の配下の商人たちの利害を代弁したものと推定できる。さらに、『明神宗実録』巻三七九、万暦三十年十二月戊戌の条には、

　　工科都給事中白瑜等劾、逃商張學未半月、而三上疏、冀倖旨從中免、既便
　　脱身。且疏內祈下廠衞衙門、一旦欲壞祖宗下部成法、及今不懲、該部亦安
　　用審商、亦何以服都會小民之心哉。請敕法司、正學欺瀆之罪、仍嚴諭、以
　　後各商不許妄奏瀆擾、不報。

とあり、商人張學のように商役の免除を訴える上奏の中で、自己の優免の当否に関する審議を従来通り工部で行なうのではなくて、廠衛（東廠[39]・錦衣衛）で行なうことを要求するものまで現われている。このことは、応役忌避を企てる商人と廠衛の長官が癒着している事実を露呈するものである。

　以上の考察により、次の如く結論づけられる。京師の有力商人層は、国家に

第5章 明末京師の商役優免問題について 173

よる収奪より免れるために、買官・寄籍などの手段を講じて徭役優免特権を獲得した。とりわけ錦衣衛長官である勲戚とそこに寄籍する商人たちは、優免特権獲得という共通の利益を実現するために結束して行動していた。

4 宦官による優免決定権の掌握

　上述したところにより、本章の意図したところをほぼ論述し終えたが、本節では少しく視点をかえ、万暦中期の政治史により密着させて商役優免問題を跡付けることにしたい。先に、商人による物料調達行為がより強制的な商役にまで転化する時期を推定するための指標として、審編の実施について論述した。しかるに、万暦三十年代に入ると、この科道官による審編が実施されなくなる。例えば、『留中奏疏』工部巻二、万暦三十五年四月二日付の工科給事中王元翰の上奏には、

　　但僉商臨時、惟憑舊商口報、不行拘審、以至奸商騙詐、不遂、即行詈報。

と見え、新しい商人の僉充が、すでに役を終えた商人の報告のみに基づいてなされており、資本を調査したうえでの審編が行なわれなくなったことを知ることができる[40]。

　このように万暦中期以降、科道官による審編が実施されなくなるのは、如何なる事情によるものであろうか。『明神宗実録』巻四四六、万暦三十六年五月庚寅の条に見える次の記載は、この問いに対する解答を与えてくれる。

　　順天府府尹曲遷喬言、臣府內供・外供應用錢糧、倶取給兩縣鋪行、而鋪行
　　審編、則須科道有人。祈亟下考選。上謂、科道各差缺人、不止此一事、方
　　在簡發、倶候旨行。

つまり、鋪戸の審編を担当すべき科道官の考選が長期にわたって実施されず、缺員が生じていたためであった[41]。

　それでは、科道官が缺員のため審編が実施されない状況下で、商役の僉充はどのように行なわれたのであろうか。前述の弊害が改善されないままに商人を充役させるには、非常な困難を伴ったであろうことは、想像に難くない。

174　第二部　舗戸の役と同業組織

『明神宗実録』巻四四〇、万暦三十五年十一月庚子の条に見える御史鄧澄の言は、当時の様相を如実に伝える。

> 待罪廠庫、見僉商、諸臣責令舊商、開報人戶、密付五城、薄夜拘之、如緝巨盜。其各被僉報之家、慟哭就死、而聞諸司房瀝酒相賀。

これによれば、前述したようにまず役を終えた商人に新しく役に充てるべき商人を報告させる。内密にそれを受けた五城兵馬司の役人が、商人の逃亡を恐れてまだ夜の明けきらぬ中に取り押えに行くという、まさに捕物の如き有様であった。そして、役に充てられた商人が苦しみに耐えかねて自殺をはかる一方で、役人たちは首尾よく商人を捕えて役に充てたことを祝して酒を酌みかわすという噂まで流れていた。その上、旧商の報告によって僉充を行なうとは言うものの、その報告が必ずしも正確であることが保証されているわけではない。先に引用した王元翰の上奏の中に、「奸商騙詐し、遂げざれば、即ち讐報を行なうに至る」とあることから、応役忌避を企てた商人が、それに失敗すると腹いせに私的感情を混えた虚偽の報告をすることも往々にして存在していたようである。このため、天啓五年（1625）七月には、巡青給事中霍維華によってかかる不正への対策も実施された[42]。それは、役を終えた商人に各自調査させ、2名の姓名・現住所・本籍および家屋や資本の大小を報告させて、その2名の中から1名を新たに役に充てるもので、虚偽の報告の場合には、その報を行なった商人を再び充当させるという罰則規定も存在していた。

ところで、商役をめぐる弊害がピークに達したのは、万暦三十五年（1607）前後である。同年四月には、宦官の舗墊徴取に堪えかねて商人たちが禁を犯して午門に赴き直訴する事件が起きている[43]。さらに、請願のみならず民変の勃発が危惧されるほどであった[44]。かかる状況下で十月末には、工部がようやく22名の商人を僉充したが、彼らも宦官の庇護をうけて優免特権を得たり、逃亡したために、一ヶ月も経ないうちに、わずか3名を残すのみという有様であった[45]。

かくして過重な商役が、京師における重大な社会問題となる一方で、宦官が商役の優免決定権を間接的に掌握する事態が進行しつつあった。言うまでもな

く優免の恩典を決定し賜与するのは皇帝であるが、ここで言う間接的掌握とは、臣下から出される商役免除の上奏に対する処理を、宦臣が勝手に左右できるシステムが出来上っていたことである。かかる事態を示すのが、『明神宗実録』巻四五五、万暦三十七年二月庚申の条に見える記載である。

　　光祿寺僉商陳文擧・馬應科者、夤緣錦衣衛千戸陳鋭・御用監太監馬堂、突
　　奉中旨免。戸科給事中王紹徽等言、此輩片語隻詞、輒勤御票如此。非所以
　　重王言一政體。乞正陳鋭・馬堂等交通之罪。不報。

即ち、光祿寺の商役に充てられた２人の商人が、錦衣衛千戸陳鋭と御用監太監馬堂に賄嘱したところ、即座に優免の中旨（閣臣の擬票を経ない詔旨）が下ったというから、彼らの力たるや絶大なものがあった。

『明神宗実録』等には、万暦半ばより「留中(46)」または「不報」という臣下の上奏が禁中に停留し、皇帝による決裁が下されないという特異な現象が頻見される。こうした中で「鉱・税の禍」が万暦二十四年（1596）に開始され、中国全土に大きな混乱をもたらしていく。これに対し、内外の官僚たちによって、鉱税や商税の徴収停止を求める上奏が絶えず繰り返されるものの、ほとんど禁中に停留して万暦帝の決裁が下されることなく、宦官による人民収奪が続けられた。従って、先の「章奏留中」という現象は、単に万暦帝の政務に対する怠慢に帰せしめられるものではなく、その背後で「留中」体制を巧妙に利用した宦官の存在を察知できよう。

商役優免の場合でも、事態は全く同様であり、『留中奏疏』工部巻二、万暦三十五年十二月二十一日付の工部営繕主事范汝梓の上奏には、

　　况今急務、若補大僚、若下考選、若起廢諸疏、久寢不下。而獨免商一節、
　　動輒得兪。倖門傍啓、錢神恣行、宸斷愈輕、綱維盡裂。異日有大機急事、
　　小將從旁入請、從中出旨、且一出不可復收乎。

と見える。営繕主事范汝梓は、今日の緊急事である九卿の大臣を補充したり、考選を下して缺官を補うなどの上奏が絶えず提出されているにもかかわらず、そのほとんどが宮中に滞っている一方で、商役優免の上奏のみはたちどころに裁可が下されたことを指摘する。このことは、宦官の暗躍によるものであり、

これこそが宦官による優免決定権の掌握を示すものにほかならない。

しかもかかる事態の進行が、上述した科道官の欠員状態が長期化し、公正な審編が実施されなくなった時期と、ほとんど時を同じくしていることは、科道官による資本調査の中止が、宦官による優免決定権掌握の前段階として位置づけられるべきであることを示している。先に第二節で商役をめぐる弊害を述べた際に、宦官の鋪墊の収奪が、この時期の宦官の専横という事実と軌を一にしていたことを指摘した。従って、彼らは一方では鋪墊の名目で商人に対する直接的収奪を試みつつ、また他方では優免決定権を掌握することにより、間接的な収奪をも行なっていたのである[47]。

おわりに

明代中期以降の著しい貨幣経済の進展と、それによってもたらされた現物調達体制の崩壊に伴なって、京師北京では、嘉靖半ばにいたり商役が出現した。しかし、商役の運用に際しては、当時の国家財政収支上の問題に起因する代価支払いの不公正や、宦官による収奪などの弊害が存在したために、有力商人層の応役忌避を引き起こすことになった。彼らは、買官や寄籍の手段により、徭役優免特権を獲得しようと努めた。とりわけ鋪行銀徴収に対する反対の動きに示されたように、錦衣衛に寄籍した有力商人層は、その長官である勲戚等と利害を共にし、京師の商業の中で無視できない勢力を占めていた。

また宦官層は、商人層に対して鋪墊の名目で、直接的な収奪を行なう一方、「章奏留中」という万暦期特有の現象の中で、ほんらい皇帝に属すべき優免決定権を掌握し、間接的な収奪をも行なっていた。従って、理念的には一元的なはずの国家による商人層把握が、この優免特権と宦官の存在を媒介とすることによって、有力商人層と中小商人層とでは、全く異なるものとして現実に機能していたのである。

以上が本章において到達した結論であるが、ここで明らかにした京師の有力商人層が、何ゆえ錦衣衛を寄籍の対象として選ばざるを得なかったのかという

問題が残されている。この問題については、新安商人や山西商人などの客商と比較した場合、京師の都市商人層の資本力が著しく劣るという事実[48]が、一つの手がかりを与えてくれるであろう。同時に、錦衣衛を統轄していた勲戚層が、京師内外の店鋪・倉庫等を所有するなど自らも商業を営む[49]ことにより、都市商業の支配的位置を占めていたことも推察される。いずれにせよ、史料的な制約は存在するものの、京師の商人層の経済活動の実態および経済構造そのものの分析が、今後の課題である。

註

（1） 『明史稿』巻八三、食貨六・採造、「京師役最苦者、曰鋪戸。（中略）初内供之物、任土作貢、曰歳辦。不給、則官出錢以市、曰採辦。其後本折兼收、採辦愈煩。於是召商置買、有鋪戸之役」。

（2） 農村との対比において都市の徭役を考察した研究として、夫馬進「明末の都市改革と杭州民変」『東方学報』（京都）49冊、1977年がある。夫馬は、「都市の徭役が農村のそれと異るのは、国家による都市と農村の同レベルでの把握と相まって、実質的内容の差異であるよりは、その負担者と区域の差異である」（220頁）と述べ、都市徭役の一つとして総甲と火夫の役を取り上げ考察を加えている。さらに、従来の明清時代史研究における都市社会研究の不十分性を鋭く指摘している。本章は夫馬のこうした提起に多くの啓発を受けている。

（3） （A）『歴史』15輯、1957年。これ以外に、同じく佐々木による（B）「明代両京の商人を対象とせる雑泛について」『文化』17巻6号、1953年がある。部分的に扱ったものに、中山八郎担当の『明史食貨志訳註』東洋文庫、1957年の「上供採造」の項、中国では、陳詩啓「明代官手工業物料の供応和管理」『明代官手工業的研究』湖北人民出版社、1957年所収などがある。

（4） 藤井宏「新安商人の研究（一）〜（四）」『東洋学報』36巻1〜4号、1953〜54年、寺田隆信『山西商人の研究』東洋史研究会、1972年。

（5） 岩見宏「広東の均平銀について――明代地方財政の一考察――」『研究』（神戸大学文学会）3号、1953年、同「明代における上供物料と徭役」『東洋学報』55巻2号、1972年、山根幸夫『明代徭役制度の展開』東京女子大学学会、1966年など参照。

（6）『明神宗実録』巻四一六、万暦三十三年十二月乙卯の条に見える万暦帝の元孫（長孫）誕生を祝して出された詔に、「一、邇來民困極矣。地方有司、不能悉力撫綏、分外侵漁、有僉報富民・義民、借以供應者。（中略）有立名行戸・舗戸、新損價値者。（中略）詔書到日、一切禁革」とある。同様の主旨の詔は、『明熹宗実録』巻一、泰昌元年九月庚辰の条にも見える。こうした趨勢は、国家による商人収奪の強化を示すものであるが、同時にこの時期の商人層の成長という事実をも見落すことはできないであろう。

（7）『明世宗実録』巻五五六、嘉靖四十五年三月辛酉の条、および沈榜『宛署雑記』巻一三、舗行参照。なお、公費負担の舗戸の役と舗行銀の成立については、本書第二部第4章参照。

（8）本章では、後者の舗戸の役を前者のそれと区別して「商役」と呼ぶ。これは、註（3）前掲の佐々木（A）の用語を踏えたものであるが、嘉靖四十五年の改革によって前者の舗戸の役が商役に包括されたとする点（27頁）は同意しがたい。

（9）『明神宗実録』巻三二〇、万暦二十六年三月甲辰の条には、戸・工二部の商役に充たり巨万の富を蓄えた商人姚輦の例が見える。

（10）この史料は、すでに佐々木が紹介。本文に引用した個所の前段では、攬納の弊害について具体的に述べる。それによれば、この時点では解戸が糧草を持ち運びに便利な銀などにかえて京師に至り、攬戸（納入請負業者）に納入を委託する体制が出来上っていた。しかし、現実には攬戸の懐に入り官に納入されない場合が多く、かかる弊害を防ぐために攬戸を経ずに直接に官への銀納を認め、代りに商人を募って調達させるようにしたのが、嘉靖五年の改革である。従って、募商買辦の実施は京師での包攬の弊害を除去するという側面をも持っていた。

（11）註（3）前掲の佐々木論文。佐々木は、戸部の商役の制度化された時期として嘉靖二十七年を指摘している。

（12）万暦『大明会典』巻二一三、六科・戸科。

（13）『宛署雑記』巻一三、舗行、吏科給事中鄭乗厚の上奏。

（14）『明世宗実録』巻三三六、嘉靖二十七年五月癸巳、「戸部言、京師召集諸商、納貨取直、（中略）邇者民僞日滋、初意漸失、富商大賈、乗肥衣錦、日倚市門、而以權貴爲之囊橐、吏不得問。其ум官應役者、皆庸販賤夫漂流弱戸、有司利其無援、輒百方牟奪之、而富商即有一二置籍、往往詐稱窮困、旋入旋出、無數年在官者。（中略）自今請以十年爲率、命科道官一爲清理、貧者除之、富者即豪強不得隱匿。

得旨、科道官如議選委、(中略) 既而給事中羅崇奎等復言、部臣之說、意在革弊、而未悉弊源。臣等竊謂、今日諸商所以重困者、其弊有四、(中略) 四弊不除、竊恐審編未久、而潰亂又隨之矣。夫審編者、一郡邑有司事耳、而部臣必請以科道官任之。然京師內外諸商貧富、科道官能家識而戶計之乎。抑寄耳目于左右之人乎。如有待于左右之耳目、則又奚以科道官爲也。臣以爲宜先去四弊、而不必復爲編審。即編審亦不必科道。(中略) 上嘉納其言、令戶部參酌行之、審編用科道官、仍如前議」。

(15) 嘉靖帝の裁定を具体化したものが、万暦『大明会典』巻二一、倉庾一・京倉、嘉靖二十七年の議准であろう。

(16) 『明神宗実録』巻四五一、万暦三十六年十月丙子の条、および同書巻四一五、万暦三十三年十一月丁亥の条。

(17) この李廷機の上奏の要約は、『明神宗実録』巻三四二、万暦二十七年十二月戊寅の条に見える。

(18) 佐久間重男「明代における商税と財政の関係（一）（二）」『史学雑誌』65編1号、1956年。および『明神宗実録』巻四四一、万暦三十五年十二月癸未の条に見える刑科左給事中曹于汴の上奏。

(19) 『明神宗実録』巻五三一、万暦四十三年四月丁丑朔の条に載せる戸科給事中官應震の上奏の第四・五款。

(20) 『明熹宗実録』巻一六、天啓元年十一月壬戌の条に載せる戸部尚書汪應蛟の題覆の第三款。

(21) 『明光宗実録』巻六、万暦四十八年八月甲子の条に見える御史張潑の上奏。

(22) 鋪墊については、註（3）前掲の中山担当の『明史食貨志訳註』の的確な説明を参照。

(23) この上奏の時期は、『明穆宗実録』巻四四、隆慶四年四月癸丑の条によって判明する。

(24) 『神廟留中奏疏彙要』(以下『留中奏疏』と略記) 戸部巻二、万暦三十七年十一月九日付の湖広道御史房壮麗の上奏。

(25) 『雲南叢書』所収。この上奏の要約は、『明神宗実録』巻四一九、万暦二十四年三月壬辰の条にも見える。『凝翠集』は、東林派の王元翰の文集であり、その中には、商役の害を述べた上奏が多い。小野和子「東林党考」『東方学報』（京都）五二冊、1980年参照。

(26) 註（18）前掲の佐久間論文参照。
(27) 代表的なものとして、註（5）前掲の山根著書や小山正明「賦・役制度の変革」『岩波講座世界歴史』12 巻、岩波書店、1971 年など参照。
(28) 万暦『大明会典』巻二〇、戸部七・賦役参照。なお、徭役優免条例の展開を整理したものとして、和田正広「徭役優免条例の展開と明末挙人の法的位置」『東洋学報』60 巻 1・2 号、1978 年がある。
(29) 森正夫の指摘、同「日本の明清時代史研究における郷紳論について（一）」『歴史評論』308 号、1975 年参照。
(30) すでに佐々木栄一が註（3）前掲の（A）論文にて紹介。
(31) 『留中奏疏』工部巻二、万暦三十五年十二月二十一日付の工部営繕主事范汝梓の上奏。
(32) 『明史』巻七六、職官五、錦衣衛および京衛の項。明代の勲戚に関する研究は少ないが、軍事面での動向を扱ったものに、谷光隆「明代の勲臣に関する一考察」『東洋史研究』29 巻 4 号、1971 年がある。
(33) 『明世宗実録』巻五五六、嘉靖四十五年三月辛酉、「戸部覆、給事中趙裕議、將在京宛・大二縣鋪商、分爲三等九則。上上・上中二則免其徵銀、聽有司輪次僉差、領價供辦。其餘七則、令其照戸出銀、上下戸七錢、以下毎則各遞減一錢、以代力差、報可」。
(34) 朱希孝は、靖難の変の際の戦功により永楽帝から成国公に封ぜられた朱能の子孫にあたる。彼の兄希忠は、嘉靖帝が承天府に行幸した途次衛輝府での行宮火災の際に、都督陸炳（註（38）参照）とともに帝を助けたので、その後厚遇を受けるようになったという。朱希孝が、宮城などの建設工事を監督することによって栄進していることは注意を要する。何となれば、かかる工事は多大の物料を必要とし、都市商人層との日常的結びつきをいやが上でも強めたことが推測できるからである。『明史』巻一四五、朱能伝、および『国朝献徴録』巻一〇九、錦衣衛、呂調陽「朱公希孝墓志」参照。
(35) 『霍文敏公全集』巻二、「再辭禮部尙書疏」、「再按、錦衣衛官、洪武初年舊官二百一十員、永樂初年新官二百五十四員、自永樂以後迄嘉靖六年、新增一千二百六十三員。夫錦衣一衛、由永樂視洪武、增官一倍矣、迄今增六七倍矣」。
(36) 高燿の錦衣衛官校には、ほんらい優免特権が与えられていなかったという認識は、正確ではなく、官校本人の徭役は当初から免除されていた。『明太祖実録』

巻一二四、洪武十二年四月戊午の条参照。

(37) 顔鯨については、『明史』巻二〇八や『国朝献徴録』巻八八、「顔先生鯨伝」参照。

(38) 陸炳は、嘉靖八年武進士、『明史』巻三〇七、佞倖列伝参照。附言すれば、陸炳自身も商業を営んでいた形跡がある。即ち、『明世宗実録』巻四九一、嘉靖三十九年十二月壬寅の条に、「（陸）炳時遊處、其間東西惟意、又置良田宅于四方、若揚州・嘉興・南昌・承天等處、皆有莊店、聲勢震天下」とある。「莊店」とは、官店の一種であろう。官店は、ほんらい倉庫業を意味していたが、その後客商に対する私的な課税や問屋業の如き行為も行なうようになった。詳しくは、佐久間重男「明代の倉庫業に就いて」『東洋学報』31巻4号、1946年参照。

(39) 東廠については、『明史』巻九五・刑法三。

(40) 同様のことは、『明神宗実録』巻四四一、万暦三十五年十二月癸未の工部右侍郎劉元霖の上奏からも窺える。

(41) 万暦期の員缺については、和田正広「万暦政治における員缺の位置」『九大東洋史論集』4号、1975年参照。和田の所論によれば、員缺の原因である行取・考選の遅延は、鉱・税問題と密接に関係しており、万暦帝が特に科道官を員缺状態にしたのは、徴税財源たる商品流通過程を掌握し、銀を入手するという目的遂行のため、宦官・内使の十全な活動を保証するためであったという。

(42) 『明熹宗実録』巻六一、天啓五年七月庚申、「一、議僉報。（中略）今議定編審之期、即著舊役商人、各人自行查訪、毎一人、止許報二名、塡註姓名・住址・籍貫・房産・家貨於冊。喚至、公同對質、於二名擇僉一名。如報者不堪、即著舊商、仍自充役」。

(43) 『明神宗実録』巻四三二、万暦三十五年四月戊午、「工部鋪商王梁等六人、以大工煩興鋪墊受累、各赴午門聲冤、有司原之」。なお、午門とは紫禁城の南門で、みだりに入ることは固く禁じられていた。『大明律』巻一三、兵律一、宮衛「宮殿門擅入」参照。

(44) 『明神宗実録』巻四一五、万暦三十三年十一月丁亥の大学士朱賡の発言、および『留中奏疏』工部巻二、万暦三十五年四月二日付の工科給事中王元翰の上奏に対する撰者董其昌のコメント参照。

(45) 『凝翠集』疏草、「公同僉商紛紛營免可駭疏」、その要約は『明神宗実録』巻四四一、万暦三十五年十二月乙丑の条に見える。

(46) 万暦期の「章奏留中」という事態については、註（4）前掲の和田論文、および孟森撰修訂本『明代史』華世出版社、1975 年参照。『明史』巻二一八、申時行伝によれば、万暦十七年十二月甲午（日付は『明神宗実録』巻二一八による）に大理寺左評事雒于仁が、万暦帝を諌める「酒色財気」の四箴を進めた事件後に、「章奏留中」が始まったとするが、必ずしも正確ではない。『留中奏疏』に収められた奏疏の中では、兵部巻七、万暦十三年三月六日付の兵科都給事中王致祥の上奏が最も早期のものである。

(47) 『明神宗実録』巻四四〇、万暦三十五年十一月庚子の刑科左給事中曹于汴の上奏は、こうした宦官の本質を鋭く見抜いている。「頃見内官馬堂奏免詹鋭商役、又見内官孫盈奏免李如桂、倶奉旨優免、夫詹鋭・李如桂内官之人也。商果有利、彼豈避而不為哉。知二人之苦累而求為之脱者、内官也、而苦累数百之商、使日不聊生、貿貿無控者、亦内官也」。

(48) 京師の商人層の資本力については、『宛署雑記』巻一三、鋪行の順天府府尹張国顔の上奏に、「訪得、原編上三則人戸、多係富商資本数千、中三則、亦不下三五百金、獨下三則、委係資本不一」とある。因みに徽州商人の資本力については、謝肇淛撰『五雑組』巻四に、「富室之稱雄者、江南則推新安、江北則推山右。新安大賈、魚鹽為業、藏鏹有至百萬者、其它二三十萬、則中賈耳」とある。

(49) 註（38）前掲の佐久間論文参照。

〔附記〕

田坂興道『中国における回教伝来とその弘通』東洋文庫、1964 年によれば、南京の錦衣衛には、西方から来帰したイスラーム教徒が多かったという興味深い指摘がある。このことが、同様に北京の錦衣衛にも該当するとすれば、錦衣衛と商業との密接な関係について、宗教的要因をも想定できよう。なお、この問題と関連して、張鴻翔「明西北帰化人世系表」『輔仁学誌』8 巻 2 期、1939 年の「徴引書目」によれば、『錦衣衛選簿』（北京故宮文献館蔵）の存在が知られるも未詳である（1980 年 7 月記）。

〔補記〕

本章の原載は、中国文史哲研究会発行『集刊東洋学』第 44 号（1980 年 10 月）である。1979 年 12 月に東北大学大学院文学研究科に提出した修士論文『明代の鋪戸の役について——商役の展開と京師の商人層の特質——』の第 2 章「商役をめぐる諸問題」をあらためて雑誌論文としてまとめたもので、学界へのデビュー作となった。こ

第 5 章　明末京師の商役優免問題について　183

の処女論文では、嘉靖中期以降、京師北京で創まる戸部や工部などの所用物料を買辦する「商役」を取り上げたが、私の関心はそもそも修士論文のタイトルにも用いた都市商工業者に課された舗戸の役自体にあった。

　その後 1982 年、中国社会科学院歴史研究所明史研究室編『明史論叢』1 輯に許敏「明代嘉靖・万暦年間"召商買辦"初探」が発表された。舗戸の役に対する私の問題関心が全く孤立したものでなかったことを知って意を強くしたことを覚えている。1980 年代以降の舗戸の役に関する研究については、本書第二部第 4 章の〔補記〕ですでに紹介したので、そちらに譲る。

　商役については、卜永堅「商業里甲制——探討 1617 年兩淮塩政之"綱法"」『中国社会経済史研究』2002 年 2 期が、本章の原載論文を取り上げて京師の商役について論じ、外国銀の流入や一条鞭法の改革にもかかわらず明朝政府の商業に対する政治的強制はむしろ強化されたとしている。

　なお、附言すれば、田坂の著書を紹介して読むように薦められたのは、いまは亡き寺田隆信先生であった。周知の如く先生は『山西商人の研究』を代表作とするが、鄭和の概説書も物している。そののち『東洋史研究』誌上（42 巻 4 号、1984 年）に論考「明代泉州回族雑考」を発表するなど、商業史研究から発展して中国のイスラーム教にも関心を寄せていた。振り返ってみれば、そうした観点からのアドバイスであったかと思料される。ただ 1980 年当時は、北京故宮文献館に所蔵するという『錦衣衛選簿』を閲覧することは全く不可能であった。そもそも、北京故宮文献館の所在すら知らなかった。その後、故宮の西華門内の中国第一歴史檔案館に所蔵されていることを知り、実際に閲覧できたのは、北京師範大学留学中の 1995 年 2 月のことであった。松浦章「中国第一歴史檔案館所蔵『錦衣衛選簿　南京親軍衛』について」『満族史研究通信』5 号、1995 年は、当該館に所蔵する「武職選簿」の目録 103 件をいち早く紹介したものである。さらに 2001 年には、広西師範大学出版社より中国第一歴史檔案館・遼寧省檔案館編『中国明朝檔案総匯』が影印で出版され、第 49 冊に収録された。今では容易に利用可能となったが、30 数年前の宿題は未だに取り組んでいないままである。

第6章　明代南京における鋪戸の役とその改革
―― 「行」をめぐる諸問題 ――

はじめに

　中国における「行」――所謂「同業商人組合」の研究は、つとに加藤繁[1]によって始められた。加藤の先駆的研究では、行の発生を唐宋変革期における国内商業の発展によってもたらされた「市（指定商業区域）」制の崩壊過程の中で把え、かかる過程で営業独占の危機にさらされた都市商人層が、自律的に同業商人組合たる行を組織し、結束強化を図ったとされる。また行に科派された「行役」を分析し、その性格を国家から営業独占権の継続を承認された代償と規定し、行役の展開と商人組合としての行の強化発展とを同時並行的に把えた。さらに行が明清時代にも存続し、客商の都市定住化の普及を背景にして会館・公所の発生を見るという、唐宋から明清時代に及ぶ長期的展望を提示した。

　以上の加藤説は、以後の「行」研究に大きな影響を与えた。特に唐宋史の分野では、王安石の免役法実施を中心に多くの研究蓄積がなされているが、それらは日野開三郎の要約によれば、先の加藤説の「部分的修正」や「補強充実」という方向で研究が進められているという[2]。一方、明清史の分野では戦前の社会調査や碑刻資料等を用いた会館・公所に関する研究[3]は存在するものの、「行」それ自体の研究は十分に進められているとは言い難い。

　本章では、宋代の行役[4]に比擬することが可能な明代南京における鋪戸の役[5]（鋪行[6]ともいう）を対象として取り上げ、はじめにその制度史的考察を加える。鋪戸の役とは、都市商工業者に科派された官庁の所用物品調達の役であるが、副都南京ではそれをめぐる様々な弊言のために、とりわけ明代中期以降重大な社会問題となっていた。次いで、鋪戸の役とその改革の考察によって明らかとなる明代における行の性格を検討し、従来の「行」研究における空白を

埋める一作業としたい。

1　鋪戸の役の諸特徴

　南京の鋪戸の役とは、応天府附郭の上元・江寧両県の都市商工業者に対して科派された官庁必要物品調達の役である。最初に鋪戸の役の諸特徴について考察する。なお、この点に関してはすでに北京の鋪戸の役を扱った本書第二部第４章[7]で考察を加えているので、ここでは、行論上必要となる幾つかの点について若干触れるに止めたい。

　第１に、鋪戸の役の明代徭役制度体系における位置であるが、『明世宗実録』巻三〇六、嘉靖二十四年十二月丙辰の条に、「南京城坊の居民、里甲正繇よりの外、復た各項鋪戸ありて南京内府諸監局の物料を辦納す」と見えることから明らかな如く、里甲正役とは異なり雑役（雑泛差役）に位置づけられる。しかも、鋪戸の役が民戸と軍戸の別なく科派されていた点において、民戸のみに科派される坊廂の役（郷村の里甲の役に相当）とは異なっていた[8]。

　第２に、鋪戸の役の負担者について見る。鋪戸とは、市街地に「鋪面を開張し[9]」ている戸のことで、伝統的な「行商ぎょうしょう」と「坐賈テンポ」の区別で言えば後者に相当する。従ってその負担者は、本来的には南京城内の上元・江寧両県に店舗を開く都市商工業者である。商工業者としたのは、前近代の中国にあっては店舗と工房が必ずしも分化していない点を考慮したことによる。

　しかし現実には、鋪戸の役をめぐる弊害が表面化する嘉靖年間（1522～66）以降ともなると、店舗を開く者以外にも鋪戸の役が及んでいた。このことは南京刑科給事中張永明[10]の『張荘僖文集』巻二、「議處鋪行疏」に、

　　竊見、南京城坊生理蕭條、居民窮悴（中略）。蓋府縣里甲正差之外、有所役有夫差有養馬戸、而又有各項鋪戸之名。自居積貨物、以至備賤小販、自軍民匠作、至以單貧手藝、凡在生理無弗占籍。（下線部は引用者、以下同じ）

と明記されている。鋪戸の役が店舗を持たない小商人や零細な職人にまで及び、何らかの生業を営む者は全て官庁に登録され、役を負担させられる有様であっ

た。

　第3に、鋪戸の役の負担内容を検討する。その中心をなしたものは、南京各官庁の所用物品の買辦調達である。言うまでもなく、南京は太祖朱元璋の即位以来首都と定められていたが、永楽十九年（1421）の北京遷都後も行在[11]（副都）として六部・都察院をはじめ大小の官庁が置かれており、これらの諸官庁が必要とする物品は膨大な額にのぼった。顧起元の『客座贅語』巻二、鋪行の記述[12]により具体的に見ると、恒常的なものでは戸部・工部・内府各監司局[13]の物料や光禄寺・太常寺・国子監春秋二祭の物品買辦があり、また毎年ではないものの多額の負担として、科挙の試験場や「接王・選妃」の儀式の際の物品調達等があった。こうした主に官庁への物品納入に類するもののみならず、鋪戸への官有物払い下げも行なわれていた[14]。

　これらの一面では商業行為でもある負担の外に、鋪戸は内府各庫の看守にあたる力役も科派されていた[15]。万暦『大明会典』巻四二、戸部二九、南京戸部・内庫課鈔には、

　　嘉靖八年題准、内府看守庫藏鋪戸、止僉八十名、解部轉發、每年分作三班應役。不許額外私自借撥、幷擅行勾取。有司亦不許朦朧徑解。違者、本部及巡視科道等官參奏治罪。

とあり、80名の看守庫蔵鋪戸が僉充され、3班に分かれ毎年4ヶ月毎に輪番で役に充当したことが知られる。この題准が出された事情については、嘉靖二十九年の序を有する謝彬の『南京戸部通志』志一五、庫蔵志四、内府庫・庫夫に詳しいが、その末尾には以下の数字を掲げ、

　　見在各庫鋪戸36名　　　　　　　　　　　季夫77名
　　甲字庫　鋪戸 4 名〔江寧縣撥〕　　　　　季夫15名
　　乙字庫　鋪戸 3 名〔上元縣 2 名　江寧縣 1 名〕　季夫10名
　　丙字庫　鋪戸 2 名〔上元縣 1 名　江寧縣 1 名〕　季夫 9 名
　　丁字庫　鋪戸 4 名〔上元縣 2 名　江寧縣 2 名〕　季夫15名
　　戊字庫　鋪戸20名〔上元縣13名　江寧縣 7 名〕
　　承運庫　鋪戸 3 名〔上元縣 2 名　江寧縣 1 名〕　季夫10名

| 廣積庫 | 季夫 5 名 |
| 贓罰庫 | 季夫 5 名 |

〔　〕内は割註

「按ずるに、以上の鋪戸・季夫は専ら庫藏を看守し幷びに錢鈔を挑運するに用い、季毎に一換す。廣忠庫の看守は鈔匠に係る」と注記している。これにより、嘉靖八年の題准より約20年を経た時点でも36名の看守庫蔵鋪戸が存在しており、これらは上元・江寧両県から派遣されていたことが判明する。

　以上、鋪戸の役の特徴を明代徭役制度体系における位置と負担者および負担内容の3点について言及した。鋪戸の負担の中でも、その中心をなす各官庁所用物品の買辦調達は、明代中期以降国家財政の窮乏や貨幣経済・商品生産の進展、さらには政治的弛緩による官僚胥吏等の収奪強化等を背景[16]に、大きな社会問題となった。以下では、買辦の役に限って考察を加えていく。

2　鋪戸の役をめぐる弊害と定期的資本調査

（1）代価の支払いをめぐって

　鋪戸買辦の役は、原則として官による代価の支払いを前提としており、それ自体としては何ら問題はない。しかし現実には鋪戸の役の運用をめぐって様々な弊害が存在していた。『客座贅語』巻二、鋪行には、

　　初令各行自以物輸於官、而官給其直、未遽爲厲。第一入衙門、則胥徒便視爲奇貨、捐抑需索、無所不有。又或價不時給、或給不償本。既有虧折之苦、又有奔迸之勞。

とあり、その弊害として胥吏の誅求、代価支払いの遅延や不当な支払いなどを指摘する。

　ここでは、まず『張荘僖文集』巻二、「議處鋪行疏」に見える柴炭鋪戸を例に代価支払いの実態を見ることにする。南京刑科給事中張永明の奏疏中に引用された上元県知県程熥[17]の書冊には、

　　如木柴、毎百斤價五分、如木炭、毎百斤價二錢、必得一百二十斤方足百斤

之數。自石城門以至正陽門・西安門、自下關以至太平門、每百斤又該脚銀
　　二分或二分五釐。至於領價、柴價三分四分、炭價一錢五分或一錢。夫民之
　　於上也、增其數而交、上之於民也、減其價而給、此柴炭鋪戸所以困也。

とあり、具体的数字を挙げて柴炭鋪戸の困窮する理由を説明している。これによれば、毎100斤市価銀5分の木柴を官庁に納める場合には、2割の現物による割増納入と2分〜2分5釐の脚銀（輸送費用）の負担を余儀なくされるにもかかわらず、鋪戸の受け取る代価は銀3〜4分に過ぎなかった。割増納入と輸送費用を除外しても、市価の6〜8割が支払われるのみで全く割に合わない商売であった。木炭の場合も同様で、毎100斤市価銀2銭に対し、鋪戸の受け取る代価は1銭〜1銭5分で、市価の5〜7.5割である。こうした実態に対し、張永明は科道の派遣による納入物料の估計や納入物料の定額を記した由票（ネブミ）（メイサイ）の配布などを提案しているが、それほど効果は期待できなかったらしい。それ故、『二続金陵瑣事』を著した周暉をして「これを總ぶるに、鋪戸は半價を得て鞭達に遭わされば、則ち大幸なり[18]」と言わしめるほどであった。

　また先に引用した『張荘僖文集』巻二、「議處鋪行疏」には、
　　及查陪累之費、每一行役、重則月計用銀數十兩、輕亦不下數兩。
と見え、一つの行役に充当するだけで、毎月の欠損が銀数両から数十両にも及んだことを指摘している。

　ところで代価支払いをめぐる弊害の度合いは、物料を納入する官庁によっても異なっていた。南京吏部右侍郎李廷機は、万暦二十七年（1599）十二月に南京の鋪戸の役に関する奏疏を提出し、その中で太常寺と光禄寺の代価支払いをめぐる問題点について以下の如く述べた[19]。

　　三曰、價銀之給宜速。臣每詢鋪行所苦固多、而太常・光祿二寺尤爲難處。
　　蓋二寺本無錢糧、取給戸部者十之一、而取給應天府戸口食鹽者十之八九。
　　然府或不以時解部、各縣或不以時解府、又或解矣而不以時給。一遇公事、
　　票取鋪行、及既辦納、有數歲不得價者、有竟無領者。

多量の物品を必要としながら、ほんらい独自の財源を持たない太常寺や光禄寺は、戸部と応天府の戸口食塩銭[20]に財源を仰いでいたものの特に問題が多く、

数年間にわたって代価支払いが遅延する場合や、結局踏み倒される場合も往々にして見られた。

（２）定期的資本調査

以上のような代価支払いをめぐる弊害の恒常化は、当然鋪戸の応役忌避という事態を招いた。こうした中で上元・江寧両県による鋪戸の資本調査が実施され鋪戸に対する把握が強化された[21]。本節冒頭に引用した『客座贅語』は先の引用に続けて、

> 於是、人始以市物於官爲厲、而其黨遞相扳告、當行者紛紛矣。兩縣思以應上司之急、乃籍其人於官、以備呼喚。於是有審行之擧、毎行列名、以次輪流承應、而其害終不可弭。

と述べ、この間の事情を伝える。ここでは、両県が上級官庁の物料調達の要請に応えるべく鋪戸を登録し資本調査を行なったこと、その際行（営業種目[22]）毎に鋪戸名を列記し、順次輪番で鋪戸の役に充当させたことが明らかとなる。この調査をもとに業種毎に編成された鋪戸を「鋪行」或いは「行」と呼んだことは後述する。

南京では、北京と同様に成化十二年（1476）以降10年1次の定期的資本調査が実施されていた[23]が、嘉靖四十年（1561）には5年1次に短縮され、鋪戸の実態把握がより強化された。即ち万暦『大明会典』巻四二、南京戸部二九、鋪行に、

> （嘉靖）四十年令應天府各色商人清審編替五年一次、立爲定例。如遇該審年分、該部預先一年題請、不分軍民之家、一體編審。

とある。しかしこの決定も徹底されなかったらしく、万暦三年（1575）十月には再度5年1次の調査実施が決定されている[24]。南京の場合、万暦七年に5年1次に移行した北京に先立つこと18年前に調査期間の短縮が行なわれており、鋪戸の役をめぐる弊害が早くから甚しかったことを窺わせる。

3　改革への動き

　前節では、鋪戸の役をめぐる弊害について代価支払いの問題を中心に検討した。またかかる弊害が恒常化する中で、鋪戸の実態把握のため定期的資本調査が実施されたことを見てきた。しかしながら国家が都市商工業者に対し圧倒的優位に立つという構図の中にあっては、かかる資本調査の実施も商工業者に対する収奪の強化を意味するものでしかなかった。松江府華亭県に生まれ南京翰林院孔目の経歴をもつ何良俊は、隆慶三年 (1569) の自序を有する『四友斎叢説』の中で、鋪戸の役をめぐる弊害が嘉靖三十七〜八年 (1558〜9) 以来甚しくなったことを指摘している。その上、彼はこの弊害が改善されなければ、嘉靖三十九年の南京振武営の如き兵変のみならず民変（市民暴動）すら起りかねないことをも警告していた[25]。また万暦三十四年 (1606) 新たに提督操江南京都察院僉都御史となり火甲改革を断行しだ丁賓[26]は、その改革を着手するにあたって、火甲の問題が表面化する以前は「南都の最も閭閻を害なう者、鋪行に若くは莫し[27]」と述べていた。このように嘉靖末年以来、南京では鋪戸の役をめぐる弊害があらためて大きくクローズアップされる中で、万暦中期以降大別して二つの改革の試みがなされた。その一つは、鋪戸の役銀納化の動きであり、他の一つが「鋪行革去」である。以下それぞれについて考察する。

（1）銀納化の動き

　北京と通州では鋪戸の役が銀納化し、鋪行銀が成立した過程についてはすでに本書第二部第4章で論じた[28]。南京でも万暦二十七年 (1599) に実現には到らなかったものの、銀納化の動きが見られる。鋪戸の役の銀納化は、宋代の行役の銭納化した免行銭と類似しており、宋代との比較の上でも興味深いものがある。

　最初に同年四月金吾衛[29]千戸馬尚仁が、北京の例にならって南京でも鋪戸の審編を行ない鋪行銀を徴収することを提案した[30]。これを受け取った万暦

帝は、南京守備に関係官庁での審議を委ねた。翌閏四月に入ると今度は、鋪戸方汝立によって「則例銀」徴収の提案がなされた[31]。これは、毎年鋪戸から戸則に応じて則例銀を徴収し、それを財源に官が一切の物料の買辦を行なうというものであった。この提案は結果的には先の馬尚仁の提案と類似するものとなったが、おそらくこの時期に展開された「鉱・税の禍[32]」と呼ばれる商工業者収奪の動きに便乗した馬尚仁の提案に反対する立場からなされたものであろう。つまり方汝立の提案した内容は、鋪戸の役それ自体を即座に廃止することが困難な中で、次善の策として力役廃止という条件を付加し銀納化を提案したものと考えられる。方汝立の提案に対し、万暦帝は戸部に検討を命じた。

こうした動きを承けて、七月南京大理寺右寺丞丁賓は「懇念留都樞要停止編審鋪行疏[33]」と題する奏疏を提出した。これは先の馬尚仁の提案に反対する内容であったが、「留中[34]」となり万暦帝の決裁は下されなかった。

その後十一月には、馬尚仁の提案に対する南京戸部等の関係官庁による審議の結果が報告されている。その内容は、商人に対してはすでに蕪湖県にある太平抽分廠[35]等での徴収や近年派遣した税監による商税徴収が行なわれており二重の負担となること、また南京には各地から流入した者が多く審編の実施を耳にしただけで郷里に帰ろうとする者も出るほどで人心の動揺を引き起こす等の理由を挙げ、馬尚仁の提案に反対するものであった。これを受けた戸部がそのままに題覆を行なったところ、万暦帝は鋪戸審編免除の許可を与え、結局馬尚仁の提案は採択されなかった[36]。

さらに十二月には、南京吏部右侍郎署戸工部事の李廷機[37]によって、先の鋪戸方汝立の則例銀徴収の提案に対する南京関係官庁の審議の結果が提出された。それは「其の名正しからずして勢として行ない難きものあり」という理由で、則例銀徴収に反対するものであった。同時に李廷機は、「帯辦之法宜行[38]」、「可免之役宜蠲」、「價銀之給宜速」、「需索之弊宜禁」という4点にわたる改革案を提起したが、この奏疏も留中となり万暦帝の決裁は下されていない[39]。従って、則例銀徴収の提案が最終的にどのような決着を見たかは必ずしも明確ではないものの、南京では鋪戸の役の銀納化は実現されなかったよう

である。

　すでに北京では嘉靖四十五年（1566）に実現していた鋪戸の役の銀納化が南京では実現しなかった詳しい事情は、明らかではない。おそらく、「鉱・税の禍[40]」が席捲したこの時期の政治情勢と密接に関わっていたことが推測される。即ち、丁賓の反対理由に見られる如く馬尚仁の提案が、鉱・税の害が全国に蔓延しつつあった情勢に便乗する形で提出されたこと、また彼の提案に対処すべく出された鋪戸方汝立の則例銀徴収案も、同様に新たな商税の創設として理解され、鉱・税反対の立場に立つ南京当局官僚らの反対を招いたものと考えられる。

（2）鋪行の革去

　翌万暦二十八～九年にかけて大理寺右寺丞丁賓は、前述の李廷機[41]の協力のもとに光禄寺や太常寺などの物料調達をめぐる改革を行なっている。これが史料上に「鋪行革去」と見えるものである。最初に南京光禄寺御用の木柴を例に見ると、『丁清恵公遺集』巻八、書牘「復李九我（廷機）閣下」には、

　　南京光禄寺合用木柴皆出南工部、毎百斤脚價銀三分有奇、本年木柴若干脚價若干。曩台臺署南工部印時、不肯曾請台箚無錫縣照應天府算出柴脚夫銀原額、起解南光禄、爲雇夫搬運木柴之資。至今毎歳遵奉、絶不用鋪行也。豈特木柴鋪行。蓋自台臺與不肯仰遵大明會典、首倡禁革鋪行之議、凡南光禄寺密（蜜？）糖雞鵝羊乾（魚）水菓停塌雜物香蠟顔料牛觔、并太常寺果品牛草等倶催解原派原額官銀、着令署丞・典簿帶領廚役、照民間現買。

と見える。光禄寺所用の木柴は、従来南京工部が木柴鋪行を編成して調達していたが、丁賓の改革以後生産地の無錫県に毎100斤銀3分の脚価銀を起解させて運搬のための雇夫費用とし、鋪行の使用を禁じた。興味深いことは、この方法が何も新しいものではなく、『大明会典』の規定[42]を遵守したものであるという指摘である。このことは、鋪行による物料調達が、生産地からの物料調達体制の崩壊を一つの契機として出現したものであることを逆に裏づけている。

　ところで、こうした鋪行革去は、木柴のみならず光禄寺の蜜糖・鶏鵝・羊・

乾魚・水菓・停塌の雑物・香・蠟・顔料・牛觔や太常寺の果品・牛草にまで及んだ。これらは原額の官銀を光禄寺・太常寺に送り、署丞や典簿が、厨役などの官役を従え民間の市場価格に照して購入する方式に改められた。

次に万暦三十一年の太常寺の麺行革去について検討する。同じく『丁清恵公遺集』巻八、「復李九我閣下」には先の引用の後に、

> 至于太常寺麺行、自台臺三十一年過呉門時寄東、不肯一到太常、卽催取原派府縣麺銀、着令典簿廚役、現銀平買、蒸作備祭。本寺舊用麺行盡數革除、至今兩寺官員無有敢故違會典、仍復拘擾鋪行者。

と続ける。太常寺では、以前から各府県に割り当てて徴収していた麺銀を寺内の典簿や厨役に支給し、彼らに材料の購入と製造を行なわせ、旧来用いていた麺行を革除した。言うまでもなくここで廃止されている「麺行」とは、製粉業を営む同業者組合ではなく、太常寺所用の麺を製造調達するために編成された製粉業者或いはその組織を指している。このことは明代の「行」のあり方を考えるうえで重要な手がかりを与えてくれるが、この点はあらためて後述する。

以上のように丁賓の改革は、種々の弊害を惹起していた鋪戸の役を用いた物料調達方法を改め、都市商工業者を保護することであった。この鋪戸の役による物料調達方法に対置されたのは、『大明会典』の規定を遵守した官役による物料調達方法であった[43]。『丁清恵公遺集』巻五、雑著「遵会典革鋪行催物價議」には、彼の改革案が具体的に展開されている。その中で彼は官役による物料調達について以下の如く述べる。

> 夫曰官役収買、無強賒作弊、則官府之牌票必不行于鋪行、而鋪行之足跡必不及于公庭、其鋪行之姓名、亦必不登于簿籍。

即ち厨役など各官庁の胥吏や役人が物料の調達を担当して、強制的掛け買いの弊害が無くなれば、官庁による物料割り当ての牌票が鋪行の元に届いたり、鋪戸が役所に出入りする必要もなくなり、さらには鋪戸の姓名や営業種目等を籍簿に登録することも行なわれなくなる、と。従って丁賓は、官役を用いることによって、鋪行による物料調達を止めるのみならず、鋪戸の定期的調査の廃止をも意図していたのである。

その後も国子監などいくつかの官庁でも鋪行の革去が行なわれている[44]が、万暦四十三年（1615）には応天府府尹黄承玄が通判李棠と協力し改革を行なっている[45]。前述したように3年毎の科挙の際の試験場における物品供応も、鋪戸の過重な負担の一つであった。周暉『二続金陵瑣事』下巻、「不用鋪戸」には、

> 乙卯（萬曆四十三年）科大京兆黄公提調科場。舊例凡場中供給百事、皆上・江兩縣鋪戸備辦、吏巧於需索、物易於花費。總之鋪戸得半價、不遭鞭撻則大幸也。黄公祖深知其弊、盡革鋪戸。場中百事、皆精好、於額設之銀又不多用一兩。水滴石硯亦皆官備、自有科場以來、不用鋪戸自黄公始。

とあって、府尹黄承玄は乙卯科の郷試の際に従来から物品調達に用いてきた鋪戸を革去し、官役を用いて必要物品を購入させ、水滴や石硯（ミズイレ）もまた官庁備え付けにした。これ以後鋪戸は、科挙の度に物品調達に奔走することが無くなり、科挙が行なわれているのさえ知らずにいるほどであったという[46]。

ところで、この府尹黄承玄には後日譚がある。彼は万暦四十二年四月応天府に着任早々矢つぎばやに種々の改革[47]を断行し、士人と市民の支持を得ていた。しかし翌年七月には福建巡撫の命を拝し、その年の冬に任地に向った[48]。彼の去った後、南京では郷紳たちの唱道のもと彼の徳政を顕彰すべく生祠が建てられた。顧起元の『嬾真草堂集』巻一九に収める「應天府府尹黄公生祠記」は、黄承玄の生祠が実現する過程を述べているが、その中に生祠の提唱者の名が見える。

> 于是郷之薦紳倡之。孝廉汪全聲・庠生姚履旋・錢弘業・胡允貞・徐如虹・陳嘉謀・高調元・劉岸先・張一儒・姚床等經始其事、耆民焦蕃・方汝立協力佐之。謀有日矣。

提唱者として挙人汪全聲と生員姚履旋[49]以下9名のほかに、おそらく金銭面での協力者としての耆民焦蕃と方汝立の名を挙げる。ここで問題にしたいのは耆民方汝立の名である。この名は、前述した鋪戸の役銀納化の提案者「鋪行方汝立」と同一である。この間16年の歳月を距てているが、両者は同一人物と考えられる。というのは、則例銀の提案など鋪戸の役改革に多大な関心を抱い

ていた方汝立が、科挙の供応をめぐる鋪行革去などの改革を強力に推進した府尹黄承玄の治績に感謝し、生祠の実現に協力したと推測されるからである[50]。

両者が同一人物とすれば、銀納化を提案した方汝立は、単なる一都市商工業者というよりはかなりの有力な商工業者でもあったわけで、則例銀による鋪戸の役銀納化提案は、おそらく南京の有力商工業者層の利害を反映したものであったことが推定できる。

本節では、万暦中期以降の鋪戸の役銀納化の動きと鋪行革去の改革について検討を加えた。国家財政が破綻しつつある中で、鉱・税の禍に見られる如く全国的に商工業者への収奪が強化された[51]この時期に、南京では逆にかかる一連の改革が各官庁で試みられ都市商工業者の保護が図られていた。このことを可能にした要因は必ずしも明らかではないものの、各地で頻発する都市民変が、丁賓を始めとする南京当局者をして改革に立ち向わせた一つの契機となったことは想像に難くない[52]。

ところで、丁賓の改革案に見られるように鋪行革去を主張する根拠は、あくまで祖法たる『大明会典』の遵守にあり、伝統的規範意識から自由なものではなかったとも言える。しかしむしろ丁賓は、鉱・税の禍が全国を席捲したこの時期だからこそ、『大明会典』という「法」的根拠を提示することによって改革の実施を迫ったのであろう。とはいえ、明末の社会状況を考慮に入れると、これらの改革もどれだけの実効性を持ち得たのか疑問も残る。例えば、官役による物料収買にせよ、この時期の胥吏層の腐敗の実態からして公正な収買は多大の困難を伴なったであろう。

4　鋪戸の役と行

ここまで鋪戸の役の特徴とその改革に関して、主に制度史的考察を行なってきた。本節では、鋪戸の応役の実例を取り上げ、あらためて鋪戸の役と行の関係を考察し、明代における行の性格を検討したい。但し、ここでは税役制度の側からのアプローチのため、国家の都市商工業者把握という視点に片寄りがち

であることを予め指摘しておきたい。

　始めに応天府府尹孫懋の嘉靖十五年十一月九日の日付を有する奏疏[53]に見える重紙鋪戸の応役の実例を取り上げる。前近代社会において早くからすでに徹底した文書行政が実現していた中国では、官庁において多量の紙箚類を消費した。ここに取り上げる重紙鋪戸とは、「上用の大料紙[54]」即ち官庁で使用する上質紙を扱う紙屋のことである。孫懋の上奏は、上元・江寧両県の重紙鋪戸胡璉らの連名の訴えを受けて行なわれたものである。

　　據上元・江寧二縣重紙鋪戸胡璉等連名告稱、身等倶於二十年前僉編重紙行頭、初役未累之先、蒙派上用大料紙一百三十萬張、因價浩繁無力措辦、當有行頭賀瓊等告蒙分豁、准召客商李崇等均同辦納、蒙將食鹽銅錢支給、有卷可査。自後身等連年陪納消乏、猶未造册更代、困苦難言。毎班雖有貼戸數名、年久逃亡、僅存一二、各皆貧窘。近日又蒙行取前項紙張（下略）。

とあって、話は20年前の正徳十一年（1516）ごろに遡る。この時胡璉らは重紙行頭に編成充当され、公用の大料紙130万張の買辦納入を請負わされた。しかしその購入代価は銀8,100両[55]にのぼりこれらの多額の銀両を一時的に借り入れることも困難であったので、行頭賀瓊らが訴え出たところ客商李崇らと均分して納入することが認められた。その代価は戸口食塩銭によって支払うことも明記されていた。その後20年間も重紙行頭の編成替えのない[56]まま連年欠損を出しながら納入したために、胡璉らは零落し、行頭を補助するために各班に数名存在した貼戸も逃亡して僅かに1、2名を残すのみであった。こうした状況下で、嘉靖十五年にまた大料紙130万張が科派されたために、胡璉らが連名で訴え出たのであった。

　このことから、官庁で使用する上質紙130万張を調達するために行頭と貼戸からなる重紙鋪行が編成されていたことが知られるが、行頭が全体で何名であったかは記されていない。貼戸については、胡璉の訴えに付された単帖(カキツケ)に、

　　及單開貼戸賀廷蘭等三十九名倶消乏。憒廣明等四十四名倶已逃亡、見存止有陳佐等三十七名等情。

とあり、併せて120名にものぼる貼戸が存在していた。しかしこれらの貼戸も

20年間に賀廷蘭ら39名は没落、慎廣明ら44名は逃亡し、現存する貼戸は陳佐ら37名のみというから、如何にこれらの負担が重くかつ多大の損害を与えるものであったかが理解できよう。

以上のことから明らかな如く、若干名の行頭と120名の貼戸によって官庁主導[57]のもとに編成されたのが重紙舗行（或いは重紙行舗戸）であった。重紙舗行に限らず官庁の必要に応じて各業種の舗行が編成されており、これらは単に「○行」・「△△行」とも記載された。従って、明代の史料上に見える○行・△△行という記述から、即座に自律的同業商人組合の存在を想定するのは些か問題があると言わねばならない。むしろ先の太常寺の麵行などの例から見ても官庁で必要とする物品調達のための舗行である場合が多いと言えよう。

このことは、『明神宗実録』巻七三、万暦六年三月乙丑の条に見える南京戸科給事中傅作舟の上奏を受けてなされた戸部の題覆を検討することによって、より明瞭となる。

　一、議革重紙以蘇衆行。(a) 夫重紙舗行原供孝陵支用包帛・國子監春秋二祭・兵仗局藥線數項、取用不多、價亦不少。後縁各衙門公用以致賠累、攀殷實戸幫貼、多至八百餘人。(b) 今盡行查革、有行者仍歸本行、無行者徑革不編。

(a)の部分ではまず現状分析がなされる。重紙舗行は、元来孝陵で用いる包帛や国子監の春秋二祭および兵仗局で用いる薬線（導火線）など数項を供辦するのみであったが、のちに各官庁での公用の紙箚をも買辦するようになり損失が大きくなった。このため南京の殷実戸800名に重紙調達の協力を行なわせていた。殷実戸については先の引用に続けて、

　一、革去殷實以清弊源。南京殷實原無貨可居、止因舗行消乏、攀撺幫貼。今後務要買物當行。不得更立殷實名色、以累居民。

とあり、南京では舗戸の役が商業を営まない富裕戸にまで及ぶという事態が一般化していたことが判明する[58]。従って、先の800名にのぼった重紙舗行の中には、紙箚類を扱わないどころか全く商業を営まない者も強制的に編入させられていたのである。

こうした事態を改善すべく出された戸部の提案が（b）の部分であり、これは万暦帝によって裁可されている。（b）の部分を書き下し文に改めれば、「今尽く（重紙鋪行を）査革するを行ない、行ある者は仍りて本行に帰し、行なき者は径ちに革して編せず」となろう。この場合の「行」が如何なる意味内容を持つものであるかがまず問題となるが、これまでの考察を踏まえれば、行は営業種目、ひいては業種毎に官が把握登録して編成した物品調達組織を指すものと考えられる[59]。従って、（b）部分は「現在調査のうえ革去された重紙鋪行800餘名の中で、何らかの商工業を営む者はほんらいの業種毎の鋪行に戻し、商工業を営まない者はただちに革去して、鋪行に編成しない」と理解できよう。

このように見てくると、明代の行が行政主導の極めて他律的存在であることが明らかとなるが、このことは前述の南京吏部右侍郎李廷機の上奏中の「帯辦の法」によっても確認できる[60]。

　　一曰帯辦之法宜行。凡戸工二部鋪行辦納内府及欽取各項物料、有利者、即方汝立等所稱五行如絲綿・紅花・生漆・櫻・銅之類。舊時令帯辦無利者、以此濟彼、則陪〔賠〕補可敷。此行（法）誠行、即估價不能一一精確、而苦樂則人人均平、法莫有善於此者。

即ち内府守皇帝御用の物料買辦の中でも、鋪戸方汝立らの指摘によれば、絲綿行・紅花行・生漆行・櫻行・銅行の買辦納入は利益が見込めるため、以前は利益のない物品と抱き合せて買辦納入が行なわれ、ある行のみが利益を得ある行は損害が大きいという不公平を相殺していたという。かかる帯辦の法の採用に李廷機も賛意を表明している。ここでは、鋪戸の業種毎に編成された物品調達組織である行と納入物品との対応関係さえ喪失しており、先の重紙鋪行の例と同様に国家の恣意的とも言える行編成による買辦強制の実態が浮び上ってくる。

以上の考察により、南京の商工業者は、その営業種目に応じて業種毎の鋪行が編成され官庁の必要とする物品調達に応じたこと、この物品調達組織たる鋪行は単に「行」とも呼ばれており、実際には異なる営業の者、或いは商工業を営まない者も含まれる例が見られ、官庁主導の下に恣意的行編成が行なわれて

いたことを明らかにした。また行には、前述の太常寺麵行[61]の如く所轄の官庁毎に編成される例も見られた。

なお、南京において如何なる業種の鋪行が存在したかについては、王宏鈞・劉如仲が正徳『江寧県志』巻三、賦役に載せる緞子以下104種の鋪行を紹介しており参考となる[62]。

結びにかえて

本章の目的は、宋代の行役に比擬することができる鋪戸の役の制度的内容を考察し、かつそこに示される明代の行の性格を解明することにあった。不十分ながらもこれまでの考察をふまえて、唐宋以来明清時代にまで及ぶ展望を示し、定説化している加藤繁の「行」理解に対し、幾つかの問題点を提示したい。

まず第1に、明代の鋪戸の役においては、加藤説が宋代の行役に関して指摘するような自律的同業商人組合としての行[63]はどこにも介在せず、国家による業種毎の都市商工業者の編成という事実が浮び上がること[64]。当該時代の史料では、これらの物料調達のために編成された商工業者の謂わば他律的組織が、「鋪行」或いは単に「行」と呼ばれていた。

第2に、加藤説は宋代の行役の性格を国家から営業独占権の継続を承認された代償と規定したが、少なくとも明代の鋪戸の役を見る限りでは、営業独占権に対する代償という事実を裏づける史料を見い出し得ないこと。むしろ、圧倒的な優位に立つ国家の都市商工業者に対する一方的な収奪という面が看取されること。従って、鋪戸の役の存在理由を説明するためには、加藤説の規定とは別に国家の財政制度および税役制度における位置づけが必要と思われる。

第3の問題点は、第1、第2の問題点から当然の帰結として導き出される。即ち加藤説においては、行役の展開と組合としての行の発展強化とは同時並行的に把えられていたのであるが、明代特に中期以降の鋪戸の役の展開という事実と組合としての行の発展強化とは必ずしも対応しないこと。従って、明清時代にも同業商人組合としての行が存続したという加藤説の展望に対し、少なく

とも本章で扱った時代に限っては、さらに検討の餘地が残されていると言えよう。

もちろん、著者も明代における都市商工業者の自律的結合の存在を否定するものではない。国家による物料調達のための商工業者の編成とは別に、民間における商工業者の日常的結合の存在を想定することは十分に可能である。例えば、第三節で取り上げた「耆民」とも呼ばれている鋪戸方汝立の則例銀徴収の提案も、商工業者の地域社会における日常的結合を基礎に行なわれたものと推測できる。また加藤も一方では、「実際の商人組合たる行と、官府に於いて回買に利用するところの行とは必ずしも相一致せず、その間に多少の出入があったことであろう[65]」と述べているが、所説の中ではこの点は十分に展開されていない。残念なことに本章も、明代の民間における都市商工業者の結合のあり方を、直接かつ具体的に指し示す史料を提示するまでに至っていない。

しかし本章で扱った鋪戸の役の分析によって明らかとなった行は、国家が物料調達のために業種毎に商工業者を編成したものであり、これより直ちに所謂同業商人組合の存在を導き出すことは妥当性を欠くこと、重紙鋪行や帯辦の法に見られるような国家の恣意的行編成の事実からして、民間に存在する商工業者の結合と国家によって編成された物料調達のための行とが、そのまま対応するという可能性も少ないことを指摘して結びにかえたい。

註

（1）加藤繁「唐宋時代に於ける商人組合『行』に就いて」『白鳥博士還暦記念東洋史論集』岩波書店、1925年所収および「唐宋時代の商人組合『行』を論じて清代の会館に及ぶ」『史学』14-1、1935年、のち同『支那経済史考証』上巻に収録。

（2）日野開三郎「唐宋時代における商人組合『行』についての再検討（一）〜（七）」『久留米大学産業経済研究』21-1〜22-3、1980〜81年）の序言参照。その後の研究として、市易法と開封府の「行」との関係を論じた熊本崇「王安石の市易法と商人」『文化』46巻3・4号、1983年や、木良八洲雄「宋代の免行銭」『東方学』65輯、1983年などがある。

（3）例えば、仁井田陞『中国の社会とギルド』岩波書店、1951年や今堀誠二『中

国の社会構造——アンシャンレジームにおける「共同体」——』有斐閣、1953年、および『仁井田陞博士輯北京工商ギルド資料集（一）〜（五）』東京大学東洋文化所、1975〜80年など。近年中国では、北京・上海・蘇州の碑刻資料が相次いで出版されている。これらの資料集の概略については、宋元強「研究明清社会経済史的重要碑刻資料」『歴史研究』1982年4期参照。

（4）　史料上では、明代の鋪戸の役を「行役」と表現する例も若干見られる。例えば註（58）『張荘僖文集』巻二、「議處鋪行疏」参照。なお、宋代の行役については、註（1）（2）前掲の諸論文のほかに、小野寺郁夫「宋代における都市商人組織『行』について」『金沢大学法文学部論集』史学編13号、1965年、古林森広「北宋の免行銭について——宋代商人組合『行』の一研究——」『東方学』38輯、1969年を参照した。

（5）　北京の鋪戸の役については、新宮学「明代北京における鋪戸の役とその銀納化——都市商工業者の実態と把握をめぐって——」『歴史』62輯、1984年、本書第二部第4章に収録。鋪戸の役に関する従来の研究については、同書第4章註（6）参照。また「資本主義萌芽」成長の阻碍要因を解明する視点から鋪戸買辦制度を扱ったものに、唐文基「明代的鋪戸及其買辦制度」『歴史研究』1983年5期がある。

（6）　特に南京の場合には、北京に比べて「鋪行」という表現がよく使われている。許敏は「明代嘉靖・万暦年間"召商買辦"初探」『明史研究論叢』1輯、1982年の中で、「鋪行はまた鋪戸とも呼ばれ、城鎮内に店鋪を開設した家である」（189頁）と述べている。本章ではむしろ同氏も引用する沈榜の『宛署雑記』巻一三、鋪行の「鋪行の起こるや、始まる所を知らず、蓋し鋪居の民、各行同じからず、因りて以ってこれを名づく」という記述や、註（58）の『端粛奏議』巻三、「撫卹南都軍民事」の用例などから見て、鋪行は本来的には官庁が所用物品調達のために業種毎に編成した鋪戸組織、或いはその役を指し、これより派生して個々の鋪戸を意味する場合も出てきたと考える。

（7）　註（5）前掲の新宮論文50〜53頁参照。

（8）　註（5）前掲の新宮論文52頁に引用した周暉の『金陵瑣事』巻四、「四苦役」参照。

（9）　註（5）前掲新宮論文51頁に引用した嘉靖『通州志略』巻四、貢賦志「雑賦」参照。

(10) 張永明の伝は、『明史』巻二〇二に見える。この上奏の提出時期はおそらく嘉靖二十年代と考えられる。

(11) 但し洪熙元年（1425）三月から正統六年（1441）十一月までの一時期、北京が「行在」と呼ばれた時期がある。新宮学「明初北京への富民層強制移住について——所謂『富戸』の軌跡を中心に——」『東洋学報』64巻1・2号、1983年の註（2）参照。

(12) 『客座贅語』巻二、鋪行、「鋪行之役、不論軍民、但買物則當行。大者、如科擧之供應與接王選妃之大禮、而各衙門所須之物、如光祿之供辦・國學之祭祀・戸部之草料無不供役焉」。

(13) 南京にも北京と同様十二監・四司・八局の内府二十四衙門が置かれていたことは、『酌中志』巻一六、内府衙門職掌に見える。なお、南京の各衙門の詳細については、万暦『大明会典』巻三、官制二・南京官など参照。

(14) 張永明『張荘僖文集』巻二、「議處鋪行疏」、「如重紙鋪戸、止應辦各衙門公用紙劄、衙門既多、取用無時、差úsage人少、已不能勝。（中略）又以公用之餘紙給鋪戸、以追其價、（以）久藏之故紙發鋪戸、以換其紙。交納之時又不免有前項諸費、此重紙之所以困也」。

(15) 看守のための庫蔵鋪戸を考察したものに、佐々木栄一「明代両京の商人を対象とせる雑泛について」『文化』17巻6号、1953年がある。

(16) 註（5）前掲の新宮論文52・53頁および新宮「明末京師の商役優免問題」『集刊東洋学』44号、1980年66～69頁、本書第二部第5章に収録参照。

(17) 万暦『上海県志』巻七、職官志によれば、程熷は江西建昌府南城県の人、嘉靖十六～二十一年まで在任。彼の治績については、「時に供億頗る繁なり、公私困敝す。熷は意を加えて減損し、民擾さざるを得たり」とある。

(18) 周暉『二続金瑣事』下巻、「不用鋪戸」。

(19) 『神廟留中奏疏』戸部巻二、万暦二十七年十二月三日付の「南京吏部右侍郎李廷機題爲民議難行民瘼當恤等事疏」。

(20) 藤井宏「明代の戸口食塩法に就いて」『社会経済史学』13巻3号、1943年。

(21) 夫馬進は、「明代南京の都市行政」『前近代における都市と社会層』京都大学人文科学研究所、1980年の270～272頁で編審鋪行について言及し、この同業者の把握調査を「坊廂制の崩壊にともなう土着市民の没落、おそらくはギルドに支えられていよいよ食い込む流入市民の登場、このような転換を前に」国家が行なっ

た新しい対策の一つとして把えている。この指摘は、南京の都市行政の転換を理解するうえで重要なものであるが、それのみならずこの時期の都市商工業者把握の強化には、前述したように国家財政の窮乏と貨幣経済・商品生産の進展等全国レヴェルの問題も介在していたと考えられる。

(22) 註（5）前掲の新宮論文註（30）参照。

(23) 註（5）前掲の新宮論文55頁参照。なお『明武宗実録』巻五九、正徳五年正月乙亥の条には、南京戸科給事中葉良が資本調査の際、鋪戸底冊を不正に改竄した記事が見える。

(24) 『明神宗実録』巻四三、万暦三年十月戊子の条に、「定南京編審鋪行之期、以五年一次爲例」とある。

(25) 『四友斎叢説』巻一二、史八、「余致仕後、住南都又五年、浮沈里巷中、與郷人遊處甚久、故知南京之事最詳。大率南京官各有職掌、與百姓原不干渉。所用貨物、皆是令家人和買。余初至時尚然。至戊午・己未（嘉靖三十七・八年）以後、時事漸不佳。各衙門官雖無事權者、亦皆出票、令皁隷買物、其價但半給。如扇子値二錢者、只給一錢。他物類是、鋪戸甚苦之（中略）。時潘笠江爲工部尚書、錢景山爲大理卿、余告之曰、（中略）南京大小九卿衙門堂屬官幾二百餘員、此風一長、民何以堪。不但軍家殺黃侍郎、百姓亦將操戈矣」。

何良俊の伝は、『明史』巻二八七、文苑三に見える。振武営の兵変については、川勝守「明末、南京兵士の叛乱——明末の都市構造についての一素描——」『星博士退官記念中国史論集』1978年所収参照。

(26) 丁賓の火甲改革については、註（21）前掲の夫馬論文参照。なお丁賓の伝は、『明史』巻二一二に見える。

(27) 丁賓『丁清恵公遺集』巻八、書牘、「與呉邇斎内任」。

(28) 註（5）前掲の新宮論文59〜64頁。北京では嘉靖四十五年に、通州では弘治年間に銀納化が実施された。

(29) 南京には十七指揮使司からなる親軍衛が置かれ、その中に金吾前衛・金吾後衛・金吾左衛・金吾右衛の名が見える。『明史』巻七六、職官志五・南京衛参照。

(30) 丁賓『丁清恵公遺集』巻一、「懇念留都樞要停止編審鋪行疏」、「臣近接邸報、伏見金吾衛千戸馬尚仁條陳編審鋪行一節、欲照順天事例行之應天等處地方、隨蒙陛下行委南京内外守備、會同部科撫按等官、悉心查理明白、奏請定奪。（中略）且馬尚仁奏在四月、陛下乃不得已姑從其說、然竟擎其議委之大臣、則其慎重民瘼

之意、蓋彰明較著矣」。

　この丁賓の奏疏を見る限りでは、馬尚仁の提案は北京の事例に照らして審編を行なうことに過ぎないかのように受け取れる。しかし単なる審編の実施に止まらず鋪行銀の徴収をも含んでいたことは、彼の提案に対する反対論の多くがこれを新たな商税の創設と把えていたこと、また北京では前述の如く嘉靖四十五年以降鋪戸の役が銀納化し、鋪行銀が徴収されていたことから明らかである。

(31)　『神廟留中奏疏彙要』戸部巻一、万暦二十七年十二月三日付の南京右侍郎李廷機の上奏、「本年閏四月内、准戸部咨開稱、南京鋪行方汝立等奏爲奸黨釀成積弊、抗違明旨、妬國殃民、法紀漸滅、懇乞聖明、亟賜禁社〔杜〕、以裕國用、以甦民困事。奉聖旨、戸部知道、欽此。備咨到部、查議前事、（中略）然方汝立等疏内、願納銀輸官、欲官一切自行買辦、而歳斂衆鋪行之銀以貼之、謂之則例銀、此其名不正而勢有難行者。臣會同南京工部太常光祿寺應天府幷科道等衙門會議、已備特納銀難行事理、回咨戸部、聽其奏請定奪外、（下略）」。同一の奏疏は、李廷機『李文節集』巻二七、雜著一、「議處鋪行疏」にも見える

(32)　孟森『明代史』修訂本、華世出版社、1975年、第五章第二節、田中正俊「民変・抗租奴変」『世界の歴史』11、ゆらぐ中華帝国、筑摩書房、1961年所収。

(33)　註(30)参照。

(34)　万暦期の「章奏留中」についてば、註(16)前掲の新宮論文の註(46)参照。

(35)　康熙『太平府志』巻一八、公署・蕪湖県、および万暦『大明会典』巻二〇四、工部二四、抽分参照。なお、蕪湖税課局は同書巻三五、戸部二二、商税・税課司局によれば、「蕪湖縣　税課局萬暦三年革」とあり、万暦三年に廃止されている。

(36)　『明神宗實録』巻三四一、万暦二十七年十一月丁卯、「馬尚仁奏請于南京清查蘆田及編審鋪戸。南京戸部等衙門會議以爲（中略）、至于編審鋪行、撫按道府均稱不便。蓋各商在蕪湖等處、各有抽税、近差内監諸臣、碁布星列、剝肌椎髓、奈何又欲重徴之也。且應天係聖祖舊都、開天之初、尙徙四方富戸充實其中。近聞編審、流寓之家相率思歸、萬一人心動搖、群聚倡亂、誰執其咎。戸部覆請如議。上許免編派（下略）」。

(37)　李廷機の伝は、『明史』巻二一七にある。

(38)　「帶辦の法」については、本文198頁参照。

(39)　註(31)および『明神宗實録』巻三四二、万暦二十七年十二月戊寅の条参照。

(40)　鉱・税の害が全国に蔓延する中で、万暦二十七年四月の臨清民変を始め儀真・

第 6 章　明代南京における鋪戸の役とその改革　205

　　　雲南などの各地で鉱・税に反対する民変が発生した。註（32）の諸論文のほか、酒井忠夫『善書の研究』国書刊行会、1960 年、第二章四、士人と明末社会など参照。近年の研究として、岡野昌子「明末臨清民変考」小野和子編『明清時代の政治と社会』京都大学人文科学研究所、1983 年所収がある。

(41)　李廷機もまた独自に工部営繕司・都水司における鋪行革去を提起していた。『李文節集』巻二七、雑著一、「攝工愚見」、「一革鋪行、凡營繕・都水所需物料、例皆票取鋪行、皂役持票因而生事、鋪行輙費打發、而又有交納之難、有領價之難、需索賠累、皆繇於此。今絶不出一票、但發銀付匠作自辦、與鋪行不相干涉、又何累焉、故鋪行宜革」。なお、李廷機はその後万暦三十一年に礼部侍郎となり北京に赴いている。

(42)　万暦『大明会典』巻二一七、光禄寺、「凡本寺供用牲口果菜等物、上林苑監四署照數進納供用。不足、于民間買辦。洪武間令、本司買辦、比與民間交易價錢、每多一分。永樂間差内官一員同本寺署官廚役、領鈔于在京附近州縣、依時價兩平收買。洪熙・宣徳以來止差署官廚役、照前收買」。および弘治四年令など参照。

(43)　『丁清恵公遺集』巻七、書牘、「與楊九山戸部」、「陪京鋪行之害、人人知之矣。顧欲革鋪行、必復官買之制」。

(44)　万暦二十九年九月南京国子監祭酒郭正域も、国子監での鋪行革去を行なっている。『合併黄離草』巻三〇、雍政大略、「課程事宜」に、「一、本監二祭二考盡革鋪行。如有指稱者、許鋪行告稟。一、本監椒油銀・醋醝銀出自兩縣食鹽内、盡革鋪行。其過湖乾魚亦本監自買、不用鋪行、有指稱者許告」とある。また顧起元『嬾真草堂集』巻二五、「南京通政使司通政使前應天府府尹文江徐公伝」には、府尹徐申（在任万暦三十三〜三十六年）の改革についての言及がある。

(45)　乾隆『江寧府志』巻一八、宦績伝、「李棠字英拔、福建平和人、（中略）萬暦壬子（四十年）擢判京兆、轉江防治中、（中略）乙卯科場大京兆黃公憫鋪戸賠累之苦、盡行裁革、悉出官辦、棠實襄之」。

(46)　顧起元『嬾真草堂集』巻一九、「應天府府尹黃公生祠記」、「萬暦甲寅之四月與參黃公奉上命來尹應天、（中略）議革鋪行、則科場一切供億、悉出帑金、俾倚役平直貿諸民間、而嚮之受役者高臥于家、幾不知有科試事。蓋前此所數爲釐革調停、而未盡者、至公始曠然蕩平之、不更憂害芽矣」。

(47)　黄承玄の行なった改革として、①学校を修む（府学の改修工事）②人材を興す（解額や府学入学者の増員）③号舎を増す（郷試試験場の増設）④地利を興す

（龍江の埋め立て）⑤鋪行を革す（既述）⑥士子を嘉恵す（試験場での油燭・石硯の支給）などがある。

(48) 『明神宗実録』巻五三四、万暦四十三年七月辛亥の条、および呉廷燮『明督撫年表』巻四、福建参照。

(49) 姚履旋も癸亥（嘉靖四十二年？）に湖広荊州府巴東県知県に赴任し、具体的内容は明らかではないが、鋪戸の改革を行なっている。顧起元『雪堂随筆』巻三、「明文林郎湖広荊州府帰州巴東知県允吉姚公曁元配刑孺人合葬墓誌銘」参照。

(50) 何ゆえに『神廟留中奏疏彙要』に収める南京吏部侍郎李廷機の上奏では「鋪行」と記されている方汝立が、顧起元の「応天府府尹黄公生祠記」では「耆民」と書かれているのであろうか。もちろん、両者の文章の間に流れる16年の歳月の隔たりは、十分に方汝立をして老齢の域に達せしめるであろう。と同時に両者の文章の性格の違いも見落すことはできない。即ち前者は奏疏という公的文章であり、そこでの「鋪行」という表現は公権力から見た方汝立の公的位置づけを示すものである。これに対し後者は、府尹の生祠という行為自体公権力と全く関係がないとは言えないものの、あくまで私的文章であり、「耆民」という表現も、方汝立の日常的地域社会における位置を示すものであろう。そして両者の違いは、鋪行という公権力による商工業者把握とは一応別に日常的地域社会が営まれていたこと、言い換えれば、日常的地域社会における商工業者の実態とは別個なものとして公権力による商工業者の編成がなされていたことを暗示するのではなかろうか。こうした点については、森正夫「十七世紀初頭の『織傭の変』をめぐる二・三の資料について」『名古屋大学文学部研究論集』80、1981年の王秩老人の存在に関する分析方法に示唆を得た。

(51) 註（5）前掲の新宮論文71頁参照。

(52) 註（40）参照。なお、夫馬は註（21）前掲論文の結語で丁賓の火甲改革の実現を可能にしたものとして、この時期の都市行政に向けられる市民の意識の高まりを指摘している。

(53) 孫懋『孫毅菴奏議』巻下、「十分貧乏鋪行無力辦納重大紙張乞憐比例區處以便官民疏」。

(54) 具体的には、毎張銀2分の白榜紙・毎100張銀1銭2分の中夾紙・毎張銀3厘の奏本紙などが含まれていた。

(55) 但し、これは正徳十一年の估計ではなく、嘉靖十五年の估計による。おそらく

正徳十一年もこれと大差はなかったであろう。

(56) このことが事実とすれば、本章第二節で言及した10年1度の定期的審編さえ実施されていなかったことになる。

(57) 張永明『張荘僖文集』巻二、「議處鋪行疏」、「南京內府各監局物料、皆上元・江寧二縣鋪戸出辦。是二縣鋪戸爲內府成造上用服色器皿而編也。內府每年取用物料、本縣具申本府、會同科道部司等官、約期估計、查照各年成案、參諸時估兩平無虧、各行鋪戸亦知職分、當然自願出辦（下略）」。

(58) 張永明『張荘僖文集』巻二、「議處鋪行疏」には、「中間尤有一二行役陪累重難、則以城坊衣食得過之家充應、家無貨物之儲、官有鋪行之役」とあり、嘉靖二十年代（1541〜51）に負担の重い幾つかの行役（鋪戸の役）が、商業を営まない富裕戸にも及んでいた。また兵部尚書馬文升は、すでに弘治二年（1489）の時点で「撫卹南都軍民事」と題する奏疏を提出し、「鋪行は鋪戸より取り、鋪戸は逐門より取る。戸戸害を受け、怨言途に盈つ」（『端粛奏議』巻三）と述べていた。かかる記述も、鋪戸の役が都市商工業者に限らず広く都市住民一般にしばしば及んでいた事実を示すものであろう。

(59) 本文189・193頁および註（5）前掲の新宮論文の註（30）参照。

(60) 『神廟留中奏疏彙要』戸部巻一、万暦二十七年十二月三日付の上奏。〔　〕内の文字は、『李文節集』巻二七、「議處鋪行疏」によって訂正した。

(61) 本文193頁参照。

(62) 王宏鈞・劉如仲「明代後期南京城市経済的繁栄和社会生活的変化——明人絵『南都繁会図巻』的初歩研究——」『中国歴史博物館館刊』1979年1期、101頁。なお、王・劉両氏が引用する正徳『江寧県志』は、山根幸夫・細野浩二編『（増補）日本現存明代地方志目録』（1971年）によれば、東京大学東洋史研究室に所蔵されていることが記してあるが、目下（1984年当時）所在不明とのことで直接披閲することができなかった。

(63) かかる加藤説に対し、小野寺郁夫氏はすでに註（4）前掲論文で、宋代の行が「統治の便宜上設けられた意味合いが濃く自治性が稀薄な商人組織」（88頁）であると指摘している。

(64) この点については、註（5）前掲の新宮論文58、59頁においても言及した。

(65) 註（1）前掲の加藤著書446頁参照。

〔補記〕

本章の原載は、『国士舘大学人文学会紀要』17号（1985年1月）で、当時専任講師として勤務していた同大学文学部の紀要に掲載した。

本論は、明代南京における鋪行（鋪戸の役）について初めて本格的な考察を加えたものである。第4章の〔補記〕で紹介した北京の鋪戸の役に関するその後の多くの研究に比べると、南京の場合は研究がきわめて立ち遅れていると言わざるを得ない。

「行」は物料調達のために国家が業種別に編成した他律的組織であるという結論にいち早く注目したのは、宋代史研究者宮澤知之の「宋代の行」『鷹陵史学』19、1994年（のちに、同『宋代中国の国家と経済』第一部第三章、創文社、1998年に収録）であった。宋代史では、「行」を「民間自生の自主的団体ないし独占団体とみるか或いは国家設立の税役賦課団体とみるか」（143頁）をめぐって論争があったからである。宋代の行役・行籍・免行法の分析を通じて得られたその「本来的性格は国家が商工業者の一部を供応のために組織したものであること、一般には経済的独占を実現していなかったこと」（192頁）という宮澤の結論は、著者の認識とも一致するもので大いに意を強くした。序章で紹介した邱澎生も、『十八、十九世紀蘇州的新興工商業団体』国立台湾大学出版委員会、1990年の〈導言〉で加藤繁説の団体としての「行」理解には重大な誤解があるとし、その本質は「自発性」ではなく「強制性」にあると指摘した（10頁）。

日本の明清史研究では、山本進が1997年に『明清時代史の基本問題』の劈頭に収められた「商品生産研究の軌跡」において、1970年代末以降の商品経済に関する諸研究を、市場・商人・財政を中心に整理した。商人論では、70年代末までの明清時代の商人研究で主流を占めた山西商人や徽州商人などの地域商人を対象とする研究に代わって、80年代以降は碑刻史料や地方檔案を駆使して、国家と商人団体との関係から経営形態を見通すという方法に移行したとしている。この分野で先鞭をつけた研究として、本論を始めとする鋪戸の役や當官研究が当該時期の国家・地方衙門の物資・労役調達システムを解明したとして高く評価する。「商人は国家権力に寄生して直接生産者を収奪するのではなく、むしろ専制国家財政の特徴である地方財政の欠如を原因として、地方衙門・胥役から商税や差徭を賦課される存在であったという発見は、従来の安易な商人観を根底から覆すものである」（92頁）と指摘した。山本自身も指摘するように、著者の鋪戸の役や當官研究は明代から明末清初、せいぜい乾隆年間までを対象としたのに対し、牙行制度が整備された雍正年間以降清末までを扱い、

第6章　明代南京における鋪戸の役とその改革　209

巴県檔案や地方志の関連する史料を精力的に収集して同『明清時代の商人と国家』（研文出版、2002年）の一書にまとめ上げた。

　なお、本章註（62）で言及した正徳『江寧県志』については、論文執筆当時は東京に在住しており、比較的史料環境としては恵まれていたはずであるが、論文を書き上げるまでに当該史料に辿りつくことができなかった。いまあらためて読み返すと、その当該の悔しさを思い起こされるので、本書でもそのままに残した。

　その後1986年4月に、北海道大学文学部東洋史研究室助手（当時）の三木聰氏のご厚意により同大学所蔵の『南京文献』所収本のコピーを恵贈していただき、閲読することができた。ただ『南京文献』所収本は鉛活字本であってかなりの誤植が含まれ、すぐには使えなかった。現在では、影印本が『北京図書館古籍珍本叢刊』（書目文献出版社）に収められ、その閲読と利用はきわめて容易となっている。

第7章　明末清初期一地方都市における同業組織と公権力
――蘇州府常熟県「當官」碑刻を素材に――

1　分析の素材と視点

　明代中期以降北京と南京の両京では、商工業者に科派された鋪戸の役（官庁の必要物品調達）をめぐる弊害が、重大な社会問題となっていた[1]。江南の経済都市蘇州に隣接する一地方都市常熟県[2]においても、事態は同様であった。1959年に出版された『江蘇省明清以来碑刻資料選集』や、近年（1987年当時）刊行された『明清蘇州工商業碑刻集』には、常熟県における様々な業種の鋪戸の役に関する21件の碑刻を見い出すことができる[3]（**表7-1**参照）。
　その内訳は、両者に見えるもの14、前者のみに収めるもの5、後者のみに収めるもの2である。これらの碑文中では、鋪戸の役に対し多くの場合「當官」の語が用いられており、本章ではこれらの碑刻を一括して、「當官碑刻」と呼ぶことにしたい。両碑刻集に収められた當官碑刻は、常熟県のみに止まらないが、特に本県の場合圧倒的に多いことが注目される。この点は、行政区画毎に分類している『江蘇省集』の常熟県関係碑刻56中、19碑刻が當官碑刻であることにも示されている。
　これらの當官碑刻の設置時期は、明末万暦四十二年（1614）から清乾隆三十四年（1769）に及んでおり、その多くは文字どおり明末清初期に集中している。なかでも康熙九（1670）年から三十年代にかけての碑刻が12を数え、その半数を占める。
　碑文の内容は、公牘（公文書）の一種であり、ほとんどが知県の〈告示〉という形式を取っている。一例を挙げれば、史料③の如く「直隸蘇州府常熟縣爲待憲號冤憐准立碑事[4]」という告示のタイトルで始まり、「須至立石者」という注意を喚起する語句で結ばれている。

第7章 明末清初期一地方都市における同業組織と公権力 211

表7-1 常熟県當官碑刻リスト

No	碑刻名[1]	建立時期	告示者	業種	蘇州工商集[2]	江蘇省集[3]
①	裁革典鋪代備各衙門鋪陳碑	万暦42(1614)年8月	知県詹向喜	典鋪	9-118	※[4] 319
②	禁革木鋪當官碑	万暦44(1616)年8月	掌県事(海防同知)楊鳳翥	杉木商	4-069	※ 320
③	厳禁致累綢鋪碑	天啓3(1623)年1月	知県宋賢	綢鋪	1-003	※ 327
④	永禁詐索油麻雑貨鋪行碑	崇禎7(1634)年3月	掌県事(管糧通判)樊大奨	雑貨鋪(油麻・乾菓)	10-125	※ 330
⑤	禁擾油麻釘鉄鋪戸碑	順治16(1659)年5月	常熟県	油麻・釘鉄鋪	10-126	334
⑥	永禁苛派行戸漁肉鋪家碑	康熙9(1670)年5月	常熟県	行戸	20-253	335
⑦	痛禁擅取釘鉄鋪戸貨物苦累商民碑	康熙12(1673)年5月	知県張紹戩	釘鉄煤鋪	10-127	336
⑧	厳禁鋪戸當官碑	康熙12(1673)年5月	知県張紹戩	油麻雑貨鋪	20-254	(20)
⑨	禁止濫派麺鋪税銀碑	康熙12(1673)年10月	署知県(県丞)許太初	麺鋪	13-168	337
⑩	禁止官役擾累典鋪碑	康熙20(1681)年6月	知県劉毓琦	典鋪		341
⑪	永禁擾累典鋪碑	康熙20(1681)年6月	知県劉毓琦	典鋪	9-120	
⑫	禁派木竹商行物料碑	康熙22(1683)年12月	知県高士鸏	木商・竹行	4-072	343
⑬	永禁派擾油麻雑貨鋪戸碑	康熙23(1684)年8月	知県高士鸏	油麻雑貨鋪	10-129	344
⑭	永禁傾熔大錠派累通商散匠碑	康熙24(1685)年7月	蘇州府	銀匠	8-101	346
⑮	禁止派丐戸承造縄索碑	康熙28(1689)年	知県趙浚	丐戸		347
⑯	厳禁官員勒借民財碑	康熙31(1692)年11月	知県趙浚	典鋪・富戸		348
⑰	染戸具控三弊碑	康熙33(1694)年3月	蘇州府海防周知李継勲	染鋪	2-042	349
⑱	永禁行戸小轎當官碑	康熙47(1708)年11月	掌県事(海防同知)郭朝祚	轎行		354
⑲	示准梨園業迎春免派差役碑	乾隆6(1741)年11月	常昭両県知県許松佶・韓桐	梨園		360
⑳	禁革染鋪當官碑	乾隆31(1766)年5月	常昭両県知県	染鋪	2-048	366
㉑	禁革綢布店鋪當官碑	乾隆34(1769)年9月	常熟県	綢布鋪	1-014	367

(1) 「碑刻名」は『蘇州工商集』と『江蘇省集』の編者が付したものであり、両者に載せる場合は前者による
(2) 『蘇州工商集』の数字は分類目と通し番号を示す
(3) 『江蘇省集』の数字は通し番号。( )内は巻末の「未収碑刻簡目」の通し番号を示す
(4) ※印は、光緒三〇年序刊『常昭合志稿』巻四五、金石志に見えるものである

212　第二部　鋪戸の役と同業組織

　また碑刻の設置場所に関しては、概して『蘇州工商集』より『江蘇省集』の方がより詳細な註記が付されており、史料⑲の例外[5]を除き、すべて「原碑在常熟道前」(史料②)や「原碑在常熟縣署基、今移道前」(史料⑥)などと記載されている。これらは、常熟県署敷地内やその門前に建てられていた[6]。この点は、碑刻が前述の如く県当局の告示であることと関連しているが、一般に「ギルドホール」としての会館・公所の敷地内に建てられた「創建碑記」や「重修碑記」とは、性格を異にしている。

　これらの當官碑刻には、常熟県内の様々な業種の商工業者に関する記述が含まれている。一つの碑刻が二つの業種に跨がる場合もあるので、重複して数えれば、典鋪4件、木商・竹行2件、綢鋪2件、染鋪2件、油麻雑貨鋪4件、釘鉄煤鋪2件、乾菓鋪1件、麺鋪1件、銀匠1件、轎行1件、梨園業1件、丐戸(製縄)1件である。かなりの財力を持つ典鋪や綢鋪はもちろん、油麻鋪・乾菓鋪・麺鋪など日常雑貨を扱う業種にまで及んでいる。また商工業者とは些か性格が異なる轎行や梨園業などにも、當官の名目で公権力の収奪が行なわれていた。

　こうした當官碑刻の存在については、これまでにも主に中国の研究者によって紹介・言及されてきた[7]。しかしそれらの多くは、所謂「資本主義萌芽」成長の阻碍要因の一つとして、當官碑刻に示される如き商工業者に対する収奪の存在の指摘に止まっていた。本章では、些か視点を変え、明末清初期の同業組織の実態を解明する素材として用いたい。

　従来、中国の同業組織即ち「ギルド」研究は、斯波義信が的確に整理したように「(ⅰ)国家的商工統制の発展史のなかで商工ギルドの生成を展望する歴史的方法と、(ⅱ)清民国時代の都市の行政、経済、社会的組織におけるギルドの共同体的自治能力の認識から遡行的に研究する方法[8]」とに大別される。前者の方法が、加藤繁以来の先駆的研究に示されるように唐宋時代を中心になされている[9]のに対し、後者は、清末・民国期の会館・公所の社会調査の成果を基礎としている[10]。また社会調査によって得られた碑刻資料を用いて歴史的に考察する場合でも、その使用された碑刻の多くは、清代以降盛行した会

館・公所の「創建碑記」や「重修碑記」であった。

　従って、両者の方法においてその中間に位置する明代および清代前期、特にその仲間的結合の具体的産物としての会館・公所が設立される以前の同業組織の実態は、最も研究が立ち遅れていたと言わねばならない。こうした研究状況を顧みるとき、當官碑刻を明末清初期の一地方都市における同業組織の実態を解明する素材として用いることの意義も、自ら明らかとなろう。

2　鋪戸の役と當官碑刻

　初めに常熟県の鋪戸の役について概観する。先にも指摘したように本県の碑刻資料では、鋪戸の役に対し「當官」や「當行」の語が多く用いられている。木商の鋪戸の役について述べた史料②に、「據本縣申詳、禁革木鋪當行、官發現銀平買緣由……、鋪戸當官之苦、裁革已久」と見えるように、同一碑刻内で「當官」と「當行」の両者が用いられている場合もある。この場合、どちらも実際には鋪戸による官庁必要物品の調達行為を意味しているが、強いてその差異を指摘すれば、視点乃至は方向性の違いに求められよう。即ち「當官」は鋪戸から見て官庁の役に当たることであり、「當行」は官庁から見て鋪戸（行戸）に役を当てることと考えられる[11]。

　鋪戸の役は、本来的には都市商工業者と官庁との間の代価支払いを前提とした商業行為（買辦）の一種である。こうした官庁必要物品の買辦は、貨幣経済の著しい進展の見られる明中期以後、府州県城レヴェルの地方都市においても恒常的に行なわれるようになった。買辦納入される物品も様々であったが、當官碑刻を見る限り常熟県で問題となっているのは、上級官庁による視察の際、接待のために必要となる調度品、衙門や戦艦修造に必要な物料に関するものが多い。

　北京や南京の鋪戸の役をめぐっては、すでに代価の不当な評価と支払いの遅延や胥吏の誅求等が存在したことを指摘した[12]が、一地方都市の常熟県城においても同様の弊害が見られた。例えば、崇禎七年三月の碑刻（史料④）に見

える油麻雑貨鋪戸の例では、

> 至若官價一端、更爲民害之政。較之時價、旣已十少三四矣。乃有經承之扣除、又有差役之需索、又有領價之守候。是明少者十之三四、暗少者又十之五六、其與白取也無異。嗟乎、此誰非民脂民膏。念之寧不痛惻。

とある。鋪戸が調達納入した物品に対する官庁の支払い（官価）は市場価格（時価）に比べて3～4割も不足していた。そのうえ支払われた代価も、経承が上前をはねたり、差役の誅求、さらには代価支払いまでの資金繰りに利用した高利貸資本への支払い等のため、そのほとんどが失なわれ、無償取引（白取）と変わらなかったのである。

ここでは、代価支払いをめぐって「明少」という官庁の物品買い上げ価格自体の不当性による不足と、「暗少」という胥吏のピンハネに代表される不正行為による不足との、二つの異なった性格の弊害が指摘されている。後者の弊害には胥吏の無給という事実が、前者には中央集権的国家体制下における地方財政の未確立という問題が、それぞれ根底に横たわっている[13]。しかも両者の問題は、全く別個に存在していたのではなく、相互に密接に絡み合っていた。

それゆえ問題は容易に解決されず、多くの場合その皺寄せが民衆に押しつけられていた。現実には、「官票」（割り当て明細書、「朱票」「朱牌」ともいう）の存在によって、無償に近い物品納入が商工業者に強制されていたのである。絹鋪（史料③）を例に取れば、

> 凡遇上司臨案、乘機混出朱牌、拴通狼役、科需常例、官價毫無、執行差派。

とある。また油麻雑貨鋪戸の例（史料④）でも、先の引用に続けて、

> 夫有物自有定價、有價便可買物、何須立設官票。官票卽官價之開端也。

と述べ、公権力の権威を背景とする官票の存在こそが、不当な代価支払いによる買辦の元凶であると指摘している。

こうした明末の状況は、清代に入ってもほとんど改善されることがなかった。このことは、何よりも康熙年間を中心とする多数の當官碑刻の存在自体に如実に示されている。一例を挙げれば、康熙十二年五月の碑刻（史料⑦）では釘鉄煤鋪范吾らが、

（范）吾等負販營生、向縁奸胥陽奉陰違、毎借當官索詐、侵克料價、十不給一。

と訴えている。

　ところで、鋪戸の役をめぐる弊害を改善すべく建てられた當官碑刻は、前述したようにほとんどが知県の〈告示〉という形式を取っており、設置場所も県署の敷地内やその門前など公的空間であったことから、官費による建立が十分に推測される。しかしながら碑刻の中には、訴えを起した同業組織自らが、建立費用を負担したことを明記した例も見られる。崇禎七年三月の碑刻（史料④）では、油麻雑貨鋪行朱元等の當官禁止の訴えと立石許可の願い出に対し、巡按御史祁〔彪佳〕[14]は、「本院原行（文）せし鋪行を禁革するの告示書冊を將って、各鋪をして自ら立石を行なわしめ、遵守せよ」という批文を県当局に下している。また康熙三十三年三月の碑刻（史料⑤）では、原呈の染鋪張瑞らは、當官禁止に関する告示の内容を「自ら捐資して勒石せんことを請ふ」と訴えている。さらに乾隆三十四年九月の事例（史料⑩）でも、絹布鋪張恒運・孫恒茂らが、「身等も例に循い捐資し共に勒石を爲し、永えに民累を除かん」と布政使胡〔文伯〕に訴え許可されている。後述する梨園業の例（史料⑩）でも、碑刻末尾から各〔戯〕班が共同して建立したことが明らかである。

　こうした幾つかの事例から判断して、同業組織による捐資の事実を特記していない當官碑刻の多くも、建立に際しては同業組織が何らかの形で費用を負担したと考えられる。従って、多数の當官碑刻が存在すること自体、公権力とその権威を背景とする胥吏層の商工業者に対する執拗な収奪の事実を示すと同時に、かかる収奪に対する同業組織自らの粘り強い利益擁護の動きをも示しているのである。

　以上のような當官碑刻の持つ二つの側面を確認したうえで、次節では個々の碑刻について業種別にその概要を紹介し、若干の検討を加えたい。

3　當官碑刻と同業組織

（１）典當業

典當業に関する當官碑刻は、史料①⑩⑪⑯の4碑刻である。

〔史料①〕裁革典舗代備各衙門舗陳碑（万暦四十二年八月[15]）

上司の視察の際、県の各衙門で接待に用いる舗設供具（夜具の類）の調達は、これまで典舗の負担となっていた。この負担の禁止を、典舗周京ら7名が連名で都御史徐〔民式〕に訴え、官庁備え付けに改められたことを記した知県詹向嘉の告示。これらの調達が典舗の負担となったのは、万暦二十九年（1601）以降のことで、その経緯は次のとおりであった。元来各衙門の舗設供具は、官庁備え付けとなっており、1、2の不足の物があれば、坊長や里長から調達していた[16]。しかし10年1役とはいえ、彼らの負担が重かったために、前任知県張〔集義〕が官銀381両を捻出して逐一完備収貯し、さらに毎年条編銀30両を修理と増添の費用に充当する方法に改善した。ところが、二十九年に上司の視察の直前になり失火のためこれらを焼失したので、工房胥吏高永年が典舗より一時的に借用し急場を凌いだ。その後、これが不当にも踏襲され定例化していたのであった。典舗周京らの訴えの背後には、当然同業組織の存在が推察される。しかし、この碑刻の末尾に名を列ねているのは、後述の史料⑩などとは異なり、知県詹向嘉以下県当局者のみであり、典當業の同業組織の内実は不明である。

〔史料⑩〕禁止官役擾累典舗碑（康熙二十年六月十四日）

徽州出身の典頭[17]汪宗・呉奇・程隆が、経承や衙役によって行なわれる當官をめぐる様々な弊害を刻石のうえ禁止するよう布政使丁〔思孔〕に訴え、認められたのを承けて知県劉毓琦が出した告示。告示には、同時に典商に対し、期限どおりに典税を納入すべきことも明記されている。碑刻の末尾には、知県・県丞・典史の氏名と訴えを起した典頭汪宗ら3名および典商葉永貞ら34名の名を列記している。

〔史料⑪〕永禁擾累典舗碑（康熙二十年六月十四日）

　史料⑩と日付けが同じで告示内容もほぼ同一の碑刻であるが、知県の告示にいたる経過を述べた部分で、徽州出身の典商畢義和ら10名が江寧巡撫慕〔天顔〕に訴えた点が異なっている。これに関連して碑刻の末尾では、典商畢義和ら34名の名が典頭呉奇ら3名より前に記載されている。何ゆえ史料⑩と⑪の二つの碑刻が建てられたのかは明らかではないものの、典頭と典商とがそれぞれ個別に訴えを行なっていたことが知られる。しかも訴えを起こした典頭や典商は、「附居常熟縣徽籍典頭汪宗・呉奇・程隆呈詞」（史料⑩）や「附居徽籍商民畢義和……等呈詞」（史料⑩）とあるようにどちらも徽州出身者からなっていたことが注目される。このことは、典當業の同業組織の中で、徽州出身者が大きな勢力を占めていたことを示している。

〔史料⑯〕嚴禁官員勒借民財碑（康熙三十一年十一月）

銭糧徴収が進まないことや軍需が急迫であることを理由にして、州県官が民間の典舗・塩舗や殷実戸から強制的に財物を借用していたため、両江総督傅〔拉塔〕がその厳禁を指示したのを承けて、知県趙浚が出した告示。正確にはこれは、典當業のみを対象とした碑刻ではなく、碑刻末にも知県以下県当局者の名のみを掲げるだけである。総督の指示からも明らかなように、この時期典舗や塩舗等に対する當官の名目による収奪が、常熟県のみならず江蘇・安徽・江西の各地でも一般化していた。

（2）木商・竹行

　木商・竹行に関する當官碑刻は史料②⑫である。

〔史料②〕禁革木舗當官碑（万暦四十四年八月）

　応天巡撫王〔應麟〕の批文を奉じて、蘇州府海防同知攝県事（知事事務取扱）楊鳳翥が、衙門や船隻の修理等に用いる木材を木商から調達する場合、価格の4〜5割を預支（サキバライ）することや、胥吏や管工人役の不正を禁止することを述べた告示。この告示が出された発端は、万暦四十二年（1614）九月本県の杉木商舗戸江同・査美・李弘・程全・程徳・江吾らによる巡撫徐〔民式〕への訴えにあっ

た。訴えの中で、鋪戸の當官はすでに裁革が決定し、蘇州府附郭の長洲・呉両県でも行なわれていないのに、ひとり本県では胥吏が旧弊を恃み朱票を出して調達していることや、座船や衙門の修理に用いた木材の代価100両あまりが未払いとなっている事実を指摘している。杉木商江同らは、訴えの中で自らを、

　　（江）同等千里經商、揭本買木、經關納税、到縣投牙發賣。

と述べているように、県内に店舗を構えるだけでなく産地と本県を結ぶ遠隔地間商業をも兼ねていたようである。なお、こうした杉木商の訴えにいたる動きは、

　　竊照、該縣萬金典鋪承值上司鋪陳、猶稱煩累、近日具呈天台行縣〔ママ〕、處置
　　錢糧、官爲買辦、今見立石永禁。（江）同等奚堪當官直月、没有支領錢糧。

とあることから判明するように、前項史料①万暦四十二年の典當業の同業組織による當官禁止の動きを踏まえたものであった。

〔史料⑫〕禁派木竹商行物料碑（康熙二十二年十二月）

　水師沙船や京口戰船の修理に必要な木竹等の物料は、正項の錢糧を支出し官買官修とし行戸に科派するを許さないという、両江總督于〔成龍〕の蘇州府知府趙〔祿星〕に対する牌示を承けて、知県高士鷟が出した告示。碑刻末に、建立者として木商胡貞一ら6名、竹行程道先ら3名の名が刻まれている。

　ところで、總督の牌示は直接本県の木竹商の訴えを受けてなされたものではない。隣府の松江府が、戰艦修造に必要な物料の行戸に対する科派を禁止する内容の石碑建立の許可を總督に照会して来たのを承けて、蘇州府にも同様の通達を行なったのであった。因みに、『上海碑刻資料選輯[18]』（二）社会経済類、乙49「松江府爲禁修葺官府横取賒買竹木油麻材料告示碑」（順治七年）によれば「木竹行業盡係徽民、挈資僑寓、思覓蠅頭、冒險渉遠、倍嘗辛苦、始得到埠」とあるように、松江府の場合、木竹商の同業組織は徽州出身者からなっていた。

（3）雑貨業（油麻舗・乾菓舗・釘鉄煤舗）

　関連するものは、史料④⑤⑦⑧⑬の5碑刻である。

〔史料④〕永禁詐索油麻雑貨鋪行碑(崇禎七年三月)

　油麻雑貨鋪行朱元・盧泰・周隆・方慎・洪瑞らが、巡按御史祁〔彪佳〕に當官の禁止に関する石碑を建てることを訴え許可されたのを承けて、蘇州府管糧通判掌県事の樊大燮が出した告示。朱元らの訴えによれば、近ごろ出された「聖諭七款」や巡按の「按呉十四款」の中には「鋪行の禁革[19]」の項目があるにもかかわらず本県では胥吏の不正により上司の視察、船隻の修造、衙門の修葺、春秋祭祀、交際節礼に必要な物品の無償に近い調達が鋪戸に義務づけられていた。胡署印(知県代理)によって現銀による公平な売買が行なわれるよう改善されたものの、時間の経過とともに胥吏が再び成規を遵守しなくなる恐れがあった。そこで石碑に刻むことを願い出たところ、祁巡按は先に通達した「鋪行の禁革」の告示を刻んだ石碑を各鋪戸が自ら建てさせることを許可した。

　碑刻末には、建立経費の負担者と見做される「雑貨行頭鋪戸」盧泰・朱元や油麻鋪戸周隆以下24名および乾菓鋪戸洪瑞以下8名の名を列記している。雑貨行頭鋪戸と油麻鋪戸や乾菓鋪戸との相互の関係がいま一つ明瞭ではないが、ここでは、油麻鋪戸と乾菓鋪戸の両者の同業組織を併せて官庁必要物品調達のための雑貨鋪行が編成され、その行頭が盧泰と朱元であったと推測しておきたい。

〔史料⑤〕禁擾油麻釘鐵鋪戸碑(順治十六年五月)

　戦艦修造に名を借りた胥吏の鋪戸に対する擾害の禁止を、油麻・釘鉄鋪戸朱恒以下8名らが両江総督郎〔廷佐〕に訴えた結果出された知県の告示。蘇州府知府による調査の過程で、物料の代価銀33両が朱恒らにまだ支払われていない事実が明らかとなり、その支払いと、今後は現銀により生産地で物料を購入することを再度確認した。

　朱恒らは、呈詞の中で「(朱)恒等或いは異郷の孤客に係り、或いは土著の貧民に係る」と述べるように、他郷出身者と土着の者とからなっていた[20]。また、

　　(朱)恆等蘇州府常熟縣赤貧小民、住居海濱僻處、各揭脂膏、奔馳府城、
　　擔販油麻釘鐵貨、覓蠅利以糊口、幷無客商到縣。

ともあり、常熟県に店舗を構え、蘇州府城に商品の支入れに出かける中小商人であった。

〔史料⑦〕痛禁擅取釘鐵鋪戸貨物苦累商民碑（康熙十二年五月）

　知県張紹戩が、総督麻〔勒吉〕の牌示等を奉じて、船隻・衙門の修造の際に當官の名目による科派擾害を禁止した内容の告示。碑刻末に「釘鐵煤鋪原呈商民」として、范吾・段慶・戴隆・程盛・周卿・徐季・徐森・徐蘭・周王・王儒の名が見える。

〔史料⑧〕嚴禁鋪戸當官碑（康熙十二年五月）

　知県張紹戩が、総督麻〔勒吉〕の牌示等を奉じて、戦船修造の際に用いる油麻の科派擾害を禁止した告示。碑刻末に、「附居城外雜貨油鋪原呈文〔商？〕□〔民？〕方臣・朱德彰・王□・周弘・汪爾成・湯□□・嚴貞・姜建・溫□・（中缺七行〔字？〕）趙單朱・張洪」とある。原呈の雑貨油（麻）鋪方臣らは、訴えの中で「(方)臣等異籍附治」とも述べており、他郷出身者で県城郭外に店鋪を開く者たちであった。

　なお、史料⑦と⑧の碑刻は、同一時期に建てられ、その内容も類似しているが、釘鉄煤鋪范吾らと雑貨油麻鋪方臣らがそれぞれ別個に行なった具呈部分が異なっている。このことは、釘鉄煤鋪と雑貨油麻鋪の同業組織が史料⑤の如く密接な関わりを持ちながらも、別個の組織として存在し活動していたことを示している。

〔史料⑬〕永禁派擾油麻雜貨鋪戸碑（康熙二十三年八月）

　両江総督王〔新命〕の蘇州府知府趙〔祿星〕に対する批示を承けて知県高士鸑が出した告示。史料⑧同様、船隻の修造や軍工のために用いる油麻などの物料を鋪戸に負担させることを禁じている。この石碑が建てられた発端は、「附居常熟縣異郷小民」の油麻鋪戸王子佩・呉德徴・王熙一・張茂兼らが、本県の経胥や行頭[21]による不当な油麻割り当ての制度化に対し、異議を唱えたことにあった。原呈の鋪戸王子佩以下4名の名は、碑刻末尾にも見える。

（4）綢鋪・染鋪

　綢鋪に関するものが史料③㉑、染鋪に関するものが史料⑰⑳である。

〔史料③〕嚴禁致累綢鋪碑（天啓三年一月）

第7章　明末清初期一地方都市における同業組織と公権力　221

綱鋪戸林輝以下13名が、當官の禁止を明記した石碑を建てることを潘巡按や巡撫王〔象恒〕に訴え許可されたのを承けて、知県宋賢が出した告示。従来綱鋪は、上司の視察の際公堂で用いる瞞天錦帳や私衙の綾紆の夜具などを調達させられたが、その費用は銀100両にも及んだ。林輝らは、呈詞の中で立石を願い出る理由として、

　　切今當官煩苦、首莫甚于此也、憲台憐憫禁革、纎毫不染、民間恩例、公價平買。概縣遵奉立石、萬姓沾恩、諸民感德。惟獨常熟未經刊刻、故違沈箆〔蔑〕恩典、奸書狡吏専權、不遵禁例、不恤民艱、而視鋪家、反爲魚腐〔肉？〕。

と述べ、他県では立石が行なわれているものの独り本県では未だに石碑が建てられていないために、胥吏の不正を招いていることを挙げている。

〔史料⑰〕染戸具控三弊碑（康熙三十三年三月）

　蘇州府海防同知李繼勳が、巡撫宋〔犖〕の批示を奉じて出した告示。他の碑刻とは異なり知県ではなく府同知が告示を出している。これは調査の過程で、胥吏の監督不行届のため知県自身も「記過」の処分を受けたことと関連するものと思われる。康熙三十一年（1692）十月在城の染鋪張瑞・陸鳴ら12名が、宋巡撫のもとに（ⅰ）當官、（ⅱ）借布[22]、（ⅲ）保頭[23]の弊害の除去を訴えた。そのため海防同知による調査が行なわれ、経承李鳴謙と工房胥吏馬君良の革役および染鋪の積棍謝卿[24]に対する重責20板の処分が決定し、併せて當官や借布を厳禁する告示が出された。しかし石碑が建てられなかったため、その後1年も経過しないうちに礼房胥吏による結彩紅紬の科派や蘇州・松江での踹坊工匠の調査[25]にかこつけた擾害が行なわれるようになった。そこで再び染鋪張瑞[26]・陸鳴ら15名が、前に禁止革除した項目を石碑に刻むよう訴えたところ、巡撫の許可が下り、この碑刻が建てられたのである。

　前節でも触れたように染鋪張瑞らは、自ら石碑の建設費用を負担することを申し出るなど、公権力に対し同業組織として結束した姿を示している。また張瑞ら自らが呈詞の中で、

　　（張）瑞等異懦附居常熟、開張染鋪、雇倩一二染手、必係土著始留、總計

城郷鋪戸染手、不抵蘇松一大店。

と述べる如く、染鋪の同業者もまた他郷出身者からなっていた。その経営規模は、同時期の蘇州や松江に比較し極めて零細であった。染手（染匠）の数も、各鋪で土着のもの1～2名を雇傭するのみであり、県城や郷鎮全体の染手を合計しても蘇州や松江府城の大染鋪1店にさえ匹敵しないほどであった。同様に、

　　至踹坊一業、倶在蘇松衝要之所、其踹匠雜沓、每一字號、何啻千百、總計
　　何止累萬、所以稽查特嚴。若下邑些□微鋪、每家一二工匠、已蒙著口規□
　　□相□引、何庸每月具結。

とあり、蘇州や松江では、字号（棉布問屋）毎に踹匠（つや出し職人）を100～1,000名もかかえ踹布業として独立していたのに対し、本県では染鋪内に1～2名の踹匠を置くに過ぎなかった。

〔史料⑳〕禁革染鋪當官碑（乾隆三十一年五月）

　公事の際に胥役や地保が、天幔・園幔（テンマク カコイマク）・纏柱・牌坊・搯轎に使用するという名目で染鋪から結彩紅綢を調達することを禁止した常熟・昭文[27]両県の告示。原呈の染鋪胡兆豊・孔萬興[28]・陸巨源ら17名が、康熙三十一年（1692）の巡撫宋犖による當官禁止の批文（史料⑰）を論拠に再度石碑を建てることを訴え、認められた。

〔史料㉑〕禁革綢布店鋪當官碑（乾隆三十四年九月）

　常熟・昭文両県の絹布鋪張恒運[29]・孫恒茂らが、万寿聖節（皇帝・皇太后の誕生日）や上司視察の際に胥吏による彩絹布匹の借用禁止を布政使胡〔文伯〕に訴え、許可されたのを承けて常熟県が出した告示。張恒運らは、呈詞の中で同じく蘇州府内の崑山・新陽両県の綢鋪戸周應飛らが同様の訴えを行ない、巡撫彰〔寶〕の厳禁の批示を奉じたこと、また乾隆三十年には常熟・昭文両県の染鋪孔萬興らによる布匹の當官禁止の訴えが認められ、すでにその碑刻も建てられている事実（史料⑳）を引き合いに出し、自らも前例に従い捐資して立石することを求めている。

　史料⑳の記載と照合することにより、本県では綢布鋪と染鋪の同業組織が別個に組織され活動していたことが確認される。但し、史料⑳㉑の両碑刻末の原

第7章　明末清初期一地方都市における同業組織と公権力　223

呈者名の中には「胡兆豐」のように双方に名を列ねる者もあり、綱布鋪と染鋪を兼ねる場合もあったようである。また両県の綱布鋪が共同して訴えていることから、常熟県城が雍正四年常熟・昭文の両県に二分されたのちも、その同業組織は従前どおり両県を併せて組織されていたことが窺われる。

(5) 製粉業（麵鋪）
〔史料⑨〕禁止濫派麵鋪税銀碑（康熙十二年十月）

麵鋪周振ら12名が、毎年数十餘両の税銀の外に不当に科派された牛驢税数十両の廃止とその石碑建立を布政使慕〔天顔〕に訴えたところ、許可されたのを承けて署知県（知県代理）の県丞許太初が出した告示。布政使が頒布した告示の一款には「一、牙税原照給帖牙戸辦納、額數有限、牛驢税原應買賣行家輸完、盡收盡解、幷不許額外濫徵」とあるように牙雑税[30]の一つである牛驢税はほんらい牙帖を支給され牛驢の売買を行なう行家（牙戸）が納めるものであった。にもかかわらず、本県では麵鋪が磨麵（磨を曳いて製粉すること）のため飼育している牛驢[31]にまで、脊吏により不正に科派されていたのである。しかもこうした不正が麵鋪のみに止まらないとして、布政使は県当局に調査を命じている。

麵鋪周振らの呈詞に「痛（周）振等原籍句容、附居本縣麵店生理」と述べるように、本県の製粉業の同業組織は、江寧府句容県の出身者によって構成されていた。

(6) 銀匠
〔史料⑭〕永禁傾熔大錠派累通商散匠碑（康熙二十四年七月）

本県の銀匠張國升ら10名が、「輕賫漕折」の名目で中央に送る銀両を、元宝銀に傾熔する際に生じる虧折（目減り）分の賠補の禁止を訴えたのに対して出された蘇州府の告示。本府附郭の長洲・呉県や嘉定県では、すでに前年に賠補を禁止する内容の石碑が建てられていた。傾熔の際には、一般に1錠（50両）毎に1両前後の目減りが生じた。民間の銀匠は、この目減り分を負担させられ

るうえに、予算に計上されており本来ならば支給されるはずの硝炭も、胥吏や官匠の不正により支給されていなかったのである。今後は、県の衙門内に爐を設け硝炭を支給することと目減り分の賠補を禁止することを決定した。この碑刻の文面は、蘇州府（知府）の告示であるが、実際に石碑を建てたのは、碑刻末に「常熟縣知縣加六級高登先・縣丞魏天質・主簿周士龍・典史師允中同立」とあるように、知県以下県当局の官員たちであった。

（7）轎行
〔史料⑱〕永禁行戸小轎當官碑（康熙四十七年十一月）

轎行徐信之ら8名が、両江総督邵〔穆布〕に小轎の當官禁止と石碑の建立を訴え許可されたのを承けて、松江府海防同知掌県事の郭朝祚が出した告示。官庁への出入の際に用いる小轎は、民間の公定価格に照して用いることが定まっているにもかかわらず、本県で胥吏が當官の名目で無賃で小轎を用いており、1日1官署につき5、6乗、多い時は10～20乗を使用していた。1轎には4名の轎夫が必要で、20乗の場合には100名を要し、かなりの負担であった。また、佐貳官や提・鎮各標の武弁による小轎の不正使用の事実も指摘されている。

（8）梨園業
〔史料⑲〕示准梨園業迎春免派差役碑（乾隆六年十一月）

常熟・昭文両県の梨園業張子御・徐秉臣ら6名が、走春（迎春）扮演の免除を蘇州府知府汪〔徳馨〕に訴え認められたのを承けて、両県知県許松佶・韓桐が連名で出した告示。走春扮演とは、略して演春とも呼ばれ、立春の行事の一つで故事に基づいた仮装行列を行なうことである[32]。張子御らが訴えたのは、7年前に遡る雍正十二年（1734）に巡撫や布政使の指示により免除が決定し、本府附郭の長洲・元和・呉県では遵守されているにもかかわらず、常熟・昭文の両県では未だに免除されていなかったからである。碑刻末尾には、「瑞和班・發堂班・雅存班・長慶班・鳴盛班・發堂三班・嘉榮班・來儀班・三秀班公立」とあり、梨園業の各班からなる同業組織によって石碑が建てられていた。

雍正十二年の免除決定の経緯に関しては、『江蘇省集』蘇州一五、民間劇曲・弾詞類180に「奉憲永禁差役梨園扮演迎春碑文」(雍正十二年)があり、その詳細が明らかとなる。この碑刻では、蘇州梨園業金永錫ら50名が演春の免除を訴えた理由として以下の如く述べる。

> (金)永(錫)等梨園習成本業、與百工技藝同爲里黨清白良民(中略)、惟有毎年節屆立春、縣衙出票、喚令各行承値迎春・走春名色、扮演故事、以爲喜慶。査向例妝扮風調雨順、乃係丐戸應値。近因小甲・行頭串同縣衙人役。竟將梨園傳喚、同扮故事、不分皁白、混派承當、賣富差貧、桃僵李代。

立春の際に水旱や気候を占う風調雨順の仮装は、従来丐戸[33](賤民)が担当していた。この賤民の役目を、良民たる梨園業が負担するのを嫌悪したからであった。ここでは新たに梨園業に押しつけた理由を述べていないが、雍正八年勅令により丐戸が解放されたためであった[34]。なお、この碑刻には「金永錫等自行捐資勒碑」と明記されており、梨園業が自ら資金を出し合って建てたものであった。蘇州の梨園業の場合、乾隆元年の時点ですでに梨園公所が存在していた[35]。

(9) その他

〔史料⑥〕永禁苛派行戸漁肉鋪家碑(康熙九年五月)

江寧巡撫瑪〔祜〕の行戸に対する當官禁止の牌示を奉じて常熟県(知県)が出した告示。この碑刻は、これまで見てきた多くの例とは異なり、特定の業種の行戸を対象としたものではない。巡撫がこうした通達を出したのは、康熙八年六月に吏部左侍郎杜篤祜が全国各地の行戸當官をめぐる弊害について題奏したところ、禁止する旨の聖旨を奉じたからであった[36]。常熟県において康熙九年以降盛行する當官碑刻建立の動きも、実はかかる中央政府の決定にも依拠していたのである。

〔史料⑮〕禁止派丐戸承造縄索碑(康熙二十八年)

前年二月沙船を修造するために用いる縄索(ロープ)を経承高榮が丐頭や小甲と結託して不当に負担させたので、丐戸陸三(かいこ)らが訴えた結果出された知県趙浚の告示。

巡撫洪〔之傑〕により當官革去と小甲除去の批示が出され、今後は、代価を支払い工匠を雇傭して縄索を造ることを再確認している。碑刻末尾には、原呈の丐戸として県城の陸三以下5名の外、支塘鎮・梅林〔李〕鎮・何家市・老徐市・東周市・西周市・小呉市・孫大市の各市鎮[37]の地域代表者と思われる丐戸名を載せている。

　この丐戸の事例は、碑刻の文面を一見した限りでは同業組織と無関係であるかの印象を与える。しかしながら、本県の賎民たる丐戸層の多くが縄索製造を生業としていたという事実が存在していたからこそ、胥吏が彼らに縄索の負担を強制したのであろう[38]。従って、これら丐戸集団自体、同業組織としての一面をも有していたと考えられる。

4　同業組織と外来商人

　前節では、明末清初を中心とする當官碑刻について業種別に分析を加えたが、そこに看取されるのは、一言で言えば公権力に対する同業者の利益擁護の動きの顕在化である。例えば雑貨業では、崇禎七年（1634）以来、順治十六年（1659）、康熙十二年（1673）、康熙二十三年と繰り返し公権力に當官の禁止とその石碑の建立を訴えている。またこうした請願の動きは、典當業、綱鋪・木行など有力業種に限らず、乾菓行や丐戸からなる製縄業など零細な業種にまで及んでいる点も注目される。尤もこのこと自体は、公権力による商工業者の収奪強化と表裏一体の関係にあるとも言えよう。しかしながら、公権力に対し一片の告示による禁止を求めるに止まらず、自ら資金を出し合い告示を刻んだ石碑を建立することによって、その効力の永続化を図っている点など、当該時期の同業組織の組織的力量の高まりを抜きにしては考えられない。現実には、それでもなお老獪な胥吏を前にして、かかる公権力の告示も反故にされる場合が往々にして見られたのであるが……。

　以上のように、当該時期の一地方都市における同業組織の成長を確認したうえで、次に問題となるのは、その成長を促した要因についてである。その要因

としては、言うまでもなく一般的には、明代中期以降の貨幣経済の進展と商品生産の展開という事態が指摘されている。これに加えて、本章で取り上げた當官碑刻においては、かかる事態に伴って生じた外来商人の都市進出・定着という特徴的事実を見落すことはできない。ここでは、明らかに同業組織が外来商人、即ち他郷出身者の手に握られていたことを確認できる例として、典當業・油麻舗・染舗・製粉業が挙げられる。

典當業では、康熙二十年の碑刻（史料⑩⑪）から明らかなようにその同業組織は、徽州商人（新安商人）[39]として有名な徽州出身者からなっていた。油麻舗の同業組織も、康熙十二年や二十三年の碑刻（史料⑧⑬）によれば、他郷出身者からなっていた。染舗の同業組織も、康熙三十三年の碑刻（史料⑰）によれば他郷出身者からなっており、おそらくこの時期棉織物業の著しい発展を見せた蘇州・松江府出身者と考えられる[40]。さらに製粉業の同業組織の場合、康熙十二年の碑刻（史料⑨）には、江寧府句容県出身者からなっていたことが明記されている。

かかる外来商人の進出・定着とその活発な活動は、ここに挙げた業種以外にも及んでいたであろう。康熙二十六年序刊の『常熟県志』巻九、風俗には、「其闤闠之賈客・典商多非土著」とあり、こうした想定を裏付けている。なお、この記述は、それ以前の嘉靖『常熟県志』巻四、風俗、万暦『常熟私志』巻三、叙俗、崇禎『常熟県志』巻三下、風俗志など現存する歴代の地志には見当たらず、清初以来の新しい変化に照応した記述と考えられる。あたかも康熙年間は、前述の如く現存の當官碑刻の大半が建てられた時期でもあり、非土着＝外来商人の進出・定着傾向と同業組織による利益擁護の動きの顕在化との密接な対応関係が看取される。

5 徽州商人の定着とその活動

本節では、同業組織における外来商人の役割について典當業を例にあらためて分析を加えたい。すでに言及したように史料⑩⑪によれば、康熙二十年の時点での常熟県における徽州出身者の典舗数は、典頭も含めて37戸である。但

し、この数字が県城のみのものか、周辺の市鎮を含んだものであるかは明らかではない。これに対し、本県全体の総典鋪数は、康熙二十六年序刊『常熟県志』巻九、雑課・商税に、

> 典税出典鋪。國朝順治九年起徴、毎戸額徴銀五兩、隨典戸開張閉歇、消長不一。康熙十六年奉文毎戸加銀五兩。十九年奉文毎戸又加銀五兩。今毎戸毎年共徴銀一十五兩。二十二年分現在典戸八十一名、計徴銀一千二百一十五兩。

とあることから明らかな如く、康熙二十二年の総典鋪数は81戸であった。「典戸の開張歇閉に隨い消長一ならず」(カイテンヘイテン)とはいえ、両者の数字には2年のズレがあるのみであり、十分比較に耐えるものである。従って、総典鋪数81戸の内ほぼ半数の37戸が徽州出身者で占められていたという事実は、外来の徽州商人の進出・定着傾向を端的に示すものである。

　こうした傾向がいつの時点まで遡るかを明らかにするのは容易ではないが、本県の場合、明代にはそれほど顕在化していたとは思われない。というのは、史料⑦の万暦四十三年八月の碑刻では、外来商人に関する記述が全く現れないからである。その上、明末清初期の混乱により明代以来の典鋪と清初の典鋪とのあいだには、何らかの断絶が存在していた。『蘇州工商集』第九目、金融典當業119「常熟縣給帖勒石永禁借端衅擾典鋪碑」(順治十三年十月)[41]に、

> 江南蘇州府常熟縣爲奉(中缺)便民懇天頒勒石□擾安□事。(中缺)巡□〔按〕□□蘇松等□□□〔監〕察御史加□級馬批、據本縣□商典(中缺)劉吉昌・劉兆興等抱呈典牙程兆呈詞、前事呈稱、伏維(中缺)運營(中缺)憲台□□等(中缺)各典燒劫、倶已傾廢、□籍已久、該邑向無典鋪、遂有梟棍冒營借旗、或乘民間□□等因。(中略)隨該本縣正堂周(ママ)看得、虞邑典鋪之先、因□軍之□、倶各畏避、而民間之窘迫者、毎乏用濟之需。后奉各憲招徠、復奉(中缺)衡子母之微利、實以通民須之緩急、原係便□〔民〕、非厲民也。

とある。欠字の部分が多く明瞭さに欠けるが、明清鼎革期に従来からの典鋪が焼き打ちや強奪に遭い没落したために、典鋪を開くものが無くなっていたこと、

第7章　明末清初期一地方都市における同業組織と公権力　229

　その後清初順治年間になって、公権力の庇護のもと民衆の利便を考慮し新たに典鋪が招来されたことを述べる[42]。なお、この碑刻末には、原呈の典商程日成、典牙程兆・呉湜・汪道のほかに典鋪として18名の名を載せている。そのうち邑恒盛と孫浩原の名は、康熙二十年の碑刻（史料⑩⑪）にも見え、清代順治・康熙年間にかけての典鋪の継続性を示している。

　以上の考察から明らかな如く常熟県の同業組織の多くは、典當業における徽州商人の例に端的に示されるように、県外の各地から進出・定着した外来商人集団の手に握られており、彼らのイニシアティヴのもとに公権力に対し同業の利益を擁護すべく、當官碑刻建立の動きを進めたのであった。しかも、典當業のみならず製粉業においても同様であるが、各地から進出した外来商人の雑多な集団ではなく、業種毎に外来商人の出身地もある程度一定していたことも注目される。従って、当該時期に顕在化する同業組織の結束強化の動きは、貨幣経済や商品生産の進展とともに、新たに都市内部に進出・定着しつつあった外来商人集団の持つ同郷団体としての強固な結束力に負う所が大きかったと考えられる。

　擬制的なそれをも含めて、同郷団体としての性格を背負い込みつつ進出・定着した外来商人集団の活動は、これまで考察してきた當官碑刻の如き公権力に対する利益擁護のみに止まらず、相互扶助的活動の面にも及んでいた。一例として、義塚（共同墓地）の設立がある。周知の如く義塚の設立は、先学による戦前の社会調査に基づいた「ギルド」研究においても、相互扶助活動の中で最も重要なものの一つとして位置づけられている[43]。

　康熙二十六年序刊『常熟県志』巻一四、陵墓、「義塚附」には、

　　新安義塚、在鎮江門外與興福寺相對。康熙年間歙人洪瑞峰等置、達號糧地九畝七分四厘五毫、巴伍盛等置、承號糧地一十畝零、以葬客死無歸者。其傍有菴名普度、延僧守之、〔汪之蕙・汪大道等建梵宇、以永義澤——割註〕

とあり、本県では康熙年間の前半に2ヶ所の新安義塚が設立されていた。これらは鎮江門（県城の西北門）外の興福寺の近くにあり、達号糧地約60aと承号糧地約61aからなっていた[44]。両地所に跨がる新安義塚は、徽州出身の洪瑞

峰らと巴恒盛らがそれぞれ設立したものであり、正しく故郷を遠く離れて常熟県に進出し活動する新安商人の客死者のためのものであった[45]。その傍らに建てられた普度菴に招かれた寺僧が、墓守としてこれらの義塚を管理していた。

ところで、設立者の一人として見える巴恒盛の名は、前述した康熙二十年の碑刻（史料⑩⑪）の末尾に「徽籍」の典商としても見えている。ともに康熙二十年前後に生存し且つ徽州出身者である点から判断して、両者は同一人物と断定してほぼ誤りない。従って、義塚の一つは徽州商人の中でも大きな財力を有する典商巴恒盛らの捐資によるものであったのである。このことは、徽州より本県に進出し典當業を営んだ徽州商人が、定着後も相互扶助活動を通して同郷出身者からなる紐帯を保持していたことを示している。さらには、徽州商人集団がもたらした同郷団体としての結束力が、都市内部の同業組織にも注入・移譲されたことを示唆するであろう。

その後、徽州商人集団は義塚に加えて待葬所を設けている。嘉慶二年『常昭合志』巻四、義局・廣仁局に、

　　徽人貿易於虞者旅櫬不克卽歸、公設待葬所於南門之西莊。其費皆徽人經理、
　　其事則本局兼綜之。

と見える[46]。待葬所は、郷里に帰葬するまでの柩の仮安置所でありその費用は徽州商人が捐資し、両県の慈善団体である廣仁局[47]が運営していた。その設置年代は、ここでは明記されていないが、廣仁局の活動の本格化する雍正・乾隆年間（1723～95）のことと思われる。

また前述の義塚の管理にあたっていた普度菴は、清中期以降「新安公所」となっており、同郷団体のギルドホールとしての役割を果していた[48]。以上のことから、清初に止まらず中期にかけても徽州商人が引き続き本県に進出・定着し、その同郷団体としての結束を保持していた事実が読み取れよう。

6　結語

著者は、先に明代南京の鋪戸の役の分析を通して明らかとなる「行」の性格

第7章　明末清初期―地方都市における同業組織と公権力　231

について検討を加えた[49]。そこに示された明代の行は、加藤繁の研究以来定説化している自律的に組織された同業商人組合としての姿とは異なり、国家が物料調達のために業種毎に編成した、謂わば「他律的」組織としての性格を有していた。また、行役（鋪戸の役）の展開と組合としての行の発展強化とを、同時並行的に把える視点にも疑問を呈した。しかしながら、前章においては史料的制約もあり、国家によって編成された行とは異なる民間レヴェルの都市商工業者結合のあり方を、具体的に提示するまでに至らなかった。

　本章は、そうした課題にも答えるべく、蘇州府常熟県の當官碑刻を素材に、明末清初の同業組織の実態を考察した。知県等の告示を刻んだ當官碑刻という史料の持つ性格から明らかな如く、ここでも民間の商工業者組織それ自体の考察とはなりえず、公権力との対応関係を通して同業組織の実態を探らざるを得なかった。とはいえ、これらの碑刻からは、南京の事例とは異なり、公権力に対して同業者の利益を擁護する動きが顕在化し、同業組織の結束が強化されつつあった事実を読み取ることができた。

　明代南京と明末清初期常熟との事例のあいだに見られる同業組織の内実の差異は、一般的に言えば対象とした時期の貨幣経済・商品生産の進展の度合いに規定されたものとも考えられるが、それ以外にも様々な要因が介在していたであろう。副都と一地方都市とのあいだの物料など行政的需要量の多少、都市スケールに応じた同業組織の規模自体の大小、対象としたそれぞれの時期の公権力の性格の問題等々がある。

　これらの様々な要因に加えて、常熟県の場合、この時期に顕著に見られる外来商人集団の進出・定着傾向を見落すことはできない[50]。即ち、本県における同業組織の結束強化の動きは、典當業に見られる徽州商人の例の如く、貨幣経済・商品生産の進展に伴ない新たに都市内部に進出定着しつつあった外来商人集団の持つ、同郷団体としての強固な結束力に負うところが大きかったのである。言うまでもなく徽州商人は、産業資本形成史の立場からすれば、「前期的資本」としての歴史的限界を有していた。しかし、彼らの同郷団体としての結束力が新たに注入されることにより、都市の同業組織の活性化をもたらした

意義は看過できない。郷党的紐帯を保持しつつ定着した外来商人集団は、當官碑刻の如き公権力に対する利益擁護活動のみならず、義塚の設置に見られる如き相互扶助活動をも行なっていた。一般的に言えば、常熟県の新安公所の場合と同様、こうした活動の延長上に「ギルドの結合力と富力とを外形的にあらわしたもの[51]」としての、会館・公所設立の盛行を見たのであった。それゆえ、ギルドホールたる会館・公所の設立は、旧来の都市商人組織からではなく、外来商人集団によって始められたのであった。

明末清初は、「結会結社[52]」の時代であり、明末に伝統的秩序が崩壊する[53]一方で、同時に様々な社会集団が形成され、正しく「集団の時代[54]」であったことが、近年様々な研究分野で明らかにされつつある。同業組織においても事態は同様であった。本章は、この時期に見られる同業組織の結束強化のうえで、新たに進出・定着した外来商人集団の果した役割に関する一事例研究である。

註

(1) 新宮学 (a)「明代北京における舗戸の役とその銀納化——都市商工業者の実態と把握をめぐって——」『歴史』62輯、1984年、新宮学 (b)「明代南京における舗戸の役とその改革——『行』をめぐる諸問題——」『国士舘大学人文学会紀要』17号、1985年、本書第二部第4章、第6章に収録。なお、明末江南諸都市における舗戸の役の展開については別に考察を加えたい。

(2) 常熟県は、周知の如く一大物資集散地として著しい繁栄を示した蘇州府の一属県であり、その県城は府城の東北約35 kmに位置する。県の北部は長江に面し、福山浦を南に遡ると20 kmほどで県城に達する。このため、「府治の後戸」(万暦『常熟文献志』巻一二、紀載志、崔景淳「重建常熟縣城記」) として、府城の防衛上重要な位置づけを与えられていた。梁の大同六年 (540) 始まる本県の名称は、「邑歳常に稔を得る」(嘉靖『常熟県志』巻一、建置沿革志) ところに由来している。このことから明らかなように米や棉花など豊かな農業地帯を形成しており、多くの人口をかかえた府城や松江府に対する農産物や原料供給地としての役割も果していた。ただ主要幹線の大運河からは外れていたため、商品流通の面

　　　　　　　第7章　明末清初期一地方都市における同業組織と公権力　233

では府城附郭の呉県・長洲県・元和県や同じく属県の呉江県に比し、著しく遅れていたと考えられる。
（3）　江蘇省博物館編『江蘇省明清以来碑刻資料選集』生活・読書・新知三聯書店、1959年、以下『江蘇省集』と略記、蘇州歴史博物館・江蘇師範学院歴系・南京大学明清史研究室合編『明清蘇州工商業碑刻集』江蘇人民出版社、1981年、以下『蘇州工商集』と略記。
（4）　史料番号については、「常熟県當官碑刻リスト」参照。以下史料の引用にあたっては、両碑刻集に収めるものは両者を斟酌して欠字等を補った。両者とも簡体字を用いているが、極力繁体字に復元した。また句読点も著者の判断による。
（5）　「碑原在慧日寺前」と註記している。嘉靖『常熟県志』巻一〇、寺観志によれば、「慧日寺在縣治稍西」とある。
（6）　「常熟道前」のみでは具体的に何処を指すか些か明瞭さを欠くが、史料②の場合、光緒『常昭合志稿』巻四五、金石志には、「常熟縣楊鳳翥告示石刻萬暦四十四年在縣署頭門（傍点は引用者、以下同じ）」とあることから、県署の門前のことである。
（7）　傅築夫「中国工商業者的"行"及其特点」『中国経済史論叢』下、生活・読書・新知三聯書店、1980年所収、洪煥椿「明情封建専制政権対資本主義萌芽的阻碍」『歴史研究』1981年5期、および『蘇州工商集』の「後記」、許敏「明代嘉靖・万暦年間"召商買辦"初探」『明史研究論叢』1輯、1982年、唐文基「明代的鋪戸及其買辦制度」『歴史研究』1983年5期等。
（8）　斯波義信「中国都市をめぐる研究概況——法制史を中心に——」『法制史研究』23、1973年、190頁参照。
（9）　加藤繁「唐宋時代の商人組合『行』を論じて清代の会館に及ぶ」原載1935年、のちに『支那経済史考證』上巻、東洋文庫、1952年に収録。
（10）　日本では、根岸佶・仁井田陞・今堀誠二氏らによる一連の研究がある。
（11）　「當行」については、註（1）前掲の新宮論文（a）58、59頁参照。
（12）　註（1）前掲の新宮論文（a）53、54頁，および新宮論文（b）71、72頁参照。
（13）　宮崎市定「清代の得史と幕友——特に雍正朝を中心として——」原載1958年、のちに同『アジア史論考』下巻、朝日新聞社、1976年に収録、佐伯有一「明清交替期の胥吏像一斑」『中村治兵衛先生古稀記念東洋史論叢』刀水書房、1986年。佐伯有一は、『歴年記』の作者姚廷遴が上海県の請負業務の性格を有する工房胥

吏として、上級官庁から視察に訪れた官吏の接待等のために、しばしば自腹を切らざるを得なかった姿を紹介している。岸本美緒もまた「『歴年記』に見る清初地方社会の生活」『史学雑誌』95 編 6 号、1986 年の中で、同様の指摘を行なっている。

(14) 碑刻では〔　〕の中は欠字となっているが、呉廷燮『明督撫年表』中華書局、1982 年や銭實甫『清代職官年表』中華書局、1980 年、および各地方志等を参照して補った。以下同じ。

(15) 『蘇州工商業』には「萬暦四十六年」とあるが、『江蘇省集』では「萬暦四十二年」としている。光緒『常昭合志稿』巻四五、金石志では「萬暦四十二年」としていることや史料②の記述から判断して、「四十二年」の誤りである。

(16) 里甲正役の坊長や里長がかかる負担を行なっていた点については、山根幸夫『明代徭役制度の展開』東京女子大学学会、1966 年、48〜50 頁参照。

(17) 『蘇州工商集』第九目、金融典當業 119「常熟縣給帖勒石永禁借端衅擾典舗碑」（順治十三年十月）には、「典牙程兆・呉暹・汪道」とあり、「典頭」とはこの「典牙」、即ち典商の牙帖税たる典税の徴収を請負った者であろう。常熟県の典税については本書 228 頁に掲出の史料参照。

(18) 上海博物館図書資料室編、上海人民出版社、1980 年。

(19) 「舗行の禁革」については、註（1）新宮論文 (b) 第三節 (2) 舗行の革去参照。「聖諭七款」が具体的に何を指すかは不明。「按呉十四款」は、濱島敦俊が「北京図書館蔵『按呉親審讞稿』簡紹」『北海道大学文学部紀要』30 巻 1 号、1981 年の中で紹介した〔北京図書館特蔵資料室収蔵、祁彪佳文書目録〕に見える『按呉讞稿不分巻・牌示稿不分巻』に含まれていると思われるが、未見。なお、祁彪佳の文集『祁忠恵公遺集』巻一、「陳民間十四大苦疏」（崇禎六年正月）は、第 3 番目に「行戸之苦」を挙げている。

(20) 後述の史料⑧⑬によれば、油麻舗戸は他郷出身者からなっていたことが明らかである。従ってこの記述も、油麻舗戸が「異郷孤客」からなり、釘鉄舗戸が「土著貧民」からなっていたと分けて考えることもできよう。

(21) 史料⑬、「今王子佩等附居常邑郷村、小舗油麻雑貨生理。該縣經胥・行頭、凡遇修造軍工、定有分釐派値、注册刊板、希爲定例」。ここでは、「行頭」が油麻舗戸王子佩らに対し、胥吏とともに収奪者の側に立っている点が注目される。従来「行頭」は、「行首」「行老」と同様に同業組織の首長（代表者）と理解されてき

第 7 章　明末清初期一地方都市における同業組織と公権力　235

たが、その性格については、あらためて検討する必要があろう。取り敢えず、註（1）新宮論文（b）77、78 頁参照。

(22)　この場合のように、名目上「僉票借用」と「承値當官」とを区別する用例も幾つか見られるが、結果的にはどちらも鋪戸に対する収奪の点では変わりなかったことから、本章では広義の「當官」の中に「借用」をも含めて考察したい。

(23)　保頭は、染鋪の積棍謝卿が経承李鳴謙と結託して、染手（染匠）取り締まりの名目で設けようとしたもの。蘇州の保頭（包頭）については、横山英「清代における踹布業の経営形態」原載 1960・61 年、のちに同『中国近代化の経済構造』亜紀書房、1972 年に収録、および寺田隆信「蘇州踹布業の経営形態」原載 1968 年、のちに同『山西商人の研究』東洋史研究会、1972 年に収録参照。

(24)　染鋪張瑞らが「同行積棍謝卿」と述べ、海防同知李継勲が「謝卿本係同業、乃入秦人視越」ど指摘するように、元来謝卿は原告の張瑞らと同様染鋪を営んでいた。

(25)　註（23）横山論文および寺田論文参照。

(26)　2 度目の呈詞には、張瑞の名が見えないものの、碑刻末尾には原呈者として張瑞の名が筆頭に掲げられていることから補った。

(27)　常熟県は、雍正四年に常熟・昭文の両県に分割された。光緒三十年『常昭合志稿』巻一、疆域志参照。

(28)　知県の告示部分には「姚萬興」とあるが、碑刻末の「原呈染鋪」名や史料㉑に見えるように「孔萬興」の誤りであろう。

(29)　碑刻末には、原呈の綢布鋪として朱鼎盛・項萬美・孫恒茂ら 17 名と行頭楊廷揆や経承李朝鼎らの名を列記するが、その中には何故かこの張恒運の名は見えない。

(30)　雍正『昭文県志』巻四、田賦「附雑税義租」、「牙雑税、毎年於領帖開張牙行鋪戸、分別納認、消長不一、向無成數」。

(31)　宋應星『天工開物』巻四、粹精「功麦」に、「凡磨大小無定形。大者用肥犍力牛曳轉、（中略）次者用驢磨、斤兩稍輕、又次小磨、則止用人推挨者。凡力牛一日攻麥二石、驢半之、人則強者攻三斗、弱者半之」とあり、牛で磨を曳く場合、1 日 2 石の麦を、驢馬の場合はその半分をこなした。

(32)　田仲一成「清代蘇州織造と江南俳優ギルド」『東方学』35 輯、1968 年。立春の諸行事の内容とその経費負担については、中山八郎「土牛考、初編・二編・三

編」『人文研究（大阪市立大学）』15 巻 1 号、16 巻 4 号、21 巻 7 号、1964、65、70 年に詳細な考察がある。

(33) 丐戸については、寺田隆信「雍正帝の賤民開放令について」『東洋史研究』18 巻 3 号、1959 年、および馮爾康「雍正的削除紹興和常熟丐籍」『集刊東洋学』44 号、1980 年参照。

(34) 註（33）および註（32）前掲の田仲論文参照。

(35) 『江蘇省集』蘇州一五、民間戯曲・弾詞類 181「梨園公所感恩碑記」（乾隆元年七月）。この碑刻末には史料⑲に見える「徐秉臣」の名もあり、常熟・昭文県で梨園業を営む彼が蘇州府城の梨園公所にも参与していたことが知られる。

(36) 『集政備考』戸例巻六、私斂？「禁官員取辦貨物」にも同様の記載が見える。

(37) これらの市鎮のうち支塘鎮・梅李鎮・老徐市・西周家市・小呉家市・何家市については、雍正『昭文県志』巻二、市鎮によりその所在を確認できる。

(38) 註（33）前掲の馮論文も、この史料⑮を用いて常熟県の丐戸が製縄を生業としていたことを指摘している。

(39) 藤井宏「新安商人の研究（一）～（四）」『東洋学報』36 巻 1～4 号、1953～4 年。

(40) 註（23）前掲の横山論文および寺田論文では、蘇州の布商（棉布問屋）もまたその多くが徽州商人であったことを明らかにしている。

(41) 『江蘇省集』常熟 333 では、「典鋪當贖値銀一例帖」と題し同一の碑刻を収める。

(42) 史料⑩にも、「窃惟、鼎革初年、奉憲招徠典商、抵押便民、禁止擾害、碑記昭然」と同様な記述かある。

(43) 根岸佶『支那ギルドの研究』斯文書院、1932 年、96 頁、仁井田陞『中国の社会とギルド』岩波書店、1951 年、222 頁。今堀誠二『中国の社会構造――アンシャンレジームにおける「共同体」――』有斐閣、1953 年、287 頁等参照。

(44) 千字文（梁、周興嗣撰）では、158 句目に「左達承明」とあり、達號と承號の両地所が隣接していた可能性もある。

(45) 常熟県のみならず江蘇・浙江の各都市では、康熙年間以降徽州商人による義塚設置の動きが見られた。例えば、康熙『烏程県志』巻一〇、摭餘志、陵墓・漏澤園附に、「新安義塚、在三區石家嶺後、國朝康熙十二年間新安善士趙承恆同友人程章基・程翥・程之麟等倡義公置、平山三十四畝、旁搆一庵、置飯僧田三畝、俾司登記防侵越。四方無力葬者、皆得瘞此」とある。但し湖州府烏程県の場合、義塚の埋葬者は徽州出身者のみに限定されていなかったようである。

(46) 同様の記述は、同書巻五、冢墓・義冢附にも見えるが、「代葬所」としている。「新安義冢（中略）、又徽州捐設代葬所、以俟親屬扶櫬歸里、在南門外西莊、俱廣仁局總理」。

(47) 嘉慶『常昭合志』巻四、義局によれば、廣仁局は、両県の紳士達が城内の常熟県城隍廟の東側に施薬施棺のための施設として設けたものである。その前身は、康熙三十一年に丁湜らが慧日寺の前に設けたもので、雍正元年に廣仁局と改称した。なお、この時期の一般に「善堂」と呼ばれる社会福祉施設設立の動きに関しては、夫馬進による一連の研究がある。同「同善会小史――中国社会福祉史における明末清初の位置づけのために――」『史林』65巻4号、1982年、同「善会、善堂の出発」『明清時代の政治と社会』京都大学人文科学研究所、1983年所収、同「清代沿岸六省における善堂の普及情況」『富山大学人文学部紀要』7号、1983年、同「清代前期の育嬰事業」『富山大学人文学部紀要』11号、1986年。

(48) 光緒三十年刊『常昭合志稿』巻一六、寺観に、「普度庵在破山北梅園、康熙初建、〔今爲新安公所、屬普仁禪院―割註〕」とある。「今」がどの時期以降をさすか不明であるが、嘉慶『常昭合志』巻五、寺観には普度庵の記述が全く見えないことから、嘉慶初年以前に仏寺としての性格を変えたのであろう。

(49) 註（1）前掲の新宮論文（b）参照。

(50) 田中正俊は、「明清時代の問屋制前貸生産について――衣料生産を主とする研究史的覚え書――」『東アジア史における国家と農民』西嶋定生博士還暦記念論叢、山川出版社、1984年所収の中で、「問屋制前貸生産不在」説を実証的にも理論的にも否定した上で、16・17世紀以降の中国手工業において問屋制生産の成立する契機として、客商資本が「その本来の営利の場である地域間商業にとどまることなく坐賈となって」（428頁）在地性を獲得するに至ることを指摘した。この客商による坐賈としての在地性獲得の普及こそ、本章にいう外来商人集団の都市進出と定着傾向にほかならない。

(51) 註（43）前掲の仁井田著書122頁。

(52) 註（47）前掲の夫馬論文「清代前期の育嬰事業」33頁参照。

(53) 森正夫「明末の社会関係における秩序の変動について」『名古屋大学文学部三十周年記念論集』名古屋大学文学部、1979年所収。

(54) 註（13）前掲の岸本論文72頁参照。

〔補記〕

　本章の原載は、史学会編集『史学雑誌』96編9号（1987年9月）である。

　本章では地方都市の鋪戸が建立した「當官碑刻」を分析して、第6章の南京の同業組織のあり方と異なる姿を提示した。この中の徽州商人に関する部分は、安徽省黄山市で開催された「首届国際徽学学術討論会」（1994年11月）において「明末清初蘇州常熟県的同業組織与徽州商人」と題して報告した。中国における「徽学」の基礎を築いた中国社会科学院歴史研究所研究員の周紹泉先生からのお誘いで参加することができた。ほぼ同じ時期に北京大学に留学していた慶応義塾大学の山本英史氏と一緒にこの会議に参加して、会議終了後に徽州から峠を越えて新安江沿いに下り杭州に抜けた旅は懐かしい思い出である。南宋時代に遡る徽州木商たちが大都市杭州まで筏で木材を運んだかつてのルートを、車で駆け抜けたことになる。

　会議後、北京師範大学の楊寧一教授の手を煩わした中国語訳の報告原稿が、趙華富編『首届国際徽学学術討論会文集』黄山書社、1996年に収録され、また『江淮論壇』1996年2期にも転載された。後者は、中国社会科学院経済研究所編集の『中国経済史研究』1997年2期の「1996年中国経済史研究綜述」の〈明清〉の欄において、月泉が當官碑刻を用いて分析した商人組織の研究として取り上げ、「同業組織の政府に対する利益擁護の活動が活発化して、外来商人との密接な関係が不断に強化されたことを指摘した」と紹介された。

　本論で注目した明末清初期以降、新たに進出・定着した徽州出身などの外来商人集団が果した重要な役割については、その後、臼井佐知子「徽州商人とそのネットワーク」『中国―社会と文化―』6、1991年において、乾隆末年以降に徽州商人がそれぞれの客商地に根拠地を移して定住化したと論じた。斯波義信『中国都市史』東京大学出版会、2002年、第二章　都市のシステム、2　都市の構造も、外来者が果たす役割を論じている。

　その後、中国では龍登高「従客販到僑居：伝統商人経営方式的変化」『中国経済史研究』1998年2期、唐力行・申浩「差異与互助：明清時期蘇州与徽州的市鎮」『社会科学』2004年1期が、拙論を参照してこの問題を論じている。また王振忠『明清徽商与淮揚社会変遷』三聯出版社、1996年のほか、韓国の曹永憲『大運河と商人―淮揚地区徽州商人成長史 1415～1784』（韓国語）2011年の大著があり、徽州商人の盛衰と大運河の密接な連関を明らかにした。その第二部では徽州商人の淮揚地区進出とその成長を扱っている。

第三部　牙行と商税

第8章　明代前期北京の官店塌房と商税

はじめに

　明代の「官店」「塌房(とうぼう)」については、佐久間重男による「明代の倉庫業に就いて」を先駆的業績として挙げることができる[1]。佐久間の研究は、加藤繁によって始められた唐宋時代の倉庫業研究[2]を踏まえたもので、明代の塌房・官店の本質を倉庫業として捉え、商業組織の一つとしての倉庫業の発達という視点から跡づけたものである。民間の倉庫業の収益性に着目して、国家が設置した明代の官業倉庫としての官店・塌房・「皇店」は、その収入が宮廷や王府の財政に充てられるなど、政治・社会・経済上に大きな意義を有することを明らかにした。もちろん佐久間も、官店が明初の商税官庁が未だ整備されない段階で、官店が商税徴収事務を兼務する場合があったことや、中期以後には問屋業をも行なうに至ったことも同時に指摘している[3]。しかし官店のほんらいの業務を官営の倉庫業として捉えており、官店における商税徴収の事実に対してはそれほど注意を払っていない。このため、官店と商税徴収衙門との関係や仲買問屋業務の問題については、論及すべき問題が未だ多く残されている。後述するように北京の官店は、設立以来一貫して崇文門宣課分司をはじめとする商税官庁と密接な関係を持っており、北京をめぐる商品流通と同時に商税徴収にとっても不可欠の存在であった。

　これに対し中国においては、許大齢が明代北京の経済生活を考察した中で、客商のための施設として北京城内外や通州に設けられた客店と塌房について取り上げ、前者を客商を宿泊させ売買の斡旋を行なう「牙店」、後者を商品を収納する「貨桟」と説明している[4]。その後1980年代に入っては、主に外戚・功臣・王府など身分的特権層研究の立場から彼らの経済活動の一つとして、荘

田と並んで官店についても数多くの論及がなされている[5]。そのほとんどは、勲戚・功臣など特権貴族や宗室による商業収奪の面に関心が向けられ、官店の存在を明末社会に出現する「資本主義萌芽」をつみとるマイナス要因の一つとして結論づけている。しかし官店経営の実態にまであまり考察は及んでおらず、資本主義萌芽の存在を前提にマイナス要因を列挙するに止まっている観がある。むしろ官店経営の実態、かかる存在を許容した国家と商業との関係、さらには首都北京を中心に収斂される商品流通の質が問われねばならないであろう。

本章では、明初北京の官店塌房経営の実態、商税官庁との関係、その後の私有化の進展について検討を加える。その際、唐宋以来倉庫業のみならず旅館業、仲買問屋業、あるいは運送業までを未分化な形で包摂していた客店塌房と呼ばれる存在を、明初国家が設置し商税徴収をも行っている事実に注目して考察を始めたい。その上で、首都をめぐる商品流通における官店塌房の占める役割の重要性に着目し、これらの分析を通じて北京の市場構造や流通環境の一端を解明したい。

1　明初の官店塌房

（1）設置意図

明初北京の官店塌房に関する極めて簡略な記事が、正徳『大明会典』巻三二、戸部、庫蔵・課程・「事例」に見える。

> （永樂七年）又令京城官店塌房、照三山門外塌房例、税錢一分、宣課分司收、免牙・塌房錢二分、看守人收用。
>
> 〔（永樂七年）また令す。京城の官店塌房は（南京）三山門外の塌房の例に照らして税錢一分は宣課分司に収め、免牙・塌房錢二分は看守人に収用せしむ。〕

官店は、朱元璋が明朝を建国する以前、江南の支配領域に設置した官営の商業用施設であり、その使用料としての官店錢を徴収していた[6]。その設置時期は、おそらく当面の軍事費を捻出すべく、群臣の提案に基づいて関市批験所官を設けた至正二十二年（1362）十月頃のことであろう[7]。二十四年正月には官店錢

の軽減も行なわれている。次いで四月には従来の 20 分の 1 の商税率を 30 分の 1 に改めると同時に、国都南京の官店を宣課司に、府州県のそれを通課司に改め商税徴収施設とすることを決定している[8]。しかし明朝成立後に陥落した大都（現在の北京）の場合、こうした官店は設けられなかった。

これに対して塌房は、南宋の臨安杭州の繁栄を活写した耐得翁の『都城紀勝』坊院や呉自牧の『夢梁録』巻一九、塌房に見えるように、河川や運河などの水辺に設けられた倉庫を意味していた。明代の南京にも、洪武年間秦淮河沿いの三山門外や清涼門外水辺に数十楹からなる大規模な塌坊（房）が建設されている[9]。南宋時代のそれは民間によって設置されたものであったが、明初の官店塌房は文字どおり国家の主導のもとに設置されたものである。このことは、元末の荒廃を承けた明初経済の極度の後退に起因するもので、「近世を歩みながら中世を志向する[10]」洪武政治の諸政策の一つに数えられるであろう。

さて、ここに見える北京の官店塌房は、直接には南京の塌房を継承している。官店塌房は、「和遠店等塌房」の用例を挙げて佐久間がすでに指摘しているように、官店と塌房の 2 語に解すべきではなく同一の実体——倉庫を含む商業施設——を指したものである[11]。先の会典の永楽七年の記事は、文字通りに解釈すれば、すでに遷都を決定していた北京の官店塌房に対しても、首都南京に準じた運営を導入することを述べたにすぎず、この時点で初めて北京に官店塌房が設置されたことを示すものではない。また元の大都以来の客店・塌房・邸舎などの倉庫業が、老朽化したとはいえ存在したはずである。しかしながら永楽七年という時点で、官店塌房が制度化されたことの意味は重要である。永楽七年（1409）は、靖難の役後に帝位を簒奪した永楽帝が北京遷都を決定してからすでに 7 年あまりを経過している。しかし実際に北京の宮殿建設を決定したのが、四年閏七月。準備期間をへて翌五年五月にやっと工事に着手し、七年当初までには宮殿建設はほぼ完成しており、永楽帝の北京巡狩も行なわれた[12]。すなわち当時、元明交替と靖難の役と 2 度にわたる戦火を受けて荒廃した北京では、宮殿建設の開始に伴なって、国家主導のもとに民間レヴェルの商業活動も次第に活発化し始めていた。従って、この時期に官設の倉庫を設置したその

意図は、言うまでもなく増大し始めたばかりの全国各地からの客商に対して、商品の一時保管と取引の保証などの利便を図ることにあった。

しかし制度化の意図はそれのみに止まらなかった。というのは商税徴収という財政上の目的も存在していたからである。先の会典の記事には、南京三山門外の塌房の例[13]にならって30分の1を商税銭として宣課分司に納め、免牙銭（仲介手数料）・塌房銭（倉庫保管料）とあわせて30分の2を看守人（後述）に徴収使用させたことを述べているが、これらの税課の中に、商税が含まれていること自体がすでに財政上の目的の存在を示している。

さらに官店塌房の制度化に先立って、永楽六年十月北京では首都化に伴い順天府税課司の都税司への格上げと商税官庁の新設が行なわれた事実がそれを裏付けてくれる[14]。新たに整備された官庁と人員の配置は、以下のとおりである。

都税司	大使1員	副使1員	計2員
麗正門宣課司	大使1員	副使2員	計3員
文明門分司	大使1員	副使2員	計3員
張家湾宣課司	大使1員	副使4員	計5員
盧溝橋宣課司	大使1員	副使4員	計5員
安定門税課司	大使1員	副使1員	計2員
徳勝門分司	大使1員	副使1員	計2員
宛平税課局	大使1員	副使1員	計2員
大興税課局	大使1員		計1員
批験茶引所	大使1員		計1員
北京行部張家湾塩倉批験所	大使1員	副使1員	計2員
盧溝橋抽分竹木局	大使1員	副使3員	計4員
通州抽分竹木局	大使1員	副使3員	計4員
白河抽分竹木局	大使1員	副使3員	計4員
通積抽分竹木局*	大使1員	副使3員	計4員
広積抽分竹木局*	大使1員	副使3員	計4員

| 宛平県広源閘 | 閘官1員 | 計1員 |
| 大興県文明閘 | 閘官1員 | 計1員 |

　これらの商税徴収施設の整備と新設の直後に官店塌房も制度化されたのであり、その当初から首都北京へと集中する膨大な商品の一時預かりのみならず、商税徴収という財政上の目的とも密接に関わっていた。

　なお、ここに見える麗正門宣課司と文明門分司は、当初元の大都以来の南城墻（現在の長安街のやや南）に置かれていた（図8-1参照）。永楽十七年（1419）に南城墻が南に向かって2里（約1km）ばかり拡張され、新南城墻の正陽門と崇文門の位置に移された[15]。拡張後も元代以来の旧城門名を襲ったままの麗正門宣課司と文明門分司が、正陽門宣課司と崇文門分司に改称されるのは、正統二年（1437）十月のことである[16]。

(2) 設置位置

　永楽年間の官店塌房の設置位置については、先の会典の記事でも何も言及しておらず、従来その位置は明らかにされていない。しかし推察する手がかりを与えるものとして、この時期に設置された廊房（借家——実際には商業用施設としても使用されたようであるが——）および店房（貸店鋪・貸倉庫など商業用施設）の配置がある。『宛署雑記』巻七、廊頭には、北京城の附郭を構成する宛平・大興両県の内の宛平県（都城の西半分）のみであるが、廊房と店房の配置を記している（表8-1および図8-1参照）。

　これによれば、廊房は北安門東・西、海子橋東・西、鼓楼東・西、鐘楼東・西、安定門（内・外?）、徳勝門内・外、西直門内・外、阜成門内・外、宣武門内に、店房は西四牌楼に設けられていた。沈榜の『宛署雑記』は、明末の万暦二十一年（1593）に刊行されたものである[17]。しかし北京城内城部分では、正統年間（1436〜49）の都城整備以後、国家による大規模な建設や改造は行なわれておらず[18]、『宛署雑記』に見えるこれらの配置は、明代前期の状況を伝えるものと判断して誤りないであろう。各城門の周囲に設置されたほかに、その特徴として指摘できるのは、大部分が皇城の北門、北安門と鼓楼・鐘楼とを結

表 8-1 宛平県の廊房・店房の位置と間数および廊店房銭・鈔徴収額

位置	廊房・店房間数	毎季鈔・銭徴収額	
北安門東	廊房大房 66 間	鈔 2,970 貫	銭 5,940 文
北安門西	廊房大房 64 間	鈔 2,880 貫	銭 5,760 文
海子橋東	廊房大房 89 間	鈔 4,005 貫	銭 8,010 文
海子橋西	廊房大房 64 間	鈔 2,880 貫	銭 5,760 文
鼓楼東	廊房大房 69 間	鈔 3,105 貫	銭 6,210 文
鼓楼西	廊房大房 68 間	鈔 3,060 貫	銭 6,120 文
鐘楼東	廊房大房 9 間　小房 80 間	鈔 2,805 貫	銭 5,610 文
鐘楼西	廊房小房 65 間	鈔 1,950 貫	銭 3,900 文
安定門（内・外）	廊房小房 29 間	鈔 870 貫	銭 1,740 文
徳勝門内	廊房小房 49 間	鈔 1,470 貫	銭 2,940 文
徳勝門外	廊房小房 20 間	鈔 600 貫	銭 1,200 文
西直門裏	廊房中房 29 間	鈔 899 貫	銭 1,798 文
西直門外	廊房小房 27 間	鈔 810 貫	銭 1,620 文
阜成門裏	廊房小房 32.5 間	鈔 975 貫	銭 1,950 文
阜成門外	廊房小房 27 間	鈔 810 貫	銭 1,620 文
宣武門裏	廊房大房 14 間	鈔 630 貫	銭 1,260 文
西四牌楼	店房 16.5 間	鈔 990 貫	銭 1,980 文
合　　計	廊房　大 443 間　中 29 間　小 329.5 間、店房 16.5 間	鈔 31,709 貫	銭 63,418 文

典拠:『宛署雑記』巻 7 廊頭

ぶ鼓楼下大街に設けられていることである。鼓楼下大街は、『周礼』の考工記の「面朝後市」のプランに基づいて造られた元の大都以来の中心的商業地区であった[19]。この当時は通恵河もまだ運河としての機能を果たしており、積水潭・什刹海東岸の水辺に沿って走る斜街は、いわば南北大運河の終着駅に当たっていた。おそらく明初の官店塌房の多くも、鼓楼下大街や斜街の周辺と各城門の周囲に設けられていたにちがいない。

また都城の東半分の大興県については、明照坊と澄清坊との間にはさまれた灯市街の東西にある上・下角頭の周囲[20]、東大市街[21]、同じく明照坊の普安店[22]などの存在が知られる。弘治帝の皇后張氏一族に賜与された張皇親房や明末に王府への賜与をめぐって大きな社会問題となる福徳・吉慶・福順・和遠・宝源・順寧の 6 官店も、この明照坊に存在していた[23]。おそらく商税官庁の配置からみて、文明門と東西四牌楼を結ぶ地域、特に灯市街の周辺に集中していたであろう。

城外では、阜西・西直関（門）外に普安店・南海店・西家店の名が見える[24]

第 8 章　明前期北京の官店塌房と商税　247

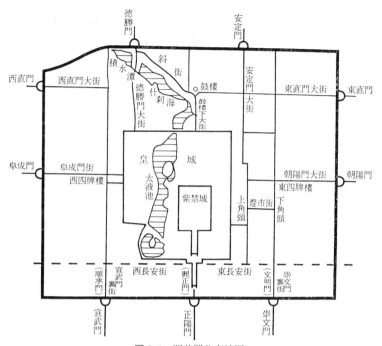

図 8-1　明前期北京城図
＊作成にあたっては、侯仁之主編『北京歴史地図集』の〈明北京城〉(北京出版社、1988年) および『京師五城坊巷衚衕集』の附図を参考にした
＊破線は、南城壁が拡張される以前の元の大都以来永楽十七年 (1419) までの旧城壁を示している

が、官店かどうかは明らかではない。また正統九年には、城外西南の彰義門 (金の中都城西門) に官店塌房が新設された[25]。彰義門は、盧溝橋から正陽門・宣武門に至る交通路の中間に位置していた。

（3）運営と監督

官店塌房は国家によって設置されたが、その運営は、前にも触れたように「看守人」が担当していた。看守人は、塌房毎に 2 名または 4 名からなる「殷実大戸」が充てられていた[26]。この場合の殷実大戸とは、具体的に言えば南京の場合と同様に「廂長」を指していた[27]。周知のごとく明朝は、農村と都

市とを問わず110戸からなる里甲制を施行した。里甲正役としての「廂長」は都市周辺部の里長のことで、特に農村部のそれや都市内部の坊長と区別する場合に用いられた(28)。

　明初、北京の官店塌房の運営に廂長が充てられていたことを明確に示す史料は、現在のところ見つかっていない。しかし次に提示する二つの史料は、その傍証を与えてくれる。まず万暦『大明会典』巻三五、戸部、課程・商税に、

　　（嘉靖）二十四年議准、福徳・寶源等七店毎貨一船徴銀五兩、行令順天府督同批驗茶引所官吏及廂長人等照數徴収、按季解部、轉發太倉銀庫收貯、以備羅買糧草支用。

　　〔（嘉靖）二十四年議准す。福徳・宝源等七店は、貨一船毎に銀五両を徴し、順天府に行令し、批験茶引所官吏および廂長人等を督同して数に照らして徴収し、季を按じて（戸）部に解り、太倉銀庫に転発収貯し、以って糧草を羅買して支用するに備えしむ。〕

とある。時代はやや下り明代後期の事例であるが、明照坊にある福徳・宝源等7官店では、商税徴収に廂長が関与していたことを示している。商税と官店との関係については、のちにあらためて考察する。また永楽年間からさほど離れていない宣徳元年（1426）七月、行在刑部と宣徳帝との間に交わされた律例論議は、その設立当初から廂長が官店塌房の運営に関わっていたことを推定させる(29)。

　　行在刑部奏、宛平縣廂長收商税鈔入己、比監臨主守盗倉庫錢糧律、計贓當斬。上曰、市井之民豈官吏比。況所收非官庫物、追贓罰輸作足矣。

　　〔行在刑部奏す、「宛平県廂長が商税鈔を収めて己に入るは、〈監臨主守盗倉庫錢糧律〉に比し、贓を計りて当に斬すべし」と。上曰く、「市井の民豈に官吏の比にあらんや。況や収むるところは倉庫の物に非ず、贓罰を追して輸作すれば足れり」と。〕

宣徳帝の認識に示されるように、廂長はほんらい民であって官吏ではなく、監臨・主守の責務はない。その廂長が徴収した商税を着服した行為に対して、担当官庁たる行在刑部が『大明律』巻一八、刑律、賊盗の〈監守自盗倉庫錢糧〉

律を適用して斬刑に処しようとしたのは、単に厳罰で臨もうとしたのではない。ここに見える宛平県の廂長が他の商税徴収ではなく、官営の倉庫とも見なしうる官店塌房の商税徴収を担当していたからにほかならない。

ところで明初北京の廂長の場合、その多くは永楽元年全国から北京へ強制移住させられた3,000戸の「富戸」が、この徭役に充てられていた[30]。別稿で、すでに明らかにしたように富戸の移住地としては、北京城北部の徳勝・安定関周辺地域が多かった。この地域は、安定門税課司や徳勝門分司、あるいは鼓楼下大街に近接する積水潭・什刹海東岸の水辺にも近い。前述したようにこれらの周辺には官店塌房が多数設置されており、その運営に充てるのに好都合であったであろう。それはともかく、ここでは明初の官店塌房は、里甲制という徭役制度のシステムによって運営されていたことに注目しておきたい。またその運営による収益の一部（免牙銭＝仲介手数料・塌房銭＝倉庫保管料）も、個人の所有に帰したのではなく、廂長の任務の一つである物品調達の財源に充当させられていた[31]。またこれらの運営を担当した殷実大戸は、職務上「管店」とも呼ばれており、その配下には商品の運送業務に当る「小脚」も存在していた[32]。

官店塌房での商税徴収については、都税司以下商税官庁の官員や批験茶引所大使が監督していた[33]。このほかに運営を監督する官として巡視塌房御史が設けられており、官店塌房で徴収される収税則例の決定にも加わっていた[34]。また『明英宗実録』巻二〇九、景泰二年十月丙子の条に見える太醫院醫士張鐸の上奏に、

> 京師萬方會同、日用百物不免資於商旅。朝廷設立官店、輕收税課、買賣有所負缺、常令御史督責。蓋所以招徠之也。
> 〔京師は萬方より会同す、日用百物は商旅に資るを免れず。朝廷は官店を設立し、税課を軽収し、買売負欠するところ有れば、常に御史をして督責せしむ。蓋し、これを招徠するゆえんなり。〕

とあるように、御史は、官店塌房自体の監督のみならず、そこを舞台にして行なわれる客商と都市商人とのあいだの取引の保証にまで関与していた。

2 官店塌房と商税徴収官庁との関係

(1) 収税則例

正統十二年 (1447) に、巡視塌房御史と順天府の堂上官とが商品の価格を評価してリストを作成することを決定した[35]。

> (正統) 十二年令、巡視塌房御史及順天府堂上官一員、估計物貨直鈔若干、造冊發都税等司官攬収掌、照價収税。
>
> 〔(正統) 十二年令す、巡視塌房御史および順天府堂上官一員、物貨を估計すること直鈔若干、冊を造りて都税等司の官攬に発し収掌し、価に照らして収税せしむ。〕

このリストがいわゆる「収税則例」である。もちろん収税則例はこの時初めて作られたのではなく、官店塌房の設立当初から存在したはずである。おそらくこの時点から巡視塌房御史も加わってリストの作成が始まったのであろう。なお、これに先立ち正統七年正月には、主に舗戸を対象として都税司と宣課司が科派した門攤課鈔則例が定められるなど、この時期には北京城の整備と併行して商税徴収のための則例整備も進んでいる[36]。

次いで、その4年後の景泰二年 (1451) 十月にも改定が行われた[37]。

> (景泰) 二年令、大興・宛平二縣於和遠店等塌房、每塌房僉殷實大戸二名或四名看管、順天府及二縣拘集各行、依時估計物貨價直、照舊折収鈔貫。仍造冊二本、一本發都税司、一本送部査考。巡視塌房御史、務禁管店・小脚、不得攬納客商課程、以不堪鈔抵數送官、及邀截客貨、騙害商人。
>
> 〔(景泰) 二年令す。大興・宛平二県和遠店等塌房に於いて、塌房毎に殷実大戸二名或いは四名を僉し看管せしむ。順天府および二県は、各行を拘集し、時に依りて物貨の價直を估計し、旧に照らし鈔貫を折収せしむ。仍りて冊二本を造り、一本は都税司に発し、一本は (戸) 部に送りて査考せしむ。巡視塌房御史は、務めて管店・小脚に禁じて、客商の課程を攬納し、不堪鈔を以って抵数送官し、および客貨を邀截し、商人を騙害するを得ざらしむ。〕

この時には、順天府と宛平・大興両県が各業種の牙行 (各行) を召集し、定期

的に市場価格に基づいて商品の公定価格を決定している。改定の発端となったのは、先にも引用した北京在住の太醫院醫士張鐸の訴えであった[38]。

　　近者理財之官不知大體、唯務刻剝。如紵絲一匹稅鈔至三百五十貫、可值銀七錢、三梭布每十匹亦至三百五十貫、他物皆然。以本物計之、稅鈔先取四分之一。臣恐日久商旅畏避稅重、不肯來京、致使百物騰貴。

　　〔近ごろの理財の官は、大体を知らず、唯だ刻剝に務めております。例えば紵糸一匹の税鈔が三百五十貫で、銀で換算して七錢にもなります。三梭布（高級無地白綿布）もまた每十匹三百五十貫になります。他の物も皆そうです。もとの商品で見積ると、税鈔に四分の一を取られることになります。このままでは客商たちは重税を畏れて（商品をもたらして）京師に来なくなり、物価が騰貴するのが心配です。〕

この上奏は、戸部の審議にかけられた。その結果、戸部尚書金濂等は、土木の変で出費がかさんだため増税を行ったが、商品価格の 30 分の 1 を越えて徴収することは許されていないこと、戸部郎中徐敬と順天府治中劉實が不当に時估（市場価格）を高めに設定し戸部内の討議をへずに独断で施行したため[39]、過重な税額となったことを景泰帝に報告している。こうして両名の処分が決定し、あらためて「物價店税」（収税則例）が定められた。改定された税額は、

　　遂奏更物價・店稅、上等紵絲每匹不得過七十五貫、他物稱是。

　　〔遂に奏して物価・店税を更たむ、上等紵絲每匹七十五貫を過ぐるを得ず、他物もこれに称う。〕

とあるように、上等の紵絲でも每匹（疋）75 貫以下に抑えられており、以前に比べてほぼ 5 分の 1 に下げられた。

　この改定された税額の全容を示すのが、正徳『大明会典』巻三二、戸部、庫蔵・課程「事例」に載せる景泰二年の収税則例である（**表 8–2** 参照[40]）。この表で最も課税額の大きい上等羅段の場合、每疋（商）税鈔 25 貫、牙銭鈔 25 貫、塌房鈔 25 貫で合わせて 75 貫であり、先の「上等紵絲」每疋 75 貫以下という記述の税額とほぼ符合する[41]。実録の記載では、省略されていた収税則例の全容がこれを参照することにより明らかとなる。

　ここで注目されるのは、実録の記載の「店税」75 貫は商税鈔のみならず牙

252　第三部　牙行と商税

表 8-2　景泰二年和遠店等塌房収税則例

税額（商税・牙銭・塌房鈔　各々）	商品名（課税単位）
25 貫	上等羅段（1 疋）
15 貫	中等羅段（1 疋）
10 貫	下等羅段（1 疋）
6 貫 700 文	上等紗・綾・錦（1 疋）、青紅紙（1,000 張）、篦子（1,000 箇）
5 貫	中等紗・綾・錦（1 疋）、細羊羔皮襖（1 領）、黄牛眞皮（1 張）、扇骨（1,000 把）
4 貫	青三梭布（1 疋）、紅油紙（8,000 張）、冥衣紙（4,000 張）、鐵鍋（1 套 4 口）、藤黄（1 斤）
3 貫 400 文	褐子（1 疋）、綿紬（1 疋）、毛皮襖（1 領）、氈衫（1 領）、乾鹿（1 箇）
3 貫	官絹（1 疋）、官三梭布（1 疋）、絨線（1 斤）、五色紙（4,500 張）、高頭黄紙（4,000 張）
1 貫	小絹（1 疋）、白中布（1 疋）、青區線夏布（1 疋）、手帕（1 連 3 箇）、手巾（10 條）、皮褲（1 件）、小靴（1 套 3 雙）、板門（1 合）、響銅（1 斤）、連五紙（1,000 張）、連七紙（150 張）
740 文	青大碗（25 箇）、青中碗（30 箇）、青大碟（50 箇）
670 文	洗白夏布（1 疋）、青緑紅中串二布（1 疋）、包頭（1 連 20 箇）、氈條（1 條）、大礠（1 斤）、銅青礠（1 斤）、枝條礠（1 斤）、生熟銅（1 斤）、蘇木（1 斤）、胡椒（1 斤）、川椒（1 斤）、黄蠟（1 斤）、蘑菇（1 斤）、香蕈（1 斤）、木耳（1 斤）、酒罎土酒海（1 箇）、青中碟（50 箇）、白大盤（10 箇）、書房紙（4 簍）、筆管（500 箇）、油靴（1 副）
600 文	青小碟（50 箇）、白中盤（15 箇）
500 文	花布被面（1 段）、白中串二布（1 疋）、靛花青（1 斤）、紅花（1 斤）、針條（1 斤）、青靛（10 斤）、銀杏（10 斤）、菱米（10 斤）、蓮肉（10 斤）、軟棗（10 斤）、石榴（10 斤）、青大盤（12 箇）、青盤（15 箇）、青小盤（20 箇）、青小碗（30 箇）、乾鶩・天鶩等野味（1 雙）、南豊大簍紙（4 塊）、竹椅（1 把）
470 文	喜紅小絹（1 疋）
400 文	麻布（1 疋）、花椒（1 斤）、水牛底皮（1 斤）、土青盤（15 箇）、土青碗（20 箇）、小白盤（20 箇）、土青碟（50 箇）、青茶鍾（7 箇）

銭鈔や塌房鈔をも含んだ三者の合計額である点である。このことは三者の合計額が一括して徴収され、一般には広義の商税と意識されていたことを推定させるであろう。この推定に誤りないとすれば、官店を利用する商品の場合、市場価格の 30 分の 1 ではなく、10 分の 1 が国家の税として徴収されるという通念

第 8 章　明代前期北京の官店塌房と商税　253

340 文	小蠟綿布（1疋）、氊襪（1雙）、土降香（1斤）、白砂糖（1斤）、錫（1斤）、草席（1領）、雨傘（1把）、翠花（1朵）、草花（10朵）、刷印馬紙（4塊）、土尺八紙（1塊）、南豐簑紙（6塊）、連三紙（1000張）、毛邊紙（100張）、中夾紙（100張）、酒麴（10塊）
300 文	燈草（1斤）、土青酒鍾（12箇）、土青茶鍾（12箇）、土青香爐（10箇）、大白碗（10箇）、中白碗（15箇）、白大碟（20箇）、白小碟（25箇）
240 文	馬牙速香（(1斤）、魚膠（1斤）
200 文	藥材（1斤）、白小碗（15箇）
170 文	荔枝（1斤）、圓眼（1斤）、冬笋（1斤）、松子（1斤）、桐油（1斤）、柏油（1斤）、黑砂糖（1斤）、蜂蜜（1斤）、臘臙脂（1兩）、土粉（10斤）、土硝（10斤）、藤（10斤）、松香（10斤）、墨煤（10斤）、絭麻（10斤）、肥皂（10斤）、末香（10斤）、槐花（10斤）、膠棗（10斤）、雞頭（10斤）、螃蟹（10斤）、蛤蜊（10斤）、乾兔（1隻）、雞（1隻）、鴨（1隻）、白茶鍾（6箇）、甘蔗（10根）、藕（10根）、竹筯（100雙）、竹掃箒（10把）、蒲席（1領）、雜毛小皮（1張）、氊帽（1箇）、草鞋（10雙）
140 文	明乾笋（1斤）、蒲萄（1斤）、海菜（1斤）、金橘（1斤）、橄欖（1斤）、牙棗（1斤）、苧麻（1斤）
100 文	綿花（1斤）、香油（1斤）、紫草（1斤）、紅麴（1斤）、紫粉（1斤）、黃丹（1斤）、定粉（1斤）、雲香（1斤）、柿餅（1斤）、栗子（1斤）、核桃（1斤）、林檎（1斤）、甘橘（1斤）、雪梨（1斤）、紅棗（1斤）、楊梅（1斤）、枇杷（1斤）、榛子（1斤）、杏仁（1斤）、蜜香橙（1斤）、烏梅（1斤）、五倍子（1斤）、鹹彈（1斤）、黑乾笋（1斤）、葉茶（1斤）、生薑（1斤）、石花菜（1斤）、鰕米（1斤）、鮮乾魚（1斤）、鮮猪羊肉（1斤）、黑鉛（1斤）、水膠（1斤）、黃白麻（1斤）、鋼熟鐵（1斤）、綿絮（1套）、蘆席（1領）、綿臙脂（1帖）、西瓜（10箇）
65 文	乾梨皮（1斤）、荸薺（1斤）、芋頭（1斤）、鮮菱（1斤）、烏菱（1斤）、鮮梨（1斤）、鮮桃（1斤）、杏子（1斤）、李子（1斤）、鮮柿（1斤）、柿花（1斤）、焰硝（1斤）、皁白礬（1斤）、瀝青（1斤）、生鐵（1斤）、乾葱（10斤）、胡蘿蔔（10斤）、冬瓜（10箇）、蘿蔔（40斤）、菠・芥等菜（40斤）

典據：正德『大明會典』卷 32 戶部、庫藏・課程「事例」

が存在していたことになる。

　かかる通念の存在を裏付けるものとして時代はやや降るが、成化七年（1471）の正陽門宣課司の〈抽分猪羊例〉を挙げることができる[42]。太常寺の祭祀などで用いる猪・羊は、宣課司などでの抽分によって賄われていた。この

時、抽分と商税との関係が問題となった。

> 本司（正陽門宣課司）毎年又該抽分太常寺祭祀・大捷猪一百九十隻、倶是客商興販來京貨賣赴司投税、毎猪三十口、驗中者抽分一口、准免十口、餘二十口仍照例納課。如是苗猪不堪抽分者、毎口照例收鈔三貫・銅錢六文。
> 〔本司（正陽門宣課司）毎年また該に抽分すべき太常寺祭祀・大捷猪一百九十隻、倶に是れ客商興販し来京貨売し、司に赴き税を投ず。猪三十口毎に驗中のもの一口を抽分し、十口（の商税）を免ずるを准し、餘の二十口は仍りて例に照らして課を納さめしむ。如是し苗猪にして抽分に堪えざるものは、毎口例に照らして鈔三貫・銅錢六文を収さむ。〕

ここで、抽分されている猪1匹は、猪30匹全体に対するものではない。10匹に対するもので、残りの20匹には通常の商税が課されている。この記述からは、官店を利用したかどうかは明らかではないものの、10分の1の抽分率が適用されているのは、おそらく官店を利用した場合の合計10分の1の商税に対応したものであろう。

南京三山門外の官店塌房の例(43)から判断すれば、北京でも南京同様に、設立当初の段階では客商のもたらす商品は、すべて官店塌房に荷卸しすることを義務づけられていたはずである。従って、客商によって北京にもたらされた商品の大部分には、従来一般的に考えられていた市場価格の30分の1ではなく、10分の1の税が課されていたことになる。そこで次に商税徴収官庁と官店塌房との関係が問題となろう。

（２）官店塌房における商税徴収

最初に北京に搬入された商品に対し、商税がどのようにして課税されたかを考えてみよう。先の収税則例の商品項目からも窺えるように、北京にもたらされる商品は全国各地の特産物市場より主に客商の手をへてもたらされる商品と、周辺近郊農村で生産され小生産者自身が運び込む農産物や副業製品とに大別される。もちろんここで問題とするのは、前者の特産物商品である。特産物商品の中では、大運河を北上する東南の物資と長城外の西北の物資が中心をなすが、

第 8 章　明代前期北京の官店塌房と商税　255

東南の物資が数量において後者を圧倒していたことは、あらためて言うまでもない。

　さて明朝は、前述のように北京遷都に向けて商税官庁を新設整備した永楽六年当初から、こうした商品の搬入ルートを想定して張家湾宣課司と盧溝橋宣課司を設置していた[44]。この点は、どちらも大使1員・副使4員からなり、北京周囲の商税官庁の中では最も多くの官員を擁していたことや、盧溝橋抽分竹木局や通州抽分竹木局などの官庁も、これらの宣課司の近くに置かれていたことなどからも窺える。大運河を北上して東南の特産物商品がもたらされる場合、一般には通州・張家湾で船荷を積み替え、陸路あるいは通恵河をへて北京城に到達した。のちには通州・張家湾に到達する以前の楊村や河西務で、車馬に装載し陸路を取るルートも利用された[45]。いずれの場合もこれらの商品は、途中の税課司や鈔関などの商税官庁ですでに何度も商品の検査や課税が行なわれていた。

　原則として商品を遠隔地よりもたらした客商は、北京城の九門を通過し[46]、最寄りの商税官庁で商税を納入した。北京城内の商税官庁の中では、正陽門宣課司の分司である崇文門宣課分司が最も重要であった[47]。商税官庁では、官攢や巡攔により途中で申告した商税官庁の発行した証明書どおりであるか商品検査が行われ、その結果に基づいて商税の納入を自ら行なった[48]。宣課司や分司では、順天府より送られてきた赤暦文簿（印信文簿）に日々客商の姓名や商税を徴収した商品と税額を記録し、季節毎に点検したうえでその文簿を順天府に送り返して報告した[49]。

　しかし客商が大量の商品をもたらした場合は、宣課司などの商税官庁では検査のみで、商税の全額を徴収したわけではなかったようである[50]。これは、客商自身が商品を北京に搬入するに際して、商税額に相当する現金（キャッシュ）を持ち合わせていない場合も多かったからであろう。正徳『大明会典』巻三一、戸部、庫蔵・課程「事例」には、

　　（景泰）五年令、正陽等門宣課司一應雜貨、輪日挨次、於條由内開寫普安等三店卸賣。其給賜各官福順等店、亦照例毎店僉大戸二名看管、按季更替

〔(景泰)五年令す。正陽等門宣課司の一応雑貨は、輪日挨次、条由内に開写して普安等三店に於いて卸売せしむ。其の各官に給賜せる福順等店もまた例に照らして、店毎に大戸二名を僉し看管し、季を按じて更替せしむ(下略)。〕

とある。すなわち正陽門等宣課司では、客商に普安店など指定の3官店を記入した「條由」を手渡しただけであった。客商は、北京城内外のこれらの官店やそれ以外の官僚に賜与された福順等店に商品を一時保管あるいは卸売するあいだに、商品の検査と残りの商税納入を済ませることができた。というのは、官店に設けられた塌房内には先の殷実大戸が置かれており、彼らが商品の品目や数量の検査と保管業務を行なう一方で、批験茶引所官の指揮のもと商税徴収が行なわれたり、内官や錦衣衛官が随時派遣され、そこで抽分が行なわれたからである[51]。

　大量の商品を扱う客商にとって、明初においては官店を利用することはほぼ強制されていたと言ってよい。もちろん客商は、官店を利用することにより、崇文門宣課分司を始めとする商税官庁での検査や商税納入に伴なう繁瑣な手続きを省くことができた。またその手続きに付け込んだ商税官庁の官員や巡欄の収奪からも逃れることができた。しかも牙行など仲買業者の手をへずに商品を卸売することができるというメリットも存在していた。言うまでもなくここでも様々な収奪が存在していたけれども、その意味では、官府が商人に商税納入の便宜を与え、商業取引を保証する側面も存在していた。従って、官店塌房は単なる官営の倉庫業のみならず、商税徴収と仲買業務をも兼ね備えていたと言えよう。景泰二年の収税則例が商税鈔と免牙銭鈔と塌房鈔との三者で構成されており、その合計が官府に支払う「店税」と認識されていたのは、まさにこの理由からであった。

　また倉庫保管料にあたる塌房鈔が倉庫使用期間の長短を問わず、一律に商品の市場価格の30分の1の比率で徴収されていたことも、近代倉庫業における倉敷料とは性格を異にしているように思われる[52]。この点からもその本質を単に倉庫業とは規定できない。

3　身分的特権者による私有の進展

（1）官店塌房の賜与

　これまで国家が設置した官店塌房のみについて論述してきたが、もちろん明初民間にも倉庫・仲買業務を行なう施設が存在しなかったわけではない。しかしその規模は、官営の官店塌房に比較して零細であり、客店（宿屋）や鋪戸などに小規模な倉庫を附設する形が多かったであろう。その後北京の建設と整備が進むに伴ない、民間の塌房の存在も無視し得なくなってきた。正徳『大明会典』巻三四、戸部、庫蔵・鈔法に見える宣徳四年（1429）の榜諭は、こうした塌房の存在を伝える最も早期の史料の一つである。

　　榜諭、兩京軍民官員人等菜園・果園、及塌房・車（庫？）房・店舎停・客商物貨者、不分給賜・自置、倶菜地毎畝月納舊鈔三百貫、果樹毎十株、歲納一百貫、房舎毎間月納鈔五百貫、差御史同本部官各一員按月催收送庫。如有隱瞞不報及不納鈔者、地畝・樹株・房舎没官、犯人治罪（下略）。
　　〔榜諭す、兩京の軍民官員人等の菜園・果園、および塌房・車（庫？）房・店舎の客商の物貨を停塌する者は、給賜と自置とを分かたず、倶に菜地は毎畝、月に旧鈔三百貫を納め、果樹毎十株、歲に一百貫を納め、房舎は毎間、月に鈔五百貫を納め、御史を差し本部官各一員と同に月を按じて催収送庫せしむ。如し隱瞞して報ぜず、および鈔を納めざる者有らば、地畝・樹株・房舎は没官し、犯人は治罪せしむ。〕

この榜諭は、鈔法維持を図るための交鈔回収策として、順天府や応天府を筆頭に商人が集まる33府州県市鎮の店鋪の門攤課鈔を5倍に増税した直後に、これに付随して施行されたものである[53]。課税の対象となった塌房・庫房・店舎は、客商の商品を「停塌」する、即ち倉庫・仲買問屋業務を行なっており[54]、その利潤の多さのゆえに一間毎に毎月旧鈔500貫を納入することが定められた。ここでは塌房・庫房・店舎の私有が、皇帝による賜与と「自置」との両者を契機に形成されたことが知られる。榜諭が出された経緯を伝えるのが、『明宣宗実録』巻五五、宣徳四年六月壬寅の条である。蔬菜・果樹園に加えて

塌房を含めた不動産を所有するものとして「官員・軍民」のほか、特に「南北二京の公・侯・駙馬・伯・都督・尚書・侍郎・都御史および内官・内使」が挙げられている。南京や北京の両京に居住する外戚・功臣や一般の高級官僚および宦官からなるこれらの特権者層は、いずれも皇帝の恩寵と特権的地位を基盤に私的蓄積を重ねていた。なかでも、この時期には後述するように賜与を契機とした身分的特権者による所有が注目される。その対象として田土と並んで、塌房など商業物件が挙げられているところに、消費の中心に位置する首都としての特色が示されている。塌房の私有化の背景としては、当該時期における北京への商品流通量の増大[55]を指摘できるであろう。

最初に、皇帝の賜与を契機とした特権者層による官店塌房の私有について検討しよう。明代前期の実録などにはこうした賜与の実例は、ほとんど記録されていない[56]。極めて稀に記録が残されているものも、賜与の願い出が皇帝に許可されなかった事例に過ぎない。『明英宗実録』巻一八九、景泰元年二月壬辰の条に、

　　錦衣衛指揮汪瑛奏求寶源店、以供日用之需、不從。

　〔錦衣衛指揮汪瑛が、宝源店を求め以て日用の需に供さんことを奏す。従わず。〕

とある。景泰元年（1450）二月、景泰帝の外戚であった錦衣衛指揮汪瑛は、日常経費に充てるため宝源店の賜与を上奏して求めた[57]が、許されなかった。汪瑛の娘は、すでに正統十年（1445）英宗の弟郕王妃に冊立されていたが、土木の変で英宗が北狩されると、郕王が代わって即位し景泰帝となった。このため汪瑛は、難なく外戚ナンバーワンの地位を獲得し、当時飛ぶ鳥をも落とす勢いであった。にもかかわらず、景泰帝がこの求めに応じなかったのは、都税務司や批験茶引所に近接する宝源店の商税徴収における重要性を鑑みてのことであった。その5ヶ月後に、大興県三里河菜園の地63畝と房屋15間を与えた[58]のは、その代替措置であろう。三里河菜園は、北京城内への主要な商品搬入ルートでの一つであった崇文門外の正東坊に位置することから、これらの房屋も客店や塌房に使われた可能性も考えられる[59]。

実録などでは官店賜与の事実は確認できないものの、先の宣徳四年の榜諭か

ら判断して明初のかなり早い段階から官店の賜与が始まっていたであろう。さらに正統年間に入って官店の賜与が一層進んだことは、『皇明経世文編』巻五九に収める兵科都給事中葉盛の「資給軍儲疏」によって知られる。

> 切見、京城角頭等處停積客貨客店塌房、蓋往年無事之日、出於一時恩賜、皆爲貴近勳戚・權豪勢要之家所有。究其所得客商之利、以歳計之、何止鉅萬。
> 〔切かに見るに、京城角頭等処の客貨を停積する客店塌房は、蓋し往年無事の日、一時の恩賜より出で、皆貴近勳戚・權豪勢要の家の所有するところとなる。其の客商より得るところの利を究むるに、歳を以ってこれを計れば、何ぞ鉅萬に止まらんや。〕

上奏では、恩賜により灯市街角頭などの客店（官店）塌房が与えられた時期を漠然と「往年無事の日」と記するにとどまっている。しかし具体的には、景泰二年四月、土木の変以後増大した軍事費を捻出する目的で提出されたこの上奏時期から明らかなように、土木の変以前の正統年間を指している。

葉盛は、身分的特権者に賜与された官店塌房が、その経営によって客商から毎年巨万の利益を挙げているとして、その収益性に着目している。またのちに触れるように、これらの客店に抱え込まれた無籍の徒による不法行為についても暴露している。こうした現状認識を踏まえて、

> 伏望聖明特敕該部、行令順天府、將在京應有塌房、除已入官外、其餘不分內外貴近・勳戚所有、盡數查勘得出、通行籍記在官、督委整理、該得鋪錢、以備軍儲急用。仍行巡視御史每季稽考。
> 〔伏して望むらくは、聖明該（戸）部に特勒して順天府に行令し、在京の応有塌房を将って、已に入官せるを除くの外、其の餘は、内外貴近・勳戚の所有を分かたず尺数查勘し、得出すれば、通ねく籍記を行ない在官し本府正官に督委して整理せしめ、該に得べきの鋪錢は以って軍儲急用に備えしめんことを。仍りて巡視御史に行して季毎に稽考せしむ。〕

とあるように、戸部に勅令し順天府に命じて内外の貴近・勳戚の所有をも含む北京のあらゆる塌房を調査し、官に登録させ、客店塌房から得られる「鋪錢」

を軍事費に充てることを提案した。この葉盛の提案は、実録によれば「これに従う」とあり[60]、英宗の裁可を承けたことが判る。

　ところで、「鋪銭」とは具体的に何を指しているであろうか。佐久間重男はこれを「門攤税」すなわち門攤課鈔と理解した[61]。しかし門攤課鈔であれば氏もすでに指摘し、また本章でも先に触れたように、宣徳四年（1429）から塌房に対しても「給賜と自置とを分かたず」毎間月に鈔500貫が課税されていたはずである。その後鈔法の流通に伴ない何度か減額され、正統十二年（1447）には40貫となっていた[62]。その4年後に、軍事費を捻出するため葉盛がわずか毎間40貫の門攤課鈔を、身分的特権者所有の塌房からも徴収しようとしたというのは、あまりに少額にすぎるように思われる。むしろ新たな財源として、特権者が客店塌房の所有者として手に入れていた牙銭鈔と塌房鈔の一部分を国家が吸い上げようとしたと考えたい[63]。前述の景泰二年十月の太医院医士張鐸の重税批判の上奏も、おそらく葉盛の提案によって始められた改革を攻撃したものであったろう。

　それでは、賜与された官店塌房は、本来どの様に運営されていたのであろうか。先にも引用した正徳『大明会典』巻三二、戸部、庫蔵・課程「事例」の景泰五年令が、その手がかりを与えてくれる。

　　其給賜各官福順等店、亦照例毎店僉大戸二名看管、按季更替。該抽貨物、各官親屬斟酌抽取、不許容留親戚詐稱家人、在店攪擾。仍行巡視塌房御史訪察禁革。但有更易姓名、營求看店、及私充牙行者、軍發邊衛充軍、民發口外爲民。
　　〔其の各官に給賜せる福順等店もまた例に照らして、店毎に大戸二名を僉し看管し、季を按じて更替せしむ。該に抽（分）すべき貨物は各官の親属をして斟酌抽取せしめ、親戚を容留して家人と詐称し、店に在りて攪擾するを許さず。仍りて巡視塌房御史に行して訪察禁革せしむ。但そ姓名を更易し看店を営求し、および牙行に私充する者有らば、軍は辺衛に発し充軍し、民は口外に発し民と為さしむ。〕

福順店は、大興県明照坊の灯市街に設けられた官店である。これらの賜与された官店の場合も、国家の官店と同様に店毎に2名の「大戸」をその管理に充て、

季節毎に交替させている。「大戸」は、先に考察したように「殷実大戸」すなわち廂長のことで、特権者に賜与されたとはいえ、官店同様に国家の徭役制度によって運営され、巡視塌房御史の監督下にあった。

　以上のように、官店を賜与された特権者は、所有者に止まり自ら経営することを許されていたのではなかった。そこで徴収される商税鈔・牙銭鈔・塌房鈔のうち、国家に収められる商税鈔を除いた牙銭鈔と塌房鈔の部分を、「舗銭」として自己の収入としたに過ぎなかったと考えられる。ただ彼らは、日用必需品を調達するという名目で、店頭にてその一部を直接商人から現物で抽分することもあったようである。その場合、特に過度の収奪が行なわれやすかったので、親属以外の親戚が家人と詐称し官店に出入りするのを禁じている[64]。こうした国家による制限が、官店の賜与が行なわれた当初から存在していたのか、それとも景泰五年に始まったのかは、明らかではない。しかし、この時期の外戚・功臣・宦官など身分的特権者層の勢力伸長や、廂長に充てられた「富戸」の逃亡没落と官僚化の「両極分解」の過程の進行[65]の事実から見て、国家の統制が十分に機能しその運営が廂長に任されていたとは、到底考えられない。実際にはその経営も、往々にして後述するような「家人」や都市の「無頼」などに委ねられていたようである。こうした点は、次に特権者が私創した客店の事例を検討することにより一層明らかとなるであろう。

（２）客店塌房の私創

北京で私創された客店塌房の実例を検討しよう。

A. 正統二年（1437）四月、太監僧保・金英らは勢力を恃んで「塌店」（塌房・客店）11処を勝手に創設し、それぞれ無頼子弟を使って商品を独占的にかき集め、甚だ当時の弊害となっていた。このことが報告されると、英宗は錦衣衛に命じて監察御史とともに調査させた。御史孫叡と錦衣衛千戸李得は、商品が残っているものは荷主へそのまま返還し、「賒負」（代価の未払い）のものは錦衣衛に追徴させるよう提案して、裁可を受けた[66]。

「賒負」という表現[67]から明らかなように、太監僧保・金英らが所有している

客店塌房では、無頼を用いた力による強制を伴なっているとはいえ、そこでは単に倉庫業を経営し保管料を取ることに止まらず、売買契約が成立し、その結果としての商品に対する所有権の移動も行なわれていた。単なる倉庫業というよりは、むしろ仲買問屋業というのが相応しい。

B. 正統元年十二月、仁宗第二女慶都公主の婿の駙馬都尉焦敬は、その司副李泉を使って文明門（崇文門）外 5 里ばかりのところに「廣鯨店」を建て、市井の無頼をかき集め、牙行の名を騙り商人から税を捲き上げていた。また武清県馬駒橋でも磁器・魚・棗などを積んだ車輛を遮り（客）店にとどめてに都に向かわせなかったりした。また閹者馬進に張家灣・漈陽・閘河（揚州）など客商の集まるところで米 8〜90 石・鈔 1,000 貫を詐収させた[68]。

明律では、勝手に牙行に充当することは禁止されていた。駙馬都尉焦敬は崇文門宣課分司の近くに廣鯨店を設け、牙行の名を騙って「商販の者を詐税した」とあることから、仲買問屋業務や商税徴収の請負行為にまで及んでいたようである[69]。

C. 天順年間（1457〜64）、会昌侯孫継宗の弟顕宗は、家人を使って勝手に「店房」を起蓋して利益を独占し客商を苦しめていた。英宗は、李賢の献策を受け入れてその店房を壊し家人を処分したが、顕宗についてはしばらく罪を免じた上で戒告処分とした[70]。

会昌侯孫忠は宣宗の皇后の父で、その子顕宗は「奪門の功」により恩寵を得ていた[71]。この利益独占も、同様に強制を伴なった仲買問屋業務によって可能であった。

これらの内官・皇親・外戚による客店塌房私創の事例は、いずれも摘発や弾劾を受けて明るみに出たもので、氷山の一角に過ぎない。こうした例からも明らかなように、明代前期に北京で民間の客店塌房を設置したのも、皇帝権力と結び付いた身分的特権者たちであった。特徴的なのは、倉庫業務のみならず仲買問屋業務への傾斜が色濃く看取されることである。しかしほんらい 4 品以上の官員の家では、自らこうした商業行為を営み民と利を争うことは禁じられて

いた(72)。また現実に六科給事中や十三道監察御史らの告発を受ける危険性も絶えず存在していたから、皇帝の恩寵により賜与された官店は、かかる特権者の商業行為を隠蔽する役割をも果たしていた。

　同様な理由から、実際の経営は私創の実例で見たように多くの場合、「無頼子弟」「市井の無頼」「無籍の徒」と史料上記載される都市の無頼に委ねられていた。商品流通のもたらす利潤のおこぼれに与かり都市に寄生していた無頼層もまた、特権者の強力な庇護を求めていた。先にも紹介した葉盛の上奏の次の一節は、官店を所有する特権者と無頼とのこうした関係をリアルに伝えている。

　　　加以近年客店往往容留無籍之徒、或號稱管店、或叫名小脚、倚恃權豪、虛張聲勢、於京城內外遠近去處、邀截貨物、不容客便。甚至欺詐銀兩、打死人命、靡所不爲。

　　　〔加ふるに近年客店の往々容留せる無籍の徒、或は管店と号称し、或は小脚と叫名り、権豪に倚恃し、虚しく声勢を張り、京城内外遠近の去処に於いて貨物を邀截し、客（商）の便を容さざるを以てす。甚だしきに至りては、銀両を欺詐し、人命を打死し、爲さざるところなきに至る。〕

これらの客店に抱え込まれた「無籍の徒」が、管店（管理人）や小脚（荷担ぎ人夫）の名を騙り、北京城内外で特権者の権勢を恃んで客商から無理やり商品を預かったりしていること、これに応じない場合には、詐欺行為や殺人事件にまで及ぶなど、客店（官店）を舞台にした不法行為を暴露している。

　外戚・功臣・内官に代表される身分的特権者層による官店や客店所有の進展は、皇帝の恩寵を背景に無頼等を用いるなど、力による強制を伴なっており様々な弊害を引き起した。その弊害は、大約すれば、一つにはそこを舞台に客商に対する収奪が行われ、その結果としての商品流通の阻害である。もう一つは、国家の商税徴収に対する妨害行為、即ちこれらが前述した正規の官店と競合する結果、国家の商税徴収額の減少を来たしたことである。後者に対する危惧の念は、先の錦衣衛指揮汪瑛が宝源店の下賜を要求したのを許可しなかった際にもすでに示されていた。『明宣宗実録』巻九九、宣徳八年二月丁未の条に見える北京の商税をめぐる弊害も、こうした特権者による官店塌房の私的所有

の進展によって引き起こされたものであろう。

> 禁京城商税之弊。時有言、在京權豪貴戚及無籍之徒、停積商貨、隱匿官税者。上命行在刑部、揭榜禁約。違者罪之。有能首者、賞鈔一千貫。
> 〔京城商税の弊を禁ず。時に言うもの有り、在京の権豪・貴戚および無籍の徒、商貨を停積し官税を隠匿する者あり。上、行在刑部に命じて掲榜禁約せしむ。違う者はこれを罪す。よく首(じしゅ)する者有らば、鈔一千貫を賞す。〕

この記述のみからは、商品を保管した場所が賜与された官店塌房であったのか、それとも私創した客店塌房であったのかは、あまり判然としない。しかしいずれにせよ、かかる特権者と無頼の徒との結託した行為が、正規の官店経営と競合したり商税徴収の妨害となって、国家の商税徴収額の不足をもたらしたのは事実である。その後、商税が銅銭や銀に折納され、その財政的意義が増大しはじめる明代中期の成化・弘治年間（1465〜1521）を迎えると、こうした問題が表面化し、北京の商税徴収をめぐってしばしば論議が繰り返されることとなった[73]。

結びにかえて

　本章では、官店塌房の性格を倉庫業務・仲買問屋業務・商税徴収の三者を包括した複合的施設として把え考察を加えてきた。中世への逆行を思わせる元末明初の経済的後退は、唐宋変革以後の中国経済の発展の中で特異な一時期を形づくっている。明初洪武年間、朱元璋が南京に設けた塌房も、南宋の臨安杭州の民営化されたそれとは異なり、かかる経済的後退を前提に国家が主導して設置したものであった。その運営も廂長を中心に徭役制度のシステムによって行なわれるなど国家の強い統制のもとにあった。永楽七年に制度化された北京の官店塌房の場合にも、この南京の方法が受け継がれた。

　しかし永楽帝による北京遷都の選択は、かかる経済的後退からの脱却を可能にするものとなった。江南の生産地域に対し、新たに政治と軍事の中心として位置づけられた首都北京とその背後の北辺地域は、同時に江南の経済的富を大

量に消費するいわば胃袋に相当し、消費の中心でもあった。両者を結合する役割を担わされた大運河を中心とする南北の物資（税糧を含む）流通の増大によって、経済は急速に回復基調を示し始めた。こうした中で、明初に国家の統制下に運営された複合施設としての官店塌房は、もはやその使命を終えつつあった。

初めに倉庫業務や仲買問屋業務の利潤に注目したのは、外戚・功臣・宦官などに代表される身分的特権者たちであった。彼らは、賜与や私創などの手段を通じて官店や客店塌房を私有した。かかる傾向は、本章で取り上げた北京のみならず、南京や大運河沿いの諸都市周辺でも広範に展開していた[74]。但だ、こうした場合も、多くはその所有のみに限られ、特権者の経営への関与は法的にも規制されており、塌房経営の実際の担い手とはなり得なかった。むしろそれに寄生して利潤を収奪する存在であった。また商品流通の一定程度の展開を前提にして都市に寄生する無頼と呼ばれる階層も、彼らの下でそれらの経営の実務を担当したが、仲買問屋業務の担い手として真に自立した存在ではなかった。彼らは一方で、税糧の包攬など国家主導の物資流通にも関与し、寄生する存在でもあったからである[75]。

もちろん北京城内外に店舗を有する鋪戸も、仲買問屋業務の一部を担っていた。嘉靖二年（1523）の統計によれば、宛平・大興両県の鋪戸数は、22,672戸を数えるが、彼らは官庁必要物品の調達を義務づけられており、絶えず国家の収奪を受けやすかった[76]。一方、山西商人や徽州商人に代表される遠隔地からの外来商人も、北京城内部に入り込み定着しようとしなかったわけではない。しかし明代前期に限って言えば、彼らの影は史料上にほとんど現われてこない。かれらが倉庫業務や仲買問屋業務を内に包攬した会館・公所を北京で設立し始めるのは、明代後半まで待たねばならなかった[77]。

複合施設としての官店塌房から、倉庫・仲買問屋業務が次第に分離独立していくに伴い、結果として官店は商税徴収施設としての性格を強めた。明代後期、正徳年間の「皇店」や万暦鉱税期の官店に特徴的に示される商業収奪の役割も、こうした歴史的文脈の中で捉えることができるであろう。

註
（１）　佐久間重男「明代の倉庫業に就いて」『東洋学報』31 巻 4 号、1948 年。
（２）　加藤繁「唐宋時代の倉庫業に就いて」『支那經濟史考證』上巻、東洋文庫、1952 年所収、原載 1925 年。同「居停と停塌」同書所収、原載 1938 年。加藤によって始められた唐宋時代の倉庫業研究は、その後日野開三郎や斯波義信によってより深められた。日野『唐代邸店の研究』1968 年、同『続唐代邸店の研究』1970 年、斯波『宋代商業史研究』風間書房、1968 年、第五章、商業組織の発達。
（３）　註（１）前掲の佐久間論文 106、99 頁、および同「明代における商税と財政との関係（一）（二）」『史学雑誌』65 編 1.2 号、1965 年の（一）3～4 頁参照。
（４）　許大齡「明代北京的経済生活」『北京大学学報』1959 年 4 期。
（５）　李龍潜「明代庄田的発展和特点――兼論皇店・塌房・店肆等工商業経営性質」『中国社会経済史論叢』2 輯、1982 年。鄭克晟「明代的官店・権貴私店和皇店」『明史研究論叢』1 輯、1982 年。王毓銓「明朝勲貴興販牟利・怙勢豪奪」『萊蕪集』中華書局、1983 年。韓大成「明代的官店與皇店」『故宮博物院院刊』1985 年 4 期。趙毅「明代宗室的商業活動及社会影響」『中国史研究』1989 年 1 期など。なお、日本では王府研究の視点から荘田と並ぶ財源の一つとして言及しているものに、佐藤文俊「福王府と明末農民反乱」『中国―社会と文化』3 号、1988 年がある。
（６）　『明太祖実録』巻一四、甲辰（至正二十四年）正月丁卯、「命減收官店錢。先是設官店以征商。上以其稅太多病民、故命減之」。
（７）　『明太祖実録』巻一一、壬寅（至正二十二年）十月辛卯の条。
（８）　明太祖実録』巻一二、癸卯（至正二十三年）閏三月丁丑の条。同書巻一四、甲辰（至正二十四年）四月己酉の条。なお、商税率については、註（３）前掲の佐久間論文「明代における商税と財政との関係（一）」3 頁が詳しい。
（９）　南宋の塌房については、註（２）前掲の加藤論文「唐宋時代の倉庫に就いて」参照。南京については、『明太祖実録』巻二一一、洪武二十四年八月辛巳に、「詔京師小民鬻販者、毋入塌坊。初京師輻輳、軍民居室皆官所給、連廊櫛比、無復隙地。商人貨物至者、物或止于舟、或貯于城外民居。駔儈之徒從而持其價低高、悉聽斷於彼、商人病之。上知其然、遂命工部於三山等門外瀕水處爲屋數十楹、名曰塌坊。商人至者、俾悉貯貨其中、既納稅、從其相貿易、駔儈無所與、商旅稱便。

至是所司於貧民負販者、亦驅使投税、應天府尹高禮以爲言、遂命禁之」とある。南京の塌坊（房）の場合は、客商のもたらす商品を牙行の介入を排除して貯蔵する倉庫として設置された。塌房に一時預けられた商品は納税後、客商による南京城内の鋪戸などとの自由な売買が許されており、塌房自体には仲買業務は含まれていないとも考えられる。しかし註（13）にあるように塌房では、倉庫保管料にあたる塌房銭のほかに免牙銭も徴収していたこと自体が、内に仲買問屋業務が含まれていたことを示している。また『洪武京城図志』街市、「上中下塌房、在清涼門外屯實段疋・布帛・茶・鹽・紙・蠟等貨」とある。なお、南京の塌房の設置時期については、註（1）前掲論文で佐久間は「洪武元年の頃」としているが、南京の都城建設過程などから判断して洪武二十四年をそれほど遡らない時期と推定される。

(10) 愛宕松男「張呉国と朱呉国——初期明朝の性格に関する一考察——」『愛宕松男東洋史学論集』第4巻、三一書房、1988年所収、原載1953年。

(11) 註（1）前掲の佐久間論文「明代の倉庫業に就いて」102頁参照。「和遠店等塌房」の用例は、本書250頁に引用。

(12) 『明太宗実録』巻五七、永楽四年閏七月壬戌の条。

(13) 正徳『大明会典』巻三二、戸部、庫蔵・課程「事例」、「(洪武)二十四年令、三山門外塌房許停積各處客商貨物、分定各坊廂長看守。其貨物以三十分爲率、内除一分官收税錢（外）、再出免牙錢一分塌房錢一分與看守者收用。貨物聽客商自賣。其小民鬻販者、不入塌房投税」。

(14) 『明太宗実録』巻八四、永楽六年十月癸巳の条。＊を付した2局は、永楽十八年十二月に新たに設置されたものである。『明太宗実録』巻二三二、永楽十八年十二月甲辰の条参照。〔附記〕雑誌発表の際に誤解していたことに気づいたので、上記のように訂正する。その位置については、張爵『京師五城坊巷衚衕集』（嘉靖三十九年刊）を参照。

(15) 『明太宗実録』巻二一八、永楽十七年十一月甲子の条。

(16) 『明英宗実録』巻三五、正統二年十月丁卯、「行在戸部奏、麗正等門已改作正陽等門、其各門宣課司等衙門仍冒舊名、宜改從今名。仍移行在禮部更鑄印信、行在吏部改書官制。從之」。

(17) 北京古籍出版社、1980年。

(18) 傅公鉞「明代北京的城垣」『北京文物与考古』総1輯、1983年。

(19) 陳高華『元大都』北京出版社、1982年。同（佐竹靖彦訳）『元の大都——マルコ・ポーロ時代の北京——』中央公論社、1984年。

(20) 上・下角頭については、『皇明経世文編』巻五九、葉盛「資給軍儲疏」に、「切見、京城角頭等處停積客店塌房、蓋往年無事之日、出於一時恩賜、皆爲貴近勲戚・權豪勢要之家所有」とある。

(21) 東大市街については、『明英宗実録』巻二一、正統元年八月辛卯に、「命在京批驗茶引所大使帶收東大市街塌房鈔課、從順天府尹姜濤奏請也」とある。批驗茶引所（澄清坊）の位置から判断して、東四牌楼あたりであろう。

(22) 張爵『京師五城坊巷胡同集』中城、また正徳『大明会典』巻三二、戸部、庫蔵・課程「事例」の景泰五年令にも、「普安等三店」とある（本書255頁引用）。

(23) 張爵『京師五城坊巷衚衕集』中城。

(24) 張爵『京師五城坊巷衚衕集』西城。

(25) 『明英宗実録』巻一二四、正統九年十二月丙辰、「置官房於彰義門收稅課鈔、從正陽門宣課司奏請也」。〔附記〕なお外城ができると、彰義門は、広寧門の俗称としても用いられるようになった。『明宮史』木集、京城内外十六門。

(26) 正徳『大明会典』巻三二、戸部、庫蔵・課程「事例」の景泰二年令。本書250頁引用。

(27) 註(13)前掲の正徳『大明会典』巻三二、戸部、庫蔵・課程「事例」の洪武二十四年令。

(28) 『明太祖実録』巻一三五、洪武十四年正月（是月）の条。正徳『大明会典』巻二一、戸部、戸口・攢造黄冊「事例」の洪武十四年詔。

(29) 『明宣宗実録』巻一九、宣徳元年七月庚申の条。

(30) 新宮学「明初北京への富民層強制移住について——所謂『富戸』の軌跡を中心に——」『東洋学報』64巻1・2号、1983年参照、のちに同『北京遷都の研究』汲古書院、2004年、附篇1に収録。

(31) 弘治五年以後には商税のみならず塌房・免牙の2項の銭鈔も銀納となり戸部に送られ内府の経費に充てられたようである。『万暦会計録』巻一五、附荘田子粒「沿革事例」の正徳十六年戸部侍郎秦金の題奏、および『明世宗実録』巻五、正徳十六年八月乙未の条。

(32) 正徳『大明会典』巻三二、戸部、庫蔵・課程「事例」の景泰二年令。本書250頁引用。

第 8 章　明代前期北京の官店塌房と商税　269

(33)　『明英宗実録』巻二一、正統元年八月辛卯の条。『明世宗実録』巻五、正徳十六年八月乙未、「又寶源・吉慶二店該納課程、弘治以前係順天府批験茶引官攢収受、按季解部、進内府」。

(34)　正徳『大明会典』巻三二、戸部、庫蔵・課程「事例」の正統十二年令。本書250頁引用。

(35)　正徳『大明会典』巻三二、戸部、庫蔵・課程「事例」。

(36)　『明英宗実録』巻八八、正統七年正月庚寅の条。

(37)　正徳『大明会典』巻三二、戸部、庫蔵・課程「事例」。

(38)　『明英宗実録』巻二〇九、景泰二年十月丙子の条。

(39)　戸部尚書金濂は、土木の変の際の軍事費の増大に対処して財政的立て直しを行なった有能な財務官僚であることから、税収増加をねらったこの措置に対し彼が全く関知していなかったとは考えられない。『明史』巻一六〇、金濂伝。

(40)　この「収税則例」が、一般的な商税則例ではなく（官店）塌房の収税則例である点については、すでに新宮学「明代後半期江南諸都市の商税改革と門攤銀」『集刊東洋学』60号、1988年の註（31）で指摘した。本書第三部第9章に収録。ただし「北京都税司」の収税則例としたのは正確ではなかった。本章で考察しているように「正陽門宣課司（崇文門宣課分司をも含む）」の則例と訂正したい。この収税則例は、およそ200種類の商品からなっている。当然のことながら農具・書籍や日用雑貨、主食としての米穀などの免税品は含まれていないものの、これによりこの時点、とくに明代前半期の北京にもたらされ主に民間で消費された商品の大要を窺うことができる。またこの則例に載せる商税額を30倍することによって、当時の商品の物価を推定することが可能である。特徴として指摘できるのは、手工業製品では各種織物や製糸などの繊維製品および陶磁器・製紙、薬材や香料などの奢侈・嗜好品が高額の商品として存在していたこと、比較的低価格の野菜や果物などの各種生鮮食料品に対しても課税されていたことなどである。

(41)　正徳『大明会典』巻一三六、刑部・計贓時估「事例」によれば、「一、羅段布絹糸綿之類」の中では「紵絲　疋二百五十貫」とあり、最も高価に見積られていた。

(42)　『皇明條法事類纂』巻一九、戸部類、私茶「抽分猪羊例」。

(43)　註（9）前掲の『明太祖実録』巻二一一、洪武二十四年八月辛巳の条参照。

(44) 註（14）参照。

(45) 『皇明条法事類纂』巻一九、戸部類、私茶「崇文門抽分禁革奸弊利（例？）」の「二日稽適（商？）税以験課税」参照。

(46) 九門を通過する際には、九門税鈔も徴収された。過税の一種と見なされるが、ここでは触れない。この税鈔も宣徳四年に鈔法との密接な関係を有して設けられた。『万暦会計録』巻四三、雑課の宣徳四年奏准。

(47) 例えば専売品の塩の場合、張家湾の批験所で掣摯された引塩は崇文門宣課分司に報告納税することが定められていた。正徳『大明会典』巻三六、戸部・塩法「事例」の景泰元年令。

(48) もちろん代納業者の存在が知られるが、記述を簡略にするためここでは触れない。牙行などの納税請負行為のついては、新宮学「明代の牙行について——商税との関係を中心に——」『山根教授退休記念明代史論叢』汲古書院、1990年、本書第三部第10章収録参照。

(49) 『明英宗実録』巻六七、正統五年五月癸卯、「（前略）舊例順天府置簿發在京宣課等司、日録客商姓名・投税物貨・該納税鈔數目、季終稽驗」。

(50) 明代後半の事例であるが、万暦『明会典』巻三五、戸部、課程・商税に、「嘉靖十年令、（中略）其崇文門客貨、例該二百五十貫以上、起條赴店者、止照分司原税之數送納、不許加收。分司收過條由、即日開送順天府、轉發該店、責令批驗茶引所追收、按季完解、不許侵剋拖欠」とあり、また嘉靖乙未（十四年）刊『図相南北両京路程』（牧田諦亮『策彦入明記の研究』下、法蔵館、1959年所収）には、「（張家灣）十〔上？〕中下三馬頭、中好歇大舡。通關但有貨物赴宣課司投税貨步、出票入城。貨多出□〔票？〕至城入塌房、有合抽分物貨、請内官到司□〔抽？〕分。一應舡隻、盡在此雇車入城。至京□□〔六？〕十里、土橋前關至通州十五里」とあり、張家湾でも商品が大量の場合、城内の塌房に一時収容して内官の抽分を受けたようである。

(51) 『明英宗実録』巻四二、正統三年五月乙酉、「監察御史鄭顒奏、張家灣宣課司・崇文門分司、毎遇商貨販到積至數多、方差内官・錦衣衛官抽盤、不無停滯損壞（下略）」。

(52) 後代の事例であるが、乾隆四十三年（1778）当時通州城の東門外には永茂・永成・福聚・湧源の四大堆房が設けられていた。これらには、山東・河南・北直隷の大名や天津・江南の徐州などで生産される麦が大運河を利用して北京に搬入す

る際、一時貯蔵された。その保管料（この場合、仲介手数料をも含む）も、使用期間に関わらず代価の一割であった。乾隆『通州志』巻一〇、芸文志「査辦堆房堆貯客麥疏」、「該州東關有永茂・永成・福聚・湧源四大堆房、毎石無論停貯久暫、得價一分租、給商人堆貯、陸續賣給京城及通州本地鋪戸」。

(53) 『明宣宗実録』巻五〇、宣徳四年正月乙丑の条。

(54) 註（2）前掲の加藤論文「居停と停塌」では、倉庫業務・仲買問屋業務を意味する「居停」に対し、「停塌」は宋代熙寧以後にはもっぱら「買占め貯蔵する」という投機的行為に用いられたことが指摘されているが、ここでは、後者を含めて一般的に倉庫・仲買問屋業務と理解しておきたい。

(55) 『明太宗実録』巻二五五、永楽二十一年正月庚寅の条には、巡按山東監察御史陳濟の報告として、淮安・済寧・東昌・臨清・徳州・直沽の大運河沿いの都市において、遷都実施2年後の時点ですでに各地からもたらされる商品が、「往時」に比べて倍増していることを載せている。言うまでもなくこれは、首都北京への商品流通の増大によって引き起こされたものである。

(56) 明代中期の事例では、成化年間内侍梁芳に与えられていた灯市街の和遠店は、弘治帝が即位すると、妃張氏の父都督同知張巒にあらためて賜与された。その後張皇后氏の実弟張鶴齢とその母金氏に対し、同じく灯市街の宝源店と併せて143間が賜与されている。『明孝宗実録』巻四、成化二十三年十月壬申、同書巻七四、弘治六年四月癸卯、同書巻一一六、弘治九年八月辛酉の条参照。宝源店は、景泰帝の外戚汪瑛がかつて賜与を求めたことがあったが、その重要性のゆえに許可されなかった官店であった。外戚張一族は、3度にわたる賜与で和遠・宝源店の如き代表的官店を所有することによって巨額の収益をあげ、北京の商品流通に対しても絶大な影響力を持つに至ったと考えられる。

(57) 『明史』巻三〇〇、汪泉伝。

(58) 『明英宗実録』巻一九四、景泰元年七月癸卯、「以大興縣三里河菜園地六十三畝・房屋十五間、賜錦衣衛指揮汪瑛」。

(59) 『明英宗実録』巻二〇三、景泰二年四月辛巳の条により、この葉盛の上奏の時期が判明する。

(60) 註（59）参照。

(61) 註（3）前掲の佐久間論文「明代における商税と財政の関係（一）・（二）」（二）の48頁。『明史稿』巻一六〇、葉盛伝には、「京城市廛悉勲戚所置、月徴其

税、(葉)盛以國用不給、請籍之於官、以其税佐軍餉。皆從之」とある。『明史稿』の編者が何に基づいたのかは目下のところ確定できないが、「市廛」の所有者である勳臣・外戚が毎月徴収する門攤税と把えていたようである。

(62) 『明宣宗實録』巻五五、宣徳四年六月壬寅の条および、『明英宗實録』巻一五〇、正統十二年二月癸巳の条。

(63) この部分を『明英宗實録』巻二〇三、景泰二年四月辛巳の条では、「按季收鈔、以資軍餉」と明瞭さを欠いた表現を取っている。

(64) 佐久間は註(1)前掲論文106頁で、「該抽貨物、各官親屬斟酌抽取、不許容留親戚、詐稱家人、在店攪擾」の「各官」を官店の運営あたる「主務官」=「殷実の大戸」と理解されているようであるが、これは賜与された官店の所有者である身分的特権者のことであろう。

(65) 註(30)前掲の新宮論文「明初北京への富民層強制移住について——所謂『富戸』の軌跡を中心に——」の三、移住者後裔の軌跡、のちに同『北京遷都の研究』汲古書院、2004年、附篇1に収録参照。

(66) 『明英宗實録』巻二九、正統二年四月壬申、「太監僧保・金英等恃勢私創塌店十一處、各令無頼子弟、霸集商貨、甚爲時害。事聞、上命錦衣衞同監察御史治之。御史孫睿・千戸李得奏、將物貨存者給主、賒負者令錦衣衞徴究。有旨、從之。(下略)」。

(67) 加藤繁「宋代の商習慣『賒』に就いて」『支那経済史考証』下巻、東洋文庫、1952年収録、原載1944年。

(68) 『明英宗實録』巻二五、正統元年十二月甲申、「駙馬都尉焦敬令其司副李昊、於文明門五里建廣鯨店、集市井無頼、假牙行名、詐税商販者、錢積數十千、又於武清縣馬駒橋遮截磁器魚蝦數車、留店不遣。又令闔者馬進於張家灣・溧陽・閘河(揚州)諸通商販處、詐収米八九十石、鈔以千計(下略)」。なお、公主の女婿たる駙馬都尉は、すでに商業などを営む金持ちの子弟が内官に対する賄賂などによって選ばれることが多かった。『明孝宗實録』巻一〇三、弘治八年八月甲戌の条に見える例は、物議をかもし賄賂工作が失敗に終わった例であるが、当時の一般的趨勢を知ることができる。

(69) 註(48)前掲の新宮論文「明代の牙行について——商税との関係を中心に——」、本書第三部第10章収録参照。

(70) 李賢『古穰集』巻二五、「天順日録」、「會昌侯弟顯宗家人私起店房、專利以病

客商。事聞、上召(李)賢曰、皇親豈可如此。法之不行、自上犯之。賢對曰、若陛下以至公斷之、誰不畏服。乃命毀其房、家人抵法、顯宗姑免其罪而戒之」。

(71)　『明史』巻三〇〇、外戚列伝、孫忠伝。
(72)　正徳『大明会典』巻三六、戸部・塩法「事例」の洪武二十七年の記事。また『明太宗実録』巻一〇九、永楽八年十月乙未の条にも、公・侯・都督の家人子弟の塩の開中行為に関連して「朝廷申明舊制、四品以上官員之家、不許與民爭利」とある。なお中山八郎「開中法と占窩」『池内博士還暦記念東洋史論叢』座右宝刊行会、1940年によれば、正統年間になると律文を無視して勢要官員が公然と親属家人の名義で開中を行なうようになったという。当該時期、彼らは身分的特権を利用し様々な商業活動に関与し始めていた。
(73)　明代中期、とくに商税官庁へ監督官として御史と戸部主事を派遣することの可否をめぐって論議が繰り返されたことについては、あらためて考察を加えることにしたい。
(74)　南京の例では、『明英宗実録』巻二二〇、景泰三年九月辛卯の条に、内官が上奏して塌房を求めた例、『明英宗実録』巻二四〇、景泰五年四月己酉の条に、勢要の家が上新河や水西門の官地に塌房を勝手に設けた例。両京以外では、『明英宗実録』巻二〇一、景泰二年二月丁酉の条に、河西務や直沽(天津)で無頼が「皇親及び内官の家人」と詐称し客店を経営していた事例等が見える。
(75)　『明英宗実録』巻一八七、景泰元年正月辛丑、「戸部奏、舊制民間錢糧、親自送納、其有無賴包攬者、處以重刑、籍沒其家。今在京官舍軍民中多有無賴之徒、於直沽・張家灣・良郷・盧溝橋諸處、俟候送納之人經過、邀至酒肆或倡優之家、多方引誘包攬代納(下略)」。
(76)　新宮学「明代北京における鋪戸の役とその銀納化——都市商工業者の実態と把握をめぐって——」『歴史』62輯、1984年、本書第二部第4章収録参照。
(77)　李華編『明清以来北京工商会館碑刻選編』文物出版社、1980年の「前言——明清以来北京的工商業行会」参照。

〔補記〕
　本章の原載は、東洋史研究会発行の『東洋史研究』49巻1号(1990年6月)である。
　本論では、明代北京をめぐる商品流通における官店塌房の占める重要な役割につい

て考察した。正徳『大明会典』巻三二に載せる「収税則例」が、一般的な商税則例ではなく官店塌房の収税則例であることを明らかにし、この則例に載せる商税額を30倍にすることにより当時の物価が推定可能なことを指摘した。この指摘をもとに、高寿仙は「明代北京三種物価資料的整理与分析」『明史研究』9輯、2005年において、この収税則例から算出した物品価格表を作成し、万暦『大明会典』巻一七九、刑部「計贓時估」や『宛署雑記』中の物価資料との比較を試みている。

第9章　明代後半期江南諸都市の商税改革と門攤銀

はじめに

　明代中期、特に16世紀以降の中国社会においては、貨幣経済・商品生産の急激な展開が見られた。この展開を示す諸事象[1]が従来様々な角度から明らかにされているが、都市化（Urbanization[2]）の徴証としての市鎮数の増大もその一つである。

　近年（1988年当時）、劉石吉は明清時代の江南市鎮に関し包括的な数量分析を行ない、その結果をもとに宋代以降15世紀末を市鎮の萌芽と形成期、16世紀から18世紀までの300年間を安定成長期、19世紀以降——特に中葉以後——を急速に成長した極盛時代と位置づけた[3]。

　一方、川勝守は明末清初期江南の鎮市の行政的位置に関する考察を試み、松江府や蘇州府に見られる市鎮の増加や経済発展の中で、そこに設けられた商税徴収や治安警察などの行政的施設としての税課局や巡検司の廃止・縮小傾向に注目した[4]。その上で、かかる傾向を県城に比較した「鎮市そのものの経済的進展の下での、その行政的地位の低下」（75頁）と把え、これを江南糧長層の郷紳身分獲得と郷紳の県城居住（城居地主化）という事態とに関連させて論じた。

　川勝によれば、郷紳の県城居住には「正しく州県衙門と取引し、その権力を把持して、特権的かつ極めて暴力的な土地集積を実現するためでもあり、一方では、州県衙門が有する警察力を自己の地主収奪の維持に動員する狙いがあった」（83〜4頁）としており、明末の郷紳的土地所有の形成という視角から、税課局や巡検司の廃止・縮小という事態を議論の俎上に載せたのであった。

　これに対して夫馬進は、「鎮市の行政的地位低下」説の前提となる事実自体

276　第三部　牙行と商税

に検討を加えた(5)。第1に、税課司局については『明史』巻八一、食貨志・商税の項にも言及している明代中期以降の税課司局の廃止・合併傾向の存在を認めたうえで、この傾向は、鎮市のそれに限定されたものではなく、府州県城内外（府州県城の都市部）に設置されたそれをも含めた一般的傾向であること。第2に、巡検司については、松江府を例に明代と清代とを対比して、その廃止・縮小傾向の存在を否定した。

　本章の課題と直接に関わる税課司局の問題に限れば、後述するように夫馬の批判は妥当なものと言わねばならない。それゆえ、少なくとも1979年の時点においては、郷紳的土地所有論の上に立つ川勝が提起した「鎮市の行政的地位低下」説は、重大な疑問を突き付けられたと言えよう(6)。とはいえ、これで問題が解消したわけではない。明代後半期、社会の急激な都市化や都市商業発展の中で、一見矛盾するかに見える府州県城や鎮市レヴェルに設置された税課司局の廃止・合併という事態は、この時期の商税改革の進展とも関連してあらためて問題とする必要があろう。

　その際、忘れてならないのは、こうした商税徴収のための官庁たる税課司局が廃止・合併されたにもかかわらず、商税額はその後も引き続き存在した事実である。従って、税課司局の廃止・合併後、府州県城・鎮市レヴェルの都市ではどのようにして商税が徴収されたのか、換言すれば、16世紀以降の都市発展の中で、国家が商工業者をどのように把握しようとしたのかという問題が解明されねばならない(7)。同時にかかる考察によって、初めて商税改革の背後に存するこの時期の都市商業構造自体の変化も浮き彫りにされるであろう。

　ところで佐久間重男は、1943年に「万暦年間の税課司局の減少は、商税の徴収を府州県各衙門において兼領せしめ、或は官吏を陶汰して他の税課司局に併合し、或は監督地位にある局を整理することにより、経費を節減し商税の増収を期せんとした為であろう」（36頁）と述べ、この時期の税課司局削減の要因が、経費節減という税課司局運営上の問題にあるという仮説を提出していた(8)。

　一連の佐久間の商税研究に依拠したことを明言する川勝も、鎮市課税局の廃

止とそれに伴なう税課局大使等の革除という事態には、「行政官そのものの定員削減問題」(77頁) が存在していたことを認めつつも、これに関しては何ら検討を加えていない。その一方で、税課司局以外の別系統の商税徴収——具体的には鉱税の禍における宦官による商税徴収——の考察を進め、先の「鎮市の行政的地位低下」説を導き出したのであった。

本章では、佐久間の仮説を踏まえて、税課司局の廃止・合併の要因を税課司局運営それ自体に即して考察し、本来であれば、商品流通量の増大による商税の自然増収が期待される中で、税課司局の経費削減が問題となるメカニズムを解明することから始めたい。次いで、税課司局内廃止・合併傾向の中で、新たな商税徴収方法として模索されたこの時期の商税改革——門攤課税銀の成立について——江南の諸都市を対象に考察する。さらに、この門攤銀の負担者となった牙行や鋪戸など都市商人に対する課税強化の動きや、それに対応した商人側の動向についても論及したい。

1　税課司局の廃止・合併傾向

税課司局は、竹木抽分局や鈔関と並んで明代の主たる商税徴収機関である。後者が交通・運輸上の主要な幹線ルートに設けられたのに対し、前者の税課司局は、全国各地のいたるところの都市的空間に設けられた。府城レヴェルに設けられたものは税課司と呼ばれ、州・県城や鎮市レヴェルのものは、税課局と呼ばれた。税課司局には、大使 (従9品) や副使が置かれ、所属の官攢 (胥吏) や巡攔 (職役) が徴収事務にあたった[9]。

徴収された商税には多くの税目があるが、一般に「課程」や「税課」と総称される。正徳『松江府志』巻八、田賦・税課に見える府内税課司局の永楽十五年 (1417) の統計を例に挙げれば、その内訳は、商税鈔 (72.8%)、門攤鈔 (14.1%)、酒醋鈔 (8.3%)、魚課鈔 (2.7%)、房屋賃鈔 (1.8%)、果木租鈔 (0.3%)、契本工墨鈔 (0.0%) に分かれる。また弘治元年 (1488) の場合は、商税鈔 (90.8%)、門攤鈔 (1.4%)、酒醋鈔 (4.5%)、) 魚課鈔 (2.0%)、房屋賃鈔 (1.1%)、

278　第三部　牙行と商税

表 9-1　税課司局の地域・年代別裁革数

地域別 南北直隷・各布政使司	年代別裁革数					現存数	万暦十三年	原設数 弘治以前	削減率 %
	弘治	正徳	嘉靖	隆慶	万暦	小計			
北直隷	7	2	2		3	14	12	26	53.8
南直隷	5	15	30		12	62	20	82	75.6
浙江		28	18		2	48	12	60	80.0
江西			23		3	26	7	33	78.8
湖広			9		10	19	7	26	73.1
福建			18		4	22	1	23	95.7
山東	5		23		5	33	11	44	75.0
山西		4	3			7	4	11	63.6
河南		6	1		3	10	6	15[1]	66.7
陝西[2]		9	2		2	13	13	26	50.0
四川[2]			7			7	3	10	70.0
広東			2		2	4	1	5	80.0
広西			2			2	3	5	40.0
雲南			2	1		3	7	10	30.0
貴州						0	4	4	0.0
合計	17	64	142	47		270	111	380[1]	71.1

(1) 裁革数に現存数を加えても原設数に合致しないのは、帰徳税課局が嘉靖24年に添設されたためである
(2) 都司、行都司を含む

果木租鈔（0.2％）契本工墨鈔（0.0％）となっている。この大半は、通過税や住売税からなる狭義の商税課鈔と、のちに問題とする門攤課鈔などとの所謂商税部分からなっている。従って、本章では特に断らない限り税課司局で徴収された課程を、広義の商税と理解して用いる。

　明初各地に設けられた税課司局は、『明史』巻八一、食貨志・商税に「税課司局、京城諸門および各府州縣市集多くこれ有り、凡そ四百餘所。其の後以次十の七を裁併せり」と記されている如く、中期以降大幅に削減された。この食貨志の記述の根拠となったのが、万暦『大明会典』巻三五、戸部、課程・商税「税課司局」の記載と思われる。そこには各地の「見設司局衙門」と「裁革司局衙門」のリストが載せられており、これを整理したのが表9-1である。現存・裁革を合計した税課司局数は380であり、『明史』の400餘所という記事

ともほぼ一致している。但し『大明会典』のリストには、弘治以前に裁革された税課司が全く記載されていない。おそらく洪武初年には400餘所をはるかに上回る、1,000所に近い税課司局が存在していたものと思われる[10]。

さて、『大明会典』の「裁革司局衙門」のリストの中には、府州県城内外の都市部に設けられた税課司局も数多く含まれており、先の夫馬の松江府や蘇州府を例にした指摘が、全国的に見ても妥当であることがあらためて確認される。またこの表9-1から読み取れる事実は、(ⅰ)郷紳の城居地主化か顕著に見られた江南デルタに限らず、ほぼ全国各地で裁革が進行していること、(ⅱ)時期的には特に正徳・嘉靖年間(1506～66)に集中していること、(ⅲ)嘉靖年間になると府の税課司も裁革され、従来の県城・鎮市レヴェルの税課局廃止による府税課司への合併から新たな段階に進んだこと、などである。こうした点から見て、税課司局裁革の問題をめぐっては、当該時期全国的に共通する要因が捜し求められねばならない。

最初に、松江府上海県を例に裁革の要因について検討を加える。上海県には、従来本県税課局・新涇税課局・烏泥涇税課局の3局が置かれていたが、嘉靖初年の段階で その人員削減を求める意見が現れている。嘉靖三年の序を有する『上海県志』巻二、貢賦・税課の記載がそれである。

> 自権酤而後有酒税、自税間架而今有房屋賃鈔。或以爲設二三官吏司一局、取辦百金、其稟禄亦畧相當此。蓋欲省冗員、而朝家用人之途、其微意豈可輕測也。

税課局一局の銀に換算した歳額商税は100両ほどで、そこに置かれた2、3の官吏の俸給に相当する額でしかなかった[11]。

このため、地方志の編者は、税課局の冗員削減を求める意見を紹介しているのであるが、結局は官員の配置は中央政府の権限に属するとして、その削減の実施を留保している。しかし実際には、嘉靖二十二年(1554)に烏泥鎮に設けられていた烏泥涇税課局と唐行鎮の新涇税課局が廃止され、さらに隆慶元(1567)年には県市の本県税課局も廃止された[12]。従って、上海県の場合、税課局の廃止はいずれも官員配置に見合うだけの課鈔が徴収されていないという

表 9-2 常州府年次別課程額の推移

年次	課程銭鈔額	鈔換算額	銀換算額
洪武 10 年（1377）	銭鈔 76,470,171 文	76,470 貫	76,470 両
永楽 10 年（1412）	鈔 82,791 錠 4 貫 780 文	413,959 貫	5,174 両
成化 18 年（1482）	鈔 54,468 錠 274 文 銅銭 544,687 文	544,683 貫	2,723 両
嘉靖 16 年（1537）	鈔 49,856 錠 4 貫 863 文 銅銭 498,576 文	498,572 貫	1,496 両（折銀徴収額）
万暦 30 年（1602）	鈔 49,863 錠 2 貫 239 文 銅銭 498,609 文	498,621 貫	1,409 両（折銀徴収額）

典拠：万暦『常州府志』巻 7 銭穀志・征権　換算率は表 9-3 参照

商税徴収上の問題に起因していたと考えられる。

こうした問題は、一上海県のみに止まらず各地に共通して見られた。さらに一例を挙げれば、万暦『金華府志』巻八、田賦・課程には、

　　我朝本府各縣課鈔、置税課局設大使領之、有巡攔等役。（中略）近年因計該局官吏歳廩之費、反踰収税之數、革去各官吏、課額附縣帯辦（下略）。

とある。浙江金華府においても、「近年」税課局における官吏の 1 年間の人件費が、課程額を上回るという事態が生じていた[13]。このため税課局廃止と所属官吏の削減が行なわれ、課程額を県に移管して辦納する方法に改められた。万暦『大明会典』巻三五、税課司局によれば、金華府では、蘭谿・東陽・義烏・永康・浦江の各県税課局が正徳二年（1507）に廃止され、さらには本府税課司も嘉靖四十二年に廃止された。従って、ここにいう「近年」とは正しくは正徳年間を指すことが明らかである。

それでは、貨幣経済・商品流通の進展が見られ、本来ならば商品流通量の増大による商税徴収額の増加が期待されるこの時期、何ゆえにこうした事態が生じたのであろうか。最初に考慮に入れなければならないのは、商品流通量の増大に見合う形で、各税課司局の商税額が増加していない事実である。表 9-2 は、常州府の各年次の課程（商税）額の推移を示したものである。交鈔回収のため商税鈔額の増大が企てられた永楽十年の例外を除いて、鈔法維持策が放棄された成化以降では、その額は一応固定化している。こうした事実は、一般に前近

代中国の国家財政に特徴的に見られる租税徴収の原額（定額）主義に基づくものである[14]。しかしながら商税額の固定化という事実からだけでは、前述の上海や金華府において新たに出現した事態を、十分に説明し尽くすことはできないように思われる。そこで当該時期に出現した新たな事態と関連して指摘しなければならないのは、商税鈔の銀納化に伴なう問題である。この問題を検討するに先立ち、商税鈔が銀納化される過程について概観したい[15]。

2 商税銀納化をめぐる問題

明代商税制度の淵源は、至正十八年（1358）十二月婺州（金華府）を下し、浙東地生集団との接触を開始したばかりの朱元璋が、その地に分省を置き寧越税課司を設けたことに始まる[16]。次いで二十年十二月に酒醋課、翌年二月には塩課・茶課[17]が、二十二年十月には狭義の商税課も創設された[18]。これらは、言うまでもなく当面する軍事費調達のための財源として創設されたものであり、主として銅銭で、時に現物で徴収された。

明朝成立後もこれらの商税は存続したが、洪武八年（1375）大明宝鈔が発行されるに及んで銭3割・鈔7割の比率で徴収することが義務づけられた[19]。これ以後商税は、次第に財政面よりも鈔法維持のための通貨政策としての性格を強めていく。特に洪武二十七年八月の詔により、銅銭の使用が禁止され商税の徴収も鈔に一本化してからは、ますます鈔法維持策の色彩を強めた[20]。鈔の下落が顕在化した洪熙・宣徳年間（1425〜35）には、門攤課鈔の増収、塌房鈔の徴収、鈔関の創設により、鈔の回収と流通を図った。その結果、正統年間（1436〜49）までは表面的には流通していたものの、それ以後漸次不通となり、民間では全く用いられない有様であった[21]。このため、成化元年（1465）には、商税は銭・鈔中半兼収に改められた[22]。

その後弘治元年（1488）二月に至り、商税の折銀が初めて許可された[23]。しかしこの決定は、河西務・臨清・淮安・揚州・蘇州・杭州・九江・金沙洲（武昌府）の8鈔関と淮安・揚州・臨清・蘇州・杭州・劉家隔（漢陽府）・正陽鎮

（鳳陽府）の税課司局など、主に大運河や長江沿いの一部地域に限られており、北京の崇文門や南京の上新河および張家湾など多くの税課司局では、旧来どおり銭・鈔が兼収されていた。また折銀の許可された地域でも、すぐに銀納化が普及したわけではなかった。例えば、銀納の認められた弘治元年から約半世紀をへた嘉靖四年正月の時点で、浙江巡按御史潘倣が銭・鈔の不通を理由に杭州等の府州県の商税折銀を提案し、許可されている[24]。こうした事例から判断して、江南の各地で商税銀納化が一般的に普及するのは、嘉靖年間（1522～66）に入ってからのことと推測される。事実、嘉靖以前の地方志に載せる商税額には銀額を付したものは見当たらないが、正徳元年序、嘉靖二十一年後補刊本『姑蘇志』巻一五、田賦・商税[25]や嘉靖二十九年刊『寧波府志』巻一二、貢賦・課程鈔のように、嘉靖以後の地方志では折銀額をも付したものが一般化するのは、かかる推例を裏づけるものである。

ところで、江南を始め各地で普及した商税銀納化は、単なる納入貨幣の変更に止まらない結果をもたらした。それは、商税額の実質的目減りという問題である。先に紹介した『金華府志』巻八、課程の中略した部分には、

> 歲辦諸色課程幷商稅課程五萬六千五百五十一錠一貫五百一文。其後鈔虛價賤、諸收鈔者、多依原價收銀、惟課程收鈔如故。其後鈔壅不行、價益以賤、乃以課鈔降依時價折銀、視原價不及什之一、此祖宗寬大之政、固已遠過宋元矣。（傍点は引用者、以下同様）

とある。鈔の下落のため他の税賦が公定比価により折銀された後も、鈔法維持策と密接な関連を持たされていた課程鈔の場合、折銀化が最も遅れた。その間に鈔はますます下落を続けたため、折銀の際には原来の公定比価の10分の1にも及ばない、その時点の市場価格で換算され、商税額の実質的な目減りを引き起こしたというのである。

次の表9-3は、課程鈔1貫に対する折銀率の推移を示したものである。この表の課程鈔には、鈔関の船料鈔や戸口食塩鈔も含まれているが、大勢は知られるであろう。これによれば、鈔の市場価格の下落に応じて折銀率は急速に低下しており、『金華府志』が指摘する公定比価の10分の1以下どころの騒ぎでは

表9-3 課程鈔1貫の折銀率の推移

年　　　次	折銀率（両）	対　　象	典　　　　拠
洪武8（1375）年	1.000	公定価格	正徳『大明会典』巻32 鈔法
永楽5（1407）年	0.0125	税糧・課程	同　上
宣徳4（1424）年	0.01	課程・鈔関	正徳『明会典』巻32 課程
成化16（1480）年	0.005	鈔関（臨時）	『明憲宗実録』同年正月庚戌の条
弘治元（1488）年	0.003	課程・鈔関	正徳『大明会典』巻32 課程
嘉靖4（1525）年	0.003	課程	万暦『常州府志』巻7 征榷
嘉靖6（1527）年	0.0011	戸口食塩鈔	万暦『鎮江府志』巻6 塩鈔
隆慶元（1567）年	0.0006	課程	万暦『江寧県志』巻3 雑賦
万暦6（1578）年	0.002	課程	万暦『杭州府志』巻30 課程

なかった。洪武八年鈔法制定時の公定交換レート鈔1貫＝銀1両に比べて、税課司局で一部銀納化が始まった約100年後の弘治元年には、鈔1貫＝銀3釐と約300分の1以下となっている。

　従って、銀納化が一般化する明後半期までのあいだに税課司局等の商税額の実質的目減り、商税納税者の立場から見れば「減税」という思わぬ結果がもたらされたと言えよう[26]。もちろん、こうした事態の恩恵を納税者がすべて蒙ったわけではなく、一方では、徴税事務に携わる官員や胥吏の手数料に相当する部分の目減りを補うべく、不正徴収の普遍化をも惹起したことを忘れてはならない。とはいえ、かくして銀納化が全国的にも普及した嘉靖年間以降、商税額の実質的減少、それに伴なう人件費問題の顕在化によって、各地の税課司局の存廃が、地方政治上の問題として浮かび上がってきたのである。当初は、県城・鎮市レヴェルの税課局の府税課司への合併による人件費削減という形で事態は進行した。

　以上の考察により、当該時期の税課司の合併・廃止が、明朝の商税政策それ自体の問題——より正確に言えば、租税徴収の原額主義の問題とともに、鈔法施行後の明前半期の通貨政策と密接な関連を余儀なくされていた商税徴収が、その制約から解き放たれ銀納化する過程で生じた問題——に起因していたことが明らかとなったであろう。

3 都市商税改革と門攤課税銀の成立

（１）蘇州・常州両府の改革

　明代後半期、銀納化による商税額の実質的減少に伴ない、税課司局の運営に必要な人件費に相当する額さえも徴収できない事態を迎え、各地でその合併・廃止を求める議論が出現した。しかし、実際に税課司局が廃止されるためには、これに替わる新たな商税徴収方法が模索されねばならなかった。というのは、税課司局の合併や廃止は、人員の削減や建物の廃止ではあっても、商税自体の撤廃を意味せず、旧来の商税額はそのまま残されたからである[27]。税課司局に替わる新たな商税徴収方法を創始した改革として、ここでは最初に、蘇州および常州府における嘉靖四年（1525）の商税改革について考察したい。

　嘉靖二十一年後補刊の正徳『姑蘇志』巻一五、田賦・商税には、

　　國朝在城設税課司、呉縣・長洲・呉江・崑山・常熟・嘉定・同里・崇明各設税課局、司局凡九。歳辦錢二萬四千二百三十九萬有奇。弘治十六年又添太倉州税課局、司局凡十。歳辦鈔八萬二千二百五十七錠、折錢八十萬二千五百有奇、司局各辦有差。〔嘉靖四年知府胡纘宗改議、於城市各行舗戸辦納門攤折徵鈔銀、各州縣毎年共銀五百四十九兩有奇、遇閏月加銀四十七兩有奇。〕〔　〕内は嘉靖後補刊本で増補された部分

とあり、10ヶ所の税課司局を有する蘇州府では、嘉靖四年に知府胡纘宗が改革を行ない、県城や鎮市[28]の各業種の舗戸（店舗商人）から「門攤折徵鈔銀」を徴収したことが見える。同一系統の記事は、万暦『常熟私志』等にも載せるが、『常熟私志』巻三、叙賦・商税では、先の引用部分に続けて「税課局廃す」とある点が注目される。即ち『姑蘇志』の記事では、舗戸から徴収した門攤毎折徵鈔銀と従来の税課司局との関係が不明であったが、この『常熟私志』を参照することにより、胡纘宗の改革が、税課局の廃止と密接な関連を有していたことが判明するからである。因みに蘇州府では、弘治十八年にすでに崇明県税課局が廃止されていたが、嘉靖年間以降、他の税課司局も次々と廃止された。

万暦『大明会典』巻三五、戸部、「税課司局」によれば、三十九年には長洲と呉県の2局、四十一年には常熟・呉江・嘉定・太倉州の4局、隆慶二年は本府税課司も廃止され、府内には税課司局が一つも無くなっている[29]。

常州府でも蘇州府と同時期に改革が行なわれた。万暦『常州府志』巻八、銭穀志・征榷は、先の『姑蘇志』に比べやや詳しく改革の内容を記している。

> 嘉靖四年奉例税課司門攤・酒醋諸課、革去行市之税、于市鎮湊集去處、將各牙行鋪戸、照鈔錢原額、編為排冊、折銀徵貯、毎鈔一貫折銀三釐、毎錢二文折銀三釐、（中略）俱四季解納、著為令。

常州府下では、嘉靖四年商税銭鈔の銀納化と並行して、門攤課や酒醋課などの商税のうち、税課司局が流通する商品に一々課税する「行市之税」を改めて、県城や鎮市の牙行・鋪戸に割り当てる門攤科派方式（後述）を採用した。

蘇州・常州両府で実施された嘉靖四年の改革については、佐久間重男も同じく『姑蘇志』や『常州府志』を用いてすでに論及している[30]。そこでは、「門攤税は嘉靖四年（1525）に、鈔一貫が銀三厘、銅銭二文が銀三厘の割合で鈔・銭に代って銀納に改められた」と述べる如く、門攤税の鈔・銭納から銀納への変化としてのみ把えている。しかし、『常州府志』で「行市の税を革去する」と明記しているように、この改革は銀納化のみに止まらない徴税方法の変更を含むものであった。

この点は、常州府の属県江陰県の改革を参照することにより一層明瞭となる。嘉靖『江陰県志』巻四、課程には、

> 國初商税等項課鈔、俱驗貨批收、歲運南京戶部交納、計鈔一萬一千九百四十一錠三貫四百四十文・銅錢一十一萬九千四百一十六文。嘉靖四年巡按御史朱寔昌以征税煩擾、更為門攤、令牙行四季收貯本縣、歲終起運故數。

とあり、ここでは銀納化に関する言及がなく逆に徴収方法の変更が強調されている。この記事に見える商税額は、万暦『常州府志』巻七、銭穀志・征榷に載せる成化十八年の「江陰縣税課局正辦課」の鈔および銅銭額と同一である。その内訳は、狭義の商税課が94.0％を占め、門攤課は3.1％に過ぎなかった。因みに常州府全体でも、商税課は82.0％に対し門攤課は6.7％であり、この比率

286　第三部　牙行と商税

は江陰県のみの特殊な事例ではなく、一般的なものと言ってよい。従って、課程額の大部分は、従来狭義の商税課として税課司局の巡攔等による検査をへて、個々の商品に対して課税徴収されていた。この煩瑣な徴税手続[31]を改めて、課程額全体を牙行や鋪戸に対する門攤科派方式としたのが、嘉靖四年の巡按御史朱寔昌の改革の主眼であった。改革により、これまで客商と都市商人との双方によって負担されていた商税が、牙行や鋪戸など都市商人に対する課税としての性格を強めたと考えられるが、この点についてはあらためて後述する。また、商税課・酒醋課・門攤課など種々の科派方法からなる課程が門攤科派に整理・一本化された点は、この時期の一条鞭法に見られる税役制度の一条化（徴税方法の合理化[32]）とも共通の傾向を看取できよう。なお『江陰県志』では、銀納化のことに言及していないものの、『常州府志』の記事から明らかな如く改革は銀納化も伴なっており、その歳額は銀358両餘であった。

　それでは、税課司局の大使・副使——官攢・巡攔の系列による商税徴収に代わる門攤科派方式とは、如何なるものであったろうか。万暦『嘉定県志』巻六、貢課には、

　　一門攤、本縣額編鈔銀二百五十九兩（錢以下は省略）。毎年於城市・郷鎮鋪店門面派徵、支給太・鎭二衛官軍幷本縣官吏俸鈔之用。

とあり、また嘉靖『呉江県志』巻九、食貨志・貢賦にも、

　　商税鈔、（中略）嘉靖四年知府胡纘宗改議、於城市各行鋪戸、辦納門攤課鈔、差其上中下爲三等、三年一編。

とある。前者によれば、門攤撒科派の基準が県城や鎮市の店舗の「門面」(マグチ)にあったことが確認される。おそらく各業種の鋪戸は、店舗の間口の大小に象徴される資本評価に基づいて上中下3等にランクづけされていたのであろう。この鋪戸の戸等評価に基づいて作成されたのが、先に引用した『常州府志』にも見える「排冊」で、3年毎に編成し直した。但し、この3年に一度の評価替えは、嘉靖四年当初から実施されていたのではなかったようである。万暦『武進県志』巻四、銭穀・征椎の嘉靖十六年の条には、次のような割註が付されている。

　　知府應檟議、各司局鈔錢初皆徵於商税・門攤等項。此法既弛、巡攔人役假

名徴税、白日攘人於市、而奪其貨。自嘉靖四年折銀起解後年久、中間牙行消長不常、未免陪欠。各縣通行査照前冊審編、消乏者開除、新立者頂補、務足前額之數。以後毎三年一編。

これによれば、常州府では嘉靖十六年知府應檟の提案により、牙行をはじめとする各店舗の消長の調査と、それに基づく排冊からの削除・補充が制度化された。序でながらこの記事では、嘉靖四年の改革を税課司局に置かれていた巡攔の徴税の名を借りた収奪の問題と関連させて述べている点も注目される。門攤科派方式の採用は、従来煩雑な商税徴収の実務に直接携わっていた巡攔の役割を不要なものにしたことから、こうした徴税をめぐる弊害も一定程度改善されたであろう[33]。

（２）南直隷・浙江各府への普及

嘉靖四年蘇州・常州両府で銀納化と並行して実施された商税改革は、その後各地に普及していった。

始めに南直隷について見ると、松江府では嘉靖十六年に商税が銀納化され、それに伴ない改革が実施された[34]。その経緯については、万暦『上海県志』巻三、賦役志・税課が詳しい。

嘉靖十六年本縣及新涇・烏泥涇三税課局歳辦課程鈔一十六萬九千六百三十貫七百文、毎貫折銀三釐、該銀伍百八兩八錢九分二釐一毫。歳於均徭内編巡攔銀二百八十八兩、餘二百二十兩八錢九分二釐一毫出於店戸。（中略）嘉靖三十三年革新涇・烏泥涇二税課局。（中略）嘉靖四十三年革本縣税課局。

上海県では、本県・新涇・烏泥涇の三税課局の商税額は508両餘であった。内288両を「均徭内編巡攔銀」で充当し、残りの220両餘を門攤科派により舗戸に負担させた。均徭内編巡攔銀とは、均徭銀中に含まれる巡攔の役銀（工食銀）のことである。従来、巡攔を雇用する際に支払われていた工食銀を商税額に充当したのは、門攤科派が実施されて巡攔が用いられなくなったためである。この巡攔の廃止に続いて、嘉靖三十三年に新涇・烏泥涇の２局が、四十三年には

本県税課局も廃止された。従って、この改革の実施は税課局に代わる新たな徴税方法の創出を意味していたのである。

鎮江府でも舗戸への門攤科派方式が実施されたことが、万暦『鎮江府志』巻六、賦役志・諸課の「万暦十七年経賦冊」によって知られる。

> 門攤課税歳該銀三百八十三兩（中略）。毎年各屬于城市郷鎮凡開張店舗之家、審其生業、分別等則派徴。各有定額、不得分毫加多。徴完、盡留支給鎮江衛官軍幷有司官吏俸鈔之用。

このほか寧国府下の各県でも、万暦初年には商税課や門攤・酒醋課などすべての税課鈔が銀納化され、舗戸の負担に改められている[35]。

次に、浙江における普及状況を見よう。杭州府の場合、万暦『杭州府志』巻三〇、田賦・課程によれば、附郭の仁和・銭塘両県では門攤科派の実施を確認できないものの、府下の海寧・富陽・新城・餘杭・於潜・昌化の各県でその実施が確認できる。海寧県では、万暦六年の本県税課局の商税折銀額は226.3両餘（分以下4捨5入）であった。酒醋課鈔銀9.6両を除いた残り216.7両を、県市（102.1両）袁花鎮（14両）転塘鎮（31.9両）郭店鎮（68.7両）がそれぞれ負担している。さらに各市鎮でどのように負担したかを見ると、県市の場合、

> 派縣市該銀一百二兩八分（中略）、巡攔八名、内存局一名、催辦七名役銀五十六兩抵鈔、餘銀四十六兩（中略）、均派縣市舗行出辦。

とあるように、県市に置かれていた巡攔8名のうち、1名を県局に残して他の催辦にあたった7名を雇用せず、その分浮いた人件費の役銀56両を商税に充当し、その不足分46両餘を県市の舗行（舗戸・牙行）に科派している。他の袁花鎮・転塘鎮・郭店鎮でも同様であった。これは、先に見た上海県の場合と同一であり、ここでも巡攔の廃止と門攤科派とが、表裏一体の関係を有していたのである。海寧県には、この本県税課局の外に、赫山税課局（160.1両）硤石税課局（81.6両）長安税課局（202.8両）が存在していた。しかし前者は正徳二年に、後二者は嘉靖四十五年に廃止され[36]、残された商税の原額は、県局と同様、巡攔の役銀と舗行の負担により充足させている[37]。

嘉興府では、嘉靖二十八年以前にすでに商税の銀納化か確認される[38]。そ

の徴収方法については、万暦『嘉興府志』巻八、課程に、

> 本府税課司（折銀約一九三・五両）徴収牙行・税商、不敷、於年編巡攔八名役銀六十四両内包補足額、解府轉解。

と述べるように、牙行と税商——おそらく当該地域で有力な綿花商を指すか——より徴収し、その不足分を巡攔の役銀によって補っている。また附郭の嘉興県の場合には、税課局が置かれてはいなかったが、

> 新増代徴風涇税課局（約九三・七両）、（中略）於王店・新豊・新行・鍾帯・白馬堰五鎮花市鋪行出辦。如有不足、在于額編巡攔五名役銀二十両包補、解府轉解。

とあり、県内五鎮の綿花市の鋪戸や牙行が、嘉善県の風涇税課局の商税額の一部を負担し、その不足分を巡攔の役銀で補った。しかし実際には、嘉興府では本府税課司を除き、属県の税課局は嘉靖四十五年にすべて裁革されており、局内の巡攔も廃止されていたはずであるから、上海県と同様、巡攔の役銀を全額商税に充当し、その不足分を鋪戸や牙行に科派していたのであろう[39]。

　湖州府下でも、万暦年間に商税の牙行や鋪戸への科派が行なわれた。附郭の帰安県の千金税課局は、嘉靖四十五年に廃止されたが、その商税銀84.8両餘は、菱湖鎮などの牙行や鋪戸が負担した[40]。この負担の実態については、光緒『菱湖鎮志』巻四二、事紀・明に載せる嘉靖十七年の進士孫銓の「又與任邑侯書」に言及がある。

> 僕里居菱湖、近以編徴課鈔致瀆台神。謹以一得之愚、敢煩清覽。竊惟沿湖岸鋪及湖内舟船商賈湊集、總之各行不下百餘戸。而歳額僅三十六金、九牛一毛耳。僕輩荷豪宥免。夫有免者、則有倖免者、又有編及僻隘寡市者、或手藝寄居者。請無論士庶一概起輸、即終歳大以錢計、小者分毫足矣。而僻者寄者悉從貧宥。平天下之政、此亦其一也。

菱湖鎮には、各業種の鋪戸が100餘戸以上存在していたが、鎮全体の商税の歳額は銀36両餘であった。驚くべきことに、郷紳からみて僅かな額のこの負担にも、郷紳の優免特権[41]が適用されていた。そのため、鎮内に居住し何らかの商業活動に関与していた郷紳孫銓の家も、その恩典に浴していた。こうした

有力鋪戸が優免される一方で、場末の寂れた市や外来の職人にも商税負担が及んでいた。そこで、孫銓は零細な鋪戸の負担を免除すべく、自ら商税優免の廃止を知県任道学[42]に提案したのであるが、その結末は明らかではない。また、康熙『徳清県志』巻三、官室考・属市、および巷四、食貨考・徴権「明制」によれば、本県税課局は嘉靖年間に裁革され、その商税銀73.6両餘は、新市鎮の糸綿牙行や鋪戸が負担している。

紹興府の場合、附郭の山陰・会稽を始め諸曁・餘姚・上虞などほとんどの県で税課局が廃止され、門攤科派による鋪戸の負担と巡攔役銀の充当に改められた。しかし蕭山県のみは、万暦十年代にいたっても魚浦税課局が存続し、商税の徴収が行なわれていたようである[43]。

これらの外にも浙江では、寧波府や金華府で税課司局の裁革に伴なう巡攔役銀の商税への充当、さらに不足額の牙行や鋪戸への門衛科派の実施が認められる[44]。

以上、嘉靖から万暦年間にかけて南直隷や浙江で商税改革の行なわれた地域の大半は、大運河沿いに位置している。この地域は市鎮の急激な増加にも示されるように、南直隷や浙江の中でもとりわけ都市化の進展が見られ、それに伴なう外来商人の都市定着も顕著な地域であった[45]。従って、税課司局の廃止と門衛科派の実施に特徴づけられるこの時期の商税改革は、正しく都市商業構造の変化に対応したものであったと言えよう。

4 門攤課鈔と門攤課税銀

前節では、嘉靖四年に実施された蘇州・常州両府の商税改革と、その後の嘉靖—万暦年間における南直隷・浙江地域への普及状況を明らかにした。経済的先進地帯に位置し、都市化の著しい両府で最初に実施されたこの改革は、江南の各地に普及していく中で、商税額・商品流通量の多寡や都市定着商業の発展の度合等に規定され、様々な偏差を伴なうものとなった。例えば、蘇州・常州両府では、税課司局の裁革に先立ち、商税を鋪戸や牙行に科派する門攤科派が

実施されたためであろうか、商税額に対する巡攔役銀の充当が行なわれた形跡が見られない。これに対し、両府の改革に学んだと考えられる後続の松江府上海県や杭州府海寧県などでは、税課司局廃止を前提にして商税額への巡攔役銀の充当が行なわれ、その不足分を門攤科派によって徴収している。

こうした差異を生じつつも、当該時期の江南の都市商税改革の基調として、①商税（課程）の銀納化、②人件費問題と絡んだ税課司局の削減・合併・廃止、③巡攔役銀（工食銀）の商税額への充当、④舗戸や牙行に対する商税の門攤科派徴収、が挙げられる。

この改革の結果、舗戸や牙行が負担した商税部分は、地方志等ではその科派方法に基づいて、門攤折徴鈔銀・門攤課税銀・門攤課鈔銀などと表記され、略して門攤税・門攤銀とも呼ばれた[46]。

ところで、所謂広義の商税としての課程の中には、すでに言及したように明初以来「門攤課鈔」と呼ばれる門攤税が存在していた。佐久間重男の「明代の門攤税と都市商業との関係[47]」と題する論考は、この税の制度的内容と主に北京・南京の両京や府州県城レヴェルの都市商業発展との関係を論じたものであるが、以下の如く要約できよう。

（ⅰ）門攤税は、北京・南京および各地の府州県城・鎮市など大小都市の店舗に課せられた営業税の一種であり、各種店舗の営業資本もしくは資産に基づいて等則を定めて徴収した。

（ⅱ）明初、門攤課鈔・門攤税鈔等の名で呼ばれた門攤税は、政府の鈔法維持対策のため中期（洪熙・宣徳年間──引用者）以降増額されたが、その後鈔法が事実上崩壊してからは、銭納や銀納化し、嘉靖・万暦以後は、地方財政の面で一定の役割を果した。

（ⅲ）門攤税の税額は、他の税額に比べ零細ではあるが、明初や嘉靖以前の原額と比較した嘉靖以後の税額の膨張という事実は、この時期の都市商業発展の一面をも示している。

佐久間の論考は、『明史』巻八一、食貨志・商税の部分に極めて僅かな記載しか存在せず、その内容が明らかではなかった門攤税について、会典・実録・地

方志等を用いその制度的内容を解明した先駆的研究である。

但し佐久間の考察では、明代前半期主に鈔法維持策との関連で実録や地方志に見える「門攤課鈔」と、嘉靖年間以降各地の商税銀納化に始まる改革過程で現れる「門攤銀」とを全く同一のものとして把えている。その上で、明初または嘉靖以前の門攤課鈔の原額と嘉靖以後の税額（大半は万暦年間以降のもの）とを鈔に換算して比較し、後者の税額の膨張という事実の中に、この時期における都市商業発展の一面を見い出したのであった。果して、嘉靖年間以降の地方志に門攤折徴鈔銀や門攤課税銀等の名で見える門攤銀は、明初の門攤課鈔が単に銀納化されたものに過ぎないのであろうか。これまでの江南に限った商税改革の考察からも、両者の差異はもはや明らかとなったと思われるが、ここであらためて佐久間が作成した明代門攤税額統計表（293〜8頁）に基づいて検討を加えたい。

統計表には、61例の「都市名（府・州・県・鎮）」が掲げられている。その中で、明初または嘉靖以前の原額（鈔貫）と嘉靖以後の税額（銀両）との双方が記載されているものは16例存する。うち、河北河間府・肅寧県・交河県・滄州や福建興化府・仙遊県の6例は、嘉靖以後の税額が門攤税（門攤課）のみではなく、「商税を含む」と括弧内に明記してあることから、考察の対象から除外できる。従って、残りの10例のみが、厳密な意味において、門攤税の原額と嘉靖以後の「実徴数[48]」との比較に堪えうるものと言えよう。

まず、万暦四十七年序刊・天啓補刊『邵武府志』に依拠した邵武府・泰寧県・建寧県の3例である。巻二一、税課に万暦四十年の統計として挙げるのは、いずれも「商税銀」とあり、門攤課のみの税額ではなく考察から除かれる。また万暦『宜興県志』に依拠した常州府宜興県の場合、巻四、食貨志・課程の嘉靖十六年本府備照冊には、「本縣税課局鈔（中略）共銀一百八十九兩八錢（下略）」とある。それゆえ、この189両は明らかに門攤課のみならず商税全体の税額であり、これも同様に除外できる。

次に、崇禎『松江府志』および嘉靖『上海県志』によった松江府・華亭県・上海県について見る。先に論及した上海県の商税改革の経緯や、『松江府志』

巻九、田賦・歳計賦額には、門攤課税の項目のほか商税の記載が全くないことから判断して、府全体の門攤課税（859.18両餘）は、狭義の商税課を含む課程鈔全体の折銀額を門攤科派によって徴収したものと考えられる。この点は、康熙『松江府志』巻一二、田賦・税課に「萬曆六年税課等鈔四十二萬七千一百六十二貫九百六四文（中略）、十七年至崇禎末、門攤税課八百五十九兩六錢四分一釐（下略）」とあるように、万暦六年の税課（課程）鈔全体を、鈔一貫＝銀二釐のレートで折銀したものが、門攤税課銀と呼ばれていることからも明らかである。従って、この3例もまた純粋に嘉靖以後の門攤税の増加を示すものとなりえない。

最後に残ったのは、万暦『鎮江府志』に依拠した鎮江府・丹陽県・金壇県の3例である。巻六、賦役志・諸課に載せる「万暦十七年経賦冊」によれば、府全体の門攤課税歳該銀383.3両餘であるが、この経賦冊には、これ以外の商税項目を載せていない。同じく諸課の項に見える正徳六年の府全体の歳辦課程鈔（商税）は、337,637貫900文である。同府では、巻六、塩鈔によれば嘉靖六年に、戸口食塩鈔が鈔1貫＝銀1釐1毫4絲3忽で銀納化されていることから、課程鈔もおそらくこのレートで折銀されたとすると、その総額は385.9両餘となる。これは先の門攤課税歳該銀とほぼ一致している。こうした点から見て、これら3例の門攤税額も商税全体を銀納化したものと考えられ、これらもまた比較の対象から除くことができる。

以上の10例とも統計表に掲げる嘉靖以後の税額は、実は門攤課鈔のみの数字ではなく、狭義の商税課鈔をも含む商税全体の折銀額であった。従って、明初または嘉靖以前の門攤課鈔のみの原額と比較して嘉靖以後の税額が膨張していたのは、むしろ当然の事態なのであり、このことから直ちに当該時期の都市商業の発展を結論づけるのは、論の当否はさておき些か早計に失すると言わねばならない。

おわりに

　本章では、明代後半期の江南において商税銀納化に始まり税課司局削減と続く、一連の改革の考察により、門攤課税銀の成立に至る経緯を明らかにした。ともに門攤税と称され、密接な関連を有するとは言え、明初の門攤課鈔と商税改革後に成立する門攤課税銀とは別箇の存在であった。すでに指摘したように門攤課鈔は、一般に商税全体の約1割程度を占めるに過ぎない。これに対し、嘉靖以後地方志等で門攤銀と称されるものは、明初から存在する門攤課鈔のみを銀納化したものではなく、それをも含めて商税全体を銀納化し、鋪戸や牙行への門攤科派に改めたものであり、その科派方法に基づいて門攤銀と呼ばれていたのである。それゆえ、両者を同一視し、それらの税額の比較により都市商業の発展を一般的に結論づけることはできない。断るまでもなく、著者もこの時期の都市商業の発展それ自体を否定するものではない。そうではなく、むしろ税課司局の商税総額が原額主義の下で変化しない中で、その負担者が牙行をも含む都市商人に比重を移すことの中に、当該時期の都市商業の発展や構造変化を垣間見ることができるように思われる。

　最後に、江南の商税改革における門攤課税銀成立の意義について若干の考察を加え、結びにかえたい。はじめに指摘できるのは、常州府の嘉靖四年の改革でも触れたように、従来税課司局で客商や都市商人の双方から徴収されていた商税が、門攤課税銀の成立により、鋪戸や牙行など都市商人に対する課税としての性格を強めたことである。このことは、この時期客商に対しては、鈔関による商税徴収が強化される動きが見られたのと密接に対応していた。即ち、都市商人層に対しては府州県レヴェルでの門攤科派による商税徴収、客商層に対しては鈔関での船料・商税徴収という形で、それぞれの役割を分担させつつあったと言えよう。

　鈔関をめぐる動向については、先行研究[49]に譲りここでは触れない。他方、鋪戸や牙行など都市商人に対する門攤科派の動きは、鋪戸の役に関する考

察⁽⁵⁰⁾ですでに明らかにしたように、基本的には、貨幣経済・商品生産の進展の中での、国家の財政的窮乏や徭役面における都市商工業者層への収奪強化の動きと軌を一にしていた。

ただしあらためて述べるまでもなく、門攤科派により徴収された商税自体は少額である。その上この時期の改革の動きには、国家の収奪強化の動きとのみ言い切れない部分も残しており、次第に力を蓄えつつあった都市商人側の動向をも視野に入れる必要がある。というのは、例えば江北の淮安府でも嘉靖四十二年に江南と同様の商税改革が実施された⁽⁵¹⁾。その際、段（緞）絹鋪戸・絨線鋪戸・紙雑貨鋪戸・猪羊牛牙人・薬材香料牙人・枯菓(ドライフルーツ)牙人・蒲包牙人と各郷村鎮の集頭らの「零星販売、一一納税するは便ならず」という訴えによって、鋪戸や牙行が商税徴収を請負う「包納税銀之法」という改革が実現しているからである。つまり、淮安府の場合には、有力鋪戸や牙行自らの申し出により改革が実現し、商税徴収請負という形が取られている。こうした事例から判断して、江南の改革も徴税の合理化や市場支配などの点で都市商人層の利害とも合致するものであったと推測されるが、目下これを具体的に裏づける史料を見い出していない。また、本章で扱いえなかった税課司局の削減・廃止の動きに並行して展開する鋪戸や牙行による商税徴収請負の実態と、明末から清初にかけて顕在化する牙行の制度化の問題については、章を改めて考察を加えたい。

註

（1）貨幣経済・商品生産の展開を示す諸事象として、税役の銀納化・匠役制の崩壊・商品作物の栽培・農村手工業の発展・客商層の活躍・問屋制前貸生産の存在等が挙げられる。
（2）シヴィリゼーション（Civilization）に対比されるアーバニゼーションの概念については、斯波義信「中国、中近世の都市と農村――都市史研究の新しい視角――」『近世都市の比較史的研究』1輯、大阪大学文学部、1982年参照。
（3）劉石吉「明清時代江南市鎮之数量分析」『思與言』16巻2号、1978年、ほかに「明清時代江南地区的専業市鎮凩出（上）（中）（下）」『食貨月刊』8巻6・7・8号、1979年、同「太平天国乱後江南市鎮的発展（1865-1911）」『食貨月刊』7巻

12号、1978年がある。のちに同『明清時代江南市鎮研究』中国社会科学出版社、1987年に収録。一連の劉石吉の研究は、近世以来の中国社会の「伝統内変遷」を探究する視角からなされている。その概要については、本書第四部附篇2で紹介した。

（４）　川勝守「中国近世都市の社会構造――明末清初、江南都市について――」『史潮』新6号、1979年。

（５）　夫馬進「『中国近世都市の社会構造』に関する三つの検討」。これは、〔コメント〕として註（４）前掲の川勝論文の末尾に付されている。

（６）　その後、川勝は「中国地方行政における県と鎮」『九州大学東洋史論集』15号、1986年の中で、「鎮（のみならずそれ以上の府県にしても）行政は後退していた感がある」（183頁）と述べ、従来の府州県城に比較した「鎮市の行政的地位低下」という自説を、府州県城や鎮市の双方に見られる国家行政の後退という問題に置き変えている。またその分析視角も、従来の郷紳的土地所有論からではなく、「行政の欠陥を民間（地域住民と客商らの商人――引用者）が埋めた、埋めようとした」（同頁）という図式に改めている。さらに「明代、鎮市の水柵と巡検司制度」『東方学』74輯、1987年の結論部分においては、「明末以降、デルタ鎮市等で巡検司等行政機関の縮小がみられたが、これは必ずしも鎮の行政的地位の低下を意味するものではない」（114頁）と述べ、1979年の時点での自説を翻すに至っている。

（７）　この時期における徭役面での国家の都市商工業者把握強化の動きについては、北京・南京や常熟県城を対象とした以下の分析の中ですでに考察を試みた。新宮学「明末京師の商役優免問題について」『集刊東洋学』44号、1980年、同「明代北京における舗戸とその銀納化――都市商工業者の実態と把握をめぐって――」『歴史』62輯、1984年、同「明代南京における舗戸の役とその改革――『行』をめぐる諸問題――」『国士舘大学人文学会紀要』17号、1985年、同「明末清初一地方都市における同業組織と公権力――蘇州府常熟県『富官』碑刻を素材に――」『史学雑誌』96編9号、1987年、本書第二部第5、4、6、7章にそれぞれ収録。

（８）　佐久間重男「明代の商税制度」『社会経済史学』13巻3号、1943年。

（９）　『明史』巻七五、職官・税課司、および註（８）前掲の佐久間論文等参照。

（10）　『明太祖実録』巻一二九、洪武十三年正月辛酉の条。この時、吏部の提案で毎

年の課額が米500石以下の税課司局364所が廃止された。また正徳『大明会典』巻三二、戸部・課程「事例」、および『明英宗実録』巻一四三、正統十一年七月癸酉の条によれば、正統元年にも課鈔3万貫以下の税課司局の廃止が行なわれたが、同十一年には1万5,000貫以上のものは再び復設された。さらに天順元年にも、課鈔1万貫以下の税課司局が廃止されている。

(11) 因みに嘉靖『太平府志』巻五、食貨志・俸給によれば、本府では税課司大使の俸給は60石（本色米24石と折色鈔720貫）、司吏は12石（本色米3石6斗と折色鈔168貫）、所属の税課局官は14石4斗（本色米12石と折色鈔48貫）であった。

(12) 万暦『大明会典』巻三五、戸部・課程「商税」税課司局。なお、万暦『上海県志』巻三、賦役志・税課では、本県税課局の裁革を3年早い嘉靖四十三年のこととしている。こうした例から見て、『大明会典』に基づいて作成した**表9-1**の年代別裁革数にも若干の誤差が見込まれるが、その大勢は知られるであろう。

(13) 山東東昌府観城県のような避県でも隆慶末年に同様の問題が生じていた。『山東経会録』巻九、均徭附録、「巡攔節經裁減、各府州縣不必再加。但查此役俱以商税多寡爲勞逸。商賈輳集、豈特無賠納之費、雖工食猶可以包辦。若商賈不通、其費不啻十餘倍、即如觀城竝無市集鎮店、亦無商賈往來、課程原額雖止十餘兩、俱係巡攔包納。（中略）由此推之、巡攔之賠費、恐不獨二縣爲然、凡陬隅僻邑未有不受累者」。

(14) 原額（定額）主義が中国財政の主要な特色である点については、梁方仲の『万暦会計録』に関する「書籍評論」『中国近代経済史研究』3巻2号、1935年を参照。〔附記〕、原額主義の財政システムが唐宋変革期以降の中国専制国家の政治・経済に及ぼした様々な問題については、岩井茂樹「中国専制国家と財政」『中世史講座』6巻、中世の政治と戦争、学生社、1992年所収参照。

(15) 註（8）前掲の佐久間論文、および同「明代商税の本色及び折色に就いての一管見」『オリエンタリカ』2号、1948年参照。

(16) 『明太祖実録』巻六、戊戌（至正十八年）十二月「是月」の条。

(17) 『明太祖実録』巻八、庚子（至正二十年）十二月癸巳、巻九、辛丑（至正二十一年）二月甲申・丙午の条。

(18) 『明太祖実録』巻一一、壬寅（至正二十二年）十月辛卯の条。

(19) 『明太祖実録』巻九八、洪武八年三月辛酉朔の条。但し100文以下の少額は銅

銭で徴収した。
(20) 『明太祖実録』巻二三四、洪武二十七年八月丙戌の条。
(21) 永江信枝「明代鈔法の変遷——その崩壊の原因を中心として——」『史論』9集、1961年参照
(22) 『明憲宗実録』巻一九、成化元年七月丁巳の条。
(23) 『明孝宗実録』巻一一、弘治元年二月辛丑、「戸部請兩京各差御史及主事一員、監收崇文門宣課分司幷南京上新河稅課司商稅。其河西務・臨清・淮安・揚州・蘇州・杭州・九江・金沙洲鈔關、幷張家灣・臨清・淮安・揚州・蘇州・杭州・劉家隔・正陽鎭稅課司局、各委府州佐貳官一員監收。凡課程、除崇文門・上新河・張家灣及天下稅課司局仍舊錢鈔兼收外、餘鈔關・稅課司局・天下戶口食鹽、每鈔一貫折收銀三釐、每錢七文折銀一分、類解本部。其存留者、准折本處官軍俸糧、照在京例、每銀一兩折鈔七百貫。從之」。但し、路費がかさみ起運に不便な所では、洪武年間より錢鈔を金銀に変えて中央に解送することが許されていた。このため浙江温州府のように、税課司局の商税徴収も銀で行なわれていた事例も見られる。『明宣宗実録』巻八〇、宣徳六年六月甲辰の条。
(24) 『明世宗実録』巻四七、嘉靖四年正月己巳の条。
(25) 『姑蘇志』の場合、正徳元年序刊本にはない折銀額が、嘉靖二十一年後補刊本では載せられている。
(26) この商税「減税」が当時の商品流通全体に及ぼした波及効果については、あらためて検討する必要があろう。
(27) 万暦『大明会典』巻三五、戸部、課程・商税「税課司局」、「各司局衙門歷朝建革不一、其已革衙門課程、仍于該府州縣及附近司局帶管。或于均徭內編補。或將革過巡攔工食銀抵補、歲辦不缺」。
(28) 引用史料では「城市」とあり、県市(県城の市街地)のみを指すか、県城と鎮市とを指すか明らかではないが、万暦『嘉定県志』巻六、貢課(本書286頁に引用)など他の多くの史料から鎮市をも含めた。なお、清代の例であるが、乾隆『上海県志』巻四、税課・国朝課額には、「門攤課鈔銀一百兩、定例城七鄉三、徵於市塵店戶輸納(下略)」とあるように上海県では、門攤課鈔銀の負担比率を県城7割・鎮市3割と定めていた。
(29) 万暦『大明会典』の記載には、崑山と同里の2局が漏れている。崑山県税課局は正徳以前に、同里(鎮)税課局は弘治五年に廃止された。嘉靖『呉江県志』巻

五、建置・廃署参照。

(30) 佐久間重男「明代の門衛税と都市商業との関係」『中山八郎教授頌寿記念明清史論叢』燎原書店、1977年所収284〜5頁。

(31) ここで、『江陰県志』が改革の理由として挙げる「征税煩擾」の意味する所について考えてみたい。明代の税課司局での商税徴収の実態に関しては、未だに不明な点が多く残されている。これは、主に史料的制約に基づくところが大きい。地方志の「税課」や「課程」等の記述は、「賦役」や「田土」等に見られる詳細な統計や沿革に関する記述とは異なり、その多くは歴代の課程額の羅列に終始している。正徳『大明会典』巻三二、戸部、金科・課程「事例」には、景泰二年の北京都税司の「収牧税則例」を載せている。厳密に言えば、これは、貨物の品目毎に税鈔・（免）牙銭鈔・塌房鈔額の三者を記載していることから見て、北京附郭の大興・宛平両県に設けられた塌房における収税則例と考えられる。ただ塌房は、商税徴収をも兼ねていたことから、この税鈔額は当然都税司の収税則例に準拠していたはずである。それはさておき、この収税則例では、貨物の品名や品質毎に単位数量と課税額が定められており、極めて煩瑣な内容となっている。北京都税司のみならず、各地の税課司局の則例も、これと同様であったと考えられる。ただ、かかる収税則例に由来する商税徴収上の煩雑さも、徴税自体が通貨政策や財政上の意義を付与されている場合には、それほど問題とされることはなかった。しかし、前節で指摘した如く銀納化に伴ない商税額が目減りすることにより、従来の意義を喪失または低下させたために、この時期「征税煩擾」の問題が前面に押し出されることになったのであろう。

(32) 藤井宏「一條鞭法の一側面」『和田博士還暦記念東洋史論叢』講談社、1951年所収。

(33) 同様の指摘は、万暦『金華府志』巻八、田賦・課程にも、「又以巡攔所至騒擾、遂罷巡攔、即以役銀抵納局課、毎歳剰銀二十九両有奇、公私両便、課銀歳増、不獨能去關市之征已也」とある。

(34) 崇禎『松江府志』巻九、田賦・門攤課程、および万暦『青浦県志』巻二、賦法・門攤。

(35) 万暦『寧国府志』巻八、食貨志に載せる附郭宣城県の賦役の「見行則例」には、「税課鈔（中略）內、商税鈔（中略）折銀一百四十一両六銭（中略）、門攤酒醋等鈔（中略）共折銀八両一銭、並在城沿門鋪戸出辦」とある。なお、寧国府の場合、

折銀率は鈔一貫＝銀二釐であった。
(36) 万暦『大明会典』巻三五、戸部・課程「商税」税課司局。
(37) 万暦『杭州府志』巻三〇、田賦・課程「富陽県」によれば、富陽県税課局と新城県税課局の課程額は銀185.6両餘であったが、両局の巡攔10名の役銀80両を充当した残り105.6両餘を、富陽県の「市廛各埠門攔派銀」47.6両餘と「各鋪行分別上中下三等辦銀」44両、および新城県の門攔派銀14両によって補っている。富陽県の市廛各埠門攔派銀と各鋪行分別上中下三等辦銀とは、科派基準が異なっていたと考えられるが、その詳細は明らかではない。
(38) 嘉靖二十八年刊本『嘉興府図記』巻八、物土・田賦。
(39) 万暦『嘉興府志』巻八、課程によれば、平湖県では、「以上鈔銀、毎年均徭内共編巡攔四名役銀三十二両抵課。不足、均派市鎮鋪行辦納、解府轉解」とあり、上海県の方法が取られている。ところで嘉善県の場合には、「魏塘税課局（銀61.1両餘）（中略）均徭内審編巡攔三名、徵收住賣商税辦納、如有不足、就於巡攔役銀一十二両包補、解府轉解」とあり、この時点でも住売商税が徵収されていたような表現も見られる。しかし魏塘税課局は、万暦『大明会典』巻三五によれば正徳二年に裁革され巡攔も廃止されていたのであるから、実際には住売商税分を鋪戸に負担させていたのであろう。
(40) 康熙『帰安県志』巻六、賦役志に、「國朝順治四年刊定賦役全書、（中略）千金税課局額徴課鈔銀（84.8両餘）（中略）菱湖等鎮牙鋪出辦、歸經費用」とある。清初順治年間の賦役全書は、明末のそれをほぼ踏襲したことから、明末すでに牙行や鋪戸の負担となっていたはずである。
(41) 郷紳の優免特権については、和田正広「徭役優免条例の展開と明末挙人の法的位置」『東洋学報』60巻1・2号、1978年等参照。郷紳の優免はほんらい里甲正役以外の雑役にのみ適用すると規定されていたが、現実には在地のレヴェルでは拡大解釈され、徭役以外の商税にも及んでいた点は、注目に価する。
(42) 康熙『帰安県志』巻三、秩官表・明によれば、知県任道学の在任期間は万暦十七年から二十年までである。
(43) 万暦『紹興府志』巻三、署解志、雑署・廃署、および巻一五、田賦、門攔鈔・商税鈔、万暦『上虞県志』巻八、食貨志・課程。
(44) 嘉靖『寧波府志』巻一二、貢賦・額徴・課程鈔、および註（33）。
(45) 註（3）劉石吉論文、および註（7）前掲の新宮「明末清初一地方都市におけ

第 9 章　明代後半期江南諸都市の商税改革と門攤銀　301

る同業組織と公権力」参照。
(46)　嘉靖二十一年後補刊『姑蘇志』巻一五、田賦・商税、万暦『上海県志』巻三、賦役志・税課、崇禎『松江府志』巻九、田賦・歳計賦額「門攤課税」。この外、嘉興府のように都市徭役としての総甲や火夫の雇役銀を調達するために行なった税が、門攤銀と呼ばれている例もある。万暦『嘉興府志』巻八、課程、附門攤、万暦『秀水県志』巻三、食貨志、貢課・門攤鈔など。総甲や火夫の雇役化をめぐる都市改革については、夫馬進「明末の都市改革と杭州民変」『東方学報（京都）』49 冊、1978 年参照。
(47)　註（30）前掲の佐久間論文。
(48)　より正確に言えば、「実徴数」（佐久間論文 299 頁）の中には廃止した巡欄の役銀も含まれており、実際に徴収した数ではない。
(49)　註（8）前掲の佐久間論文、および同「明代における商税と財政との関係（一）（二）」『史学雑誌』65 編 1・2 号、1956 年参照。
(50)　註（7）前掲の新宮論文参照。
(51)　天啓『淮安府志』巻一二、貢賦志、「門攤季税原委」。東洋文庫所蔵の米国国会図書館攝旧北平図書館蔵景照本の当該部分は、判読不可能な部分が多いが、幸い『天下郡国利病書』第一一冊、「淮徐備録」によりその一部を補うことができる。

〔補記〕
　本章の原載は、中国文史哲研究会発行『集刊東洋学』60 輯（1988 年 11 月）である。ここにいう江南諸都市には府州県城から市鎮までが含まれるが、研究の中心は後者の市鎮に注がれてきた。1980 年代に入ると、中国では「現代化」建設・城鎮建設と市場経済の歩みが不断に加速するに伴ない、江南は経済発展の最も顕著な地区となり、とりわけ市鎮の発展が注目されたからである。
　日本では、森正夫主編『江南デルタ市鎮研究――歴史学と地理学からの接近――』名古屋大学出版会、1992 年、川勝守『明清江南市鎮社会史研究――空間と社会形成の歴史学――』汲古書院、1999 年などの専著がある。前者の森編著は、ようやく外国人に可能になったフィールドワークによる市鎮研究の新たな方法を提示している。巻末に「市鎮研究文献目録稿」を収録しており有益である。
　後者の川勝著書は 700 頁を優に超える巨冊であるが、夫馬進が的確なコメントを加え、著者もまた論及した論考が残念なことに収録されていない。その一方で、本章註

（6）でも触れたように川勝著書第9章の「小結」部分では、「明末、長江デルタ市鎮で巡検司等市鎮行政機関の縮小が見られたが、これは必ずしも市鎮の行政的地位の低下を意味するものではない。むしろ、市鎮自体の行政への積極的参加、市鎮住民の自治意識の萌芽こそ認められるのである」（569頁）と述べて、自らが1979年の時点で主張していた市鎮の「行政的地位の低下」説をあっさりと撤回したうえで、逆に行政的地位の上昇にもつながる「市鎮住民の自治意識の萌芽」に言及している。さらに同章註（15）では、「本章は著者の旧稿「中国近世都市の社会構造」『史潮』新6号、1979年、にコメントした夫馬進氏の批判に応えたものの一部である」（571頁）と明記しているものの、同章を読む限りではその批判にどのように答えたのかは明瞭ではない。

1990年代以降、市鎮研究の成果が続々と専書にまとめられるようになった。李龍潜『明清経済探微初編』（台北、稲郷出版社、2002年）に収められた「明代税課司・局和商税的徴収——明代商税研究之二」において、税課司局の廃止傾向と州県による「帯辦」について考察を加え、拙論および佐久間重男「明代の商税制度」（1943年）にも言及したうえで、洪武初年には1,000所に近い税課司局が存在したという推定に対して賛意を表明した。また范金民「明代嘉靖年間江南的門攤税問題」『中国経済史研究』2002年1期は、本章でも取り上げた嘉靖四年蘇州府等の商税改革についての分析をもとに、楊正泰校注『天下水陸路程・天下路程図引・客商一覧醒迷』山西人民出版社、1992年に収める『天下水陸路程』巻七の史料一条の標点の重大な誤りを「嘉靖七年、奏定門攤、客貨不税」と正した。この改革以後、門攤税が不断に増加する趨勢にも論及している。

近年では、井上徹「明末の商税徴収と広東社会」『年報 都市史研究』19号、2012年が広東における商税徴収の実態を初めて明らかにした。これによれば、広東でも、嘉靖年間に5つの府税課司が広州府税課司に削減・合併されたのは、こうした全国的な政策の一環として理解している。また鈔関の場合であるが、滝野正二郎「明代鈔関の組織と運営——清代常関の前史として——」山根幸夫教授追悼記念論叢『明代中国の歴史的位相』上巻、汲古書院、2007年は、鋪戸や牙行が納入される交鈔の検査に止まらず、徴税業務にも関与していたことを明らかにしている。その外、山本進「清代の雑税と牙行」『名古屋大学東洋史研究報告』28号、2004年は、清末まで華北を中心とする市集において牙行が請負徴収した各種物品税を含む商業・流通課税としての「雑税」の制度的変遷を考察している。

第 9 章　明代後半期江南諸都市の商税改革と門攤銀　303

さらに范金民「江南市鎮史研究走向」『史学月刊』2004 年 8 期は、つとに 1964 年に遡る傅衣凌の研究以降、今世紀に入って江浙古鎮（周荘・同里・甪直・西塘・南潯・烏鎮）のユネスコ「世界文化遺産」申請登録や中国国家建設局・国家文物局による「中国歴史文化名城」公布に至るまでの市鎮研究の動向を整理している。

第 10 章　明代の牙行について
―― 商税との関係を中心に ――

はじめに

　牙人・牙儈・牙行と呼ばれる存在の本来的機能は、言うまでもなく売手と買手との仲介行為にある。この点は、戦国期まで遡るとされるその起源を辿っても明らかである。しかしその歴史的性格には――特に国家との関係に着目するとき――自ら時代的変遷を見い出すことができる。

　周知の如く唐宋変革期を画期とする流通経済の進展は、国家の商業把握のあり方をも変化させた。商品流通の結節点に位置し、周旋から仲買へと、その業務内容を拡大しつつあった牙人にも、流通政策の面から国家の法的規制が加えられたことが明らかにされている[1]。

　かつて稲葉岩吉は、1921年に前近代中国の税源を歴史的に考察する必要から、牙税（牙行税）の問題を扱う中で牙人の「官設」的性格を強調した[2]。その後、1929年小林高四郎は、唐宋時代に限った牙人の考察の中で、稲葉説を批判して「民間経営」的性格を主張した[3]。また牙税の理解についても、両者の見解は対立している。前者は、牙契税をも含めて営業税ととらえ、その「独占権行使に関する承認手数料」と見做した。これに対し後者は、少なくとも宋代の牙税は、営業税ではなく登録税（取引税の一種）の性格を有していると指摘した。

　こうした両者の見解の対立の根底には、対象とする時代に規定されたその歴史的性格の相違を見落すことはできない。すなわち前者の場合、「支那税源の歴史的考察」というその副題からも明らかなように、考察の立脚点は近世・近代とくに清・民国期にある。他方、後者はあくまでも唐宋時代に限定しており両者の見解の分岐を時代的変遷の文脈の中で理解することも可能である。

第 10 章　明代の牙行について　305

　しかしながら、牙人・牙行の歴史的変遷を辿ろうとする時、この間に位置する元・明代の牙行に関する研究上の空白は、あまりに大きいと言わねばならない[4]。本章では、とくに牙税の性格変化を考える上で重要な時期にあたる明代の牙行を取り上げ、商税との関係を中心に考察したい。

1　明初の牙行政策

　はじめに、明律をもとに明初の牙行政策の基調を概観する。明律は、呉元年（1367）以来たび重なる改修をへた。太祖朱元璋がその死を迎える前年の洪武三十年（1397）五月、最後に頒行された『大明律』巻一〇、戸律・市廛の項には、牙行に関する条文が幾つか収められている。まず〈私充牙行埠頭〉の条には、

　　凡城市郷村諸色牙行及船埠頭、竝選有抵業人戸充應。官給印信文簿、附寫
　　客商船戸住貫姓名路引字號物貨數目、毎月赴官査照。私充者杖六十、所得
　　牙錢入官。官牙埠頭容隠者、笞五十革去。

とある。明律の規定によれば、都市・農村を問わず水陸交通の要衝に位置して各種仲買問屋業を営む牙行や船埠頭[5]（船牙行）は、ほんらい抵当財産のある人戸を選んで充当すべきものとされ、官府の許可なく営業する私牙の存在を否定している。実際には、民間経営の牙行を官府が何らかの手続きをへて公認する場合も多かったであろう。いずれにせよ、こうして充当された官牙は官府より印信文簿を支給され、これに客商や船戸の住所・姓名・路引字号(パスポートナンバー)・商品数目を記入して毎月報告することを義務づけられた。かかる報告を義務づけた意図は必ずしも明らかではない。しかし戸律〈課程〉の項ではなく〈市廛〉の項に収められていることや『明令』戸令・客店の類似の記述[6]から見て、商税徴収に主眼があったのではなく、客商や船戸の取締りと同時に官牙の賠償責任を明確にし、客商や船戸によって担われた商品流通を保護する点にあったと考えられる。

　なお、ここに見える「印信文簿」を牙行に支給された牙帖とする説[7]もある

が、先の『明令』の客店に置かれた「店暦(ヤドチョウ)」と同様な帳簿の類であろう[8]。
　〈私充牙行埠頭〉の条に続けて〈市司評物価〉の条文を載せる。

　　凡諸物行人評估物價、或貴或賤、令價不平者、計所増減之價、坐贓論。入
　　己者准竊盜免刺（下略）。

ここに言う「諸物行人」とは、前条の「諸色牙行」と同一のものを指しており、牙行による商品価格評価の公正化を企図したものである。この条文は、元来唐律・雑律の〈市司評物価不平〉を継承したものである[9]。しかし周知の如く明代ではすでに唐代の如き市制は崩壊しており、市司に代って仲介行為に附随して検量と評価を行なう牙行に対する規定に改められている。

　さらに〈把持行市〉の条には、

　　凡買賣諸物兩不和同、而把持行市、專取其利、及販鬻之徒通同牙行、共爲
　　姦計。賣物以賤爲貴、買物以貴爲賤者杖八十（下略）。

とあり、この条文も唐律・雑律の〈売買不和較固〉を継承したものである。しかし明律の場合、新たに牙行との共謀の部分が付け加えられている点が注目される。このほか、市廛の項には、〈私造斛斗秤尺〉〈器用布絹不如法〉があるが、いずれも唐律・雑律の〈校斛斗秤度不平〉〈私作斛斗秤度〉〈器用絹布行濫短狭而売〉を継承している。

　このように明律・市廛の項は、唐律をほぼ継承しながら、新たに牙行法規を加え、商品流通過程に仲買問屋業として介在する牙行統制を軸に、客商の保護や流通の安定をはかった。このことは取りも直さず、この時期の商品流通上における牙行の重要な役割を示すものである。

　ところで、三十年律のこれらの条文は、いずれも洪武二十二年律によったとされる『大明律直解[10]』にも見えることから、かかる明初の政策は少なくとも二十二年まで遡ることが可能である。なお、三十年律が頒行される直前の『明太祖実録』巻二五一、洪武三十年三月庚辰の条には、

　　命戸部、申明牙儈朘剝商賈、私成交易之禁。

と見え、戸部に命じて牙行による商人収奪と私的交易の禁令を出させているのは、従来の政策を再度確認したものであろう。

明初の流通政策の中核に位置づけられた牙行の問題については、客商のための塌房設置や商税徴収の問題とも関連して言及すべきことは数多く残されている。しかしここでは行論の展開と関係して、明初の牙行はほんらい官府が抵業ある人戸を充当した官牙のみ存在を許されたこと、但し清代に制度化する営業許可証としての牙帖の頒給は、明律自体には明文化されていないこと[11]、また牙行に関する規定は〈課程〉ではなく〈市廛〉の項に収められており、商税徴収とは当初直接の関係を持たされていなかったことを確認して次節に進みたい。

2　商税徴収請負の普及

明初全国各地の府州県城や鎮市には、商税徴収機関として税課司局が設置された。その数はおそらく1,000に近い数と推測されるが、万暦『大明会典』によれば、弘治初年までに380、万暦十三年には111局に削減された。こうした税課司局の廃止・合併の動きは、明前半期の鈔法を中心とする通貨政策の破綻により、商税が銀納化したため商税額の実質的減少、それに伴なう人件費問題が顕在化したことによって生じたものである[12]。

税課司局には、大使や副使が置かれ、所属の官攢（胥吏）や巡攔（職役）が徴収事務にあたっていた[13]。しかし現実には、全国各地に徴税施設と人員を配置することは容易ではなかったらしく、明初には民間の房屋を間借する場合も見られた[14]。また鎮市レヴェルでは、糧長など在地有力者層の協力を得て設置している例もあった[15]。洪武十三年正月、吏部の提案により毎年の税課が米に換算して500石に及ばない税課局364所が廃止され、府州県の管轄による徴収に改められた[16]のは、こうした経緯によるものである。

明代中期以降、前述のように全国的に税課司局の廃止・合併が進行したが、商税自体はその後も原額として存在した。このため従来の税課司局の官攢──巡攔による直接徴収に代わって登場したのは、商税徴収の請負である[17]。その担い手は様々であるが、大まかに言えば従来より活発な商品流通が展開して

いた江南や大運河沿いの地域では、牙行や鋪戸による徴収請負が見られた。これに対し商業組織が未だ十分に発達していない周辺地域では、在地の有力者である郷紳層、とくに生員などによって請負が行なわれた[18]。

牙行や鋪戸による商税徴収請負は、税糧面での包攬などと同様にほんらいの制度ではなかったために、史料上に明記されることは極めて少ない。とは言うものの、断片的ではあるがその普及を示す痕跡も幾つか残されている。管見のかぎり最も早期の事例が、『南京戸部通志』巻一二、金科庫蔵志・課程「事例」に見える。

　　成化元年令（中略）、又令江浦縣江淮驛路街市買賣之人、俱各編立行頭、措辦課稅。

応天府江浦県の江淮駅路では、成化元年（1465）、街市の各種商人に「行頭」を組織し、商税徴収を請負わせた。行頭には、おそらく取引行為の接点に位置する牙行が選ばれることが多かったであろう。

北京の例では、劉重日・左雲鵬がすでに万暦『大明会典』巻三五、戸部、課程・商税に見える事例を紹介している[19]。

　　弘治元年（中略）、又議准取回馬駒橋副使巡攔。令張家灣宣課司公同本司官、將南方販到酒麵、務令牙人盡數開報收稅。仍將收過數目、送赴監收御史主事稽考、除穀光祿寺酒醋麵局額辦酒麵外、其餘倶收錢鈔。

北京城外東南約20kmに位置する馬駒橋では、弘治元年（1488）副使や巡攔を撤収し、張家湾宣課司の管轄とした。その際、南方から商人が販運してきた酒麵の数量の報告と酒醋課の徴収を巡攔に代わって牙行に行なわせている。

もちろんこうした牙行による商税徴収請負は、実際には地方レヴェルではここに挙げた事例よりもかなり以前に始められていたと考えられる。しかし明中期以降に展開する人件費問題を主因とする税課司局の廃止・合併の動きによって、そもそも徴税の実務に携わる人員が存在しなくなった結果、徴収請負を一層普及させることになった。逆から見れば、民間の慣行として徴収請負がすでに普及定着していたからこそ、税課司局の削減や廃止も可能であったとも言える。

ところでこうした商税徴収は、人件費削減という官側の事情により牙行や舗戸に一方的に押し着けられたとのみ理解できない点もある。特に有力な牙行や舗戸の場合、自らも徴収請負を希望していたようである。この点は前章でも若干触れた[20]が、あらためて考察を加えよう。天啓『淮安府志』巻一二、貢賦志「門攤季税原委」には、

　　舊例原有門攤課税、凡民間開店生理、倶照頒發時估則例、赴税司上納、併入商税支銷。嘉靖四十二年准委府佐一員督同税課司官徴収、除應准動支外、扣留若干、聽管倉主事註銷、按季報部、餘盡解京濟邊。續據段〔緞〕絹紙果等七舗戸幷各鎮集頭告稱、零星販賣、一一納税不便、有司亦以瑣屑生弊、乃立毎年包納税銀之法、免其隨到隨報。惟按季赴司交納、名曰季税。其磨房酒麯等店、照依鈔貫納銀、仍名門攤税。各舗牙倶照地方赴府城・清江二税課司交納。

とあり、徴税請負が実施に至る経緯を述べる。淮安府では正徳十六年（1521）までに所属各県の税課局がほとんど廃止され[21]、府城と清江の二税課司のみが置かれていた。嘉靖四十二年（1563）全国的に軍事費調達のため商税徴収強化の方針が打ち出される[22]と、淮安府でも府佐一員を派遣し税課司の官吏を統率することとなった。こうした動きを受けて、緞絹・紙・果等七舗戸と各鎮の集頭が、零細な商品取引にもかかわらず一一納税しなければならない不便を訴えた。これに対し官府も、一つ一つの税額が少額で弊害が生じ易いことを考慮し、毎年納税請負額を定める包納悦銀法を定めた。これにより取引の際その都度納税する必要がなくなり、四季毎に税課司に赴いて納入することとなった。この舗戸や集頭が請負った商税は、従来から存在した門攤課鈔を銀納化して四季毎に納める「門攤季税」に対し、「包納季税」と呼ばれた。府志は先の引用の後に、包納季税を納めたものとして、緞絹舗戸・絨線舗戸・紙雑貨舗戸・猪羊牛牙人・薬材香料牙人・枯巣牙人・浦包牙人の7業種と各郷村鎮の集頭を挙げている。これらの業種は、仲買問屋業を営む有力な舗戸や牙行であり、自ら商税負担者でもある彼らが、徴収を請負うことにより納税事務の合理化をはかると同時に、取引市場での独占的利益の確保を企図したものと考えられる。

以上のように、明代中期に普及する商税徴収証負は、主に人件費問題から税課司局の廃止・合併をせざるを得なかった地方官庁側と、取引市場における仲買問屋業や在地の有力者との両者の利害の一致に基づいた妥協の産物であった。『明神宗實録』巻一二八、万暦十年九月辛酉の条の皇子誕生の際に出された詔には、

> 一、天下司府州縣税課抽分衙門舊有定額、近年各路關津貨物經由處所、擅立牙行抽税、罔利病民。詔書到日、撫按司道官查係額外私設者、盡行裁革。違者、兩京科道官訪實參奏。

とあり、全国各地の商品流通上の要地に勝手に牙行を設立し徴税を行なっている事実が指摘されている。かかる事例も、牙行が全く勝手に徴税を行なったと考えるよりは、牙行は府州県など地方官府の諒解を得て徴税を請負い、請負額以上の商税を徴収する一方で、地方官は請負額部分を地方財政や官吏の私的費用に充てていたというのが、より実態に近いであろう[23]。

3 牙帖の頒給と納穀

　清代の牙行制度は、歴代王朝の中でも最も完備したものである[24]。牙行に対する統制は、牙帖の頒給を通じて行なわれた。従って、雍正十一年(1733)牙行の定数を定めた額定牙帖制の施行は、その制度確立を示すものであった。しかし明初の段階では前述したように、牙帖の頒給は明文化されておらず、制度的には必ずしも確立していたとは言えなかった。

　この点について山根幸夫は、1978年に「明清時代華北市集の牙行」と題する論考の中で、「要するに、明代においては市集牙行の制度は、まだ整然たるものではなく、いわば慣習法的なもので、而も牙行営業の認可は、知州・知県の判断によって随意に行われた。もちろん、牙行の定員も未定であった（中略）。いずれにしても、明代の市集牙行の制度はまだ明確なものになっていなかったと考えられる」（230頁）と述べ、的確な指摘を行なっている。また明代の牙行に牙帖が交付された例として、山東兗州府所属の万暦三十五年序刊『汶

上県志』巻二、建置志・編里「市」の記事を挙げている[25]。

その後1986年に汪士信は、「試論牙行」の中で牙帖の文字が見える最も早期の例として、万暦二十九年刊『揚州府志』巻二〇、風物志・風俗「俗習」の記事を紹介した[26]。さらに当該府志の成立は万暦二十九年であるが、文字の語気から見て、牙帖の出現は万暦年間よりも早く明代中葉であると推定した。

牙帖の出現を明代中葉に推定する汪の所説は、妥当なものと考えられる。ただ管見のかぎりでは、汪の挙げた史料の時期よりも若干それ以前に遡る例を幾つか提出することが可能である。『明神宗実録』巻一三五、万暦十一年三月丁酉の条には、

> 兩淮巡鹽御史任養心條陳四事。（中略）二曰革牙行。淮南・淮北二所被積棍給帖充行、科斂商人、派取供應。每歲吞噬、不啻萬兩。應于各衙門首、竪立木榜、通行嚴禁、操撫衙門不得聽囑批允、以紊紊職掌。（中略）部覆俱如議。

とあり、淮南の儀真批験所と淮北の淮安批験所では、棍徒が牙帖を頒給され牙行に充当し、塩商人から収奪を重ねていたことを述べる。両淮巡塩御史任養心の提案は、「牙行を革す」とあり牙行そのものを廃止するようにも受けとれるが、そうではなく抵当財産のない棍徒が充当することを禁じたものであろう。いずれにせよ、この記事は万暦初頭牙行に充当する者は牙帖を頒給されるのが慣例であったことを教えてくれる[27]。但し批験所の牙行の場合、国家による専売制との関係もあり、こうした慣行を府州県城や鎮市レヴェルにまで一般化できない弱味がある。

これに対し、次に掲げる上海県と池州府の事例は、疑いなくこの時期地方官庁によって牙帖の頒給が行なわれていたことを示している。まず万暦十六年序刊『上海県志』巻四、徭役・埠頭には、

> 先年點市居富民爲埠頭、供上司按臨、□公差船隻、民甚苦之。萬曆十一年本府同知郝字掌縣事謂、本縣南北運糧長及各處客商雇船牙錢入於私埠、而官埠獨受船禍、乃令傍浦有力者爲之、而給執照、聽收牙錢、補公差船費、相沿至今（下略）。

とあり、万暦十一年埠頭（船牙行）に対して牙帖に相当する執照を支給している。従来、上海県の官埠（官設船着場）では「市居の富民」を埠頭の役に充て、上司の視察の際の供応や公用船隻の調達を負担させていた。その後民間経営の私埠が営業をはじめ、南北運糧の糧長や各地から来た客商が船を雇う際に支払う牙銭も私埠が収入として手に入れる一方で、官埠のみ官府の供応に苦しむことになった。そこで在地の有力者——おそらくすでに私埠を営む——に営業許可証を支給して公認したうえで、牙銭の収益の一部を公用に用いる船隻の経費に充てさせたのである。

次の万暦『池州府志』巻九、芸文に収める知府王頤の「役駔僉議」も、府による牙帖の頒給を示している。

　　　池在大江之濱、民以耕漁爲業、家鮮蓄積、市無鉅商、駔儈百餘輩、日競錐刀、僅僅自需、歳請郡帖、例有税無役、役之蓋自萬暦乙亥始云。

長江沿いに位置する池州府では100名餘の牙行が生業をたてていたが、従来彼らは毎年府に申請して牙帖を頒給されると同時に税を納めていた[28]。万暦三年に赴任したばかりの知府王頤はこの税を免除し、代わりに過客の供応に必要な物料買辦の役[29]を牙行に科派した。この改革は、条編法（一条鞭法）施行後も里甲に科派し苦しめていた供応の負担を軽減する意図のもとに行なわれたものである。池州府の場合、万暦三年の改革以前に牙帖頒給の慣行が定着していたのであるから、その開始は少なくとも嘉靖・隆慶年間まで遡ることが可能である[30]。

同時に注目されるのは、ここで牙帖頒給と牙行の税納とが密接不可分の関係を有していたことである。一般に、この時期以降史料に瀕出する営業許可証としての牙帖頒給の際には、税または免許料（帖価）の納入を伴なう場合が多かったようである。

万暦十九年から二十一年にかけて山西巡撫となった経験をもとに著された呂坤の『実政録』巻二、民務一「糴穀条約」には、「蓋し斗行は応に是れ帖を給され、穀を納めし人なるべし」とあり、鎮市で穀物の仲介を営む斗行は牙帖を支給される際、地方官庁に納穀を行なう慣行が存在したことを指摘している。

山東済南府の事例では、前掲の山根論文が万暦十年代後半蒲臺県で、斗秤行一名ごとに穀一斗を納め、庫に貯え賑恤に備えさせた知県李時芳の改革を紹介している[31]。ただ山根は、これは「決して一般的な慣行ではなかったであろう」という限定を附しているが、同様の事例はほかにも多く見られる。

例えば河南の場合、『明神宗実録』巻四三四、万暦三十五年六月丁酉の条に載せる巡撫沈季文の上奏中に、

  中州各行戸、毎年換帖納穀之數、大縣千計、少者數百、公用備賑倶於此出。
  不知公用自有原編、備賑不派行戶。

と述べる。河南では牙行の換帖が毎年行なわれ、その際に納めた穀物は、大県で1,000石、小県でも数100石にのぼり、公用や賑恤の費用に充てられていた。右の引用に続けて各府の納穀数を載せており、河南・衛輝両府では3,800餘石、開封・汝寧以下の6府1直隷州では合わせて34,000餘石であった。仮りに後述の六合県の例のように1帖＝2石で計算すれば、河南全体の帖数は18,900餘となり膨大な数の牙行の存在が窺われる。

南直隷については、万暦四十八年から天啓元年（1621）にかけて応天府府尹の任にあった徐必達が行なった改革によって、県レヴェルで慣行として行なわれていた牙帖の頒給と納穀および商税徴収の実態を知ることができる。『南州草』巻一二、公移「移両臺査革六合商税呈」によれば、当時応天府所属の六合県では、巡撫と巡按の酌定をへた10大行[32]から商税を徴収し、夫馬の工食や草料に充当していた。このほかに県独自の財源として県城・鎮市では、「各項小行経紀等商税」と「屠戸湯税[33]」も徴収されていたため、府尹徐必達の指示のもとに各行の商税についての調査を行なわせたところ、小行経紀約1,200名、合計銀700餘両の商税が徴収されていた事実が明らかとなった。さらに、

  聞、其充當之日赴縣納穀二擔、請帖一張。給帖到手、公然霸佔。其不然者、
  即以私充之罪罪之。是官與民又交爲市也。于是無賴市棍至有納尤領買經紀
  者。買者買、賣者賣、牙者牙、與彼絶不相干、而彼獨以領爲名、白手分索
  牙用、其爲鄕里小民之害滋甚、政之不良無過此者、相應嚴行禁革。

とあるように、六合県では牙行に充当する際、県衙門に赴き稲穀2担（石）を

納めたうえで牙帖を手に入れるという慣例の存在が露呈した。しかもこの手続きをふまず牙帖を持たない者は、前述した明律の〈私充牙行埠頭〉律[34]が適用されていたのである。このため商業行為に全く関与していない無頼や市棍が「領買経紀」となり、牙用を要求し民衆から収奪を重ねるという事態を招いていた。そこで徐必達は、10大行以外のすべての県城・鎮市の小行経紀の商税と屠戸湯税を廃止する一方、以前牙行に支給されていた牙帖をすべて県に返還して塗抹させた。また身元が確かで財産もある者で牙行を営むことを願う者には任意に開業させること、仲介手数料の半減、無頼や市棍による領買経紀の裁革を巡撫や巡按に提案した。この提案は、巡按の承認を得て実施された[35]。

　府尹徐必達の公移によって端無くも後世に伝えられた六合県の事例は、この時期牙行が免許料としての納穀を行なったうえで牙帖を支給されると同時に、商税を負担していることを示している。もちろん六合県の納穀の慣行を、府尹が「これ官と民とまた交も市を為すなり」と判断して斥け、上級官庁の巡撫や巡按もまたこの提案を承認していることから明らかなように、中央レヴェルでは未だ必ずしも公認されておらず、言わば「陋規(ワイロ)」に近いものであった。しかしながらこうした慣行は、ひとり六合県のみならずこれまでに紹介した各地の事例から推察できるように、明末段階ではすでに広範囲に普及していたであろう[36]。

4　営業税としての牙税

　官府に代わって牙行による商税徴収が普及する一方で、明代後半期になると牙行の営業自体に対する課税の動きも表面化した。すでに考察を加えた江南の都市商税改革の中で成立した門攤銀[37]は、従来の商税部分を牙行や鋪戸に対しその資本評価に基づき門攤科派した点で、かかる趨勢の一つと見做すことができる。

　次に紹介する万暦二十八年ごろ安慶府太湖県の知県となった徐必達が廃止しようとした商税は、前述の六合県の場合と同様に、牙行に対する課税として認

識されていたことを示す恰好の事例である。即ち『南州草』巻八、公移・太湖県「議革商税公移」には、

> 竊照本縣各行經紀約三百餘人、毎年額徵税銀四十二兩、以備官吏俸鈔、餘解濟邊、又徵銀三兩解昌平州、舊規也。亦古者徵商抑末遺意也。但古之所謂商者、服牛駱馬、以遊四方。今之所謂商者、不過上則鼓刀屠者、次則賣茶傭耳。彼其終日營營不能有隔宿之儲、乃縣官復権其羨、無乃非所以恤民隱乎。且以四十五兩徵派三百餘人。其中有四五分者、有一錢者、有一錢四五分者、秋毫計筭、闔邑騷然。一不能辦則捶楚之、捶楚之而終不能盡辦。

とあり、太湖県では合計45両の商税が、各業種の牙行300余人に対して資力に応じ3則に分けて科派されていた(38)。知県徐必達は、他の財源を捻出したうえで牙行に対する科派の廃止を提案したが、その結末は明らかではない。

　牙行による商税徴収請負が、このように牙行自身への課税に転化していく背景として、牙行の業務の拡大、特に仲買問屋業の発展による利潤蓄積とそれに対する課税強化の動きを指摘できよう。周知の如く明代中期、特に16世紀以降貨幣経済・商品生産が急激に展開した結果、商品流通量の増大による商業組織の発達をもたらした。なかでも遠隔地間商業と地域市場内流通との接点に位置する府州県城・鎮市の仲買問屋業の発達には目覚しいものがあった。

　一例を挙げよう。徽州府休寧県出身の徽州商人葉勝の子葉権（1522～78）は、父の経商先の杭州で生まれ生員となり、自らも江蘇・浙江・福建・河北・山西・広東の各地を歴遊した。その経験をもとに著した『賢博編(39)』の中で、万暦初年当時の全国各地の10大埠頭を列記している。

> 今天下大馬頭、若荊州・樟樹・蕪湖・上新河・楓橋・南濠・湖州市・瓜州・正陽・臨清等處、最爲商貨輳集之所。其牙行經紀主人、牽賺客錢、架高擁美、乘肥衣輕、揮金如糞土、以炫耀人目、使之投之。孤商拚性命出數千里、遠來發賣、主人但以酒食餌之、甚至兩家爭扯、強要安落。貨一入手、無不侵用、以之結交官府、令商無所控訴、致貧困不能歸鄉里。

ここに外来商人のもたらす商品の大集散地として挙げられているのは、湖広の荊州府沙頭市、江西の臨江府清江鎮、南直隷の太平府蕪湖、応天府上新河、蘇

川府楓鎬・南濠、揚州府瓜州鎮、鳳陽府寿州正陽鎮、浙江の杭州府湖州市、山東東昌府臨清の10埠頭である。このほかにも当然挙げられるべくして名前の見えないものがあるが、おそらく葉賢が実際に訪れた土地のみを記しているためであろう。これら埠頭では、「牙行経紀主人」と呼ばれる仲買問屋業が外来商人のもたらす商品を一手に引き受け莫大な利益を蓄えていた。このため、牙行の営業自体に課税しようとする動きが明代後半期に顕在化するのは言わば当然の趨勢であった。

　ここでは、この時期の史料上に現れる「牙行銀」「牙税」「牙行税」の用例を検討し、その性格の変化を辿ってみよう。『明世宗実録』巻一〇八、嘉靖八年二十一月甲戌の条に載せる御史王舜耕の塩課の利害に関する上奏に対する戸部の議覆には、

　　請發通州所貯牙行銀長蘆一千、山東五百、各運司豫糴、以賑貧竈。詔如議
　　行。

とあり、通州に貯えられていた牙行銀を貧しい竈戸の賑済に充てることを提案し、裁可されている。この牙行銀の性格については、嘉靖『通州志略』巻四、貢賦志・課程では、

　　鹽牙行銀一千兩有奇〔(割註) 牙行五名、毎年商人掣運引鹽大約五萬二三
　　千引、憑牙行發賣、毎鹽一引出税銀二分一釐六毫〕。

と説明している。おそらく塩商が掣験後通州まで運んできた引塩を、官牙の仲介をへて売り渡す際に徴収した仲介手数料（牙用）と思われ、牙行に対する課税と見做すことはできない。

　同じく『通州志略』巻四、課程には先の引用に続けて、

　　州城幷張家灣猪牙行屠戸、毎歳額辦猪鈔銀三百餘兩。〔割註省略〕
　　州城幷張家灣各色牙行、毎年辦納牙行銀一千餘兩。〔割註省略〕

と記し、猪牙行・屠戸が納めた猪鈔銀や各種牙行が納めた牙行銀の存在が知られる。これらは、各種の商品取引を仲介斡旋するのみならず、自らも売買行為の一方の当事者でもあった牙行が、その商品に対する商税の徴収を請負い、かつ自ら負担したためにこのように呼ばれたのであろう。

ところが万暦年間に入ると、状況はかなり変化してくる。特に商人に対する収奪として悪名高い「鉱・税の害」の時期には、従来から存在した商税の徴収請負とは別に、牙行の営業利益そのものに課税しようとする動きが顕在化した。

まず首都北京の例では、『明神宗実録』巻三四五、万暦二十八年三月丙寅の条に、

> 順天府丞喬璧星言、京師民窮財盡、新法朘削難堪、乞停免牙税。因内官張燁稱、奇異・珍寶・晴緑・金玉等項與京城内外當鋪則例課銀、征收務足、故極言之。不報。

とあり、鉱・税の害の最中、内官張燁によって提案された宝石商に対する牙税の停止を順大府府丞が求めている。この記事のみからは牙税の性格はそれほど明らかではないが、同書巻三四六、同年四月壬辰の条にはさらに詳しく、

> 戸科都給事中李應策題、少監張燁請催取祝・大二縣所屬及戸部等衙門珍寶・晴緑・金玉等項牙商、與京城内外當鋪卯暦逐査姓名、照原題每兩三分則例、坐派銀一萬五千兩、委官輪管征收（下略）。

と見え、北京の宛平・大興両県所属および戸部等中央官庁出入の宝石牙商と北京城内外の典當業[40]とを対象に課税するものであった。その方法は、取引高銀 1 両につき 3 分（3％）を課税するもので、合わせて 1 万 5,000 両の税額を徴収するとすれば、毎年 50 万両の取引が見込まれていたことになる[41]。ここに見える宝石牙商に対する牙税は、いまだ取引税的色彩は否定できないものの、牙商や典當業の営業収益自体に直接課税しようとした動きとして注目される。

同様の例は、商業収奪の嵐が全国に吹き荒れたこの時期、中央のみならず地方でも見られた。先に紹介した安慶府太湖県の事例も、その一例である。また崇禎『烏程県志』巻四、商税には、

> 本縣坐賈行商税銀、自萬暦二十八年爲欽奉明旨事、奉本府帖文、奉布政司箚付、承准戸部題准事例、爲因三殿未成兩呂未建、抽商賈税銀、協濟大工。本縣遵將城鎮鋪行、招商貿易者、作爲行商、每年額編銀一百三十兩、開店貿易者、作爲坐賈、每年額編銀三百九十三兩三錢三分四釐、税銀貯庫類解。

とあり、湖州府烏程県では、三殿両宮の建造費を捻出するため戸部題承事例を

承けて県城や鎮市の鋪行に対し新たな課税を行なっている。言うまでもなく後者の「開店貿易者＝坐賈」とは鋪戸のことで、前者の「招商貿易者＝行商(こうしょう)」とは仲買問屋業を営む牙行のことであり、それぞれ393両餘と130両を毎年科派されている。両者の税は臨時的課税とは言うものの営業税的性格を有している。なお、この税は万暦四十三年「恩詔」により3分の1を減額し、さらに泰昌元年には全額免除された。

このほか、徽州府歙県では、万暦三十年代に地方的財源として「官牙税」という項目があり、蘇州府太倉州でも、崇禎年間「牙税銀」200両の存在が知られる[42]。

以上、ほんらい官府に代わる請負の形で始まったはずの牙行や鋪戸による商税徴収が、その後次第に彼らへの課税として性格を変えていく過程について考察を加えた。かかる過程の背景には、この時期仲買問屋業として発展し富を蓄えていた牙行の営業自体に課税しようという動きが存在していた。とりわけ、鉱・税の害が続いた万暦後半期以降には、この動きがより顕在化した。この時期、内官により様々な形で商業収奪が試みられたため商品流通が阻碍され、民衆の日常生活も混乱に陥った。その結果、これに反対する「民変」が全国各地で巻き起ったが、正しくこの混乱期に牙行の利潤自体を捕捉しようとする営業税としての牙税も、漸くその姿を現したと言えよう。

結びにかえて

以上、本章では明代の牙行について商税との関係を中心に考察したが、その中で、商税徴収請負の普及、牙帖の頒給と納穀の実態、営業税としての牙税の出現等について明らかにした。これらは、いずれも明初ほんらいの制度ではなく、中期から後期にかけて地方的慣行として行なわれたもので、地域によって様々な内容を持っていた。しかし明末には、これらすべてが出揃っている点で、清代牙行制度の原型をそこに見い出すことができる。

明末各地でのかかる慣行が、清代雍正年間に至ってどのような経緯をへて制

度的に確立していくのか、また清朝国家は、如何なる経済政策のもとに制度化を推し進めたのか等の問題については、今後の課題としたい。これに加えて、本章ではほとんど論及しえなかった流通過程に様々な形で関与する牙行の各種業務内容と社会的機能についても、別に機会を得て論じることにしたい。

註

（1）　斯波義信『宋代商業史研究』風間書房、1968年、第五章、商業組織の発達、宮澤知之「宋代の牙人」『東洋史研究』39巻1号、1980年等。

（2）　稲葉岩吉「駔會・牙儈及ビ牙行ニ就テ（上・下）――支那税源ノ歴史的考察――」『東亜経済研究』5、1921年、のちに同『支那社会史研究』大鐙閣、1922年に収録。

（3）　小林高四郎「唐宋牙人考」、同「唐宋牙人考補正」『史学』8巻1、3号、1929年。

（4）　元・明・清期の牙行研究として、『清国行政法』第二巻一編五章四節一項「牙行」1910年、加藤繁「清代に於ける村鎮の定期市」『支那経済史考証』下巻、東洋文庫、1952年、原載『東洋学報』23巻2号・1936年、劉重日・左雲鵬「対"牙人""牙行"的初歩探討」南京大学歴史系明清史研究室編『明清資本主義萌芽研究論文集』上海人民出版社、1981年所収、原載『文史哲』1957年8期、山根幸夫「明清時代華北市集の牙行」『星博士退官記念中国史論集』同退官記念事業会、1978年所収、宮澤知之「元朝の商業政策――牙人制度と商税制度――」『史林』64巻2号、1981年、呉奇衍「清代前期牙行制試述」『清史論叢』6輯、1985年、汪士信「試論牙行」『中国社会科学院経済研究所集刊』8集、1986年等がある。多くは制度的に整った清代が中心であるが、劉・左論文と山根・宮澤・汪の各論文が元・明代にも論及している。なお、本書では斯波が註（1）前掲著書ですでに指摘しているように牙行をただちに仲買ギルドとは考えない。

（5）　船埠頭が徭役の一つとして富民に充当させられていた例として、万暦『上海県志』巻四、徭役（本書310頁に引用）参照。

（6）　『大明令』戸令、「凡客店毎月置店暦一扇、在内付兵馬司、在外付有司署押訖、逐日附寫到店客商姓名人數起程月日、月終各赴所司查照。如有客商病死、所遺財物別無家人親屬者、告官爲見數、行移招召父兄子弟或以故之人嫡妻、識認給還、一年後無識認者入官」。ここに見える店暦(ヤドチョウ)は、客商の財産権保護のためにも用い

(7) 近年の例では、党誠恩編『中国商業史話』中国商業出版社、1987年、8 明〈牙行〉がある。なお、該書ではおそらく王圻『続文献通考』巻三一、市糴考、権量の「嘉靖二年議准」によって、同年に「市易法」が定められたとしているが、この議准は明律とほぼ同一であり、明律の規定を再確認したに過ぎない。

(8) 註(4)前掲の汪論文224頁参照。

(9) 薛允升『唐明律合編』巻二七、雑律下、および沈家本『明律目箋』巻二、戸律・市廛参照。

(10) 中枢院調査課編『大明律直解』1936年。花村美樹「大明律直解孜(一)(二)」『法学協会雑誌』54-1・2、1936年。

(11) ここに言う牙帖とは、牙税の納入義務と引き換えに頒給された営業許可証のことである。そうではない単なる許可証であれば、官牙に充当する際に支給されていた可能性は十分に考えられる。例えば『皇明経世文編』巻七三に収める丘濬の「馭夷狄議(二)」には、「凡軍民人等有入山峒生理、許其赴官告知、齎載某物、赴某山峒貨賣、官司給與印帖為照。無帖者不許」とあり、山峒に住む猺獞の賊との交渉を禁止すべく、山峒に入る商人に印帖を支給することを提案しているのは、先の推測を裏づけるものである。

(12) 新宮学「明代後半期江南諸都市の商税改革と門攤銀」『集刊東洋学』60号、1988年、本書第三部第9章に収録参照。

(13) 佐久間重男「明代の商税制度」『社会経済史学』13巻3号、1943年。

(14) 隆慶『丹陽県志』巻一、公署、「税課局、去縣治東南斜橋、呉元年三月初一日開設、借〔借?〕民人主受六房屋内收課、洪武八年五日〔月?〕移於太平橋民陳通屋内辦課 (下略)」。

(15) 弘治『上海志』巻五、公署、「烏泥涇税課局在烏泥涇鎮、洪武六年糧長陸伯才創建(下略)」。

(16) 『明太祖実録』巻一二九、洪武十三年正月辛酉の条。

(17) 商税徴収請負は、おそらく宋元時代の買撲まで遡ることができるであろう。

(18) 山根幸夫「明・清初の華北の市集と紳士・豪民」『中山八郎教授頌寿記念明清史論叢』燎原書店、1977年によれば、華北の郷集では在地の有力者から集頭・商税老人・集市老人が選出され徴税を掌っていた。また呂坤『実政録』巻一、明職「税課司之職」にも、巡攔と並んで集頭老人の抽税行為についての言及がある。

広東の例では、万暦二十九年勅命を奉じて派遣された際の見聞に基づいて書かれた王臨享の『粤剣編』巻二、志時事に、「嶺南税事、從來有之。凡舟車所經、貿易所萃、靡不有税。大者屬公室、如橋税・番税是也。小者屬私家、如各埠各墟是也。各埠各墟屬之宦家、則春元退舍、屬之春元、則監生・生員退舍。亦有小墟遠於貴顯者、卽生員可攘而有之。近聞當道者行部、過一村落、見有設公座陳刑具、儼然南面而抽税者。問爲何如人、則生員之父也。當道一笑而去」とあり、税額の比較的小さい埠頭や墟市の商税徴収が官僚・進士・監生・生員などの郷紳層によって請負われていた事実を伝えている。

(19)　註（4）前掲の劉・左論文 192 頁。
(20)　註（12）前掲の新宮論文 109 頁、本書 295 頁参照。
(21)　万暦『大明会典』巻三五、戸部、課程・商税「税課司局」。
(22)　『明世宗実録』巻五二八、嘉靖四十二年一二月丁未の条。
(23)　万暦十年の禁令も実効性に乏しく、その後も各地で地方的経費を捻出するために牙行を設けて徴税を行なっていたようである。。例えば『明神宗実録』巻四一八、万暦三十四年二月乙丑の条には、「鳳陽府池河鎮守禦一營所屬南京飛熊・廣武・英武三衞附近定遠縣地方、舊例該營出給官軍帖文、以充牙儈、取其貨税、以供操賞、甚爲商民之累」とあり、鳳陽府定遠県では池河鎮守禦營（南京五軍都督府下の飛熊・広武・英武三衛からなる）が、武官や兵士に牙帖を支給して牙行に充当し商税を徴収させ、操練と賞賜の費用に充てていた例が見える。
(24)　註（4）前掲の『清国行政法』および諸論文参照。
(25)　註（4）前掲の山根論文。万暦『汶上県志』巻二、建置志、「按市之害、其大者有三、（中略）豪猾托名給帖受權量、而私局置之。樸野之民持物而貿者、陰奪其十一、猶假公租以橫索焉。此害之在於市魁者也」。
(26)　註（4）前掲の汪論文。万暦『揚州府志』巻二〇、風物志、「四民自士農工賈而外、惟牙儈最多、俗云經紀、皆官爲給帖、凡魚鹽豆穀㲉車般〔船？〕雇贏馬之類、非經紀關說、則不□〔得〕行。常値之外、另與用錢。揚州瓜儀經紀、不可萬數。」
(27)　前掲の記事に先立つこと一年あまり前の『明神宗実録』巻一二〇、万暦十年正月辛未の条にも「兩淮庫貯經紀換帖納稻等銀一萬二百一十二兩有奇」とあり、經紀（牙行）に頒給される牙帖の交換に際して納穀が行なわれていたことや、すでに銀納化されていたと思われるその銀額が一万両あまりに上ったとが知られる。

(28) この税の性格は明瞭ではないが、知府王頤が牙行に対し「汝等歳ごとに税を出すは例なり」と述べていることや、同書巻三、食貨・税糧によれば商税・酒醋等鈔はすべて銀納化していることなどから見て、商税を銀納化して牙行や鋪戸に科派した門攤銀のことであろう。門攤銀については註（12）前掲の新宮論文参照。

(29) 鋪戸や牙行など商人に科派された物料買辦の役については、新宮学「明代北京における鋪戸の役とその銀納化」『歴史』62輯、1984年、「明代南京における鋪戸の役とその改革」『国士舘大学人文学会紀要』17号、1985年、本書第二部第4章、第6章収録参照。

(30) 〔補註〕嘉靖中期、広東の墟市・埠頭では在地の郷紳が、店鋪や小屋掛を設けて墟主となり、毎年官府への納銀と引きかえに「帖」を支給され商税徴収を請負っていた事例が見える。嘉靖『広東通志』巻二五、民物志・墟市、「嘉靖二十八年廣東布政使司分守嶺南道左參政項喬行二事、（中略）其二曰、禁墟主以便市民。（中略）近又査有勢宦郷豪於墟市埠頭交易湊集去處、或多開店面、或多搭捲蓬、或代出架閣、類先夤縁、立爲墟主、毎歳願納銀在官、聽其取民顧賃之利。官府利之、而不知其害、往往給帖與之、彼卽依憑恣肆、無時無處不任意抽分、雖柴米鶏豚之常資、油鹽醬醋之末品、亦無不厚取其稅焉」。本史料については、1989年8月の明清史夏合宿の際に井上徹氏の報告より教示を得た。

(31) 註（4）前掲の山根論文229〜30頁。

(32) 『南州草』巻一二、公移「査革六合両税示」に附す「計開裁革各行紀名目」には、商税を廃止した小行についてのリストを掲げているが、存続した10大行についての記述はなく不明である。

(33) 屠宰税の一種と思われるが、詳細不明である。

(34) 本書304頁に引用。

(35) 徐必達の改革によって商税を廃止された小行経紀数は約1,230餘、その税銀は370両餘である。なお、徐必達の改革の詳細や六合県の市集の牙行分布等については、あらためて考察を加えたい。

(36) 北直隷の真定府元氏県では、換帖の際の納穀がすでに銀納化していたようである。崇禎『元氏県志』巻二、田賦、「課税、舊商税毎年該銀五百一十八兩八錢（中略）。今改爲雜税八十兩、牙行換帖銀二十五兩、其餘免派」。

(37) 註（12）前掲の新宮論文。

(38) 応天府江浦県でも、同様に商税は牙行に対する税として捉えられている。崇禎

『江浦県志』巻六、賦役志・課紗、「石磧橋鎮牙税銀一十両〔(割註)春夏二季毎季銀二両、秋冬二季毎季銀三両、□置立循環、按季交納、解府類解〕」。

(39) 『明史資料叢刊』第1輯、江蘇人民出版社、1981年所収。葉賢の経歴については、程滑撰の序および李済賢による〈前言〉参照。

(40) 典当業に対しても、営業税を科派する動きがこの時期全国的に見られた。例えば万暦『常州府志』巻八、征権など。

(41) 実録の引用部分の後には「窃思徴銀一万五千、必須各牙歳得五十萬金」とあり、これから判断すれば、1万5,000両は典当税を含まない牙税のみの額と考えられる。

(42) 万暦『歙志』巻四、考三、戸賦議「又附徴解議」、崇禎『太倉州志』巻八、賦役志・田賦。

〔補記〕

本章の初出は、明代史研究会編『山根幸夫教授退休記念明代史論叢』汲古書院(1990年3月)である。

論文末で予告した牙行の各種業務内容と社会的機能についての考察は、著者の怠慢により遺憾ながら実現をしていないものの、その後明清時代の牙行研究は、国内外で大きく進展した。

中国ではその後、韓大成『明代城市研究』中国人民大学出版社、1991年の第3章第3節において牙行の日常活動を5項目に分けて分析した。

日本では、山本進が「清代四川の地域経済——移入代替棉業の形成と巴県牙行——」『史学雑誌』100編12号、1991年、「清代江南の牙行」『東洋学報』74巻1・2号、1993年、「明末清初江南の牙行と国家」『名古屋大学東洋史研究報告』21号、1997年など、巴県檔案や地方志の新たな史料をもとに発表した一連の研究をまとめたのが、同『明清時代の商人と国家』研文出版、2002年である。また足立啓二は、流通と経営の構造への関心から「明末の流通構造——『杜騙新書』の世界」『熊本大学文学部論叢』41号、1993年、「阿寄と西門慶——明清小説にみる商業の自由と分散——」同45号、1994年(のちに同『明清中国の経済構造』汲古書院、2012年に収録)を発表した。小説史料を用いて考察を加え、客商—牙人体制を「粗野な商業形態」、「非定型的流通構造」と位置づけ、その不安定性を浮き彫りにした。さらに同「牙行経営の構造」『熊本大学文学部論叢』73号、2001年は、牙帖保持が有利な利殖

手段であるとともに、停業・廃業が通常であったその不安定な経営の要因を考察した。

2010年代に入っては、井上徹や銭晟も牙行研究に着手した。井上徹「明末の商税徴収と広東社会」『年報　都市史研究』19号、2012年は、明末、中央政府が税監を派遣して他省に数倍する商税額を科派していた広東においても、牙人による徴税請負が行われていたことを明らかにしている。とくに広東地域における新たな史料を紹介して、「勢豪」と呼ばれる郷紳が家人に店舗を開き墟主となって管理させていること、地方政府に対し納税を条件に「帖」を発給してもらい、日用品の商品に私税を課していることを指摘している。この帖の「店舗賃貸料徴収の許可状」という説明はやや判りづらい。店舗の賃貸料を徴収するのに、何ゆえ、官府の許可が必要なのかが明らかとならないからである。

銭晟「明末『牙税』考——その性質と財政上の役割を中心に——」『集刊東洋学』115号、2016年は、『続修四庫全書』に収録されて容易に利用可能になった『度支奏議』（中国国家図書館所蔵）を用いて明末における牙税徴収の実態を再検討した。とくに崇禎二年（1629）より、牙行の換帖銀が中央財政に組み込まれていく過程を具体的に解明した点は貴重である。銭には、日本と中国における牙人・牙行関係の研究論文・著書を集めた「中国の牙人・牙行関係研究文献目録〔稿〕」『山形大学歴史・地理・人類学論集』15号、2014年もある。

牙行研究では、歇家の存在も重要である。谷口規矩雄「明代の歇家について」『明代史研究会創立三十五年記念論集』汲古書院、2003年がある。中国では、胡鉄球『明清歇家研究』上海古籍出版社、2015年が刊行された。その第3〜6章で、元来客店の別称であった歇家が、明代弘治年間（1488〜1505）に牙行と相互に結合して「歇家牙行」経営モデルを形成したとし、その展開過程について考察を加えている。

明末財政史との関わりでは、田口宏二朗「畿輔での『鉱・税』——安文闢『順天題稿』をめぐって——」岩井茂樹編『中国近世社会の秩序形成』京都大学人文科学研究所、2004年が、商税収取と本章で明らかにした牙行による徴税請負行為との相補的関係に税監が外部から割り込んできた点に、「鉱・税の禍」をとりまく状況を見出している。

岩井茂樹は、「中華帝国財政の近代化」飯島渉・久保亨・村田雄二郎編『シリーズ20世紀中国史』1　中国世界と近代、東京大学出版会、2009年において財政近代化論に与することなく、中国財政を支えていた「請け負い態制」の合理性について考察を加えている。1850年代に創設される釐金(りきん)（内地通行税）では、19世紀末に各州県の

徴税ステーションとしての釐卡(りそう)が相当数廃止されるかわりに「統捐」や「認捐」と呼ばれる徴収方法が導入された。商業化の深まりとともに、官吏・紳士・土豪などの「委員」による請負から商人自身による請負という形態を拡大させたことに、中国近代社会の特異な「帝国モデルの持続性」(141頁)を見出している。もちろん岩井もかかる「請け負い態制」が近代になって出現したわけではなく、江南の田賦徴収では17世紀の明清交替期まで遡ることに注意を払っている。本章で取り上げた商税での牙行による請負徴収の制度化の動きは、田賦徴収に先立って始まっていた。

このほか、本野英一『伝統中国商業秩序の崩壊』名古屋大学出版会、2004年は、不平等条約体制下において「英語を話す中国人」として出現した買辦に注目して伝統中国の商業秩序の崩壊過程を跡づけた。その崩壊する秩序原理は、税の徴収請負を代償とした特定団体による何らかの経済活動の独占に淵源していたとして、本論で明らかにした牙行の商税徴収請負を参照しつつ明代以来連綿と続く官僚と商人の関係に注目している。

第四部　研究動向と書評・紹介

附篇 1 1995 年の歴史学界―回顧と展望―〈明・清〉

はじめに――地域社会論の現在

　1995 年の成果としてまず取り上げるべきは、檀上寛『明朝専制支配の史的構造』（汲古書院）と山田賢『移住民の秩序』（名古屋大学出版会）である。両書とも 80 年代以降の明清史研究を代表するもので、前者は元末から明中期（14〜5 世紀）の政治・社会と思想を、後者は清中期（18〜9 世紀）の地域社会・宗族と宗教反乱を扱い、いずれも個別領域にとどまらず当該時期の歴史をトータルに把握しようとする。また前者が江南の地主層を中心とする「南人政権」論から出発し、後者は四川省雲陽県を対象としたように、レヴェルの差はあれ、どちらも考察の切り口は「地域」にある。さらに前者は元明交替期の専制国家の創出過程を、後者が三省交界地域の移住民社会における秩序の生成過程を課題とする点でも共通する。

　もちろん違いもある。専制国家の構造あるいは地域統合の論理を解明するにあたって、前者では権力中枢からこれに迫るのに対し、後者は国家の規範的秩序への上昇・同化というように周縁から仰視する。この方法的差異は、問題関心のあり方に関わる。前者は明初の専制支配の具体相を現代中国に連なる問題として捉え直すのに対し、後者は「移住」の視点から東アジアの現在を照射する。どちらも現代社会の課題をも正面から受けとめようとした力作で、旧パラダイムの崩壊をうけて 80 年代に進められた様々な試みの中から新たに凝集した核が、ようやくその姿を現わし始めたと言えよう。

　より正確に言えばすでに 70 年代後半に研究に着手していた檀上の場合、明初研究における国家論の欠落を前面に打ち出して研究史を総括する。確かに国家の収取に関わる賦役制度史においても、国家の存在は所与の前提とされていた。

一方、80年代半ばに研究を公表する山田の場合は、とりわけ宗教反乱の担い手への眼差しに冷戦終結後の新たな歴史認識の到来を感じさせる。かつて定住者と移住民との二元論的対立の構図のもと、経済的次元から政治宗教的次元へ越境するがゆえに変革主体に高められていた移住民は、定住あるいは共同性への回帰を希求する等身大の姿で冷静に定位されている。

さて近年〈明・清〉欄で毎回取り上げられる方法概念としての「地域社会論」は、81年の名古屋大学シンポジウムでの森正夫の基調報告にすでに示されていたように、地主制研究に見られる「階級分析の方法」と賦役制度史研究に顕著に示される「国家基軸論」とに引き裂かれていた当時の研究状況を、人間が生きる基本的な場（広義の再生産の場）からその存立と深く関わる「社会秩序」を通して再考する試みであった。評者自身も当時その意義を十分に受けとめきれなかったのであるが、15年を経た現時点から振り返れば、明示的ではないにせよ、すでに多くの研究者に共有されている地域社会論の分析視角にこそ公権力の内在的理解、すなわち国家論への視座が内包されていたと言える。ここでは、かかる権力の内在的把握という視角から1995年に発表されたいくつかの研究を振り返ってみたい。

まず浙江省諸曁盆地という一地域社会を定点観測し、元末から清末に至る秩序の生成過程の一サイクルを描き出した上田信『伝統中国』（講談社）にあっても、「史的システム論」という独自の理論と斬新な分析方法を駆使した著者が最終的に対峙したのは、強力な国家の存在であった。地域カリスマ追放の事実から読み取った、諸曁盆地が一つの自己完結した世界となることは生活者自身によって否定されたという結論に端的に示されるように、地域社会の中で新たに生成される秩序も、「螺旋運動をしながらふりだしに戻」るが如く国家の統合原理に包摂されるべき軌道上にあった。同じく内在的理解への志向は、岸本美緒「明清交替期の江南社会」『歴史と地理』483号の国家権力が突然消滅した時、人々はどのような行動をとるのかという問題設定にも共通する。社会不安の増大に伴って結集した小規模な固い集団が、新しい王朝権力による官府再建と社会不安の減少とともに次第に解体していく大きな波動として把握され、

暴力装置や正統イデオロギーというよりは、これらを媒介として人々が国家権力に従うであろうという、相互に共有された予測こそが国家権力の正統性であり、平時には予測の安定性が客観的「構造」の外貌をもって現れるに過ぎないと説く。こうしたいわば予定調和的理解に対し、少数民族という〈他者〉の眼差しからは当然別の側面が照射される。菊池秀明「明清期の両広南部地区における客家移民の活動と国家」『史学雑誌』104編11号は、国家の少数民族抑圧政策を支える政策的移民として入植したはずの客家が、生計の安定と上昇を求める情熱がもたらした「尋食」と呼ばれる生業形態がもつ流動性の故に自らの意図とは逆に反秩序的存在とされ、弾圧を受けるに至るメカニズムを捉える。ここでは、少数民族政策に尖鋭に現れる「中国文化のもつ抑圧性」の視点から専制国家の暴力性を抉り出している。

　以上のような内在的把握の試みからどのような明清国家が結像するであろうか。元末明初研究の固有の意義を新たに提起し未曾有に強大化した明初専制国家に「中国社会の体制的帰結」を見い出した檀上の場合は、明朝国家と清朝国家は連続性のもとに理解されていると言えよう。これに対し明末清初を旧体制の再編期と捉える視点からは、両時代の差異性が浮かび上がる。後者の理解に立つのが森正夫①「明末における秩序変動再考」『中国―社会と文化』10号、②「『錫金識小録』の性格について」『名古屋大学文学部研究論集』史学41号である。①は明末編纂の地方志〈風俗〉の項には、様々な社会関係における秩序変動が編者たちの鋭い危機意識に基づいて叙述されているという著者の見解を、宋代や清代の地方志との対比により再確認。②は乾隆『無錫県志』の外編として執筆された同書の成立経緯や編者の問題意識の検討から、明末とは異なり郷紳層ではなく士人層の側に地域社会の課題と取り組む志向が見られるという、清代郷紳に関する見通しを例証。自由に自説を主張した明末地方志に比して清代地方志のもつ限界を、厳しい政治的規制という編者たちが置かれていた条件の差異から説明する。清朝の政治的規制強化という文脈は、則例や省例の性格を論じることから単なる史料論にとどまらない行政上の変化を解明した谷井陽子の力作「清代則例省例考」(『東方学報』京都67冊)でも共有される。省

上層部や中央六部の厳格な監査に応じるために必要な規則や前例の把握は、ほんらい官僚機構内の実務担当者の自助努力（官僚個人の幕友による公牘の筆写と蓄積）に任されていたが不統一が生じやすかったので、地方では省例が刊布され、中央では乾隆期に六部等の縦割りの形式で則例編纂制度が確立した。かかる法的編纂物急増の背景には、官僚機構内部における高度に集権的な統制機能の緊密化という事実があった。この緊密化とは通時代的なそれではなく、君主独裁制確立に照応するもので明末の危機的状況への体制側の対応と清朝の明制継承のあり方に起因するという。谷井の場合、張居正の考成法をもとに岩井茂樹（1993年）が提示した理解と同様に、朱元璋の恐怖政治をもって出発した明朝国家と「洗練された」官僚支配を特徴とする清朝国家とは異なった位相のもとに把握されている。かかる明朝と清朝の差異は、伊東貴之「《秩序》化の諸位相」『中国―社会と文化』10号が、「解放」へと至るヴェクトルからの従来の近世思想史研究を再考し、明代中葉以降の錯綜し拮抗し合った様々な「秩序」観から恣意的な「人治」を斥け、政治制度を総体として機能主義的に捉えようとする方向に収斂していくところに清初思想の地平を見る分析視角とも通底する。80年代以降、社会経済史を中心に多くの清代史研究が積み重ねられてきた現在、地域社会から国家へと至る統合原理を考察する前提として明朝国家と清朝国家との比較分析は重要な課題となっている。岸本美緒が「清朝とユーラシア」（歴史学研究会編〈講座世界史2〉『近代世界への道』東京大学出版会）の中でユーラシアの長期波動の視点から中国の明清交替を「固い」体制から「柔らかい」体制への変化と規定したのは、この課題に対する一つの解答である。その場合、清朝の流動化社会への柔軟な対応・対外的な開放と前述した政治的規制強化とはどのように交差するであろうか。明初体制特有の「固さ」はそもそも何に由来するのか。13～4世紀ユーラシアの長期波動の視点からも、あらためて元末明初研究の固有の意義が浮かび上がるであろう。

（1）政　治

明代については、川越泰博「靖難の役前後の建文政権」『九州大学東洋史論

集』23 号）が燕王府への削藩弾圧政策の実態と政権内部の対立を明らかにし、黄子澄や斉泰の強硬路線は燕王の挙兵を待たずして内部から破綻し始めていたと主張する。靖難の役の結果として初期明王朝の政治システムに大きな変更をもたらした北京遷都については、新宮学「北京巡狩と南京監国」『東北大学東洋史論集』6 輯が実録編纂にも影響を及ぼしたことを明らかにする。永楽帝の死後北京で編纂された『太宗実録』が、遷都後もそのまま南京に保管されていた奏本などの檔案類を十分利用できなかったがゆえに内容上の不備をもたらしたことを指摘。阪倉篤秀「成化期における吏部権限縮小論」（『アジアの文化と社会』法律文化社）は、監察御史によって唱えられた議論の背景として内閣と吏部尚書との対立を指摘し、これが内閣側の勝利に終わったことをもって内閣による吏部の傀儡化の画期として位置づける。陳玉女「明嘉靖初期における議礼派政権と仏教粛清」『九州大学東洋史論集』23 号は、排仏が宗教政策からではなく、北京周辺の寺廟や寺田に基盤を置く旧派皇親・勲臣・太監勢力の打撃を目指す嘉靖帝および南方出身の議礼派官僚との対立から生じた政争であったことを論じる。ここにいう「議礼派」とは、かつて中山八郎が大礼問題を論じた際に、王陽明流の主観主義的傾向の議礼派と後の考証学につながる反議礼派との対立と捉えた論考（1962 年）に基づく。これを含め主に政治史と文化史に関する先駆的論考の多くが『中山八郎明清史論集』（汲古書院）として上梓されたことも慶びたい。

　清代については、清王室と八旗、政治と社会、藩部という 3 つの視点の論考を集めた石橋秀雄編『清代中国の諸問題』（山川出版社、以下『清諸問題』と略称）が刊行された。編者の石橋「清朝入関後のマンジュ（Manju）満洲の呼称をめぐって」は、乾隆期勅撰の『満洲源流考』の編纂意図が大清国の建設、北京遷都と内地支配を経て藩部を支配するに至る過程で生じた満族意識の後退という現実に直面する中で、その回復をはかる試みであったと指摘する。石橋崇雄「清初祭天儀礼考」（同）は、ホンタイジの皇帝即位を契機とする天聡十年の祭天儀礼を満族ほんらいのシャーマン教の堂子から中国的な天壇への移行と位置づけ、満文の『登ハン大位檔』により祭祀内容を詳細に復元。当時の二段構造

の天壇が、明末ではなく明初の制度に倣っていたと推論する。細谷良夫「清朝中期の八旗漢軍の再編成」(同) は、雍正年間2度に分けて実施された漢軍所属ニル (佐領) 数の均分化政策を検討し、諸王権力削減と皇帝権力確立を目指し八旗を官僚的組織に改革するものであったことを指摘する。漢軍旗人の清朝と漢族社会との仲介者的役割についても関心が集まっている。渡辺修「順治年間 (1644〜60) の漢軍 (遼人) とその任用」(同) は、入関前に来降した遼東出身漢人官僚の地方官任用を数量分析し、かれらが華北や長江沿岸各地に多く任用され秩序回復や抗清勢力鎮圧に貢献したことを明らかにする。遠藤隆俊「范文程とその時代」『東北大学東洋史論集』6 輯は、清初の政治動向と満漢交流の一端を明の兵部尚書を曾祖父にもち家系が北宋の范仲淹に遡るとされ、ヌルハチ時代から仕えた八旗漢軍官僚の一生を軸に考察。最も早期に諸王合議制から君主独裁制へと導いたのが、ホンタイジであり文館に仕えた遼東漢人層であったと主張する。江夏由樹「中国史における異民族支配の問題」『一橋論叢』114 巻 4 号は、二重のアイデンティティをもつ漢軍旗人が清末奉天地方社会で果たした役割について三陵衙門の官職を世襲した大地主張家を例に述べる。加藤直人「清代双城堡の屯墾について」(『清諸問題』) は、北京に居住する困窮した閑散旗人対策として嘉慶・道光年間に行われた屯田開墾の屯丁管理方式の変化を考察する。

(2) 在地社会の諸相

上田信「清朝期中国の災害と人口」(『講座 文明と環境』7 朝倉書店) は、華南の太平天国、華北の捻軍、西部の回民反乱がもたらした人口減少が人口の空間的構成の激変を惹起したこと、特に江南では乱後も人口が低迷した事実を指摘。地域の人口規模を規定するものとして凶年の端境期の食糧確保能力を挙げ、族譜をもとに月別死亡者指数の動向分析により 19 世紀前半までの高人口密度を支えていた社会システムが戦乱により崩壊し、人間をめぐる生態学的状況が 17 世紀レヴェルに差し戻され慢性的な飢餓状況が再び長期間持続するという、ドラスティックな変化を指摘した点も示唆に富む。渋谷裕子「清代徽州社会に

おける生員のコミュニティについて」『史学』64巻3・4号は、康熙年間婺源県慶源村の一生員が残した日記をもとに農村社会の金融互助・文化・祭祀など各種の「会」組織や知人関係の実態に光を当てる。帰属単位として父系親族のほかに同村内の母系親族との盛んな交流や血縁単位の枠に拘束されない「個」を中心とした主体的開放的なネットワーク形成を指摘。従来、族譜を用いた宗族研究が父系親族内部の関係にのみ力点をおき社会構造を説明してきた傾向に是正を迫る。周紹泉「明後期祁門胡姓農民家族生活状況剖析」『東方学報』京都67冊は、36件の徽州文書から丹念に一農民家族の家系と「僕人」への没落過程を復元して族譜（支譜）を作成した新しい試み。一般に地主の山脚地内への父祖の埋葬は僕人への指標となるが、地主との経済的関係のみならず社会的地位とも密接な関係があり、地主の郷紳化によって僕人としての人身隷属が完成するという相互規定的理解は重要である。〈胡氏文書輯録〉を附録する。渡昌弘「明末清初、上海姚家の「家人」」『東北大学東洋史論集』6輯は、『歴年記』をもとに主家に忠実で家内の重要な役割を果たして「奴僕」とは即断できない家人の多様な存在を指摘。かかる家人が、従来の奴変研究で提示された身分解放闘争に立ち上がる奴僕の存在と如何なる関係にあったかについては、前述の岸本が指摘した大きな波動を伴なった社会秩序の様々な局面と関連させて考えることも必要である。中谷剛「明清時代崇明島の地域社会と宗族」『年報社会科研究』〈岩手県高校〉36は、飢饉救済や社会資本（県学・橋梁・道路）整備で活躍する、豊富な財力を持つが科挙合格者とは限らない地域エリートの姿を描き出すが、ここにいうエリートは前述した森の士人層とも重なる。引用史料の句読にやや正確さを欠く。例えば「湯薬、必嘗溺器、亦手滌」は「湯薬必嘗、溺器亦手滌」である。井上徹「祖先祭祀と家廟」『文経論叢』〈弘前大学・人文〉30巻3号は、男系親族組織化と明朝の対応を考察。洪武三年完成の『大明集礼』には宋代以来明初に至るまでの浙東士大夫を中心とする宗法復活要求をもとに朱熹の『家礼』に基づく家廟制度が王朝の礼制に組み込まれたが、制度を支える宗法原理を捨象しており士大夫側に不満を残すものであったと主張する。井上には「日本学界関于明清時代宗族問題的研究」特定研究報告書

『境界とコミュニケーション』〈弘前大学・人文学部〉もある。鈴木滿男「九世同居」『思想』849 号は、浙江省蒲江県鄭宅鎮での 90 年代に入ってからの聞き取り調査により南宋以来明中期までの義門鄭氏の歴史を復元。今も鄭氏の末裔が居住する事実は興味深いが、復元された歴史は檀上の前掲書にも収める文献を用いた研究（1982 年）の域を出ない。

（3）法制と裁判

中島楽章「明代前半期、里甲制下の紛争処理」『東洋学報』76 巻 3・4 号、「徽州の地域名望家と明代の老人制」『東方学』90 輯は、明代中期においても老人・里長が在地社会の紛争処理の上で一定の機能を果たしていたことを徽州文書により跡づけた。老人制が決して理念のみの産物ではなく、地域名望家や同族組織を中心に形成される元末の徽州や浙東地域固有の緊密な社会関係に根ざしていたと主張する。かかる知見は洪武体制の時代性を浮かび上がらせると同時に、老人制を全国に一律に施行した場合、各地の実態からの乖離を引き起こしたことを予測させる。洪武期の「重典政治」（厳法主義）はここに由来するもので、洪武期が幕を閉じると一気に「当為」の形骸化も進んだのではないか。監察面での洪武体制（都・布・按三司）の変質については、小川尚「明代南直隷の按察行署」『明代史研究』23 号が南直隷に派遣された巡撫・巡按のオフィス「都察院」「察院」と隣接する各省の「按察分司」の府州県での設置を手がかりに考察する。三木聰「軽生図頼考」『史朋』27 号は、「図頼」と呼ばれる人間の死または死骸を利用した凄惨な誣告行為を取り上げる。社会的経済的に下位者の上位者に対するかかる行為が習俗化した背景として、階級関係から説明するのではなく、図頼に利用された死に対し道理や人情を主たる法源として「威逼条」が安易に適用され、図頼そのものが裁判の場であまり処断されないという伝統中国に内在した法文化的状況から解釈。さらに「軽生図頼」といわれる諍いの当事者の自殺行為の選択を、〈生〉の延長上に〈死〉を措定する死生観にまで立ち入って読み解く。ただ、民衆レヴェルの死生観と士大夫のそれとの間には亀裂がなかったであろうか。そこに「情理」が入り込む余地があったと

考えられる。なお三木には、図頼について概括した「死骸の恐喝」(泥棒研究会編『盗みの文化誌』青弓社) もある。

　寺田浩明「清代民事司法論における「裁判」と「調停」」『中国史学』5巻は、淡新・巴県・宝坻県の3檔案を駆使したP・ホアンの研究を紹介し、滋賀秀三の研究と突き合わせて民事事案に対して地方官が下した裁きの性格が情理に従った調停であったのか、それとも法に基づく裁判であったのかをあらためて問う。結果として両者のどちらでもなく、民から見たとき遙かに隔絶した権威者である地方官が事案ごとに両当事者をみて個別一回的に規範を案出し「宣示」するという裁きのあり方を見い出す。官憲裁判と民間調停との理念型的対比を排し、かつ裁きにおいて尊ばれた価値をめぐる立論である「法情理」論の限界をも指摘する寺田の視座からは、州県裁判と里老人による郷村裁判とを対立的に捉えてきた里老人制研究はどのように捉え直されるであろうか。『順天府全宗』(いわゆる宝坻県檔案) を利用した華北農村に関する2編の論考のうち、蒲地典子「清季華北の「郷保」の任免」『近代中国研究彙報』17は、租税督促と治安維持にあたった郷保の選任に関する文書を紹介し、地域社会の有力者と国家権力との間の緩衝装置として働くべく選出されたその指名メカニズムの中に、欠員を埋め続けさせる国家の強制力と有力者の地域社会への責任感の欠如を指摘する。小田則子「清代の華北農村における青苗会について」『史林』78巻1号は、上記檔案の約3分の2を占めるという宝坻県の訴訟文書により戦前の農村慣行調査で「村落共同体」問題と関わって取り上げられた作物の盗難を監視する「看青」慣行を再検討した労作。近代農村が窮乏化する中でかかる協同慣行が登場したという旗田巍説 (1973年) を批判し、すでに嘉慶年間に青苗会が形成されていたことを明らかにした。青苗会が地縁的集団 (村) の性格と同時に任意団体 (組織の一時性・参加の任意性・看青領域の地理的非一円性) としての特徴を有していること、かかる特徴が帰属意識の不明確な近代の〈村〉にも投影しているという指摘も興味深い。唐澤靖彦「話すことと書くことのはざまで」『中国―社会と文化』10号は、清代の地方裁判文書に収める供述書を口承文化と書字文化との境界領域で実践された文化的営為の産物として捉え、その作成

過程に見られる口頭によるコミュニケーション様式と文字によるそれとの間の相互作用を考察することにより、言語上のヘゲモニーによって口承文化のうえに被せられていたヴェールを引きはがそうという斬新な試みである。中村正人「清律『夜無故入人家條』小考」『中国史学』5 巻は、正当防衛として言及される、夜間の家屋内への侵入者を即時に殺害する行為を不処罰とする法規定適用の実態を分析し、法規定と法運用との乖離の可能性を指摘する。唐律に存在せず明律に初めて現われ嘉慶年間に定着した婦人贖法について論じたのが、中村茂夫「清代に於ける婦人の刑事責任」『愛大史学』4 号である。

(4) 財政システム

　山本進「清代後期江浙の財政改革と善堂」『史学雑誌』104 編 12 号、同「清末山西の差徭改革」『名古屋大学東洋史研究報告』19 号のうち前者は、夫馬進（1982 年）が明末清初の「生生の思想」に裏打ちされた自発的救済組織として中国社会福祉史の中に位置づけた善堂を、督撫による財政改革の視点から新たに論じる。19 世紀江南で広範に展開した新型の善堂は、間接的善挙（検死経費の支給・路屍浮屍の埋葬）を内容とし国家財政の逼迫に伴なう書役の需索を防止することを主目的とした財団で、救済の対象者は社会の底辺層ではなく書役から収奪された有産者であった。それ故、乾隆末に財政改革（陋規需索・規礼餽送体系の撤廃）を実施した浙江では善堂がほとんど確認されず、同治中期まで改革が実施されなかった江蘇省で普及した。善堂を「地方自治の出発点」と捉える場合、その自治とは「官治」ではなく「吏治」に対抗するものであったという視点も示唆に富む。また清末上海の遺体処理問題を都市化の過程での近代的衛生観念と伝統的埋葬思想との桎梏から捉えた帆刈浩之（1994 年）の見解に対し、善挙が活発化した近代以前の特有の社会背景をも考慮すべきと主張する。路屍浮屍の埋葬の問題は、財政問題にとどまらず前述の三木が取り上げた「死骸の恐喝」の問題とも通底するであろう。伍躍「明代の柴薪銀について」『史林』78 巻 4 号は、官僚個人の役使に服する徭役夫であった「跟随皁隷」が宣徳年間以降に銀納化されて成立した柴薪銀が、洪武以来の過度に低い俸禄シス

テムの問題点をある程度解決していたことを指摘する。俸禄の管轄が戸部と兵部に跨っていたという指摘も重要。徐仁範「明代中期の陝西の土兵について」『集刊東洋学』74号は、モンゴルの河套侵寇により西北辺防備の重要性が増大した結果召募された土兵について考察。「民壮」と同一視する通説を批判し、モンゴルなど異民族を主体に構成されたことを明らかにする。論者の主眼は衛所制弛緩後の募兵制の起源を解明することにあるが、漢族と帰附した異民族とが雑居する陝西地方に対する明朝の辺境支配の実態を考えるうえでも興味深い。岸本美緒「清代戸部銀庫黄冊について」(『清諸問題』)は、戸部銀庫積存銀数の統計を作成するとともにその収入構造における地丁の割合の急速な低下を指摘する。黨武彦「乾隆九年京師銭法八条の成立過程およびその結末」『九州大学東洋史論集』23号は、「銭貴」対策として取られた同法決定に関する檔案を史料整理し、銅銭市場に効果的に介入できなかった問題を取り上げる。岡本隆司「広東洋行考」(『東洋史研究』54巻2号)は、『清代鈔檔』の新史料をもとに粤海関の税課納入に責任を負う保商制度の起源を雍正末年まで遡らせ、行の階層分化(外洋行・本港行・福潮行)から「広東システム」の特徴をなす内外並列の二分体制になったと推論する。目黒克彦「土薬課徴の在り方とその実状」『東北大学東洋史論集』6輯は、光緒年間の国産アヘンの生産・販売を認め正規に課税し国庫財政に組み込もうとする動きを追い、江蘇省徐州府下での流通と税・厘徴収の実態を考察する。山根幸夫『明清華北定期市の研究』(汲古書院)は、農村における徭役銀納化問題と関連して60年代以来発表してきた定期市(市集・廟会)に関する諸論考を収録。附編「東洋文庫所蔵の清代「牙帖」」は新たに書き下ろしたもので、戦前に同文庫が購入した清末湖北・甘粛省を中心とした牙行の営業許可状(168枚)の概要を紹介する。

(5) 都市と流通

都市研究では、内部の社会組織や中間団体への関心が高まっている。堀地明「明末福建諸都市の火災と防火行政」『東洋学報』77巻1・2号は、16世紀以降頻発する火災を都市化の進展で登場した都市問題として考察した点が興味深い。

巡撫による福州城の防火対策が福州左右中三衛所属の「火軍」を中心に再強化を図っていることから、当時の防火行政が軍事問題の一環として重視されていたこと、消火をめぐる都市住民の社会的結合の弱さを指摘する。私見によれば、福州の事例は消火活動を軍事系統の火軍に、防火活動を行政系統の火夫・総小甲という分担のもとに、巡撫が一都市の総合的な火災対策を提起しているところに時代的意義が見い出される。こうした住民の社会的結合の弱さの指摘と対照的に自律・自助の活動の広がりを指摘するのが、斯波義信「都市用水と管理団体」『比較都市史研究』14巻2号である。江西省袁州府宜春県で唐末から清末まで存続した給水・消火・衛生のための用水カナル李渠の管理実態を取り上げ、地方官主導で施工された李渠を完成後平均60〜70年間隔で官が補修工事を行なうほか、官と民がそれぞれの持ち場を分けて一貫して維持してきたことを明らかにする。また唐宋変革以後の商業化の進展により地方社会の景観が都市（県城）―中小商業集落（鎮・市）―農村という三分法に日常化するのに対応して、社会的活動も官（国）―公―私という三分法の構図で意識されるようになったと指摘する。自律活動についての従来の否定的議論は、国都を中心とした事例の特殊性および明清期の史料発見の努力不足や社会史料の書き手の問題に因るとする。公共領域の登場は唐宋変革後に顕在化する新たな特徴であるが、産み落とされた公共領域も安定的成長を約束されていたのではなく、国家と公共領域の関係性こそが重要である。一般に秩序を回復する王朝創設期には、国家が公共領域にも積極的関与を行なう傾向がみられる一方で、公共領域も国家と本質的に対立するものではなく絶えず国家への統合・包摂を志向していたと言える。王衛平「清代（康熙〜光緒年間）江南都市の公所」『史学研究』210号は、蘇州を中心とした商工業者組織について考察。公所は、その源流である唐・宋以来の土着商工業者の組織「行」に、明代に出現した外来商工業者の組織「会館」とが結合することによって地域性を打破した同業者組織が形成されたと明快に論理づける。しかし公所の直接の淵源関係を行に求め、清末編纂の『呉門表隠』の記述によって宋・元時代にすでに公所が結成されていたことを立証しようとするのは理解に苦しむ。呉郡機業公所に関する記述も「呉棟録」

からの転録としているがこれは書名ではなく、呉棟は『呉門表隠』の編者顧震濤と同時代人で史料の記録者を示しているに過ぎない。「行」に関する研究は、加藤繁（1935年）の自律的商人組合説に代表されるが、これを批判した唐宋の小野寺郁夫（1965年）・宮澤知之（1994年）や、明代の佐藤（新宮）学（1985年）らの研究を全く参照していないのも問題である。本野英一「イギリス向け紅茶輸出貿易の衰退と中国商人「団結力」の限界」『東洋学報』77巻1・2号は、福州での争いに示された中国商人の団結力の限界を、投資に対する保障制度の欠如や株主の債務への無限責任という条件下で彼らと在華外国商人とが結んでいた非協力的な関係から解明する。中国商人団体が沈黙を守ったことに示されるように前提とした彼らの団結力の質を問うことも必要であろう。

　流通や商人については、まず帆刈浩之「華南研究の一動向」『近代中国研究彙報』17号が、歴史学と人類学の対話を意図した「商人与地方文化」研討会の概要を報告する。従来の商業史研究が、官側史料に依拠し商業文化への関心が欠如していたために商人の社会的地位を低く評価したことや、日本人がもつ「農本主義」志向と研究史上に根強い「農民革命」史観によって地域レヴェルでの商業活動が軽視される傾向を生んだという指摘は同感。近藤富成「清代帰化城遠隔地交易路」『東京都立大学人文学報』257号は、帰化城最大のモンゴル交易商として著名な「大盛魁」を中心に遠隔地交易従事者との面談記録を含む新史料集『旅蒙大盛魁』を用いて交易の実態を定量分析する。「印票」によるモンゴル側への資金融資（交易時の不等価と年3〜4割の高利掛売り）の結果として、清末には交易商の金融業化とモンゴル側の債務超過をもたらした構造を解明する。松浦章「康熙盛京海運と朝鮮賑濟」（『清諸問題』）は、盛京地方から朝鮮半島に波及した飢饉救済のため塩商の力を利用して行われた清朝最初の海運について取り上げる。山名弘史「道光期江北の米市場」『法政大学文学部紀要』40号は、沛県知県の漕糧採買価格の水増し報告疑惑をめぐる事件を素材に、大運河沿の水次の夏鎮における穀物市場の実態や種々の漕糧引渡し方法を考察。引用史料「按照産地月報糧價採買」は「産地に応じて、月ごとに穀物価格を報告した上で採買」したのではなく、産地（ここでは夏鎮を指す）から報告

される毎月の穀物価格に照らして採買するという意味で、かく解釈してはじめて沛県知県が報告する穀物価格の持つ重要性が了解されることになる。技術史では、クリスチャン・ダニエルス「16〜17世紀福建の竹紙製造技術」『アジア・アフリカ言語文化研究』〈東京外語大学〉48・49号は、竹紙の最大産地福建省で原料処理法の短縮化された事実を解明した労作。この事実から『天工開物』が伝える製紙技術を検討し、主原料が樹皮から竹繊維へと移行しつつあるものの処理法短縮化がまだ本格的に開始していない段階に同書を位置づけた。またこの短縮が繊維から不純物を除去する作業効率を低下させ、書誌学上周知の清代の印刷紙の劣悪化を惹起した原因の一つと推定した。『天工開物』の製紙技術が主に遠隔地市場向けの良質紙を対象とするという特徴をもち、明末の遠隔地間商業の展開を前提とした商業技術の書であるという指摘も興味深い。本田精一「『三台万用正宗』算法門と商業算術」『九州大学東洋史論集』23号は、同書巻二二、算法門上段の「書算通玄」の例題が農村での仕入と市鎮での販売を想定した商業的色彩の濃い算術であり、巻二一、商旅門と同様に商業書の源流の一つと主張する。山形欣哉「雍正・乾隆期における琉球来航の中国船について」『海事史研究』52号は、『歴代宝案』所載の中国船の商船照（海関発行の登録証）の写しをもとに両船を比較し造船技術史からみた解説を附す。

(6) 文　化

寺田隆信「明末北京の官僚生活について」『東北大学文学部研究年報』44号は、紹興の名門出身の祁彪佳が中堅官僚（福建道監察御史）として北京で勤務した崇禎五年の1年間の生活を日記をもとに克明に復元する。そこに「修己治人」「経世済民」の課題を実践する正統派士大夫としての側面と同時に、趣味に耽溺する生活をも捨てさることのなかった明末士大夫の典型を見い出している。従来官僚の日常生活に関する研究は乏しく、北京の社会史としても面白い。祁彪佳とも交流のあった都市蘇州生まれの白話小説の旗手馮夢龍の生涯を活写したのが、大木康『明末のはぐれ知識人』（講談社）。科挙に及第せずとも出版業の成熟によって知識人の活動が広がる一方、超エリートまでも芝居にうつつを

抜かす有様に、明末の「はぐれた」時代相を見る視点は、寺田の理解とも通底する。一ノ瀬雄一「明清時代北京の花卉文化」『史泉』81号は、北京の花卉園芸文化の成熟と隆盛ぶりを伝える。小説に描かれた市井の人々の日常生活を日用類書から読み解いた小川陽一『日用類書による明清小説の研究』(研文出版)が刊行された。

(7) 対外関係

冊封朝貢システム下の東アジア世界の交流に関する研究も活発で、研究領域や方法上の「国境」も取り払われつつある。大田由紀夫「12～15世紀初頭東アジアにおける銅銭の流布」『社会経済史学』6巻2号は、中国と日本との間の銅銭流布の密接な連関性を浮かび上がらせた論考。1370年代からの日本での銭貨流通後退と、明朝成立に伴なう海禁政策の展開の時期的一致から、元朝治下の交鈔専用体制から転換した銅銭使用開始とともに出された銅銭海外流出禁止令の実効性を読みとり、1390年代を転機とする日本の銭貨流通後退が収束する背景に、洪武二十七年宝鈔下落対策としてとられた銅銭使用禁止による銅銭流出の再開があったことを指摘する。実効性を有した洪武期の海禁政策が銅銭流出という倭寇発生の要因を除去し洪武政権と義満政権との双方に政治的安定をもたらしたのに対して、建文三年の日明関係の修復に続く永楽政権は海禁を継承したものの洪武帝とは異なり銅銭流出を禁止しなかったとし、檀上が前掲書で指摘した洪武・永楽政権の連続性とは理解を異にする。さらに渡来銭の日本での流通現象を「中国の内部貨幣システムに組み込まれた中世日本」という足立啓二説(1992年)に対しても、銅銭は紙幣発行と絡んで国家的支払い手段たることをやめた時、初めて中国以外の地域で主要な貨幣となったと批判するが、近世中国ではとくに銅銭は個々の王朝を超えた「内部」貨幣システムの中に位置づける必要があろう。荷見守義「明朝の冊封体制とその様態」『史学雑誌』104編8号は、冊封体制を土木の変をめぐる対応を軸に明朝と李氏朝鮮の双方から複眼的に考察する。遼東都司の主導的役割と有事の際における柔軟な対応という視点は新しいが、八月の助軍要請の勅書を明朝中央ではなく遼

東都司が独自に発したもの(偽勅)と断定するには、些か論拠不足。郕王(景泰帝)が出したのではないとすれば孫皇太后の可能性も考えるべきである。紙屋敦之「北京の琉球使節」『歴史手帖』23-6 は、清朝に進貢した琉球と朝鮮の使臣が紫禁城や円明園での儀式に同席した際の交流の一端を朝鮮側史料から明らかにする。ただ引用史料中の「都見過」を「いずれも見たことがある」ではなく「すべて見過ごした」と訳出しては、文意を全く取り違えたことになる。楊暘・徐清(中村和之訳)「清代黒龍江下流地域のガシャン制度と蝦夷錦」『アイヌ文化』19 号が指摘する貢品貂皮に対して下賜された絹織物が樺太アイヌを介した山丹貿易により日本にもたらされ「蝦夷錦」として珍重された事実は、東北アジアがそれ自体として閉じていたのではなく、環日本海域世界の一部を構成していたことを示す。

(8) 文献と索引

川越泰博「『逆臣録』と『藍玉党供状』」『中央大学文学部紀要』史学 40 号は、近年相次いで刊行された『逆臣録』(北京大学図書館本)と『藍玉党供状』(北京図書館本)との関係を考察し、両書が個別の史料ではなく後者が前者『逆臣録』の残巻であることを明らかにした貴重な成果で、〈『逆臣録』所載藍玉党人名一覧〉を附す。諸星健児「奎章閣所蔵『撫遼俘勧建州夷酋王杲疏略』について」『東洋大学文学部紀要』20 号は、上記史料(ソウル大学奎章閣所蔵、15 張、1 冊)の全文を収載して紹介する。

目録・索引では、山根幸夫編『新編日本現存明代地方志目録』(汲古書院)、名古屋大学東洋史学研究室編『《御製大誥》索引稿』、宮崎洋一「中国書道史における二種の石刻題跋索引について」『国文学』〈広島文教女子大学〉33 号がある。単行本では、J・スペンスの 3 冊目の邦訳書(古田島洋介訳)『マッテオ・リッチ記憶の宮殿』(平凡社)、満洲語文献によりヌルハチ像に迫った松浦茂『清の太祖ヌルハチ』(〈中国歴史人物選 11〉白帝社)、溝口雄三『中国の公と私』(研文出版)、松浦章『中国の海賊』(東方書店)がある。

おわりに

　総じて若手を中心に新しい視点からの力作が多く、読み応えがあった。最後に蛇足ながら些か気にかかった点を挙げると、レフリー制度が確立しているはずの学会誌の掲載論文にも、先行研究を継承（もちろん批判的継承も含む）していないものや史料操作上問題のあるもの、初歩的な史料誤読が見られたことである。あらためて言うまでもなくこれは執筆者個人がその責めを負うべきであるが、審査に携わった者も責任の一端を担うべきであろう。これらが偶然的な事例に過ぎず、問題関心の個別分散化や近年の「大学改革」による研究者の多忙化とは関わりないことを祈りたい。

〔補記〕

　本篇は、1996 年 5 月発行の史学会編『史学雑誌』105 編 5 号に掲載された「1995 年の歴史学界―回顧と展望―」の東アジア〈中国―明・清〉の欄を収録した。

　「回顧と展望」と略称される『史学雑誌』5 月号は、歴史研究を志す者にとって無くてはならない「道標」であった。しかし同業の若手研究者のあいだでは、その欄の執筆を担当することは、里甲制下の「現年里長」のごとき重い負担としても恐れられていた。とはいえ、10 年に 1 度定期的に回ってくる里甲正役の里長とは異なって、明清史では幸い一生に 1 度だけ果たすべき研究者の「公務」でもあった。担当となった年は、研究室や大学図書館で新たに発行される学会誌や紀要類を手に取り、いつにも増して目配りを怠り無きように務めたことを思い起こす。

　あらためて読み返すと、この欄の執筆を担当した 1995 年は、日本の明清史研究において都市や商業流通に関心が寄せられたピークをなすように思われる。(2) 在地社会の諸相、(3) 財政システム、(5) 都市と流通、(6) 文化の項目で取り上げられた論考の多くから、それは窺えるであろう。

　冒頭で言及した「地域社会論」の提唱者の森正夫は、それまでの研究成果を 2006 年 4 〜 6 月に『森正夫明清史論集』全 3 巻（汲古書院）にまとめた。この論集をひも解けば、土地制度から着手し、民衆反乱研究を経て、地域社会論に至るその研究の歩みは、戦後日本の明清社会経済史を拘束していた農村社会からよりニュートラルな在

地社会への開放であったことも浮かび上がるであろう。

　地域社会論に対する日本の明清研究者のそれぞれ距離感については、『伝統中国の地域像』（2000 年）の編者山本英史の「序章　日本の伝統中国研究と地域像」や 1998 年の『歴史評論』580、582 号所載の山本進・三木聰・井上徹・山田賢・伊藤正彦の各論考に示されている。

　ここでは、中国に向けて地域社会論を紹介した、常建華「日本八十年代以来的明清地域社会研究述評」『中国社会経済史研究』1998 年 2 期と清水浩一郎「日本江南史研究管窺――以 20 世紀 80 年代以後的研究為中心」『浙江大学学報』〈人文社会科学版〉2016 年 3 月のみを挙げておく。後者は中国先秦・秦漢から明清に及ぶ日本の江南地域史研究を中国学界向けに紹介する中で、「地域社会論」を区域研究の転機として位置づけている

　〈おわりに〉で触れた「大学改革」の波は、10 年に 1 度どころかその後も止まることなく続いて現在に及ぶ。この間に法人化された国公立大学はまるで「ブラック企業」と化し、大学人は年々歳々「現年里甲」の状態に追いやられ、研究自体を蝕んでいる。

　なお、本篇の清代史に関係する部分は、『清史研究』1997 年 4 期に艾平編訳「日本 1955 年清史研究概況」のタイトルで中国語訳された。

附篇2 明清社会経済史研究の新しい視点
―― 顧誠教授の衛所研究をめぐって ――

はじめに

　近年、中国史の分野においても様々な形で戦後歴史学を再検討する作業が進められつつある[1]。これらは、「世界史の基本法則」に代表されるような旧パラダイムの後退や文化大革命以後に顕在化した「新中国」像の変容、さらには冷戦体制の解体をその契機としているが、その根底には、半世紀にわたる実証的研究の蓄積と70年代後半以降急速に進んだ個別研究領域の広がりがある。発展から構造へ、階級闘争から社会秩序へ、生産から流通へ、農村から都市へ、共同体から地域社会へ、所与としての定住社会から生成される移住民社会へ、漢族社会から非漢族を含む多民族社会へ。こうした新しい問題領域に対する関心の広がりは、従来特定の領域のみで集中して積み上げられてきた研究成果をより相対化し、複眼的論理構成の必要性を我々に訴えかけている。

　一方、建国以来はじめて長期的に安定した時代を迎えている中華人民共和国においても、歴史研究の見直しがすでに始まっているように見受けられる。一世を風靡した農民戦争史研究の分野で専著『明末農民戦争史』[2]（中国社会科学出版社、1984年）をすでに公刊している顧誠教授が、80年代後半に着手した「衛所」研究もその一例である。明初に州県と並列して設置された衛所制度に関しては、これまでにも軍制史的関心から研究がなされていた。しかし教授の場合、衛所研究を軍制史の枠内にとどめず当該時代の社会や経済をトータルにカヴァーする問題領域として位置づけている。この新しい視点は、日本をも含む従来の明清社会像の見直しを迫る内容を持っている。

　ここでは、最初に1920年代以来、現在まで続く明代の田土統計をめぐる論争を振り返る。ついで、これまでほとんど日本で紹介されることのなかった顧

誠教授の衛所研究⁽³⁾と疆域管理体制の二大系統論を紹介し、明清史研究を再検討する一作業としたい⁽⁴⁾。

1　明代の田土統計をめぐって

（1）清水泰次の研究

　明代の田土統計についての最初に検討を試みたのは、日本の明代史研究の開拓者清水泰次であった。清水の田土統計研究には、主なものとして以下の3篇がある。「明代の田地面積について」『史学雑誌』32編7号、1921年。「明代田土の総額に就いて」『社会経済史学』11巻11・12号、1942年。「明代の田土統計と税糧との関係」『史潮』12巻1号、1942年⁽⁵⁾。

　これら清水の研究を要約すれば、①明代の全国の田土総計には、正徳『大明会典』にのせる洪武二十六年の800万頃と、弘治十五年の400万頃との二系統があり、嘉靖年間、会典の編纂にあたった霍韜が言うように洪武年間から弘治年間までの間に田土が半減したわけではないこと。②明代の地目には、田・地・山・蕩などの種類があり、前者の800万頃はそれらの地目の総額であり、後者の400万頃は、税糧の課されなかった「荒地山蕩」を除いた田地のみの統計であるとした。

（2）藤井宏の研究

　その後、戦中期から戦後にかけて、清水の研究に再検討を加えたのが、藤井宏の「明代田土統計に関する一考察（一）（二）（三）」『東洋学報』30巻3・4号、31巻1号、1943・44・47年である。

　①数多くの地方志を用いて湖広・河南・広東三布政司および江西布政司と蘇州府の田土統計を精査することにより、いわゆる「田地」も「田地山塘」の総計であることを明らかにして、洪武年間の800万頃の統計を田地山蕩（塘）の総計とし弘治十五年の420万頃を田地のみの統計とする、清水の地目の差異に基づく田土統計二系統説の誤りを論証した。②『諸司職掌』に載せる800餘万

頃の田土統計は、黄冊統計とは性格を異にしており、洪武十五～二十年までに実施された全国の「田土覈実」によるもの⁽⁶⁾とし、この800餘万頃には、黄冊記載の田土のほかに、今後利用が見込まれる荒蕪田土を加えたものと推定した。③さらに万暦『大明会典』に載せる万暦六年の全国田土統計の中の湖広布政司統計の重大な誤り等を指摘したうえで、明代の田土統計は、洪武年間の360餘万頃から始まって比較的平凡な増減を示しつつ弘治年間には420餘万頃となり、さらに万暦六年には510餘万頃に達したという理解を新たに提示した。

　藤井の研究は、明の田土統計が徴税地たる田地と免税地たる山蕩との二系統からなるという清水説を実証的に批判したものである。これにより、20年来の清水説は否定された。また藤井が主に地方志を用いて『大明会典』の田土統計に加えた検討作業があたえた影響は大きく、その研究成果はほぼ定説として受け入れられている⁽⁷⁾。すでに1930年代から田地や田賦統計の研究に着手していた梁方仲⁽⁸⁾も『中国歴代戸口・田地・田賦統計』(上海人民出版社、1980年)の「乙表30、明洪武・弘治・万暦三朝分区田地数」の「附記」の中で、藤井の説を詳しく紹介している。ただし、梁方仲自身は、田土統計が異なる主要な理由として「各地の畝法の不統一」を挙げている。

　80年代に入って、人口史研究や社会移動研究で知られる何炳棣⁽⁹⁾も、中国歴代の土地数字が実際の耕地面積を示すものではなく、換算(折畝)した「納税単位」にすぎないという分析視角から研究を公表した⁽¹⁰⁾。その中で、①藤井の研究を「功力最も深く、見解正確」と高く評価したうえで、藤井が修正を加え、その後梁方仲も受け入れた黄冊系統の田土総数に依拠し、田土総数が事実上一貫して緩やかに増加したとする。②洪武末年の額田(実際に田賦を負担した土地)および開墾可能な荒蕪地を合わせて「五億半〔余？〕畝左右」(500万餘頃)と推定した。③万暦三十年に11億餘畝(1100万餘頃)に達したのは、万暦期に比較的広範に行われた丈量を累積した結果である。これは、大畝が行なわれていた地方で小畝に換算して黄冊に記入したり、新たに開墾した土地を登記したため、民衆の悲鳴を招いたとはいえ、他の数字に比べて当時の耕地面積により接近したものであるとした。

ところで、田・地・山・蕩の統計と田・地のみの統計の存在を想定した清水説は、藤井によって実証的に否定されたとはいえ、清水が明の田土統計に系統を異にする二つの統計が存在することを最初に注目した点は重要であった。というのは、批判した藤井自身も清水と同様に、『諸司職掌』の統計800餘万頃が黄冊とは系統を異にするとしていたからである。この両系統の存在への着目によって、『明史』食貨志に記されているような洪武年間の800万頃から弘治年間に400万頃に半減し、再び万暦六年に700万頃に達したという従来の一般的理解に対し、初めて検討が開始されたからである[11]。

（3）顧誠の研究

この両系統が存在する田土統計に衛所の問題をからめて新たな解釈をあたえたのが、顧誠である。1986年以降、以下の4編の論文を次々と発表した。

Ⅰ「明前期耕地数新探」『中国社会科学』1986年4期
Ⅱ「衛所制度在清代的変革」『北京師範大学学報』1988年2期
Ⅲ「明帝国的疆土管理体制」『歴史研究』1989年3期
Ⅳ「談明代的衛籍」『北京師範大学学報』1989年5期[12]

論文Ⅰでは、①一部の学者[13]が判断している『諸司職掌』の田土統計には三つの重大な錯誤（河南の100万頃の水増し、湖広の200餘万頃の水増し、総額の1倍以上の差違）を含んでいるという説に対し、『諸司職掌』は太祖朱元璋の指示によって編纂頒布された重要法典であり、しかも戸口・田土・賦税統計に対して相当厳密な検査が繰り返され厳格な吏治が行われていたこの時代に、このような重大な錯誤が生じ、しかもその後長期間その誤りが発覚訂正されないはずがないと批判する。②『明太祖実録』中の400万頃前後の田土統計は、戸部が布政使司、直隷府・州の田土数を合計してできたもので、雲南・貴州・遼東・大寧都司や山西・陝西・四川行都司のような布政司の管轄に属さない大量の土地が含まれておらず、全国の耕地数とは言えないとしたうえで、『諸司職掌』その他に見える850万頃の耕地数は、行政系統と軍事系統がそれぞれ管轄していた田土を合算した全国の耕地数とした。③明初の衛所は、後世の兵営とは大

表 附2-1　両系統からなる明代の田土統計

年　次	田土面積	系統	典　　拠
洪武14年（1381）	3,667,715頃	A	『明太祖実録』巻140
洪武年間	8,496,523頃	A+B	『諸司職掌』戸部・民科
洪武24年（1391）	3,874,746頃	A	『明太祖実録』巻214
洪熙元年（1425）	4,167,707頃	A	『明宣宗実録』巻12
景泰6年（1455）	4,280,000頃	A	『明英宗実録』巻254
天順8年（1464）	4,724,302頃	A	『明憲宗実録』巻12
弘治15年（1502）	8,357,485頃	A+B	『明孝宗実録』巻194
弘治15年（1502）	4,228,058頃	A	正徳『明会典』巻19
弘治18年（1505）	4,697,233頃	A	『明武宗実録』巻8
嘉靖元年（1522）	4,387,526頃	A	『明世宗実録』巻21
万暦6年（1578）	7,013,976頃	A	『万暦会計録』巻1、万暦『明会典』巻17
万暦30年（1602）	11,618,946頃	A+B	『明神宗実録』巻379
天啓元年（1621）	7,439,319頃	A	『明熹宗実録』巻17

＊顧誠論文を参照して作成、頃以下は省略した
＊Aは行政系統、Bは軍事系統の統計

きく異なり、布政司・府・州・県と同様管轄区域をもつ地理単位であり、軍士は充分な耕地を有し、一般に家族をもち、正軍のほか妻・餘丁および幼少の子女や父母が同居していた。また舎人と呼ばれる軍官の子弟にも家族がいた。これらの労働力を動員して大規模な屯田を展開した。④正徳『大明会典』巻一九に載せる「各処屯田総数」約89万頃は、一般に明初の原額と理解されているが、山東・福建・雲南・河南・四川の地方志の統計と照合した結果、洪武年間の原額ではなく、また弘治や正徳年間の実額でもない。興味深いことは、明代の比較的早い時期に編纂された地方志では、軍事系統の具体的状況を記していないのに対し、嘉靖年間に至り地方行政の官員が都司衛所の官員の地位を凌駕するようになると、一部の地方志のなかに軍士や屯田の数字を記載するものが現れることである。⑤『明実録』に見える「賦税糧数」は、行政系統の官民田から納められた税糧であり、「屯田子粒数」は軍事系統が軍士の屯種した田地から徴収した子粒である。洪武年間は屯田子粒数を実録に載せていないので、永楽初年の統計によると、戸部が管轄する官民田賦税糧数約3,129万石に対し、屯田子粒数は約2,345万石で両者を合計した全糧食収入約5,475石の42.83％

強を占め、明初の衛所の軍士による屯田の規模が相当大きかったことがわかるとした。しかも、この賦税糧数と屯田子粒数の比率は、②で推定した『諸司職掌』が載せる850万頃の田土総額のうちの、行政系統の田土数400餘万頃とその残りの軍事系統の田土数とに基本的に対応しているとした。

　論文Ⅱでは、明末から清初の統計についても論及する。衛所が明代後期から清朝中期にかけて漸次州県に改編されることによって行政系統が管轄する範囲や田土・人丁・賦役の統計も増加した。明代の行政と軍事系統を合わせた全国の耕地数は、大体800万頃以上を保持していた。『明神宗実録』に見える万暦三十年の約1,161万頃は、張居正の丈糧額に都司・衛所の軍事系統を加えた明代の耕地統計の最高額である。清初に大幅に減少したものの、康熙六年には荒蕪地も合わせて1,000万頃前後となった。

　論文Ⅲでは、これまでの研究をまとめて、行政系統と軍事系統からなる二大系統の管轄区内の土地は、それぞれの系統ごとに合算して報告されていたこと。洪武、弘治、万暦という明代初期、中期、後期を代表するいずれの時期にも、400餘万頃の隔たりのある二種の全国耕地数が存在するのは、これと関係しているとした。ただし軍事系統の数字は機密性を具有していたために、多くの文献中に記載されているのは、戸部がまとめた布政司と直隷府州の統計のみであった。明代の諸史料中にみえる比較的少ない数字は、行政系統の戸部がまとめた州県の耕地数で、これに対し比較的多い数字は、これと軍事系統の管轄する耕地数を合算したものであると論じた。

　ところで、以上に紹介したような顧誠の新説には、ひとつの重大な問題が残されている。それは『諸司職掌』では、「戸部・民科」の項に「十二布政司并びに直隷府州」という語に続けて田土総計が記載されている点である。それゆえ、『諸司職掌』の田土統計の性格について、藤井の場合は魚鱗図冊[14]系統の統計（但し、魚鱗図冊が作られなかった地方では、目測その他の便法によって算出した）と理解し、近年森正夫は賦役黄冊攢造に関係するものと考える[15]という違いはあれ、いずれにせよ行政系統である戸部の統計と理解されてきたのである。この点について、顧誠もすでにこうした批判を予想して、布政司や直隷府

州のみで五軍都督府管下の都司・衛・所の数字を列記していないのは、軍事機密の保持のために五軍都督府の掌握する「屯田黄冊」の数字を布政司名下にまとめる方法が取られたためと推定したのであった（論文Ⅰ、201 頁）。

（4）張徳信・林金樹の研究

顧誠教授の明初の田土統計に対する新説に対しては、張徳信・林金樹両者によってただちに批判が加えられた[16]。両者は、他の時代の田土面積の増加速度との比較や、当時の軍事的形勢、衛所の設置状況や模索段階にあったという軍屯制度とその規模から判断して、洪武二十六年の全国田土面積850万頃という統計数字は、「冊文の訛誤」によるもので信憑性がないとした。また顧誠が論拠とした遼東や西南の貴州・雲南および西北の山西・陝西・四川行都司等の軍屯の具体的規模と状況にあらためて考察を加えた。その結果、顧誠の結論と研究方法が成り立ちがたいとし、屯田子粒数と軍士数にもとづいて洪武二十六年の軍屯田土面積を42.5万頃前後と推定し、全国の田土は500万頃前後で多くても600万頃を超えないと結論づけた。

顧誠と張・林両者との間の認識の隔たりは大きい。その分岐点は、屯田制の確立程度と屯田の規模いかんにある。前者が洪武帝時代にすでに確立していた衛所の屯田制度が永楽年間より崩壊が始まると理解し、明初軍事機密のもとに置かれた膨大な屯田の存在を想定するのに対し、後者は、明代の軍屯制度が洪武年間にはまだ模索段階にあり、永楽・宣徳年間をへて正統初年にはじめて確立したという認識に立ち、洪武二十六年以前の屯田数をかなり低く見積もっている。軍屯に関する多くの先行研究[17]に照らせば、正統初年に軍屯制度が確立したとする後者の説はいささか妥当性を欠くと思われる。後者が論拠として挙げる建文四年の軍屯の税額制定や正統二年屯田科則の制定は、軍屯制度の確立というよりは、明初軍事系統のもとにあった軍屯への行政系統の管理強化という文脈で理解すべきであろう[18]。

また永楽元年の時点での全国の糧食収入のうちの官民田賦税糧数約 3,129 万石（57.17%）と屯田子粒数約 2,345 万石（42.83%）の比率から、州県管轄下の官

民田面積に匹敵する衛所の屯田面積を想定した点は、後者が批判したように官民田に比してかなり高額であった屯田科則の問題もあり、今後詳細な検討が必要となろう。ただ、張・林両者が軍屯の田土面積42.5万頃を実録系統の449.8万餘頃[19]に加算して全国の田土面積500万頃と算出している点からすれば、両者もこの時点では田土の管理体系に行政系統と軍事系統との両系統があることを認めていたようにも判断される。

その後、林金樹・張徳信は、顧誠が提起した田土管理の二大系統説に対しても検討を加えた[20]。とくに史料の記載のあり方、典章制度、戸部と軍屯との関係から考察したうえで、明代の田土管理は両系統に分かれていたのではなく、すべて戸部に統轄されていたこと、戸部にとって衛所の屯田数もなんら機密事項ではなかったと批判した。さらに実録系統と『諸司職掌』との間で統計数字が大きく異なる原因は、後者の合算額の誤りによって生じた約100頃と、湖広布政司（約200万頃）・河南布政司（約100万頃）、鳳陽府（約30万頃）の田土数の問題にあるとしたうえで、全国の田土数は明朝前期420万頃、中期420万頃、後期500万頃と推移したとした。この場合、衛所の屯田数が実録系統の田土数に加算されていない点は、前論といささか異なっている。

ところで顧誠の場合も、衛所の屯田に対し戸部の管理が明一代を通じて全く及ばなかったと主張しているのではない。英宗初年には内地衛所の糧倉が州県（有司）に改編され、屯田子粒の管轄権を部分的に行政系統に組み入れる改革が行われたものの、不徹底に終わったことを指摘している[21]。また英宗即位以後の明中期以降には、軍政の弛緩や「重文軽武」の気風の形成による州県権力の拡張、五軍都督府権力の兵部への漸次移行、各都指揮使の権力の鎮守総兵官による代替、巡撫・巡按御史の設置が制度化し、都司と衛所が地方の文職官の制約下に置かれるようになり、嘉靖年間に至ると、一般に衛所を直隷や布政司の下部単位と見なすようになったことにも論及している（顧誠論文Ⅰの212～3頁）。

軍事系統に対する機密保持や武官重視の風潮は、モンゴル支配の影響を色濃く有する明初固有の問題[22]であり、洪武帝の定めた諸制度が、靖難の役を経

附篇 2　明清社会経済史研究の新しい視点　355

て帝位を奪った永楽帝によりあらためて変更を許されない祖法として再び定位されたことにも起因する。独自な戸籍制度や海禁政策と同様に、明一代に影を落とした「洪武遺制」の問題として検討すべきであろう。

（5）曹樹基の研究

　これまで紹介したような顧誠と張德信・林金樹との論争をふまえて、より整合的解釈を試みようとしたのが、曹樹基である[23]。曹は、顧誠の屯田子粒数から推定した多額の衛所の屯田面積に対する張・林両者の疑問は当然としたうえで、顧誠が辺境地域の衛所では軍籍を有する軍士とその家族以外に膨大な民籍人口が存在したと強調している点に注目して、衛所が管轄する民籍人口に対し考察を加えた。遼東都司を対象に統計学的手法も援用した推算結果をもとに、他の辺境地域も併せて洪武年間に衛所が帯管した民籍人口を約50万人前後とし、仮に多く見積もり1人平均100畝を耕作したとしても50万頃に過ぎず、衛所の軍士と民籍人口が耕作した土地が全国の耕地面積の半分を占めるという顧誠の見解が根拠に乏しいとした。

　一方、明代には衛所と州県の二つの「田土統計系統」が確かに存在するとし、顧誠が指摘したように『諸司職掌』では衛所系統の田土数が布政司系統の統計に繰り入れられた可能性も否定できないとした。

　その上で、田土の基本的単位である畝と頃のほかに、軍屯の場合には独自な「分」という単位も使われていたことに着目する。「一分」は、各地の土地の広狭によって100畝であったり、50畝や30畝であったり、それ以下の場合もあった。畝を頃と誤ったほかに、この軍屯の田土面積の報告に用いられた「分」の単位を、畝数が一定していないために、統計資料を合算した者が、やむを得ず或いは不用意に、州県で用いられる「頃」の単位と混同したため巨大な誤差が生じたと推断した[24]。これは、統計単位上に生じた混乱であり、完全に技術的なもので、衛所の田土に対する管理制度とは関係がないとして、顧誠の田土管理両系統説を否定した。ただし、洪武年間の全国の田土数を州県の田土約420万頃に衛所の田土を加えて500万頃に近かったとしている点からも確認さ

れるように、曹も明代に州県と衛所との両系統の田土統計の存在を認めている点は重要である。

以上の論争を辿ることによって明らかなように、田土統計の問題を行政─州県系統の統計のみでは論じることができず、地理単位としての衛所をも考察に入れる必要があることを解明した点で、明初の耕地数に関する顧誠の仮説は、画期的なものであったと言える。

(6) 張海瀛の研究

これまで見てきたように、中国では 80 年代後半以降、明初の全国耕地面積の問題があらためて注目をあび、『諸司職掌』記載の田土数約 850 万頃の意味がさまざまな角度から検討されてきた。その多くは、前述した日本の藤井の詳細な研究と同様に統計上の誤りとする[25]もので、ひとり顧誠のみが 850 万頃を明初の全国の耕地面積と見なしていた。

こうした中で研究の新たな展開をもたらしたのが、張海瀛による山西省を対象とした万暦土地丈量研究[26]である。張は、北京大学図書館に所蔵する『山西丈地簡明文冊』(万暦十年手抄藍格檔本) の存在を初めて紹介し、詳細な分析を加えた。万暦九年から十年にかけて実施された山西の土地丈量は、二つのグループに分かれて行われた。一つは、大同府とその所属の州県、山西行都司所属の衛所、および代王府の荘田を対象としたもので、右僉都御史、巡撫大同賈応元が中心となって行った。もう一つは、大同府を除く山西布政司所属の府州県と山西都司所属の衛所を対象としたもので、右僉都御史、巡撫山西辛応乾が中心となった。後者の土地丈量をもとに作成したのが『山西丈地簡明文冊』である。この文冊、および万暦十一年に建てられた「平陽府曲沃県均田記碑」(曲沃県文化館現存) の分析により、山西の田土と税糧が、山西布政司系統、山西都司・山西行都司系統、および王府系統 (晋王府・代王府、沈王府) との三つの異なる系統によって管轄されていたことを明らかにした。また顧誠と同様に、都司・衛所が単に軍隊を統率する兵営制度にとどまらず、屯田や屯糧およびその所属下の民をも管轄する「経済実体」で、布政司とは異なる別の「軍事管轄

系統」であることを指摘した。

　以上の山西の事例研究から帰納して、全国の田土総額は、戸部が管轄する官民田土に、五軍都督府の管轄する都司・衛所の屯田と戸部・五軍都督府の管轄に属さない王府荘田[27]を加えた合計額からなり、明代の耕地面積最高額は、洪武二十六年の時点ではなく万暦年間の張居正の土地丈量後にあると結論づけた。さらに、明初全国の田土が行政系統と軍事系統に大別して管轄されていたという顧誠の二大系統論が第一次史料によりに実証されたとした[28]。ただし、張海瀛の場合、行政系統と軍事系統との分立が明初から始まるというのは正確ではなく、洪武十三年に中書省を廃止した後にこうした体制ができあがったとしている。

　張の研究によって『諸司職掌』記載の約 850 万頃が、行政系統と軍事系統の田土統計の合算額であるという顧誠の衛所研究の出発点となった推定自体が証明されたわけではないものの、明代の田土統計が、行政系統と軍事系統とに大別して管轄されていたという重要な論点は第一次史料によって証明されたと言えよう。

2　地方管轄単位としての衛所

　明清史研究において、衛所は州県に比べて取り上げられることが少なかった[29]。ここでは、地方管轄単位としての衛所について顧誠の研究を紹介しよう。

（1）地方管轄単位としての衛所
　明初に設けられた軍事系統の衛所は、単純な軍事組織にとどまらず、州県と同様に管轄区域をもつ地理単位であった。管轄区内には、屯田のほか放牧地や菜果園、および多少の民戸の耕地もあり、これらは、統計上は行政系統の戸部とは別に軍事系統に入れられていた（論文Ⅰ、Ⅲ）。

（２）衛所の四類型

地方管轄単位としての衛所の側面が従来の明代史研究では見過ごされてきた[30]として、衛所を沿辺衛所、沿海衛所、内地衛所、在内衛所の四類型に分類して分析した（論文Ⅲ、Ⅰ）。

A 沿辺衛所

東北から西北、西南に至る辺疆地区は、明帝国の疆域のおよそ半分を占めるが、明初に行政系統の布政司を設けなかったところでは、軍事系統の都司や行都司が内地の１省に相当する地方を管轄し、その下に衛所が置かれた（例えば、遼東・大寧・奴児干・万全・陝西行・四川行都司および貴州）。また陝西・四川・雲南のように布政司を設けたところでも、布政司はただ民戸の聚居する府州県や一部の土司を管轄し、それ以外は都司や衛所が管轄していた。

B 沿海都司

明代の沿海衛所は、経済が比較的発達し人口密度の高い東南沿海地区にあり、その管轄する土地と人口は、一般に近隣の州県に比べて少ない（天津衛は例外）。明初には衛所と附近の州県の境界は明確であったが、中期以後、海寇が荒し回ったため、一部の府州県衙門が衛城内に移るようになると、衛所の管轄地の行政化と人口の「民化」の傾向が進んだ。金山衛（上海市）、永寧衛中左千戸所（厦門市）、威海衛がその例である。

C 内地衛所

沿海衛所と同様に人口密集した州県の中にあり、その管轄地は比較的小さく分散しているが、沿海衛所とは異なり衙門のある治所は府・州・県治と同じ城内に置かれている場合が多い。多くの場合、衛の管轄する土地や人口は小さな県に相当するほどの規模である。

D 在内衛所

洪武・建文年間には首都の南京一帯に集中していた。永楽遷都により一部は北京に移ったが、依然として南京にも存在した。在内衛所の数は多く、軍士数の密度も在外衛所のそれに比べて高い。このため両京附近では広大な土地を衛所に支給することは不可能であったが、明初は戦乱の後のため荒地が比較的多

かったので、地力の利用と衛所の自給を促進するために屯田を支給し軍士に耕作させた。

（3）軍戸と衛所

軍戸とは、民戸・匠戸・竈戸と同様に州県管轄下の戸籍の一つで、従征・垛集（抽籍）・収附・犯罪により軍士（永遠充軍）を出した家が軍戸と規定された。例えば、一人の男性が従軍し妻を携え衛所に赴任した場合、故郷の父母兄弟が軍戸となる。前者は軍事系統に属し、後者は行政系統に属した。軍戸の語は、明初には原籍の軍戸と衛所の軍人の家庭との血縁関係が非常に緊密であったので文献上つねに混同された。

軍戸は軍の「祖籍」をもつ戸であり、その義務は、指定された衛所で1名の正軍を保証することで、正軍が途絶えた場合には、原籍の軍戸の名下から補充した。また時に軍士の装備費用の一部を補助した。また戸下の1丁の徭役を免除される権利を有した。その他の面では、民戸と大きな区別はなかった。州県の軍戸数は不断に減少したが、その原因の一つに、衛所の正軍が缺額した場合、その補充が強制されていたことがある。中期に衛所の人口が膨張すると、生活の維持が困難となり、餘丁の一部を原籍の州県に戻すことも行われた（論文Ⅳ、Ⅲ）。

（4）衛籍の形成

これに対し、衛籍は全く別のもので、主に衛所に居住する将官や軍士の後裔のことである。衛所制度の創設にあたり、明の太祖は衛所体制の連綿とした存続を期待して、衛所の軍官・旗・軍を妻子や父母などの家族とともに移住し同居させた。また一定の地域を衛所の管轄に帰し、各地の状況に応じて耕地（屯田）や馬場、桑棗園や菜果園を撥給した。

2、3世代以降、衛所の官・旗・軍は世襲制度のもとで長子が襲替したほかに舎餘（軍官の次子以下）と軍餘が増加し、衛籍問題が出現した。衛所では、将領や軍官の搾取や衛地の生活環境が悪劣なため正軍・旗が逃亡し、缺額が生じ

た。他方、祖軍の後裔が不断に増加するという両方向の変化が見られた。通常、3世以下の衛所の人口は衛籍の語で概括できるが、文献上に衛籍が広範に使われるのは明中期以後で、衛学や科挙制度と密接な関わりがある。衛籍の人口には、祖先が軍戸に充てられた者の後裔を主体とし、さらに衛所の管下に現住する民戸も含まれる。大多数の状況下では、衛籍の人々の生活は州県管轄下の人々と大差はなく各種の職業に従事した。中・後期以後科挙を通じて官僚に出仕する者も現れた（論文Ⅳ）。

（5）祖軍の原籍と衛籍

歴史上、人口移動はつねに存在するため、原籍と籍貫の違いが生じる。しかし衛所制度下の衛籍の場合は、明朝初期の強制的な人口移動政策に来源をもっている。『明史』をはじめとして諸史料では、籍貫を記す場合、祖軍の原籍と衛籍のどちらかに一定していないが、明初以前に遡る原籍よりは、衛所の所在地を出身地とすべきであるとして、以下に衛籍をもつ代表的人物の原籍と出身地を挙げている。

　　李東陽（原籍湖南茶陵県、衛籍金吾左衛→北京人）、彭澤（原籍湖南湘陰県、衛籍蘭州衛→蘭州人）、王夫之（原籍江蘇高郵州、衛籍湖南衡州衛→衡陽人）、楊嗣昌（原籍安徽郎溪県、衛籍湖南常徳衛→常徳府武陵人）、李夢陽（原籍河南扶溝県、衛籍甘粛慶陽衛→慶陽人）、海瑞（原籍広州衛、衛籍広東南海衛→瓊山人）、馬士英（原籍不明、衛籍貴州衛→貴陽人）、楊文聰（原籍江西吉安府、衛籍貴州衛→貴陽人）、史可法（原籍河南祥符県、衛籍北京錦衣衛→大興人）、何騰蛟（原籍浙江紹興府、衛籍貴州五開衛→黎平人）、王錫袞（原籍陝西華陰県、衛籍雲南右衛→禄豊人）、俞大猷（原籍江蘇鳳陽府霍丘県、衛籍福建泉州衛→晋江人）、満桂（原籍山東兗州府峰県、衛籍宣府前衛）、呉三桂（原籍江蘇高郵州、衛籍遼東寧遠前屯中後所）、張居正＊（原籍安徽定遠県、衛籍荊州衛→江陵人）、万斯同（原籍安徽定遠県、衛籍寧波衛→鄞県人）（論文Ⅳ、＊は註（25）に張越の訪問記より補充）。

(6) 清朝の衛所改編

明初、洪武帝は元朝治下で行政系統のもとあった一部の地域に衛所を設置し、軍事系統に組み入れた (例えば、遼陽行省や山北口外の諸州など)。明中期以後、辺境地区の経済発展と民籍の戸口の増加に伴ない、都司・衛・所の管轄地の一部を割いて州県を設立することが始まった (行政化)。ただし衛所の行政化はそれほど進行したわけでなく、明の滅亡に至るまで大部分の衛所は地理単位として存続した。その原因は、衛所の官員が自己の世襲した権利を容易に放棄しなかったことや、辺衛や運糧衛所が担当する軍事や漕運業務を継続する必要があったことなどによる (論文Ⅲ)。

清朝では、都司・衛所官の世襲制が廃止され、都司衛所の削減、軍士の屯丁への改変などの措置が取られ、当然のことながら衛所の軍事的性質は基本的に消失した。しかし州県に類似した地方管轄単位としての衛所は、その後も80年以上存続した。都司・衛・所の官員が世襲制から任命制に改められ、衛所内部の「民化」と管轄地の行政化の過程が加速し、最終的には衛所の州県への併合と改編により、全国の地方体制が基本的に画一化された。康熙年間になると、衛所の管轄する屯田から徴収された子粒の民糧 (賦税) への統合が行なわれた。さらに大規模な衛所の州県への改編が雍正年間に進行した[31]。一般に内地衛所のように、人口が稠密で州県の行政機構が密集している地区の衛所は、撤廃後その管轄地は附近の州県に併合された。もともと州県が設けておらず、衛所の管轄区域が比較的大きな地方では、衛所を府・州・県に改めた (論文Ⅱ)。

以上の地方管轄単位としての衛所研究に基づき、明帝国の彊域管理体制が、行政系統の六部——布政使司 (直隷府・州)——府 (直隷布政司の州)——県 (府属の州) と、軍事系統の五軍都督府——都指揮使司 (行都指揮使司、直隷五軍都督府の衛)——衛 (直隷都司の守禦千戸所)——千戸所の二大系統からなり、それぞれ別個に管轄されていたことを指摘した (論文Ⅲ)。

従来の衛所制度では軍制史の立場から「軍隊制度」として研究され、主に衛所官や軍戸の世襲制度が取り上げられた[32]。また衛所の屯田や屯田子粒に関する研究も、問題関心は軍糧補給体制の興廃にあり、衛所自体を土地をも含む

経済単位として位置づけてきたわけではない。これに対して田土統計の分析から出発した顧誠の場合は、衛所の地方管轄単位としての側面を重視し、明帝国疆域管理体制の「二大系統論」を導き出した点が注目される。

3 疆域管理体制の二大系統論が投げかける問題

前節で紹介した衛所研究から導き出された顧誠の、明代の全国の土地が行政系統と軍事系統との二大系統に分けて管轄されていたという視点は、従来明清史研究で充分に解明されることがなかった一連の問題にも新たな光をあてることになるように思われる。顧誠が自ら検討をくわえているのは、人口数や官民田比率、清朝前期の耕地面積増加の意味、少数民族地域の開発や漢族の移住史などの問題である。ここではそのいくつかを取り上げてみよう。

（1）明代の人口数

明代の戸口冊に載せられている全国の戸口数はすべて、戸部が合算した行政系統下の州県が管轄する戸口数であり、衛所が管轄する膨大な人口を含んでいない[33]。この点は、従来の明代に関する人口研究では充分な注意がはらわれてこなかったところである[34]。衛所の人口には、祖軍の後裔のみならず民戸も少なからず含んでいた。一般に衛所が創設されると、そこに元来居住していた民戸も行政系統から離脱し、衛所の帯管に改められたからである[35]。個別の事例を除いて、衛所が帯管する民戸の総数を明らかにすることはほとんど不可能である。ただ、これらは統属関係が異なるため戸部の統計数字内には現れてこないものの、衛所の管轄した地域の広がりからみてその数字は無視できないものがある。また衛所の人丁については州県で制度化されていた10年に1度の編審も行われていた形跡がない（論文Ⅲ）。

（2）衛所の改編と耕地数増加との関係

明代、行政系統が管轄する全国耕地数は不断に増加し、洪武年間の383万餘

頃から中期に400万餘頃、万暦年間には701万餘頃に達した。その主な原因として従来から言われている荒田開墾のほかに、衛所の州県への改編による土地の行政系統への移管が考えられる。清初順治十八年の耕地数は526万5,000餘頃で、明の全盛時(約400万頃)に比較してより増加しているとし、ドルゴンや順治帝の開墾重視を高く評価する一部の見解は誤りで、清朝前期の冊籍上の耕地数増大は、明代には戸部に統合されていなかった衛所の管轄地がすべて清代に戸部に統合されたからであるとした(論文Ⅲ)[36]。

(3) 官・民田比率

明代の官田と民田の比率(官田14％強：民田85％強)として一般に用いられる正徳『大明会典』巻一九の弘治十五年の統計は、行政系統の管轄する官・民田のみの数字で、軍事系統の衛所が管轄する耕地が含まれていない。軍士の屯種する田地もすべて官田に属しており、これらを加えれば、官田と民田の比率は大きく変化する[37]。しかし衛所の屯田数を確定することが難しいことや、衛所管轄区域内の民戸の耕地数がはっきりしていないなどの問題がある(論文Ⅲ)。

(4) 少数民族居住区の開発と漢族移住

さらに少数民族居住区での「開発」の問題や漢族移住史とも、衛所制度は関係している[38]。例えば、雲南では明初に400万人ともいわれる漢人が移住したが、その方法は主に衛所への編入によった。貴州では、洪武・建文年間少数の地区で府・州を設立し、近隣の四川や湖広布政司の管轄に帰したほか、ほとんどの土地・人口がすべて貴州都指揮使司と所属の衛所に管理下に帰した。永楽十一年に貴州布政司が設立されたものの、主に土司を凌駕する府を管轄するのみで、大部分の地区はなお貴州都司の管轄下にあり、大多数の漢族人口も衛所に編成されていた。またモンゴル人や「色目人」など一部少数民族の希望により、彼らを内地の衛所に安置した。これらによって、当該地域の少数民族と漢族との風俗や文化の交流が促進された。従って衛所制度は、中国の統一をよ

り強固なものとし、各民族の凝聚力を増強するうえでも重要な役割を果たしたとしている（論文Ⅳ）。

　以上の顧誠が取り上げた諸点のほかにも、様々な分野に問題を投げかける。例えば、元明両朝の断絶と連続性の問題では、明初洪武朝のもとで軍事系統の衛所が地理単位として設定された背景には、モンゴル元朝の遊牧原理に対する農耕民族の当為としての定住社会への強い志向が看取される一方で、そもそも軍事を最優先したところに元朝支配との連続も見られる。これに対し、永楽政権のもとでは、むしろ屯田科則の改定など一面では行政系統による軍事系統への監督強化が試みられたものの、徹底されなかった。また中期以降、地方の行政と軍事との両系統を統轄する役割を果たした巡撫[39]・巡按研究、両系統に及んだ張居正の土地丈量や財政改革に対する評価の問題[40]、あるいは最近注目されつつある「固い」明朝体制と「柔らかい」清朝体制との比較検討[41]にも、重要な分析視角を提供するであろう。

おわりに

　清水泰次以来、現在に至るまでの半世紀に及ぶ田土統計をめぐる議論を振り返ると、前近代の中国研究において統計資料を扱うことの難しさをあらためて思い知らされる[42]。計量分析可能な基礎的データが充分に蓄積されているとは到底言えないとはいえ、中国は同時期の他のアジア地域に比べれば統計が決して不足しているわけではない。いったん地方志の戸口や賦役の項目を繙けば明らかなように、むしろ統計数字の羅列に圧倒されるであろう。顧誠の方法は、統計数字を安易に比較計量するのではなく、その統計の性格を正しく読み込むための諸制度に対する広い目配りが不可欠であることを示している。
　それにしても、顧誠がその重要性を明らかにした軍事系統の衛所の統計は、機密保持のゆえにブラック・ボックスに等しく、社会や経済のトータルな分析を試みようとする我々は新たな困難な課題を抱え込んだとも言えよう。

また顧誠の疆域管理体制の二大系統論は、70年代までの戦後明清史研究において集中して研究された漢族社会、とりわけ江南地域にとどまらず、トータルに明帝国をとらえようとしている点に特徴をもつ。社会経済史の基礎的データとしての田土や戸口統計に対する検討も、統計数字の大小のみを問題とする生産力論の立場から扱われているのではなく、むしろ帝国の「管理体制」というような構造論的関心に基づいているように思われる。

アジア太平洋戦争の国家総動員体制下ですでに準備され、敗戦と中華人民共和国の成立を境に本格的に着手された日本の明清社会経済史研究が、軍事系統の機密保持や軍事系統部分のもつ重要性に対して全く顧慮してこなかったのに対し、人民解放軍を重要な核として成立せざるをえなかった中国にあって、動乱につぐ動乱のもとで学問的営為を続けてきた顧誠が、厳格に機密性を有する軍事系統下に置かれていた衛所の存在を明代史の中に正しく位置づけることができたのは、何ゆえであろうか。そこには、戦後日本の歴史研究が意識的に避けてきた結果としてのある種の偏りを照射する大きな問題が潜んでいるように思われる[43]が、こうした問題はすでに本篇の課題を超えているであろう。いずれにせよ、行政系統の州県とは別個に存した軍事系統の衛所に着目することによって、明清社会経済史研究において本来解明されるべくして未だ解明されていない広大な未開拓の領域の存在が明らかとなったことは確かである。

註

(1) 明清史に関係するものを挙げれば、岸本美緒「モラル・エコノミー論と中国社会研究」『思想』798号、1990年、同「明清期の社会組織と社会変容」『社会経済史学の課題と展望』有斐閣、1992年所収。中国史研究会編『中国専制国家と社会統合』文理閣、1990年。谷川道雄編『戦後日本の中国史論争』河合文化教育研究所、1993年。並木頼壽・山本英史・三好章「歴史から見る現代中国」『中国21』創刊号、1997年など。

(2) 最近、顧誠は『明末農民戦争史』の姉妹篇『南明史』中国青年出版社、1977年を上梓した。〈あとがき〉で、この姉妹篇の完成が遅れた理由のひとつに、この間新たに衛所研究に着手したことを指摘している。なお、1000頁を優に超え

るこの大著では、所謂「南明史」の範囲が李自成の大順政権による北京占拠と清軍の入関から康熙三年の夔東の抗清根拠地覆滅までを包括すると規定している。

（3） より正確に言えば、森正夫が『明代江南土地制度の研究』同朋舎出版、1988年の中で、「なお最近、中国の顧誠は「明前期耕地数新探」（『中国社会科学』1986年第4期）を発表し、明代の田土統計について藤井説をはじめとする諸説の再検討を開始したが、蘇州・松江両府についての藤井の見解はなお憑るべきであると思われる」（183頁）と注記し、わずかながら言及している。

（4） 紹介者は、軍事史を専門とする者ではないが、後述するようにこれまでの社会経済史研究では、軍事史との接点をほとんどもたなかった点を省み、できるかぎり日本の軍事史研究にも言及したい。

（5） これらの論文は、のちに清水泰次『明代土地制度史研究』大安、1968年に再録された。山根幸夫はその序文の中で、田土統計をめぐる清水・藤井論争を紹介している。なお、清水の最初の論文の概要は、張錫綸訳「明代田土的估計」『食貨』半月刊3巻10期、1936年として中国にも紹介された。

（6） 和田清編『明史食貨志訳註』上巻、東洋文庫、1957年の「田制」部分は藤井が執筆したものであるが、55頁の註（62）で『諸司職掌』の統計を「種々の事情より判断して洪武二十年頃のもの」とより限定している。また顧誠は、遅くとも二十五年までの統計であることに注意を促している。

（7） すでに顧誠も言及しているように、日本にとどまらず中国においても藤井説があたえた影響は大きい。例えば、Dwight H. Perkins, *Agricultural Development in China 1368-1968*, Chicago,1969. は、1400年（建文二年）の全国耕地面積を425.4万餘頃と推定している。また樊樹志も、「万暦清丈述論」『中国社会経済史研究』1984年2期の中で、算出した万暦清丈後の耕地数から明代の耕地数に検討を加え、藤井説と同様な結論に達している。

（8） 「明代戸口田地及田賦統計」『中国近代経済史研究集刊』3巻1期、1935年、のち『梁方仲経済史論文集補編』中州古籍出版社、1984年に収録。万暦『大明会典』巻一七に基づいて「第二十二表、洪武弘治万暦三朝全国分区田地的面積」を作成しているが、1935年の時点では湖広や河南布政司の統計数字について何ら検討を加えていない。

（9） Ho Ping-ti, *Studies on the Population of China 1368-1953*, Harvard University Press,1959. および何炳棣（寺田隆信・千種真一訳）『科挙と近世社会――立身出

世の階梯』平凡社、1993 年。
(10) 何炳棣「南宋至今土地数字的考釈和評価」『中国社会科学』1985 年 2.3 期、のちに『中国古今土地数字的考釈和評価』中国社会科学出版社、1988 年、および『中国歴代土地数字考実』聯経出版、1995 年にそれぞれ収録。1995 年版では新たに序言が附されている。
(11) 呉晗は、「明初社会生産力的発展」『歴史研究』1955 年 3 期（のちに『呉晗史学論著選集』第 3 巻、人民出版社、1988 年に収録）や『朱元璋伝』生活・読書・新知三聯書店、1965 年の中で、洪武十四年と二十六年の統計を同一の性格のものとしてとらえ、洪武十四年に比べて二十六年には 484 万頃増加したとしている。こうした呉晗の理解は、日本の研究者にも大きな影響をあたえている。最近の例を挙げれば、壇上寛『明の太祖朱元璋』白帝社、1994 年は、洪武十四年 366 万餘頃（うち 180 万餘頃は新開墾）から二十六年 850 万餘頃へと国初の 5 倍に増加したとし、国土の飛躍的復興を高く評価している。
(12) 論文Ⅳの拙訳を『東北大学東洋史論集』7 輯、1998 年に掲載した。
(13) 藤井宏や何炳棣の研究を指すと思われる。しかし厳密に言えば、藤井が誤りを修正したのは、『諸司職掌』ではなく万暦『大明会典』の統計の誤りである。これは、日本語をほとんど解さない顧誠が何炳棣による些か不正確な藤井説の紹介に頼らざるをえなかったためであろう。
(14) 前掲藤井論文（三）105 頁。明代に魚鱗図冊が作成された地域については、浙江・南直隷のみとする梁方仲・清水泰次と、それ以外の山東や河南などにも及んだとする仁井田陞・藤井宏の論争がある。詳しくは、仁井田陞『中国法制史研究——土地法・取引法』第九章、東京大学出版会・補訂版 1980 年。ただし藤井も洪武年間の全国実施については否定的である。何炳棣も註（10）前掲の『中国歴代土地数字考実』第三章で、洪武年間に魚鱗図冊が作成されたのは、浙江や南直隷のみであったことについて詳細に検討を行っている。
(15) 註（3）前掲の森正夫『明代江南土地制度の研究』145 頁。
(16) 張徳信・林金樹「明初軍屯数額的歴史考察——与顧誠同志商榷」『中国社会科学』1987 年 5 期。
(17) 清水泰次「明初に於ける軍屯の展開とその組織」『史学雑誌』44 編 5・6 号、のちに『明代土地制度史研究』大安、1968 年に収録。王毓銓『明代的軍屯』中華書局、1965 年。佐伯富「明清時代の民壮について」『東洋史研究』15 巻 4 号、

のちに『中国史研究』第 1 巻、東洋史研究会、1969 年に収録。寺田隆信「民運糧と屯田糧」『東洋史研究』21 巻 2 号、1962 年、のちに『山西商人の研究』東洋史研究会、1972 年に収録。松本隆晴「明代屯田子粒統計の再吟味——永楽年間を中心にして——」『史滴』3 号、1982 年など。

(18) 松本は、註（17）前掲論文の中で、洪武三十五（建文四）年に屯田科則を改定したのは、即位当初、勢力基盤の弱かった永楽帝が軍への統帥権を確立するためであったと指摘している。

(19) 『明世宗実録』巻一〇二、霍韜の上奏から推算したものである。

(20) 林金樹・張徳信「関于明代田土管理系統問題」『歴史研究』1990 年 4 期。

(21) 『皇明経世文編』巻六三、馬文升「清屯田以復旧制疏」によれば、成化・弘治年間南京の後湖冊庫内に、洪武・永楽・洪熙年間に作成された屯田黄冊が保管されていたことが知られる。

(22) 宮崎市定「洪武から永楽へ——初期明朝政権の性格——」『東洋史研究』27 巻 4 号、1969 年。のちに『宮崎市定全集』第 13 巻、岩波書店、1992 年に収録。

(23) 曹樹基「対明代初年田土数新認識——兼論明初辺衛所轄的民籍人口」『歴史研究』1996 年 1 期。

(24) 「分」と「頃」と混同した例として、王毓銓が註（17）前掲の『明代的軍屯』の中ですでに指摘した万暦『大明会典』巻一八の四川都司并びに行都司の屯田「見額」などを挙げている。因みに四川都司では、1 分は 22 畝または 24 畝であった。

(25) 許滌新・呉承明主編『中国資本主義発展史』第 1 巻、中国資本主義的萌芽、人民出版社、1985 年も、洪武二十六年の 850 万頃の統計を誤りとしたうえで、万暦六年の民田 701 万餘頃に官田（皇荘・王府荘田・軍屯田）を加えて官民田合計 784 万餘頃と推定している。

(26) 張海瀛『張居正改革与山西万暦清丈研究』山西人民出版社、1993 年。なお、この大著の要旨は、「明代山西万暦清丈与地畝・税糧総額」『中国社会経済史研究』1994 年 3 期にも掲載されている。

(27) 日本で、早くから王府荘田の重要性に注目していたのが佐藤文俊である。「王府論」『明清時代史の基本問題』汲古書院、1997 年所収。

(28) 註（26）張海瀛著書 193 頁。なお、張越「顧誠教授訪問記」『史学史研究』1995 年 2 期は、94 年（93 年の誤り）明史国際学術討論会に張海瀛の提出した

附篇 2　明清社会経済史研究の新しい視点　369

『張居正改革与山西万暦清丈研究』の中に影印収録している『山西丈地簡明文冊』によって、顧誠説が実証されたことに言及している。

(29)　川越泰博「衛志考——明代軍政史研究によせて——」『軍事史学』9巻2号、1973年は、軍制史研究の視点から日本現存に現存する衛所に関する資料集である衛志の存在にはじめて注目したものである。そこでは、衛志の性格として「一般の地方志の体裁にならい」「全体的総花的」であることが指摘されている。府州県の地方志と同様の形式と内容で衛所の地方志が編纂されたこと自体に、顧誠が指摘するように、衛所を「軍事体制」としてのみならずを地理的空間（行政区画）として研究する必要性が示されている。

(30)　ただし解毓才「明代衛所制度興衰考」『説文月刊』2巻9～12、1940、41年、のちに『明史論叢之四、明代政治』台湾学生書局、1968年に収録は、行政系統を設けず衛所が軍民を兼管した「実土衛所」の存在を指摘し、『明史』地理志に基づき実土衛所を列記しているものの、沿辺の都司や行都司のみに限定されている。

(31)　雍正年間の「改土帰流」についての研究は多いが、衛所の州県への改編についてはほとんど研究されていない。王毓銓等『中国屯墾史』下冊、農業出版社、1991年の第5章（郭松義執筆）が、この問題を扱っている。

(32)　川越泰博「明代軍事史に関する研究状況をめぐって」註(27)前掲『明清時代史の基本問題』所収。衛所官の世襲の実態を示す武職選簿については、川越の一連の研究がある。「明代衛所官の都司職任用について——衛選簿を中心に——」『中央大学文学部紀要』史学科24号、1979年。「明代衛所官の来衛形態について」『アジア諸民族における社会と文化』1984年所収、「明代衛所官の来衛形態について——西安左衛の場合——」『中央大学文学部紀要』史学科30号、1985年。「明代衛所の舎人について——『衛選簿』の分析を通して——」同31号、1986年のほか多数。なお、内閣大庫の中の武職選簿（97冊）の存在を最初に紹介したのは、単士魁「内閣大庫雑檔中之明代武職選簿」『文献論叢』1936年10期である。現在の所蔵状況については、松浦章「中国第一歴史檔案館所蔵『錦衣衛選簿　南京親軍衛』について」『満族史研究通信』5号、1995年。また于志嘉の研究は、元朝の影響を重視する立場から軍戸と武官の世襲制度にスポットを当てている。『明代軍戸世襲制度』台湾学生書局、1987年。衛所軍によって構成された明初の兵制が募兵を中心とした営兵制（鎮戍制）に変化したことについては、古くは山崎清一「明代兵制の研究（上・下）」『歴史学研究』93・94号、1931年、

近年では、王莉「明代営兵制初探」『北京師範大学学報』（社科版）1991 年 2 期、徐仁範「明代中期の陝西の土兵について──募兵制研究の手掛かりとして──」『集刊東洋学』74 号、1995 年がある。

(33) もちろん、明代を通じて、行政系統の戸口統計に衛所の統計が含まれていなかったというのではない。南直隷松江府下に置かれた金山衛の地方志である正徳『金山衛志』巻三、供報には、金山衛が「歳支糧銭糧冊」と「屯田子粒冊」を毎年、「戸口冊」を 5 年に 1 度、中府都督府から戸部に転送することを義務づけていたことが明記されている。明代後半になると、内地衛所では行政系統（戸部）の管轄への繰り入れが進んでいたことがわかる。

(34) 但し 1988 年に刊行された趙文林・謝淑君『中国人口史』、人民出版社、第 5 章では、衛所と少数民族居住区の人口を戸籍外人口として 1381 年約 727 万人、明中葉 1,100 万人前後と推定している。

(35) 土木の変以後に西北辺で登場する「土兵」は、こうした民戸の存在と関係している。顧誠論文Ⅲ 148 頁および註（32）前掲の徐論文。

(36) 明末から清初に至る耕地数の推移の問題を、清初のドルゴン摂政期から三藩の乱が終息する康熙二十年までの農業生産力の回復の問題と絡めてより詳細に論じたのが、万紅「明代与清初全国耕地数的歴史考察──兼論清初社会生産的恢復」（94 級碩士研究生畢業論文、1997 年）である。

(37) 森が註（3）の前掲著書で扱う官田の問題には、江南デルタの地域性を考慮に入れれば当然であろうが、内地の衛所の屯田は官田に含まれていない。

(38) 羅香林「中国族譜所見之明代衛所与民族遷移之関係」『大陸雑誌』39 巻 10 期、1969 年は、明初に設置された衛所が、西北や西南辺境のみならず、内地の州県城や沿海の要衝への各民族の相互移住をもたらし、民族や文化の融合に貢献したことを族譜の分析を通して明らかにした。またこの点で、衛所の作用が地域内で徴兵を行った唐初の府兵制と大きく異なるとしている。武内房司「西南少数民族──土司制度とその崩壊過程をめぐって」註（27）前掲『明清時代史の基本問題』所収は、西南地域で軍事拠点としての衛が漢族移住民の最初の生活空間を構成したことを指摘している。広西については、菊地秀明「明清期の中国広西東南部における中流宗族の動向」『国立民族学博物館研究報告』20 巻 3 号、1995 年が明代の軍人移民について論じている。雲南については、李中清「明清時期中国西南的経済発展和人口増長」『清史論叢』5 輯、1984 年がある。

(39) 土木の変後、常駐の地方長官としての巡撫が軍務にとどまらず作戦・用兵についても権限を獲得していく過程を具体的に考察したものに、奥山憲夫「明代巡撫制度の変遷」『東洋史研究』45巻2号、1986年がある。また巡撫・総督の常設化の問題を、明初の武官優位の体制から中期の文官重視への移行という文脈で考察したものに、松本隆晴「明代中期の文官重視と巡撫・総督軍務」『國學院大学漢文学会会報』32号、1986年がある。

(40) 西村元照「張居正の土地丈量（上・下）——全体像と歴史的意義把握のために——」『東洋史研究』30巻2・3号、1972年のなかで、丈量の対象地として、民田・屯田・荒地・荘田・塩場等、事実上中国の全土地が量られたことを指摘している。

(41) 岸本美緒「清朝とユーラシア」歴史学研究会編『講座世界史』2、東京大学出版会、1995年所収。従来、明朝と清朝とは一括して明清時代としてとらえられることが多かったが、両王朝の差異があらためて注目されている。岩井茂樹は、「明末の集権と「治法」主義——考成法のゆくえ——」『明清時代の法と社会』汲古書院、1993年所収の中で、朱元璋の恐怖政治をもって出発した明朝国家と「洗練された」官僚支配の清朝国家とを対比してとらえている。

(42) 前近代にとどまらず、「現代化」を進めている現今の中国においても同様である。何炳棣は、註（10）前掲『中国歴代土地数字考実』（138頁）の中で、『中国農業百科全書』の主編の一人羅涵が、リモート・センシング画像による全国の耕地面積は22〜23億畝と推算され、政府公表の面積に比べて、少なくとも5億畝は増加すると指摘した話を紹介している。

(43) 杉山正明は「中央ユーラシアの歴史構図——世界史をつないだもの——」岩波講座『世界歴史』11巻、岩波書店、1997年所収のなかで、中央ユーラシア史と遊牧国家の正確な把握という文脈からであるが、成瀬治の指摘（「初期近代国家と軍事革命」公開講演要旨『日本歴史学協会年報』12号、1997年）にも触れながら、戦後日本の歴史研究における軍事力へのタブー視の問題点に論及している。

〔補記〕

本篇の原載は、『中国—社会と文化』13号（1998年6月）である。顧誠教授の衛所研究を紹介した本篇を執筆するきっかけは、拙著『北京遷都の研究』の〈あとがき〉でも触れたように、1994年9月から10ヶ月の期間、北京師範大学歴史系に留学したことによる。留学期間中は顧誠先生に私の指導教授を担当していただいた。「高級進

修生」としての留学であったが、先生には「訪問学者」待遇で接していただき、様々な点で大変お世話になった。初対面の日に日本から持参した拙論数篇の抜刷を差し上げたところ、数週間後に「今の中国には抜刷を作る習慣が無いから」と断りながら、4篇の雑誌論文のコピーをいただいた。それらは、すべて本篇で紹介した衛所の問題に関するものであった。迂闊にも、明末農民戦争史に関する先生の業績の予備知識しか持ち合わせていなかった私は、宿舎に帰ってその一篇を読み、その研究のもつ独創性に衝撃を受け、数日費やしてむさぼるように読んだことを思い出す。これは、日本の明清史研究者に紹介しなければと思った次第である。

　顧誠教授が提起した疆域管理体制の二大系統論は、現在では都市研究の展開とも結びつきつつある。張萍「近十年来大陸学者有関中国古代城市研究（1997年—2006年）」『中国史学』17巻、2007年は、先秦から明清時代までの都市研究動向を扱っているが、明清では辺境の城鎮に関する研究成果が集中していると指摘する。貴州で明代中期以降に開始される「州衛同城」が統治の安定化と密接に関わるとした鍾鉄軍「釋明代貴州之"州衛同城"」『中国歴史地理論叢』2004年1期を紹介したほかに、都市人口、北京や西安、北方商業城鎮や江南城鎮に関する研究を取り上げている。

　顧誠教授は、2003年6月25日に享年69歳で逝去された。山根幸夫先生からのご依頼で追悼文を『明代史研究』34号に掲載させていただいた。その後、教授の衛所研究の諸論文は、『隠匿的疆土―衛所制度与明帝国』といタイトルで一書にまとめられ、2012年10月に光明日報出版社から出版された。

　なお、弟子たちの手で追悼論文集『顧誠先生記念暨明清史研究文集』中州古籍出版社、2005年が刊行された。著者の一文も、北京師範大学歴史系に当時留学中の中央大学院生の岩渕慎君の手を煩わして中国語に翻訳収録された。併せて参照されたい。

附篇 3　書評・紹介

1　何炳棣著　寺田隆信・千種真一訳
　　『科挙と近世中国社会——立身出世の階梯』

　本書は、Ping-ti Ho（何炳棣）の *The Ladder of Succes in Imperial China, Aspects of Social Mobillity, 1368-1911*（Columbia University Press New York 1967）の寺田隆信・千種真一両氏による全訳である。何炳棣氏には、*Studies on the Population of China, 1368-1953*（Harvard University Press 1959）、『中国会館史論』（台北・学生書局、1966 年）、『中国古今土地数字的考釈与評価』（北京・社会科学出版社、1989 年）など、歴史学と社会学を統合させた一連の業績があり、欧米の中国研究ではもとより、近年中国においても極めて高い評価を得ている。本書の初版は 1962 年であり、じつに 30 年の歳月をへて初めて日本語に訳されたことになる。何氏の著作が日本語に翻訳紹介されるのも、この訳書が最初であり、氏の業績の一端を容易に知ることが可能となったことをまずもって慶びたい。

　本書の構成は次のとおりである（節目については省略した）。

　　第 1 章　社会イデオロギーと社会階層
　　第 2 章　身分制度の流動性
　　第 3 章　上昇移動——官界入り
　　第 4 章　下降移動
　　第 5 章　社会移動に影響する諸要因
　　第 6 章　社会的・学問的な成功および移動の地域差
　　第 7 章　概括と結論
　　附録　　社会移動の事例

註と参考文献リストに加えて、〈訳者あとがき〉が附されている。

　本書が英文で出版された当時は、管見のかぎり日本では紹介や書評はなされなかったようである。従って、遅きに失したとはいえ、その内容をあらためて紹介することも無駄ではないと思われる。

　本書の分析で用いられる主たる素材は、1371年から1904年までの全期間をほぼカヴァーする進士合格者の名簿であり、この名簿には、合格者の前三代にわたる先祖の精確な情報が載せられている。これを補うものとして、清代末期100年間の挙人や貢生名簿20点、長江下流域の生員名簿3点が用いられている。これらを用いた初等・中等・高等レヴェルにおける社会的学問的移動の統計的研究が本書の縦糸にあたるのに対し、政府の法令・地方志・伝記・族譜・社会小説その他など、さまざまなタイプの定性的証拠の評価が横糸をなしている。

　第1章では、儒教的社会イデオロギーは社会的不平等を正当化すると同時に、社会的地位が個人の優秀さの度合いによって決定されるべきであるという原則をも支持した。このイデオロギー的二元性がより適切に解消されたのは、科挙が唐代に永続的な制度となって以後のことで、とりわけ、明代初めに官立学校が県・府・省レヴェルで設立され、萌芽的ながら全国的奨学金制度が確立されてからである。本書の対象とする明清時代は、以前のあらゆる王朝にも増して、教育の機会均等という理念に近づいた時代であるとみなされている。庶民と区別される官僚層を構成するのは、明代では現職・退職の官吏、採用予定者、および官吏有資格者、下役人、進士、挙人、正規・不正規の貢生、監生である。清代もほぼ同様であるが、すでに官僚有資格者とみなすことができなくなった監生は、この中から除外されている。この官吏任用の機会の有無を重視する視点は、張仲礼氏の生員や監生をも含んだ「下層紳士階級」の概念に対する批判の論拠ともなっている。明清時代の中国では、国家が社会移動の主要な経路を規制していた。財貨はそれ自体では究極の権力源ではなく、その力が十分に自覚されるためには、官僚たる地位に転化されねばならなかった。その意味で、「土木の変」の混乱をうけての1451年以後に散発的に始まった官職の売却（捐

納）は、富裕階級に社会移動の新しい経路を開くことになり、財貨は社会的地位の決定に際してますます重要な要因となった。

　第2章では、まずモンゴル元朝の慣行を継承した明初における特定の世襲身分集団の登録制度が取り上げられている。職人（匠戸）、兵士（軍戸）、製塩業者（竈戸）の身分の歴史を概観したあとで、「商籍」や「軍籍」「富戸籍」など特定身分からでた明代の進士合格者の統計を分析し、これらの世襲的身分を維持しようとして課せられた厳格な法的規制にもかかわらず、これらが身分移動に対する真の障壁とはならなかったことを明らかにしている。同様に、社会小説や家譜・伝記にも、商売（商）と学問（士）との交替と転換の可能性が示されており、清代は、例外的なモンゴル元朝を除くと、中国史上どの時代にも増して官僚と富商の社会的区別が不鮮明となった時代であった。学問的成功とそれに続く官僚社会での地位は、もはや必ずしも家族身分に左右されないという儒教的イデオロギーは、明清時代の社会では広く浸透し、小作農や都市の職人・商人の下層階級、男性のみならず寡婦となった母親にも影響を及ぼした。

　第3章　支配者たる官僚社会に入ることが上昇移動の最終目標とされていた伝統的な中国社会では、支配階級が適度に広範な社会基盤から補充されたか、実力次第で出世できる道が開かれていたかという基本問題を明らかにしようとする。その際、従来試みられた伝記叢書や地方志中の伝記資料のデータとしての偏りを指摘したうえで、著者が分析の主体として用いた48点の『進士登科録』とそれを補う挙人名簿や貢生名簿の、扱われている世代数、明示的・暗示的情報内容、年代の適用範囲、量の点での優位性を対置している。これらの統計の様々な分析の結果、なかでも先行する三代の間に官職や官名はもとより生員をただの一人も出せなかった家族の進士及第者、いわゆる「極貧から大金持ちに」という割合が、明初の1371～1496年の期間では57.6%で貧賤の者に有利に働いたこと。しかし16世紀末から清末まではこの割合は持続的な下降傾向にあり、清代の平均では19.2%にまで減少し、貧賤の者が社会的・官僚的階梯を昇るにあたっての困難と挫折がいよいよ増大したとしている。

　第4章では、家譜の記録により社会的平準化の一般的な過程の実例が分析さ

れる。サンプルとして用いているのは、a 山東の省都済南に近い新城の王氏、b 安徽省南部の桐城の張氏、c 江蘇省南部の無錫の岱氏、d 浙江省北東部沿岸の海寧の陳氏である。科挙という高度に競争的な性格の試験制度は、近代産業社会に通例見られる以上に、大規模な上昇・下降の両極移動を引き起こした。身分の高い家族の長期的下降移動は、以下のような要因がどれか一つあれば起こりえたとしている。①子供に対する適正な教育の不履行、②家族の身分よりも個人の優秀さに基づいた試験制度の競争的性格、③高級官僚に限定された恩蔭の特典、④有閑階級の生活様式とエリート趣味の追求による富の浪費、⑤長子相続権の欠如による財産の細分化である。

　第 5 章では、社会移動に影響するすべての要因が検討されている。まず試験と官立学校が取り上げられ、明初以降初めて試験制度と学校制度が切り離せないものとなったことに注目している。第二に、長期にわたって生業回復の機会に恵まれた 15 世紀を通じて地方官吏の主導のもとで設置がすすんだ初等教育施設としての社学や、宗族が一族の成員を教育するために設立した義学、その後社学の衰退しはじめた頃に官立学校の不足を補うのに役立った私立書院の発展が述べられる。さらに明末の書院での哲学的な論議に対する禁止により、清代に再開した書院は試験の準備に専念するものに変化したとする。官立学校が教育に無関心となり政府奨学金（廩米）の配給の役割のみを果たすようになって以後も、書院は教育施設の欠陥を補うのに役立っていた。第三に、宋代までその起源が遡る、省都や国都での高等試験に赴く地方出身の子弟に補助金を支給する目的で設けられた地方共同基金制度と、16 世紀初頭以降普及する、会試受験に際して北京に上京する地方子弟のための宿泊施設として設けられた「会館」が取り上げられている。第四に、恒久的な共有財産と福利規定を有する「共通血統集団」としての宗族制度が、貧しい親族の上昇移動を促進した役割が検討されている。第五に、明代中葉以降、大規模な印刷が可能になり書物が引き続き増加したことは、部分的には貧富間の教育上の不均衡をますます増大したとはいえ、貧民の社会移動の初期段階と、異例の才能と決断力に恵まれた者の最終的成功をもまた容易にしたとする。第六に広範かつ長期にわたった

元末の反乱と社会移動の関係を取り上げ、朱元璋集団に代表される社会移動の量と程度は、紀元前206年の漢王朝の樹立以来の未曽有のものであったことを指摘する。最後に、著者自身の人口研究の成果をふまえ人口統計的要因と変動する経済的要因を関連づけることにより、貧賤の者の官僚社会に入る機会が減少傾向にあったことを説明づけている。

第6章では、第3章の統計を省別・府毎のレヴェルで分析することにより明らかとなる学問的成功の地域差とその背景について考察している。地域差の詳細は本書に掲げられた多くのリストに譲るが、明初から1439年に至るまでの江西省の進士の生産性の高さが明らかとなる。全般的傾向としては、明代東南部の江西・浙江・江蘇・福建での顕著な高い移動率が、清代には大幅な人口増加により激減したこと。清代に入って学問的競争がこれまで以上に熾烈となるにつれて、大きな文化的資源を有する大都市の利点がいっそう明白となり、学問的成功が大都市に集中する傾向を指摘している。

第7章では、明清時代の身分制度は全体として流動的かつ弾力的であり、高度に競争的社会が出現したこと、唐以後こうした社会移動と社会的変化を及ぼしたその影響という点では、科挙制度が最も重要な要因であったと概括する。本書の資料により扱ったエリートの社会的・学問的移動と一般的な社会移動の傾向は概して矛盾しないとしたうえで、近代西洋の社会移動と明清期のそれとの根本的な相違点として、産業社会では不断の技術革新と経済活力が収入・職業の点で着実な上昇移動傾向をもたらしたのに対して、明清社会では人口の増大と技術・制度上の沈滞のために長期にわたる下降移動の傾向は不可避であったと結論づける。

附録では、明清の伝記文献から27の事例を選び抜き年代順に配列して、当該時期の社会移動の様々なタイプと過程を提示することにより、統計では十分に表現できない事実とその要因を事例末の〈備考〉で指摘している。

本書は、社会移動研究の理論的枠組みを利用しているが、著者自らが述べるように「その重点は歴史的社会学よりも、むしろ社会・制度史の有機的諸相」

を提示することに置かれている。諸制度を包括的有機的に統合し社会の変容を説明づける叙述において、本書はとくに優れている。評者が現時点であらためて注目したいのも、この点にほかならない。

　何氏を始めとする研究によって定着したこうした社会移動への高い評価に対して、ベンジャミン・A・エルマンが新たに批判を加えていることを小島毅が紹介している（『思想』810号、1991年）。これによれば、科挙試験を通じて社会移動を測るという方法には、資格試験が施される以前にすでに行われた言語・文化資産の不平等な配分による社会的排除が見落とされているという。実際に学問的成功が可能であったのは、日常語とは異なった古典中国語で書かれた経典をすべて暗記するという厳しい受験勉強を息子に与えうる文化・言語資産を持っていた階層においてであった。従って、上昇と没落の社会移動の現実は、より限られたエリート層内部のものと限定を加えねばならない。とはいえ、何氏も紹介するような近代産業社会のかなり緩やかな世代間の垂直移動に比べると、明清時代の中国では人口的要因等も加わって高度な競争社会が出現していたことの歴史的意義もまた小さくないように思われる。

　ところで、前にも触れたように本書に対する紹介や書評が当時の日本でなされなかったのは、欧米と日本の問題関心の隔たりの大きさも一因として挙げられるように思う。何氏にあっては、商人研究は社会移動の主要な考察対象であった。これに対し、「停滞論」の克服を強く意識した日本の明清商業史研究は、「大塚史学」の強い影響下にあり、すぐれて資本および商品生産の問題として取り上げられ、最終的には「前期的資本」としての歴史的限界という烙印を押すことにより研究自体が終息したからである。

　その後1970年代に明清史研究の主要な関心となったいわゆる「郷紳支配論」をめぐる議論においては、生員を紳士階級に含める張仲礼の見解と並んで、何氏の生員を含まない官僚階級区分についても言及される場合があった。しかしそれはあくまでどの階層までを支配層に含めるかという視点から「郷紳」概念を定義するものであった。エリートの社会移動の高さを検証すべく、明清社会の独自なコンテクストから官吏任用の機会の有無により官僚階級を定義し、こ

れを英国の紳士階級（gentry）と安易に同一視する危険性を指摘する何氏の立場は、十分理解されてこなかったように思われる。こうした点からも本訳書の刊行は待望されていたと言える。的確かつ熟れた訳業を完成された訳者両氏の労に敬意を表したい。

　なお、本書の訳者の一人である寺田隆信氏は、『山西商人の研究』で知られるように明清商業史研究の第一人者であり、この代表作を世に問うて以後は、捐納制度や士人の学習カリキュラムなど士大夫研究を進められた。これらの問題関心は、何氏が本書で社会移動への関心から取り上げたテーマとも多くの点で通底しており、最良の翻訳・紹介者を得たと言えよう。また氏の郷紳に関する見解の一端は、「『郷紳』について」（『文化』45-1・2、1980 年）の中にすでに示されているように、土地所有や国家論との関わりで論じられることの多かった日本の郷紳研究とは、いささか見解を異にしていた。すなわち、明清時代における郷紳の存在が社会に定着する契機として、明代の科挙制度が学校制度を包含した事実を重視する。この点は、何氏の奨学金を伴なう学校制度と科挙との密接な関係に着目する論点とも重なっている。それだけに、訳者自身の本書への現時点でのコメントが〈あとがき〉の中でなされなかったことにいささか物足りなさを感じたのは、ひとり評者のみではなかろう。

　最後に、評者の欧米の中国研究に対する認識不足と現在の問題関心に引きずられて、不正確な紹介となってしまったのではないかと恐れる。本書が初版から 30 年をへた今日においてもなお、明清社会に対し最も包括的なイメージを提示する社会史的著作としての地位を失っていないことをあらためて強調して、筆を欄きたい。（平凡社　1993 年 2 月刊　A5 判　総頁 366 頁）

〔補記〕
　本篇の原載は、東北史学会編『歴史』巻 82 輯（1994 年 4 月）である。
　何氏の著書の監訳を担当された恩師寺田隆信先生は、2009 年 9 月に 30 年来の郷紳研究を『明代郷紳の研究』（京都大学学術出版会）の一書にまとめて公刊された。御年 78 歳のことである。それから 5 年後の 2014 年 8 月 11 日に逝去された。

2　北京市社会科学院・曹子西主編『北京通史』全10巻

　北京市社会科学院が編纂した『北京通史』全10巻が中国書店より刊行された。私事にわたるが、評者が「北京成立史研究」をテーマに北京に滞在していた1995年は、「北京建城3040年」を記念して「愛祖国、愛北京」のスローガンのもとにさまざまな活動が展開されていた。本書の刊行もこうした活動の一つに位置づけられていた。

　正直のところ古代史に疎く、近世都市としての北京にこれまで注目してきた評者には、「3040年」という紀年の意味がすぐには理解できなかった。もっとも1995年4月23日および24日付の『北京晩報』の文化欄にも「どうして北京建城3040年というのか」という解説文が掲載されたほどであるから、当世の「老北京人」の人口にもまだそれほど膾炙していなかったらしく、目下宣伝普及につとめているというのが実情のようであった。

　さて、「3040年」とは、周の武王が殷（商）の紂を滅ぼし、燕・薊の二つの諸侯国を初めて封じた年（武王十一年）を紀元前1045年に比定した北京師範大学歴史系教授趙光賢氏の説に依拠し、その年から数えているとのことである。かりに現在の北京に薊城を建てた年が紀元前1045年と確定されたとしても、3000年の区切りならともかく「3040年」というのはいささか中途半端な気がしないでもないが、これに合わせて西周燕都遺址博物館も房山区の瑠璃河董家林地区にオープンした。

　『北京晩報』（3月16、18日付）に載せられた本書の刊行期日に向けての不眠不休の出版作業の苦労話の記事を読んだ評者は、この都城に関する話題の新刊書がどこの本屋の店先にも並べられていると早合点して、近くの本屋に走った。結局、宿舎のある北京師範大学構内の書店や付近の「個体戸」経営の本屋街では見つけられず、瑠璃廠の本屋街までサブザックを持って買い出しに行き、やっと乙種本（普及版）1セットを手に入れることができた。普及版ですら340

元、豪華版は600元と値が張り、ほぼ庶民の1か月の俸給に相当する金額であるから、そう誰もが買えるわけではない。小さな本屋に並んでいないのもあとから冷静に考えれば当然であった。

　前置きはこれくらいにして、本書の紹介に移ろう。編集主幹の北京市社会科学院研究員曹子西氏は、現在「北京史研究会」の会長をつとめる。まず、扉を開くと「学術顧問」として侯仁之・単士元、また「特選編審」（特別編集審査員）として于傑（故人）・方玄初・寧可・劉北汜・劉珂理・許大齢・何茲全・林甘泉・陳述（故人）・陳高華・趙其昌・徐萃芳・彭明・戴逸と、実に錚々たる老大家が名を連ねていることに驚かされる。このことは、執筆者の大半が所属する北京市社会科学院という一単位（タンウェイ）のみならず、北京史研究の中心的存在である「北京史研究会」の協力のもとに本書が編纂されたことを示している。

　曹子西氏による「総序」によりながらその過程を紹介すると、本書の準備作業が始まったのは北京市社会科学院が創設された1978年にまで遡る。以来16年に及ぶ組織的準備作業をへて刊行された。

　最初に北京地域に関する文献史料や口頭（オーラル）資料の収集と整理、考古学・文物資料の利用にとりかかった。この時期の成果のうちすでに刊行されたものには、『燕史資料』（未見）や『北京地区地震資料』（1987年）、『北京経済史資料――古代部分』（1993年）、『北京経済史資料――近代商業部分』（1990年）などがある。

　次いでこの10年来、スタッフにより数百編の北京の歴史に関する論文や文章が書かれる一方で、編集方法に関する研究も進められた。この間には、編年体のスタイルを採用した『北京歴史紀年』（1984年）や45万字からなる『北京歴史綱要』（未見）や『北京史苑』（1983年）、『北京史研究（一）』（1988年）、『今日北京』（1989年）などが刊行された。また、北京大学分校歴史系の2、3年次学生向けに「北京通史」という講義も設けられたという。

　さらに、1987年3月には16名からなる『北京通史』課題組が組織された。88年9月に編集の枠組みが出来上がると、12月に学術顧問と特別編集審査員を招いた会議が開かれ、それをめぐる審議と確認がなされた。この時期には、

すでに第1巻と第3巻部分が出版され、さらに第2巻の初稿の大半も完成していたという。

こうして全10巻総計4406頁（332万7,000余字）という大部の北京に関する通史が完成した。1960年に初稿が完成していたものの85年にようやく出版された『北京史』（北京大学歴史系編写組、北京出版社）はわずか380頁（27万7000字）であったから、優にその10倍以上はある。このボリュウムは、「文革」を間にはさむ近30年間の研究の進展を反映したものである。

『北京通史』では、北京地域の歴史的展開が、都市の性質や機能・地位と作用に照らして、四つの時期に区分されている。

第1期（約70万年前～紀元前222年）は、北京原人の活動開始から都市燕都・薊城の成立とその早期発展までの時期。

第2期（紀元前221年～937年）は、幽州が封建統一国家の東北部の軍事・貿易交通の拠点から北部の多民族都市に発展するまで。

第3期（938年～1949年）は、中国封建社会および半植民地半封建社会における全国の政治的中心地として形成展開した時期。

第4期（1949～89年）は、北平解放後、中華人民共和国の首都となってから現在に至るまでの、社会主義中国の政治・文化・国際交流の中心として形成発展した時期である。　以上の4時期がさらに10巻に分けられている。各巻が扱う時期と執筆者・頁数は、以下の通りである。

　　第 1 巻　太古から魏晋北朝まで（曹子西・王彩梅・于徳源執筆）396頁
　　第 2 巻　隋唐五代（向燕生執筆）354頁
　　第 3 巻　遼代（王玲執筆）376頁
　　第 4 巻　金代（于光度・常潤華執筆）386頁
　　第 5 巻　元代（王崗執筆）424頁
　　第 6 巻　明代（賀樹徳執筆）512頁
　　第 7 巻　清代（1644-1840年）（呉建雍執筆）488頁
　　第 8 巻　清代（1840-1911年）（魏開肇・趙恵蓉執筆）480頁

第 9 巻　民国（習五一・鄧亦兵執筆）472 頁
第 10 巻　現代（曹子西・于光度執筆）518 頁

　第 1 期・第 2 期・第 4 期にそれぞれ 1 巻ずつ割り当てているのに対し、第 3 期のみ断代史的に 7 巻が用意されているのは、いささか均衡を欠くという見方もあるかもしれない。しかし北京が近世以降、遼代の南京・金代の中都・元代の大都・明清代の北京・民国の北平と一貫して政治的中心として位置づけられ、かつ諸民族王朝により様々な民族的・文化的刻印を付されてきたその歴史からすれば当然である。また北京は、漢・隋・唐の西安や洛陽あるいは殷の安陽、南京、開封、杭州などの古都とは違って現在も首都として発展を続けていることから、人民中国成立後のわずか 40 年間に 1 巻を割り当てているのも妥当であろう。いずれにせよ、北京原人の登場以来、現在にいたる長期間の北京地域の歴史を周到な準備のもとに共同で研究し、その成果をもとに通史的叙述を行った点が、本書の第一の特徴である。特に北京の歴史文化の悠久な起源とその持続性、およびその地位の不断の上昇が強調されている。従って、第 6 巻で明の永楽遷都の原因を説明するにあたっても、靖難の役による帝位簒奪という短期的な政治史的要因よりは、封建社会後期（唐末・五代）以降に顕著となる漢族と少数民族間の闘争と融合、およびこれと関連する軍事的形勢の趨勢からみて、北京への遷都は歴史的必然であったとしている点も興味深い。

　また本書が叙述する北京の空間的範囲は、現在の北京市の行政区画を基準としているが、歴代の行政区画・都城空間や、地理環境の変遷をも参酌している。各巻とも若干の差異はあるが、歴史的発展過程を縦糸にして叙述し読者に理解を与えたうえで、緯糸の政治・経済・都市建設・文化教育・民族宗教・社会生活・自然環境の変遷に及んでいる。一例として、第 6 巻の明代部分の内容を掲げると次のようである（節・項は省略）。

　　第一章　明王朝の建立と明初の北平府
　　第二章　"靖難"の役と永楽遷都
　　第三章　明代帝都北京城
　　第四章　明初の北京経済

第五章　永楽・仁宣時期北京の軍事・政治と経済
　　第六章　オイラートの侵擾と北京防衛戦
　　第七章　明武宗の北京での暴政
　　第八章　嘉靖朝政治の得失とアルタンの北京侵犯
　　第九章　張居正の改革・隆慶和議と戚継光の薊門鎮守
　　第一〇章　明中葉の北京経済
　　第一一章　西方文化の北京伝来
　　第一二章　明朝後期の政治腐敗・魏忠賢の専政および北京人民の反抗闘争
　　第一三章　満族の東北での堀起と後金の北京に対する進攻包囲から李自成
　　　　　　　農民起義軍の北京攻撃占領まで
　　第一四章　明代北京の文化
　　第一五章　明代北京の社会生活
　かつての政治・軍事・階級闘争の重視に代わって、こうした総合的叙述をもとに地域史ないし都市史の視点から地域社会の特質を描き出した点が、本書のもう一つの特徴である。各巻を通じて中原の農耕文化と北方の草原文化との境界に位置する北京の、多民族国家中国の首都に相応しい多民族都市としての性格を浮かび上がらせている。
　欲を言えば、各巻を通じて近年の考古学の成果を反映した図版や都市地図が少ないのはいささか残念ではあるが、本書は、今後地域史・都市史としての北京研究を進めるうえで、最初に紐解くべき通史となるであろう。翻って日本の北京研究をみると、すでに多くの蓄積をもつ長安・洛陽研究や開封研究にくらべると、決して活発だとは言い難い状況にある。本書刊行の刺激をうけて、日本でも都市北京の研究が盛んとなることを期待したい（中国書店、1995年）。

　〔補記〕
　　本篇の原載は、東方書店発行の『東方』186号（1996年9月）である。

3　明代都城遺跡、中都の現況——進む開発、保存の危機

　今年（2005）年8月、東亜比較都城史研究会（橋本義則代表）のメンバー4人で中国の北京、南京、鳳陽（中都）の都城を調査した。これらの都城は、14世紀後半から15世紀前半にかけて明朝により建設され、「両京一都」とも併称された。

　これらの都城が建設された時代は、日本・中国・朝鮮の沿海地域で前期倭寇が活発化し、緊張と対立が激化していた。その後、倭寇の取り締まりを約束した室町幕府の足利義満と第三代永楽帝との間で、日明貿易が始まっている。

　明朝の創設者洪武帝（朱元璋）が建設した都は、南京と中都。靖難の役で建文帝から皇位を奪った永楽帝が建設して遷都したのが、現在の北京である。皇帝が住む紫禁城は、現在の故宮である。

　洪武帝の生まれ故郷の安徽省鳳陽にある中都は日本ではほとんど知られていない。しかし中都の建設には、じつは捕らえられた倭寇の兵士も加わっていた。

　中都は1369年に建設が始まり、6年後の完成を目前にしながら工事が突然中止。その後は南京が改めて正式な都に指定され、歴史に埋もれてしまった。

　忘却された中都を現代によみがえらせたのが、北京の出版社に勤めていた故王剣英氏である。文革期の1969年から75年まで農村部の鳳陽県に配置転換された彼が、中都城遺跡の調査と文献研究に取り組んだ。

　彼の研究により、中都の皇城（宮城）は、北京紫禁城の最も早い段階のモデルと判った。確かにその規模は、南北965m、東西875mで、紫禁城の規模とほぼ一致する。宮城内の午門や奉天殿の配置も、紫禁城と同じである。

　筆者は、「第六回国際明史学術討論会」が開かれた1995年8月、初めて鳳陽を訪れた。予備知識はあったが、遺跡の予想以上の残り具合に興奮した。午門や宮城壁西側部分と濠、西華門がよく保存され、北京の紫禁城を彷彿させた。

　10年ぶりの再訪だった今回の調査では、午門や宮城部分のほか、承天門、

鐘楼、外城の東門や北門の遺跡なども調査でき、都城空間全体のイメージがつかめた。しかし、全体的に遺跡の破壊がかなり進行しており、午門の前では修築作業が始まっていた。

中国明史学会理事の陳懐仁氏によれば、鳳陽の地にも経済開発の波が急速に押し寄せ、県庁

図附 3-1　保存への取り組みが急がれる中都城遺跡（著者撮影）

の鐘楼地区への移転提案を契機に、宮城附近の地価が高騰し、宅地化が一気に進む恐れがあるという。

実際に現地では、街の至る所でビルや道路の建設工事が始まっていた。辺ぴな片田舎に建設されたため、かえって遺構の残り具合が良好な中都城遺跡だったが、今、重大な危機に直面している。

中都は明朝の都としての期間が短く、明朝滅亡後は、宮殿などの地上の建築物はほとんど残されていない。中国が国家的威信にかけて全面的な保存に取り組む可能性は少なく、保存の動きは後手に回っている。人々の関心は遺跡保存より、経済開発に傾いている。

だが中都城遺跡は、南京城や北京城とは違い、14 世紀段階の近世都城プランの到達点がよく示されている。また、元の大都城から明清の北京城に至る、都城プランの変遷を跡付けできる中間点に位置する点も貴重だ。

今後さらに重要性を増す東北アジア地域の歴史的記憶を共有し、その文化遺産を後世に残すために、われわれも中都城遺跡の学術的な調査と保存に協力すべき時期が来ている。

〔補記〕

本篇は、『山形新聞』2005 年 11 月 24 日付の文化欄に、「明代都城遺跡、中都の現況―進む開発、保存の危機」と題して掲載された文章を転載したものである。ほかに

地方紙6紙にも掲載された。共同通信社大阪支社社会部編集委員（当時）上田恭彦氏の依頼により寄稿した。

4　呉仲撰『通恵河志』について

1　テキスト

　ここに紹介する呉仲撰『通恵河志』は、明代後期嘉靖年間の通恵河の改修工程に関する貴重な史料である。上下二巻からなる明刻本がある。上巻（18葉）は、通恵河源委図、通恵河図、通恵河考略、閘壩建置、修河経用、経理雑記、夫役沿革、部院職制からなり、下巻（76葉）は、奏議、碑記からなっている。また巻首（8葉）には、「奉議大夫水部郎中□□汪一中撰」の志叙と工部尚書秦金の上奏および目録を掲げ、巻末（5葉）には、浙江等處承宣布政使司處州府知府呉仲の上奏を附している。

　現存する『通恵河志』の刻本は極めて少なく、『中国古籍善本書目』史部（上海古籍出版社、1993年）などを繙いても、北京図書館に嘉靖刻隆慶増修本を収蔵するのみである。本書の存在が知られるようになったのは、中華民国三十年（1941）に鄭振鐸が嘉靖戊午（三十七年）刊本を影印して『玄覧堂叢書』初輯に収めてからである。1981年には、台湾国立中央図書館出版のリプリントが正中書局から発行されている。玄覧堂叢書本は、目録類では一般に「嘉靖戊午刊本」として著録されているが、下巻末尾に隆慶戊辰（二年）の戸部郎中蔣淩漢撰「重修閘河記」を収めており、北京図書館所蔵本と同様に「嘉靖刻隆慶増修本」とすべきである。

　近年、これを底本にして、段天順・蔡蕃両氏の評点校勘本（『通恵河誌』中国書店、1992年）が刊行され、大変利用しやすくなった。因みに、後者には、「出版説明」と附録として蔡蕃氏が収集した元代から清代までの通恵河に関する「文献摘録」などが附されている。なお、『通恵河志』は、ほかに『四庫全書総

目』巻七五に存目されている「両淮馬家裕藏本」の三巻本（二巻、附録一巻）が存在したことが知られている。

2　編纂経緯

　撰者の呉仲は、南直隷の常州府武進の人で、正徳丁丑科（1517）に及第し進士となった。浙江衢州府の江山県知県をへて巡按直隷監察御史となった。嘉靖六年、通恵河に剝船（はしけ）を用いた剝運方式（倒載制）を採用することを嘉靖帝に提案して裁可され、翌年二月から五月まで工部郎中何棟らとともに通恵河の浚渫改修工事を行った。この工事により、剝船で通州から北京城大通橋までの漕運輸送が可能となった。その結果、毎年運送費用銀12万両が節約された。呉仲は、その功績により處州府知府に昇進し、官は南京太僕寺少卿にまで至った。巻末の嘉靖九年の上奏の中で、呉仲は「近ごろ處州知府に赴任するため、通恵河の傍らを通った際、往事を思い起こし、思わず心を動かされました。好事は成し難くして敗れ易く、讒言は興り易くして遏め難しと云われますが、時の経つにつれて他人の誹謗中傷が出てくることが気がかりです。船旅の途次に通恵河の事蹟を拾い集めて一書を編纂し、『通恵河志』と名付けました。繕写して進呈いたしますので、陛下がお暇の折りにご高覧を賜わるよう、伏してお願い申し上げます」と、本書の編纂の経緯を述べている。

3　嘉靖七年の改修工事の意義

　明の首都北京は、華北平原の最北端に位置しており、軍隊や官僚を中心とする膨大な人口を経済的に支える後背地(ヒンターランド)に乏しかった。そのため、消費物資の多くを、漕運制度で全国各地からもたらされる税糧や江南からの商品流通に頼っていた。この物流の大動脈となったのは、いうまでもなく隋の煬帝以来全国的に整備された大運河であった。明の永楽帝も、北京遷都を断行するにあたって会通河の改修を始め大運河の整備を行い、元代以来の海運を廃止して河運による税糧輸送に切り替えている。大運河を通じて各地から搬運された税糧は、通州張家湾までもたらされると、そこで陸上輸送に切り替えられて北京城に搬入

された。周知のごとく通州張家湾と北京城との間には、元代に郭守敬の設計プランにもとづいて開鑿された通恵河が存在していたが、元末以来水源不足や泥沙の淤塞のため利用されなくなっていたからである。通州張家湾—北京間の区間は、距離にしてわずか30kmたらずである。しかし石道に鋪装される清代雍正年間以前は黄土を突き固めただけであったから、漕運のシーズンとも重なる長雨の季節（陰暦六、七月）には道路はぬかるみ、運送業者による運搬は困難を極めて運賃が高騰した。

首都北京の存立に密接に関わる物資流通の最大のネックとなっていたこの通州張家湾と北京間の輸送方法を、剝船による剝運方式に改め再び通恵河を利用可能にしたのが、嘉靖七年（1528）の改修工事であった。この方式は、これ以後、清末に至るまで続けられた。

4　収録された奏議

さて『通恵河志』には、上巻の改修工程に関する記述のほかに、嘉靖初年から十二年までの通恵河の改修に関する以下のような10本の奏議を収めている。

史料 1　〔巡視通倉監察御史向信題〕乞修河道以便轉運事（嘉靖元年三月十九日）

史料 2　巡按直隸監察御史臣吳仲謹題爲計處國儲以永圖治安事（嘉靖六年九月四日）

史料 3　工部等部尙書等官臣童瑞等謹題爲計處國儲以永圖治安事（嘉靖六年九月十五日）

史料 4　戶部等衙門右侍郎等官臣王軏等題爲計處國儲以永圖治安事（嘉靖六年十一月十三日）

史料 5　巡按直隸監察御史等官吳仲等謹題爲計處國儲以永圖治安事（嘉靖七年五月二十七日）

史料 6　巡按直隸監察御史臣吳仲謹題爲計處國儲以永圖治安事（嘉靖七年六月二日）

史料 7　工部左侍郎臣何詔等謹題爲計處國儲以永圖治安事（嘉靖七年七月

390　第四部　研究動向と書評・紹介

　　　　　七日）
　　史料 8　巡按直隷監察御史臣吳仲謹題爲議處輕齎銀兩事（嘉靖七年十月七日）
　　史料 9　浙江等處承宣布政使司處州府知府臣吳仲謹奏爲紀聖政以攄愚蓋事（嘉靖九年□月二十日）
　　史料10　工部尙書臣秦金等謹題爲紀聖政以攄愚蓋事（嘉靖十二年四月二十七日）

檔案類が多数残されている清代はさておき、明代では一つの事件やプロジェクトについてこれだけの数の奏議の全文と皇帝の聖旨が残されているのは、極めて珍しい。嘉靖年間の通恵河改修問題をめぐる経緯をかなり復元できることが期待できる。これらの一次史料に基づき、通恵河の物流をめぐる北京の在地社会における利害対立の具体相と皇帝権力との関わりを別稿（本書第二部第3章に収録）で明らかにしたい。

〔補記〕

　　本篇の原載は、慶応義塾大学地域研究センター『CASニューズレター』no.97（1999年7月）である。

5　劉石吉著『明清時代江南市鎮研究』

　戦後日本の明清社会経済史研究は、言うまでもなく農村社会を主要な舞台としていたが、1980年代に入り、都市社会研究が新たな活況を呈してきた。時を同じくして、中国では対外開放政策のもと農村工業化（小城鎮・郷鎮企業）が非常な高まりを見せている。本書の出版も、こうした社会の動向と密接に関わっている。
　本書は、中国や日本はもちろん、スキナーを始めとする欧米の都市研究の成果のうえに、地方志等を十分に駆使して数量分析を行なった本格的市鎮研究で

ある。著者劉石吉氏(台湾の中央研究院三民主義研究所副研究員―当時)が、1978年から80年にかけて台湾の学術誌上に発表した3篇の論文を、中国社会科学出版社がその責任において一書にまとめて出版したものである。台湾ですでに出版されている著書を横書きに組みかえ、簡体字に直して出版した例はこれまでにも数多い。しかし本書のように、台湾で発表された論文をそのまま一書として大陸で出版した例を評者は寡聞にして知らない。この一事だけでも、著者の研究が如何に高い学術的評価と時代的要請に応えているかを雄弁に物語っている。

さて、本書に収める3篇の論文の原題・掲載誌を発表順に示せば、以下の如くである。

A「明清時代江南市鎮之数量分析」『思与言』16-2、1978年
B「太平天国乱後江南市鎮的発展(1865-1911)」『食貨月刊』7-11、1978年
C「明清時代江南地区的専業市鎮(上)(中)(下)」『食貨月刊』8-6・7・8、1979年

本書では発表年次とは逆にC・B・Aの順で収録しているが、ここでは総論にあたるAから紹介を始めたい。なお、本書が考察の対象とする「江南」は、長江以南江蘇省の江寧・鎮江・常州・蘇州・松江各府と太倉州および浙西の杭州・嘉興・湖州三府所属の各県を指している。

Aは、中国では歴史上存在した市鎮数とその人口の確実な統計が存在しない現状で、一つの試みとして台湾現存の江南地方志の市鎮記載を網羅し、〈明清両代江南市鎮統計表〉および〈明清時代江南市鎮数量変動グラフ〉を作成した。その結果をもとに、明清時代の江南市鎮の発展を、

Ⅰ期　宋―15世紀末を萌芽・形成期、
Ⅱ期　16世紀―19世紀を安定成長期、
Ⅲ期　19世紀中葉以後を急速に成長した最盛期、

と位置づけた。

Ⅰ期では、農村内に生まれた草市・定期市の商業性聚落への発展、旧来の城

鎮の軍事・行政的機能の後退と商業機能の顕在化に特徴づけられる。

Ⅱ期は、明末の商業資本主義の萌芽と清初国内統一による安定回復と繁栄によりもたらされ、市鎮数は平均して1、2倍以上増加し、数千から1万戸以上の戸口を有する専業大市鎮が出現した。

Ⅲ期では、上海近郊の市鎮に特徴的に示されるように、開港による通商口岸経済の影響を受けて松江府を中心に市鎮数が3、4倍と急速に増加した。

Cは、Ⅱ期に出現した専業市鎮を指標に商業化と都市化の過程の特徴を観察したものである。この時期、人口圧力と重税負担に起因する農業構造の変化と商品経済の展開により、農民には商品作物を任意に選択する機会が与えられた。加えて各地域間の商品流通と全国市場の形成によって、木棉や蚕桑など商品作物の栽培・加工・交易からなる専業市鎮が興起した。これらは、太湖周辺の蚕糸市鎮、松江・太倉の棉糸市鎮、蘇州近郊と長江沿いの米穀市鎮に代表される。専業市鎮の繁栄は、伝統行政の中心である県城や府城を凌ぐものもあり、都市化の過程における城と鎮の分化、非行政機能の漸次強化を示している。またこれらの重要な市鎮は、「中央性」機能を備えて充分に成長した都市であり、都市化の程度を計量する場合には、従来ロッツマンやスキナーの統計では含まれていないものの、これら市鎮をも含めるべきだとしている。

Bは、世界史上最大の内戦とも言われ、一般に江南の社会経済にも厳重な破壊をもたらしたとされる太平天国運動について、乱後の市鎮の盛衰を手がかりにその客観的影響を検討したものである。主戦場となった江寧・鎮江・常州・蘇州および浙西三府は最も甚大な被害を受け人口も減少した。これに対し、松江・太倉州は被害も少なく、乱後市鎮が急速に増加繁栄した。また戦火を被ったとはいえ、太湖周辺の蘇州・杭州・嘉興・湖州の各市鎮は急速に回復している。これは、太平軍が商業活動を重視したため占領地区の市鎮では相当な商業秩序が維持され、生糸・茶貿易も従前どおり続けられたことによる。さらに戦後荒蕪地での桑栽培の推進により太湖周辺から江南西部にも拡大したことや、

松江府属や上海近郊では各地からの流民聚居により同治・光緒以後「新生市鎮」が族生したことを挙げ、この地域の都市化・近代化の過程に対して太平天国運動は決してマイナスではなかったとしている。東部沿海と浙西のように伝統的に商業化の程度が高く潜在的経済力を有していた地区では、通商口岸経済の影響を受けてもうまく適応できたのに対し、従来から商業化の程度が低い西部の市鎮は、海運開始による大運河の衰落と戦の影響を受けて衰退した。こうして、「洋場風景」と「荒郊僻村」とに対比される近代中国の社会経済にみられる地域二重構造（区域双重性）が出現したとする。

　以上のような簡略な紹介からも明らかなように、本書は近世以来の中国社会の「伝統内変遷」を跡づけるべく、数量分析に立脚して江南市鎮の発展を長期的、全面的に考察している。とはいえ、数量分析自体は劉氏自身も断っているように記述の精粗が一致していない地方志の編纂者が同じ規準を共有していたという仮定の上に成り立っている。こうした仮定のもつ問題性は、ひとり劉氏のみならず社会経済史を専門とする者すべてが直面する共通課題である。むしろ統計上の不備を関連資料で補正していく実証手続が問われているとも言える。この点、劉氏は〈明清両代江南市鎮統計表〉に付された24個の注釈に示されるように統計処理にあたって周到な注意を払っている。今後の市鎮研究を切り拓いていく力作と言えよう。

　附言すれば、〈出版説明〉にも述べるように、本書の刊行に際して出版社は劉氏とコンタクトを全く持てなかったようである。そのせいか、編者による注の部分の不用意な削除もみられる。また引用史料を簡体字化する際の誤記（例えば、28、29頁の「徽商」を「征商」とするなど）や欧米や日本の参考文献表記の校正ミスが散見するのも残念である。利用にあたっては、原掲論文をも参照することが望ましい。（中国社会科学出版社、1987年6月刊　A5判　総頁162頁）

〔補記〕
　本篇の原載は、東方書店発行の『東方』94号（1989年1月）である。

劉氏の著書に対する書評としては、日本ではその後臼井佐知子による書評が『近代中国』21（巖南堂書店、1990年1月）に掲載された。中国では、陳忠平「劉石吉著《明清時代江南市鎮研究》述評」『中国社会経済史研究』1988年3期、李伯重「劉石吉著《明清時代江南市鎮研究》的評介与感言」『中国社会経済史研究』1993年3期がある。なお、劉氏の研究が一書にまとめられる以前に、洪煥椿「評劉石吉先生的明清江南市鎮研究『学術研究』1984年12期が発表されていたが、本篇を執筆する時点では披閲できなかった。併せて参照されたい。

　最後に、劉石吉「小城鎮大問題：江南市鎮研究的回顧与展望」『近代史学刊』2輯、2005年は、劉氏自身が当該研究の回顧と展望をまとめたもので、〈附篇〉で1997年以降2003年までの関係する専著を紹介しており有用である。

参考文献

＊韓国語論文は、便宜上翻訳のうえ和文リストの中に収めている。
＊資料集は、重要なもののみ掲出した。

研究論著・論文

【和文】（著者名五十音順）

足立啓二「東アジアにおける銭貨の流通」『アジアのなかの日本史』Ⅲ 海上の道、東京大学出版会、1992 年
─────「明末の流通構造──『杜騙新書』の世界」『熊本大学文学部論叢』41 号、1993 年
─────「阿寄と西門慶──明清小説にみる商業の自由と分散──」同 45 号、1994 年
─────「牙行経営の構造」『熊本大学文学部論叢』73 号、2001 年、上記 4 篇、のちに同『明清中国の経済構造』汲古書院、2012 年に収録
新宮（佐藤）学「明末京師の商役優免問題について」『集刊東洋学』44 号、1980 年
─────「明初北京への富民層強制移住について──所謂『富戸』の軌跡を中心に──」『東洋学報』64 巻 1・2 号、1983 年
─────「明代北京における鋪戸の役とその銀納化──都市商工業者の実態と把握をめぐって──」『歴史』62 輯、1984 年
─────「明代南京における鋪戸の役とその改革──『行』をめぐる諸問題──」『国士舘大学人文学会紀要』17 号、1985 年
─────「明末清初期一地方都市における同業組織と公権力──蘇州府常熟県『當官』碑刻を素材に──」『史学雑誌』96 編 9 号、1987 年
─────「明代後半期江南諸都市の商税改革と門攤銀」『集刊東洋学』60 号、1988 年
─────「明代の牙行について──商税との関係を中心に──」『山根教授退休記念明代史論叢』汲古書院、1990 年
新宮学「明代の首都北京の都市人口について」『山形大学史学論集』11 号、1991 年
─────「明代前期北京の官店塌房と商税」『東洋史研究』49 巻 1 号、1991 年
─────「北京巡狩と南京監国」『東北大学東洋史論集』6 輯、1995 年
─────「1995 年の歴史学界──回顧と展望──（中国─明・清）」『史学雑誌』105 編 5 号、1996 年

―――「初期明朝政権における建都問題――洪武二十四年皇太子陝西派遣をめぐって――」『東方学』94輯、1997年

―――「明清社会経済史研究の新しい視点――顧誠教授の衛所研究をめぐって」『中国―社会と文化』13号、1998年

―――「通州・北京間の物流と在地社会――嘉靖年間の通恵河改修問題をてがかりに――」山本英史編『伝統中国の地域像』慶應義塾大学出版会、2000年

―――『北京遷都の研究――近世中国の首都移転』汲古書院、2004年

―――「北京外城の出現――明嘉靖「重城」建設始末」同編『近世東アジア比較都城史の諸相』白帝社、2014年

池田静夫「南宋の首都臨安の戸口の再吟味」同『支那水利地理史研究』生活社、1940年、原載1937年

石橋崇雄「清初祭天儀礼考」石橋秀雄編『清代中国の諸問題』山川出版社、1995年

―――『大清帝国』講談社、2000年

石橋秀雄「清朝入関後のマンジュ(Manju)満洲の呼称をめぐって」同編『清代中国の諸問題』山川出版社、1995年

一ノ瀬雄一「明清時代北京の花卉文化」『史泉』81号、1995年

伊東貴之「《秩序》化の諸位相」『中国―社会と文化』10号、1995年

伊藤正彦「中国史研究の『地域社会論』――方法的特質と意義――」『歴史評論』582号、1998年、のちに同『宋元郷村社会史論―明初里甲制体制の形成過程―』汲古書院、2010年収録

稲葉岩吉「駔會・牙儈及ビ牙行二就テ(上・下)――支那税源ノ歴史的考察――」『東亜経済研究』5、1921年、のちに同『支那社会史研究』大鐙閣、1922年に収録

井上徹「祖先祭祀と家廟」『文経論叢』〈弘前大学・人文〉30巻3号、1995年

―――「宋元以降における宗族の意義」『歴史評論』580号、1998年

―――「明末の商税徴収と広東社会」『年報 都市史研究』19号、2012年

今谷明『室町の王権――足利義満の王権簒奪計画』中央公論社、1990年

今堀誠二『中国の社会構造――アンシャンレジームにおける「共同体」――』有斐閣、1953年

岩井茂樹「乾隆期の大蒙古包宴」河内良弘編『清朝治下の民族問題と国際関係』研究成果報告書、1991年

―――「中国専制国家と財政」『中世史講座』6巻、中世の政治と戦争、学生社、1992年
―――「明末の集権と「治法」主義――考成法のゆくえ――」和田博徳教授古稀記念『明清時代の法と社会』汲古書院、1993年
―――「十六・十七世紀の中国辺境社会」小野和子編『明末清初の社会と文化』京都大学人文科学研究所、1996年
―――『中国近世財政史の研究』京都大学学術出版会、2004年
―――「中華帝国財政の近代化」飯島渉・久保亨・村田雄二郎編『シリーズ20世紀中国史』1 中国世界と近代、東京大学出版会、2009年
岩見宏「広東の均平銀について――明代地方財政の一考察――」『研究』〈神戸大学文学会〉3号、1953年
―――「銀差の成立をめぐって――明代徭役の銀納化に関する一問題――」『史林』40巻5号、1957年
―――「明代における上供物料と徭役」『東洋学報』55巻2号、1972年、上記3篇、のちに同『明代徭役制度の研究』同朋舎、1986年に収録
上田信『伝統中国』講談社、1995年
―――「清朝期中国の災害と人口」『講座 文明と環境』7 朝倉書店、1995年
臼井佐知子「書評：劉石吉著『明清時代江南市鎮研究』」『近代中国』21、巌南堂書店、1990年
―――「徽州商人とそのネットワーク」『中国―社会と文化―』6号、1991年、のちに同『徽州商人の研究』汲古書院、2005年に収録
梅原郁「宋代都市の税賦」『東洋史研究』28巻4号、1969年
―――「宋代の開封と都市制度」『鷹陵史学』3・4号、1977年
蒲地典子「清季華北の「郷保」の任免」『近代中国研究彙報』17号、1995年
江夏由樹「中国史における異民族支配の問題」『一橋論叢』114巻4号、1995年
遠藤隆俊「范文程とその時代」『東北大学東洋史論集』6輯、1995年
王衛平「清代（康熙～光緒年間）江南都市の公所」『史学研究』210号、1995年
王軍（多田麻美訳）『北京再造 古都の命運と建築家梁思成―』集広舎、2008年
大木康『明末のはぐれ知識人』講談社、1995年
大田由紀夫「12～15世紀初頭東アジアにおける銅銭の流布」『社会経済史学』6巻2号、1995年

岡野昌子「明末臨清民変考」小野和子編『明清時代の政治と社会』京都大学人文科学研究所、1983 年
岡本隆司「広東洋行考」『東洋史研究』54 巻 2 号、1995 年
───『近代中国と海関』名古屋大学出版会，1999 年
小川尚「明代南直隷の按察行署」『明代史研究』23 号、1995 年
小川陽一『日用類書による明清小説の研究』研文出版、1995 年
奥山憲夫「明代巡撫制度の変遷」『東洋史研究』45 巻 2 号、1986 年、のちに同『明代軍政史の研究』汲古書院、2003 年に収録
小野和子「東林党考」『東方学報』（京都）52 冊、1980 年
小野寺郁夫「宋代における都市商人組織『行』について」『金沢大学法文学部論集』史学編 13 号、1965 年
小山正明「賦・役制度の変革」『岩波講座世界歴史』12 巻、岩波書店、1971 年、のちに同『明清社会経済史研究』東京大学出版会、1992 年に収録
小田則子「清代の華北農村における青苗会について」『史林』78-1、1995 年
愛宕松男『アジアの征服王朝』河出書房新社、1969 年
─── 訳注『東方見聞録』1、平凡社、1970 年
───・寺田隆信『中国の歴史』第 6 巻〈元・明〉講談社、1974 年
片岡一忠『清朝新疆統治研究』雄山閣、1991 年
加藤繁『支那経済史概説』弘文堂書房、1944 年
───「唐宋時代に於ける商人組合『行』に就いて」『白鳥博士還暦記念東洋史論集』、1925 年
───「唐宋時代の倉庫に就いて」『史学』4 巻 2 号、1925 年
───「南宋の首都臨安の戸口について」『社会経済史学』3 巻 8 号、1933 年
───「唐宋時代の商人組合『行』を論じて清代の会館に及ぶ」『史学』14 巻 1 号、1935 年
───「居停と停塌」『小林教授還暦記念史学論集』、1938 年
───「宋代の商習慣『賒』に就いて」『東洋文化研究』1 号、1944 年
───「清代に於ける村鎮の定期市」『東洋学報』23 巻 2 号、1936 年、上記 6 篇、のちに同『支那経済史考証』上・下巻、東洋文庫、1952 年に収録
───「臨安戸口追論」、同『支那経済史考証』下巻、東洋文庫、1952 年所収
加藤直人「清代双城堡の屯墾について」石橋秀雄編『清代中国の諸問題』山川出版社、

1995年

何炳棣（寺田隆信・千種真一訳）『科挙と近世社会——立身出世の階梯』平凡社、1993年
紙屋敦之「北京の琉球使節」『歴史手帖』23巻6号、1995年
唐澤靖彦「話すことと書くことのはざまで」『中国—社会と文化』10号、1995年
川勝守「明末、南京兵士の叛乱——明末の都市構造についての一素描——」『星博士退官記念中国史論集』星斌夫先生退官記念事業会、1978年
——「中国近世都市の社会構造——明末清初、江南都市について——」『史潮』新6号、1979年
——「明代、鎮市の水柵と巡検司制度——長江デルタ地域について——」『東方学』74輯、1987年
——「中国地方行政における県と鎮」『九州大学東洋史論集』15号、1986年
——『明清江南市鎮社会史研究—空間と社会形成の歴史学—』汲古書院、1999年
川越泰博「衛志考——明代軍政史研究によせて——」『軍事史学』9巻2号、1973年
——「明代軍事史に関する研究状況をめぐって」森正夫等編『明清時代史の基本問題』汲古書院、1997年所収
——「明代衛所官の都司職任用について——衛選簿を中心に——」『中央大学文学部紀要』史学24号、1979年
——「明代衛所官の来衛形態について」『アジア諸民族における社会と文化』岡本敬二先生退官記念論集、1984年
——「明代衛所官の来衛形態について——西安左衛の場合——」『中央大学文学部紀要』史学30号、1985年
——「明代衛所の舎人について——『衛選簿』の分析を通して——」同31号、1986年
——「靖難の役前後の建文政権」『九州大学東洋史論集』23号、1995年
——「『逆臣録』と『藍玉党供状』」『中央大学文学部紀要』史学40号、1995年
河上洋「遼の五京の外交的機能」『東洋史研究』52巻2号、1993年
菊地秀明「明清期の中国広西東南部における中流宗族の動向」『国立民族学博物館研究報告』20巻3号、1995年
——「明清期の両広南部地区における客家移民の活動と国家」『史学雑誌』104編11号、1995年
岸本美緒「『歴年記』に見る清初地方社会の生活」『史学雑誌』95編6号、1986年

────「明末清初の地方社会と『世論』——松江府を中心とする素描——」1987年度歴史学研究大会報告『世界史認識における国家』青木書店、1988年

────「モラル・エコノミー論と中国社会研究」『思想』798号、1990年

────「明清期の社会組織と社会変容」社会経済史学会編『社会経済史学の課題と展望』有斐閣、1992年

────「清代戸部銀庫黄冊について」石橋秀雄編『清代中国の諸問題』山川出版社、1995年

────「清朝とユーラシア」歴史学研究会編『講座世界史』2、東京大学出版会、1995年

────「明清交替期の江南社会」『歴史と地理』483号、1995年

────『東アジアの「近世」』山川出版社、1998年

────「時代区分論」『岩波講座世界歴史』1巻、岩波書店、1998年、のちに同『風俗と時代観』明清史論集1、研文出版、2012年に収録

木田知生「宋代の都市研究をめぐる諸問題——国都開封を中心として——」『東洋史研究』37巻2号、1978年

金弘吉「明代北京の買辦と"短價"」(韓国語)『明清史研究』5輯、1996年

────「清初直隷三河県の穀物採買と"短價"」(韓国語)『歴史教育』62輯、1997年

木良八洲雄「宋代の免行銭」『東方学』65輯、1983年

熊本崇「王安石の市易法と商人」『文化』46巻3・4号、1983年

倉持徳一郎「明・清時代都市区画考——北京の五城、特に清の五城十坊——」『石田・和田・龍・山中四先生頌寿記念史学論集』日本大学文学部、1962年

クリスチャン・ダニエルス「16〜17世紀福建の竹紙製造技術」『アジア・アフリカ言語文化研究』〈東京外語大学〉48・49号、1995年

栗林宣夫『里甲制の研究』文理書院、1971年

桑原隲藏「歴史上から観たる南北支那」『桑原隲藏全集』第2巻、岩波書店、1968年、原載1925年

顧誠(新宮学訳)「明代の衛籍について——人物理解のために——」『東北大学東洋史論集』7輯、1998年

小林高四郎「唐宋牙人考」、同「唐宋牙人考補正」『史学』8巻1・3号、1929年

伍躍「明代の柴薪銀について」『史林』78巻4号、1995年

近藤富成「清代帰化城遠隔地交易路」『東京都立大学人文学報』257号、1995年

酒井忠夫『善書の研究』国書刊行会、1960年
―――「明代前中期の保甲制について」『清水博士追悼記念明代史論叢』大安、1962年
佐伯富「明清時代の民壮について」『東洋史研究』15巻4号、1957年、のちに同『中国史研究』第1巻、東洋史研究会、1969年に収録
佐伯有一「明前半期の機戸――王朝権力による掌握をめぐって――」『東洋文化研究所紀要』8冊、1956年
―――「日本の明清時代研究における商品生産評価をめぐって」鈴木俊等編『中国史の時代区分』東京大学出版会、1957年
―――「中国の歴史学界における"資本主義の萌芽"に関する論争その後」『社会経済史学』27巻3号、1961年
―――「明清交替期の胥吏像一斑」『中村治兵衛先生古稀記念東洋史論叢』刀水書房、1986年
阪倉篤秀「成化期における吏部権限縮小論」『アジアの文化と社会』法律文化社、1995年、のちに同『明王朝中央統治機構の研究』汲古書院、2000年に収録
佐久間重男「明代商税の本色及び折色に就いての一管見」『オリエンタリカ』2号、1948年
―――「明代の倉庫業に就いて」『東洋学報』31巻4号、1948年
―――「明代における商税と財政の関係（一）（二）」『史学雑誌』65編1・2号、1956年
―――「明代の門攤税と都市商業との関係」明清史論叢刊行会編『中山八郎教授頌寿記念明清史論叢』燎原書店、1977年所収
佐々木栄一「明代両京の商人を対象とせる雑認について」『文化』17巻6号、1953年
―――「商役の成立について――明代両京における買辨体制の進展――」『歴史』15輯、1957年
佐藤文俊「福王府と明末農民反乱」『中国―社会と文化』3号、1988年
―――「明代中期の外戚、張氏兄弟」『東洋史研究』49巻3号、1990年
―「嘉靖八年『外戚世襲裁革令』について」『東方学』83輯、1992年、上記2篇、のちに同『明代王府の研究』研文出版、1999年に収録
―――「王府論」森正夫等編『明清時代史の基本問題』汲古書院、1997年
重田徳「郷紳の歴史的性格をめぐって――郷紳観の系譜――」同『清代社会経済史研

究』岩波書店、1975 年、原載 1971 年
斯波義信『宋代商業史研究』風間書房、1968 年
─── 「中国都市をめぐる研究概況──法制史を中心に──」同『法制史研究』23、1973 年
─── 「南宋の臨安の人口再説」『待兼山論叢』7 号、1974 年
─── 「中国、中近世の都市と農村──都市史研究の新しい視角──」『近世都市の比較史的研究』1 輯、大阪大学文学部、1982 年
─── 「社会と経済の環境」橋本萬太郎編『漢民族と中国社会』民族の世界史 5、山川出版社、1983 年
─── 「宋都杭州の商業核」梅原郁編『中国近世の都市と文化』、京都大学人文科学研究所、1984 年
─── 「都市用水と管理団体」『比較都市史研究』14 巻 2 号、1995 年
─── 『中国都市史』東京大学出版会、2002 年
渋谷裕子「清代徽州社会における生員のコミュニティについて」『史学』64 巻 3・4 号、1995 年
ジェルネ・J(栗本一男訳)『中国近世の百万都市』平凡社、1990 年
清水泰次「明代の田地面積について」『史学雑誌』32 編 7 号、1921 年
─── 「明初に於ける軍屯の展開とその組織」『史学雑誌』44 編 5・6 号、1933 年
─── 「明代における租税銀納の発達」『東洋学報』22 巻 2 号、1935 年＊
─── 「明代田土の総額に就いて」『社会経済史学』11 巻 11・12 号、1942 年
─── 「明の田土統計と税粮との関係」『史潮』12 巻 1 号、1942 年、＊を除く上記 4 篇、のちに同『明代土地制度史研究』大安、1968 年に収録
周紹泉「明後期祁門胡姓農民家族生活状況剖析」『東方学報』(京都) 67 冊、1995 年
徐仁範「明代中期の陝西の土兵について──募兵制研究の手掛かりとして──」『集刊東洋学』74 号、1995 年
陣内秀信・朱煊自・高村雅彦編『北京──都市空間を読む』鹿島出版会、1998 年
杉山正明「クビライと大都」『中国近世の都市と文化』京都大学人文科学研究所、1984 年、のちに同『モンゴル帝国と大元ウルス』京都大学学術出版会、2004 年に収録
─── 『大モンゴルの世界──陸と海の巨大帝国』角川書店、1992 年
─── 『クビライの挑戦──モンゴル海上帝国への道』朝日新聞社、1995 年

―――「中央ユーラシアの歴史構図――世界史をつないだもの――」『岩波講座世界歴史』11巻、岩波書店、1997年
スペンス・J（古田島洋介訳）『マッテオ・リッチ記憶の宮殿』平凡社、1995年
妹尾達彦「唐長安人口論」堀敏一先生古稀記念『中国古代の国家と民衆』汲古書院、1995年
―――「中華の分裂と再生」『岩波講座世界歴史』9巻、岩波書店、1999年
―――『長安の都市計画』講談社、2001年
銭晟「中国の牙人・牙行関係研究文献目録〔稿〕」『山形大学歴史・地理・人類学論集』15号、2014年
――「明末『牙税』考――その性質と財政上の役割を中心に――」『集刊東洋学』115号、2016年
曽我部静雄『宋代財政史』生活社、1941年
高良倉吉『琉球王国』岩波書店、1993年
滝野正二郎「明代鈔関の組織と運営――清代常関の前史として――」山根幸夫教授追悼記念論叢『明代中国の歴史的位相』上巻、岩波書店、2007年
田口宏二朗「明末畿輔地域における水利開発事業について」『史学雑誌』106編6号、1997年
―――「畿輔での『鉱・税』――安文闓『順天題稿』をめぐって――」岩井茂樹編『中国近世社会の秩序形成』京都大学人文科学研究所、2004年
武内房司「西南少数民族――土司制度とその崩壊過程をめぐって」森正夫等編『明清時代史の基本問題』汲古書院、1997年所収
田坂興道『中国における回教伝来とその弘通』東洋文庫、1964年
田仲一成「清代蘇州織造と江南俳優ギルド」『東方学』35輯、1968年
田中謙二『校定本元典章刑部』第一冊附録、吉川幸次郎・田中謙二著『元典章の文体』京都大学人文科学研究所元典章研究班、1964年
田中正俊「中国歴史学界における"資本主義の萌芽"研究」『中国史の時代区分』東京大学出版会、1957年
――「民変・抗租奴変」『世界の歴史』11、ゆらぐ中華帝国、筑摩書房、1961年
―――「明清時代の問屋制前貸生産について――衣料生産を主とする研究史的覚え書――」西嶋定生博士還暦記念論叢『東アジア史における国家と農民』、山川出版社、1984年、上記2篇、のちに『田中正俊歴史論集』汲古書院、2004

年に収録

田中淡「元代の都市と建築」『世界美術大全集』東洋編7巻、小学館、1999年
田村實造「海陵王の燕京遷都に関する一考察」同『中国征服王朝の研究』中、同朋舎、1971年
谷井陽子「清代則例省例考」『東方学報』(京都) 67冊、1995年
――――「清朝漢地征服考」小野和子編『明末清初の社会と文化』京都大学人文科学研究所、1996年
谷川道雄編『戦後日本の中国史論争』河合文化教育研究所、1993年
谷口規矩雄「明代華北における銀差成立の一研究――山東の門銀成立を中心として――」『東洋史研究』20巻3号、1961年
――――「明代の歇家について」『明代史研究会創立三十五年記念論集』汲古書院、2003年
谷光隆「明代の勲臣に関する一考察」『東洋史研究』29巻4号、1971年
―――『明代馬政の研究』東洋史研究会、1972年
玉井哲雄「日本都市史の構築――アジアを視野に――」国立歴史民俗博物館編『アジアからみる日本都市史』山川出版社、2003年
檀上寛「元・明交替の理念と現実――義門鄭氏を手掛かりとして――」『史林』65巻2号、1982年
―――『明の太祖朱元璋』白帝社、1994年
―――『明朝専制支配の史的構造』汲古書院、1995年
―――『永楽帝――中華「世界システム」への夢』講談社、1997年
中枢院調査課編『大明律直解』1936年
中国史研究会編『中国専制国家と社会統合』文理閣、1990年
張立宇「北京の都城構造における中軸の歴史地理的考察」『史泉』121号、2015年
張萍「近十年来大陸学者有関中国古代城市研究(1997年―2006年)」『中国史学』17巻、2007年
陳凱歌(刈間文俊訳)『私の紅衛兵時代』講談社、1990年
陳玉女「明嘉靖初期における議礼派政権と仏教粛清」『九州大学東洋史論集』23号、1995年
陳高華(佐竹靖彦訳)『元の大都――マルコ・ポーロ時代の北京』、中央公論社、1984年
寺田隆信「雍正帝の賤民開放令について」『東洋洋史研究』18巻3号、1959年

参考文献　405

―――「民運糧と屯田糧」『東洋史研究』21巻2号、1962年
―――「蘇州踹布業の経営形態」『東北大学文学部研究年報』18号、1968年、上記2篇、のちに同『山西商人の研究』東洋史研究会、1972年に収録
―――「明清時代における商品生産の展開」『岩波講座世界歴史』12、岩波書店、1971年
―――「明代泉州回族雑考」『東洋史研究』42巻4号、1984年
―――「明末北京の官僚生活について」『東北大学文学部研究年報』44号、1995年、上記2篇、のちに同『明代郷紳の研究』京都大学学術出版会、2009年に収録
寺田浩明「清代民事司法論における「裁判」と「調停」」『中国史学』5巻、1995年
外山軍治「唐の長安の人口」『学海』4巻5号、1947年
黨武彦「清中期直隷省における地域経済と行政――永定河治水を中心として――」川勝守編『東アジアにおける生産と流通の歴史社会学的研究』中国書店、1993年
―――「明清畿輔水利論の位相」『東洋文化研究所紀要』125冊、1994年
―――「乾隆九年京師銭法八条の成立過程およびその結末」『九州大学東洋史論集』23号、1995年、上記3篇、のちに同『清代経済政策史の研究』汲古書院、2011年に収録
都市史研究会編『年報都市史研究』7号〈首都性〉、山川出版社、1998年
永江信枝「明代鈔法の変遷――その崩壊の原因を中心として――」『史論』9集、1961年
中島楽章「明代前半期、里甲制下の紛争処理」『東洋学報』76巻3・4号、1995年
―――「徽州の地域名望家と明代の老人制」『東方学』90輯、1995年、上記2篇、のちに同『明代郷村の紛争と秩序』汲古書院、2002年に収録
中村茂夫「清代に於ける婦人の刑事責任」『愛大史学』4号、1995年
中村正人「清律『夜無故入人家條』小考」『中国史学』5巻、1995年
中谷剛「明清時代崇明島の地域社会と宗族」『年報社会科研究』〈岩手県高校〉36号、1995年
中山八郎「土牛考、初編・二編・三編」『大阪市立大学人文研究』15巻1号、16巻4号、21巻7号、1964〜65、70年
―――「再び『嘉靖朝の大礼問題の発端』に就いて」『清水教授追悼記念明代史論叢』大安、1962年、上記2篇、のちに同『中山八郎明清史論集』汲古書院、1995年に収録

名古屋大学東洋史学研究室編『《御製大誥》索引稿』1995 年
並木賴壽・山本英史・三好章「歴史から見る現代中国」『中国 21』創刊号、1997 年
成瀬治「初期近代国家と軍事革命」(公開講演要旨)『日本歴史学協会年報』12 号、1997 年
仁井田陞『中国の社会とギルド』岩波書店、1951 年
─── 『中国法制史研究──土地法・取引法』東京大学出版会、補訂版 1980 年
西村元照「劉六劉七の乱について」『東洋史研究』32 巻 4 号、1974 年
─── 「張居正の土地丈量(上・下)──全体像と歴史的意義把握のために──」『東洋史研究』30 巻 2・3 号、1972 年
根岸佶『支那ギルドの研究』斯文書院、1932 年
旗田巍『中国村落と共同体理論』岩波書店、1973 年
花村美樹「大明律直解孜(一)(二)」『法学協会雑誌』54 巻 1・2 号、1936 年
濱島敦俊「北京図書館蔵『按呉親審檄稿』簡紹」『北海道大学文学部紀要』30 巻 1 号、1981 年
荷見守義「明朝の冊封体制とその様態」『史学雑誌』104 編 8 号、1995 年、のちに同『明代遼東と朝鮮』汲古書院、2014 年に収録
包慕萍「十三世紀中国大陸における都城構造の転換──カラコルムから元の大都へ──」国立歴史民俗博物館編『アジアからみる日本都市史』山川出版社、2013 年
日野開三郎「北宋の首都開封府の廂坊と戸口数」『唐代邸店の研究』所収、1968 年
─── 『唐代邸店の研究』1968 年、同『続唐代邸店の研究』1970 年、上記 2 書、のちに『日野開三郎東洋史論集』第 17・18 巻、三一書房、1992 年に収録
─── 「唐宋時代における商人組合『行』についての再検討(一)〜(七)」『久留米大学産業経済研究』21 巻 1 号〜22 巻 3 号、1980〜81 年
平岡武夫「唐の長安城のこと」『東洋史研究』11 巻 4 号、1952 年
馮爾康「雍正的削除紹興和常熟丐籍」『集刊東洋学』44 号、1980 年
藤井宏「明代の戸口食塩法に就いて」『社会経済史学』13 巻 3 号、1943 年
─── 「明代塩商人の一考察──辺商・内商・水商の研究──(一)〜(三)」『史学雑誌』54 編 5〜7 号、1943 年
─── 「明代田土統計に関する一考察(一)〜(三)」『東洋学報』30 巻 3・4 号、31 巻 1 号、1943〜44・47 年

―――「一條鞭法の一側面」『和田博士還暦記念東洋史論叢』講談社、1951年
―――「新安商人の研究（一）～（四）」『東洋学報』36巻1～4号、1953～54年
福田美穂「元大都の皇城に見る『モンゴル』的要素の発現」『仏教芸術』272号、2004年
夫馬進「明末の都市改革と杭州民変」『東方学報』（京都）49冊、1978年
―――「コメント：「中国近世都市の社会構造」に関する三つの検討」『史潮』新6号、1979年
―――「明代南京の都市行政」中村賢二郎編『前近代における都市と社会層』京都大学人文科学研究所、1980年
―――「同善会小史――中国社会福祉史における明末清初の位置づけのために――」『史林』65巻4号、1982年
―――「善会、善堂の出発」小野和子編『明清時代の政治と社会』京都大学人文科学研究所、1983年
―――「清代沿岸六省における善堂の普及情況」『富山大学人文学部紀要』7号、1983年
―――訳注「明末清初の都市暴動」『中国民衆叛乱史』4、明末～清Ⅱ、平凡社、1983年
―――「清代前期の育嬰事業」『富山大学人文学部紀要』11号、1986年
―――『中国善会善堂史研究』同朋舎出版、1997年
古林森広「北宋の免行銭について――宋代商人組合『行』の一研究――」『東方学』38輯、1969年
ブローデル・F（村上光彦訳）『物質文明・経済・資本主義：十五―十八世紀――日常性の構造1――』みすず書房、1985年
鼇宮谷英夫「近世中国における賦・役改革（一）（二）」『歴史評論』1巻2・3号、1946年
帆刈浩之「近代上海における遺体処理問題と四明公所――同郷ギルドと中国の都市化――」『史学雑誌』103編2号、1994年
―――「華南研究の一動向」『近代中国研究彙報』17号、1995年
星斌夫『明代漕運の研究』日本学術振興会、1963年
―――「明・清時代の漕糧輸送制を比較して」同『明清時代社会経済史の研究』国書刊行会、1989年

────「清代坐糧庁考補正」同『明清時代社会経済史の研究』国書刊行会、1989年
堀地明「明末福建諸都市の火災と防火行政」『東洋学報』77巻1・2号、1995年
細谷良夫「清朝中期の八旗漢軍の再編成」石橋秀雄編『清代中国の諸問題』山川出版社、1995年
本田精一「『三台万用正宗』算法門と商業算術」『九州大学東洋史論集』23号、1995年
牧野巽「中国の都市における一戸平均人口」『牧野巽著作集』第2巻『中国家族研究（下）』御茶の水書房、1980年、原載1944年
増田四郎『都市』筑摩書房、1978年
松浦章「中国第一歴史檔案館所蔵『錦衣衛選簿　南京親軍衛』について」『満族史研究通信』5号、1995年
────「康熙盛京海運と朝鮮賑済」石橋秀雄編『清代中国の諸問題』山川出版社、1995年
────『中国の海賊』東方書店、1995年
松浦茂『清の太祖ヌルハチ』〈中国歴史人物選11〉白帝社、1995年
松本隆晴「明代屯田子粒統計の再吟味──永楽年間を中心にして──」『史滴』3号、1982年
────「明代中都建設始末」『東方学』67輯、1984年
────「明代中期の文官重視と巡撫・総督軍務」『國學院大学漢文学会会報』32号、1986年、上記3篇、のちに同『明代北辺防衛体制の研究』汲古書院、2001年に収録
松本善海『中国村落制度の史的研究』岩波書店、1977年
間野潜龍「明代の光禄寺とその監察について」『東洋史研究』29巻2・3号、1970年
三木聰「明末福建における保甲制」『東洋学報』61巻1・2号、1979年
────「軽生図頼考──特に威逼との関連について──」『史朋』27号、1995年、上記2篇、のちに同『明清福建農村社会の研究』北海道大学図書刊行会、2002年に収録
────「死骸の恐喝」泥棒研究会編『盗みの文化誌』青弓社、1995年
────「明清時代の地域社会と法秩序」『歴史評論』580号、1998年
溝口雄三『中国の公と私』研文出版、1995年
宮崎市定「東洋的近世」教育タイムス社、1950年
────「宋代州縣制度の由来とその特色」『史林』36巻2号、1953年
────「清代の胥吏と幕友──特に雍正朝を中心として──」『東洋史研究』16巻4

号、1958 年
─── 「洪武から永楽へ──初期明朝政権の性格──」『東洋史研究』27 巻 4 号、1969 年、上記 4 篇、のちに同『宮崎市定全集』全 24 巻、岩波書店、1991～3 年に収録
宮崎洋一「中国書道史における二種の石刻題跋索引について」『広島文教女子大学国文学』33 号、1995 年
宮澤知之「宋代の牙人」『東洋史研究』39 巻 1 号、1980 年
─── 「元朝の商業政策──牙人制度と商税制度──」『史林』64 巻 2 号、1981 年
─── 「宋代の行」『鷹陵史学』19 号、1994 年
─── 『宋代中国の国家と経済』創文社、1998 年
村田治郎「元・大都における平面図型の問題」『中国の帝都』綜芸舎、1981 年
目黒克彦「土薬課徴の在り方とその実状」『東北大学東洋史論集』6 輯、1995 年
本野英一「イギリス向け紅茶輸出貿易の衰退と中国商人「団結力」の限界」『東洋学報』77 巻 1・2 号、1995 年
─── 『伝統中国商業秩序の崩壊』名古屋大学出版会、2004 年
森正夫「十五世紀前半太湖周辺地帯における国家と農民」『名古屋大学文学部研究論集』38 号、史学 13、1965 年
─── 「日本の明清時代史研究における郷紳論について──」『歴史評論』308 号、1975 年
─── 「明末の社会関係における秩序の変動について」『名古屋大学文学部三十周年記念論集』名古屋大学文学部、1979 年
─── 「十七世紀初頭の『織傭の変』をめぐる二、三の資料について」『名古屋大学文学部研究論集』80 号、史学 27、1981 年
─── 「中国前近代史研究における地域社会の視点──中国史シンポジウム『地域社会の視点』──地域社会とリーダー」基調報告『名古屋大学文学部研究論集』83 号、史学 28、1982 年
─── 『明代江南土地制度の研究』同朋舎出版、1988 年
─── 主編『江南デルタ市鎮研究　歴史学と地理学からの接近─』名古屋大学出版会、1992 年
─── 「明末における秩序変動再考」『中国─社会と文化』10 号、1995 年
─── 「『錫金識小録』の性格について」『名古屋大学文学部研究論集』122 号、史学 41、

1995年
─────・野口鐵郎・濱島敦俊・岸本美緒・佐竹靖彦編『明清時代史の基本問題』中国史学の基本問題4、汲古書院、1997年
─────『森正夫明清史論集』全三巻、汲古書院、2006年
諸星健児「奎章閣所蔵『撫遼俘勘建州夷酋王杲疏略』について」『東洋大学文学部紀要』20号、1995年
山形欣哉「雍正・乾隆期における琉球来航の中国船について」『海事史研究』52号、1995年
山崎清一「明代兵制の研究（上・下）」『歴史学研究』93・94号、1931年
山田賢『移住民の秩序』名古屋大学出版会、1995年
─────「中国明清時代史研究における『地域社会論』の現状と課題」『歴史評論』580号、1998年
山名弘史「道光期江北の米市場」『法政大学文学部紀要』40号、1995年
山根幸夫「丁料と綱銀──福建における里甲の均平化──」『和田博士古稀記念東洋史論叢』1961年
─────『明代徭役制度の展開』東京女子大学学会、1966年
─────「中国中世の都市」『中世史講座』3、中世都市、学生社、1982年
─────「明・清初の華北の市集と紳士・豪民」明清史論叢刊行会編『中山八郎教授頌寿記念明清史論叢』燎原書店、1977年
─────「明清時代華北市集の牙行」『星博士退官記念中国史論集』星斌夫先生退官記念事業会、1978年
─────『明清華北定期市の研究』汲古書院、1995年
─────「東洋文庫所蔵の清代『牙帖』」同『明清華北定期市の研究』汲古書院、1995年
─────編『新編日本現存明代地方志目録』汲古書院、1995年
山本英史編『伝統中国の地域像』慶応義塾大学出版会、2000年
─────「序章 日本の伝統中国研究と地域像」2000年、同上書所収
山本進「清代四川の地域経済──移入代替棉業の形成と巴県牙行──」『史学雑誌』100編12号、1991年
─────「1992年の歴史学界──回顧と展望──（中国─明・清）」『史学雑誌』102編5号、1993年

―――「清代江南の牙行」『東洋学報』74巻1・2号、1993年
―――「清代後期江浙の財政改革と善堂」『史学雑誌』104編12号、1995年
―――「清末山西の差徭改革」『名古屋大学東洋史研究報告』19号、1995年
―――「明末清初江南の牙行と国家」『名古屋大学東洋史研究報告』21号、1997年
―――「商品生産研究の軌跡」森正夫等編『明清時代史の基本問題』汲古書院、1997年
―――「明清時代の地方統治」『歴史評論』580号、1998年
―――『明清時代の商人と国家』研文出版、2002年
―――「清代の雑税と牙行」『名古屋大学東洋史研究報告』28号、2004年
楊暘・徐清(中村和之訳)「清代黒龍江下流地域のガシャン制度と蝦夷錦」『アイヌ文化』19号、1995年
横田整三「明代に於ける戸口の移動現象に就いて(上・下)」『東洋学報』26巻1・2号、1938〜39年
横山英「清代における躧布業の経営形態」原載1960〜61年、のちに同『中国近代化の経済構造』亜紀書房、1972年に収録
吉田光男「朝鮮近世の王都と帝都」都市史研究会編『年報都市史研究』7号、1999年
臨時台湾旧慣調査会『清国行政法』第2巻、1910年
和田清編『明史食貨志訳註』上・下巻、東洋文庫、1957年
和田正広「万暦政治における員缺の位置」『九大東洋史論集』4号、1975年
―――「徭役優免条例の展開と明末挙人の法的位置」『東洋学報』60巻1・2号、1978年、のちに同『明清官僚制の研究』汲古書院、2002年に収録
渡辺修「順治年間(1644〜60)の漢軍(遼人)とその任用」石橋秀雄編『清代中国の諸問題』山川出版社、1995年
渡辺健哉「金の中都から元の大都へ」『中国――社会と文化』27号、2012年
渡昌弘「明末清初、上海姚家の「家人」」『東北大学東洋史論集』6輯、1995年

【中文】(著者名拼音順)
北京大学歴史系編写組編『北京史』北京出版社、1985年
北京市社会科学院・曹子西主編『北京通史』全10巻、中国書店、1995年
北京市規劃委員会主編『北京中軸線城市設計』機械工業出版社、2005年
北京市公路交通史編委会『北京交通史』北京出版社、1989年

参 考 文 献

北京市文物研究所編『北京考古四十年』第 3 章、元代、北京燕山出版社、1990 年

卜永堅「商業里甲制——探討 1617 年両淮塩政之"綱法"」『中国社会経済史研究』2002 年 2 期

蔡蕃『北京古運河与城市供水研究』北京出版社、1987 年

曹樹基「対明代初年田土数的新認識——兼論明初辺衛所轄的民籍人口」『歴史研究』1996 年 1 期

常建華「日本八十年代以来的明清地域社会研究述評」『中国社会経済史研究』1998 年 2 期

陳高華『元大都』北京出版社、1982 年

陳詩啓「明代官手工業物料的供応和管理」『明代官手工業的研究』湖北人民出版社、1957 年

―――「明代的工匠制度」『歴史研究』1955 年 6 期、のちに同『明代官手工業的研究』湖北人民出版社。1958 年に収録

陳橋驛主編『中国七大古都』中国青年出版社、1991 年

陳忠平「劉石吉著《明清時代江南市鎮研究》述評」『中国社会経済史研究』1988 年 3 期

中国科学院考古研究所・北京市文物管理処 元大都考古隊「元大都的勘査和発掘」『考古』1972 年 1 期。

崔永福・譚列飛「漫談歴史上的北京人口」『北京史苑』2 輯、北京出版社、1985 年

党誠恩編『中国商業史話』中国商業出版社、1987 年

范金民「明代嘉靖年間江南的門攤税問題——一条材料的標点理解」『中国経済史研究』2002 年 1 期、のちに同『国計民生——明清社会経済史研究』福建人民出版社、2008 年に収録

―――「江南市鎮史研究的走向」『史学月刊』2004 年 8 期

―――等『明清商事糾紛与商業訴訟』南京大学出版社、2007 年

樊樹志「万暦清丈述論——兼論明代耕地面積統計」『中国社会経済史研究』1984 年 2 期

傅崇蘭『中国運河城市発展史』四川人民出版社、1985 年

傅築夫「中国工商業者的"行"及其特点」『中国経済史論叢』下、生活・読書・新知三聯書店、1980 年

傅公鉞「明代北京城垣」『北京文物与考古』総 1 輯、北京燕山出版社、1983 年

傅熹年「元大都大内宮殿的復原研究」『考古学報』1993 年 1 期

高寿仙「明代北京城市人口数額研究」『海淀走讀大学学報』2003 年第 4 期

―――「明成化年間北京城市人口数額初探」『北京檔案史料』2005 年 1 期

―――「明代北京三種物価資料的整理与分析」『明史研究』9 輯、2005 年

―――「財竭商罄：晩明北京的"公私困憊"問題――以《宛署雑記》資料爲中心的考察」『北京聯合大学学報』〈人文社会科学版〉2010 年 4 期

―――「市場交易的徭役化：明代北京的"鋪戸買辦"与"召商買辦"」『史学月刊』2011 年 3 期

―――「奸豪阻撓抑或技術阻碍――明代修復通恵河的曲折過程」『明史研究論叢』11 輯、2013 年

―――『明代北京社会経済史研究』人民出版社、2015 年

顧誠『明末農民戦争史』中国社会科学出版社、1984 年

――「明前期耕地数新探」『中国社会科学』1986 年 4 期

――「衛所制度在清代的変革」『北京師範大学学報』1988 年 2 期

――「明帝国的疆土管理体制」『歴史研究』1989 年 3 期

――「談明代的衛籍」『北京師範大学学報』1989 年 5 期

――『南明史』中国青年出版社、1997 年

――『隠匿的疆土―衛所制度与明帝国』光明日報出版社、2012 年

郭超『北京中軸線変遷研究』学苑出版社、2012 年

韓大成「明代的官店與皇店」『故宮博物院刊』1985 年 4 期

韓光輝「建都以来北京歴代城市人口規模蠡測」『人口与経済』1988 年 1 期

―――『北京歴史人口地理』北京大学出版社、1996 年

何炳棣「南宋至今土地数字的考釈和評価（上）、（下）」『中国社会科学』1985 年 2・3 期

―――『中国古今土地数字的考釈和評価』中国社会科学出版社、1988 年

―――『1368-1953 中国人口研究』上海古籍出版社、1989 年

―――『中国歴代土地数字考実』台北、聯経出版、1995 年

洪煥椿「明清封建専制政権対資本主義萌芽的阻碍」『歴史研究』1981 年 5 期

―――「評劉石吉先生的明清江南市鎮研究『学術月刊』1984 年 12 期

侯仁之「北京都市発展過程中的水源問題」『北京大学学報』〈哲学社会科学版〉1955 年 1 期、のちに同『歴史地理学的理論与実践』上海人民出版社、1979 年に収録

―――主編『北京歴史地図集』北京出版社、1988 年

―――「北京紫禁城在規劃設計上的継承与発展」『国学研究』第 1 巻、1993 年、のちに『侯仁之文集』北京大学出版社、1998 年に収録

―――「從北京城市規劃南北中軸線的延長看來自民間的"南頂"和"北頂"」『城市発展研究』1995 年第 1 期

―――・鄧輝『北京城的起源与変遷』北京燕山出版社、1997 年

―――『北京城的生命印記』生活・読書・新知三聯書店、2009 年

胡鉄球『明清歇家研究』上海古籍出版社、2015 年

胡海峰「明代北京城市的鋪戸」『中山大学研究生学刊』〈社会科学版〉24 巻 1 期、2003 年

胡吉勲「通恵河的修浚及争議――兼論明代朝廷決策中的利益権衡」『古代文明』9 巻 2 期、2015 年

懐效鋒『嘉靖専制政治与法制』湖南教育出版社、1989 年

霍亜貞主編『北京自然地理』北京師範学院出版社、1989 年

姜舜源「故宮断虹橋為元代周橋考――兼論元大都中軸線」『故宮博物院院刊』1990 年 4 期。

―――「論北京元明清三朝宮殿的継承与発展」『故宮博物院院刊』1992 年 3 期

金弘吉「明末四川皇木采辦的変化」『中国社会経済史研究』2001 年 4 期

蒋順興・孫宅巍主編『民国大遷都』江蘇人民出版社、1997 年

清水泰次（張錫綸訳）「明代田土的估計」『食貨』半月刊 3 巻 10 期、1936 年

清水浩一郎「日本江南史研究管窺――以 20 世紀 80 年代以後的研究為中心」『浙江大学学報』〈人文社会科学版〉2016 年 2 期

李龍潜「明代庄田的発展和特点――兼論皇店・塌房・店肆等工商業経営性質」『中国社会経済史論叢』2 輯、1982 年

李華「前言――明清以来北京的工商業行会」同編『明清以来北京工商会館碑刻選編』文物出版社、1980 年

李中清「明清時期中国西南的経済発展和人口増長」『清史論叢』5 輯、1984

李季「故宮博物院与考古学」『故宮博物院院館』2015 年 5 期

李伯吉「劉石吉著《明清時代江南市鎮研究》的評介与感言」『中国社会経済史研究』1993 年 3 期

梁方仲「明代戸口田地及田賦統計」『中国近代経済史研究集刊』3 巻 1 期、1935 年

―――「書籍評論：『万暦会計録』」『中国近代経済史研究集刊』3 巻 2 期、1935 年

―――『中国歴代戸口・田地・田賦統計』上海人民出版社、1980 年

―――『梁方仲経済史論文集補編』中州古籍出版社、1984 年

林金樹・張徳信「関于明代田土管理系統問題」『歴史研究』1990 年 4 期
劉石吉「明清時代江南市鎮之数量分析」『思與言』16 巻 2 号、1978 年
―――「太平天国乱後江南市鎮的発展（1865-1911）」『食貨月刊』7 巻 12 号、1978 年
―――「明清時代江南地区的専業市鎮国俐出（上）（中）（下）」『食貨月刊』8 巻 6・7・8 号、1979 年
―――『明清時代江南市鎮研究』中国社会科学出版社、1987 年
―――「小城鎮大問題：江南市鎮研究的回顧与展望」『近代史学刊』2 輯、2005 年
劉重日・左雲鵬「対"牙人""牙行"的初歩探討」『文史哲』1957 年 8 期、のちに南京大学歴史系明清史研究室編『明清資本主義萌芽研究論文集』上海人民出版社、1981 年に収録
呂作燮「明清時期的会館并非工商業行会」『中国史研究』1982 年 2 期
羅香林「中国族譜所見之明代衛所与民族遷移之関係」『大陸雑誌』39 巻 10 期、1969 年
毛佩琦・李焯然『明成祖史論』文津出版、1995 年
孟森『明代史』修訂本、華世出版社、1975 年
妹尾達彦（李全福訳）「唐都長安城的人口数与城内人口分布」中国古都学会編『中国古都研究』12 輯、山西人民出版社、1998 年
邱澎生『十八、十九世紀蘇州城的新興工商業団体』国立台湾大学出版委員会、1990 年
―――「由市廛律例演変看明清政府対市場的法律規範」『史学：伝承与変遷学術研討会論文集』台湾大学歴史系、1998 年
―――「市場、法律与人情：明清蘇州商人団体提供『交易服務』的制度与変遷」中国史学会編『中国の歴史世界――統合のシステムと多元的発展――』東京都立大学出版会、2002 年
邱仲麟「明代的薬材流通与薬品価格」『中国社会歴史評論』9 巻、2008 年
龍登高「従客販到僑居：伝統商人経営方式的変化」『中国経済史研究』1998 年 2 期
単士魁「内閣大庫雑檔中之明代武職選簿」『文献論叢』故宮博物院十一周年紀念刊、1936 年
単士元「北京明清故宮藍図」『科技史文集』5、上海科学技術出版社、1980 年
史念海『中国古都和文化』中華書局、1998 年
宋元強「研究明清社会経済史的重要碑刻資料」『歴史研究』1982 年 4 期
蘇同炳『明代駅逓制度』中華叢書編審委員会、1969 年
唐力行・申浩「差異与互助：明清時期蘇州与徽州的市鎮」『社会科学』2004 年 1 期

唐文基「明代的鋪戸及其買辦制度」『歴史研究』1983 年 5 期
《当代中国》叢書編輯部編『当代中国的北京』下冊、中国社会科学出版社、1989 年
王偉傑等編『北京環境史話』地質出版社、1989 年
王宏鈞・劉如仲「明代後期南京城市経済的繁栄和社会生活的変化――明人絵『南都繁会図巻』的初歩研究――」『中国歴史博物館館刊』1979 年 1 期
王璧文「清官式石閘及石涵洞做法」『中国営造学社彙刊』6 巻 2 期、1937 年
王軍『城記』生活・読書・新知三聯書店、2003 年
王剣英『明中都』中華書局、1992 年
王莉「明代営兵制初探」『北京師範大学学報』〈社会科学版〉1991 年 2 期
王璞子「元大都城平面規劃述略」『故宮博物院院刊』1960 年 2 期
王銘珍「話説故宮断虹橋」『百科知識』2008 年 23 期
王毓銓『明代的軍屯』中華書局、1965 年
王毓銓「明朝勲貴興販牟利怙勢豪奪」『萊蕪集』中華書局、1983 年
―――『中国屯墾史』下冊、農業出版社、1991 年の第 5 章（郭松義執筆）
汪士信「試論牙行」『中国社会科学院経済研究所集刊』8 集、1986 年
万紅「明代与清初全国耕地数的歴史考察――兼論清初社会生産的恢復」北京師範大学 94 級碩士研究生畢業論文、1997 年、のちに「明代与清初全国耕地数的歴史比較」と改題して『中国農史』2000 年 4 期に掲載
鄥翊光主編『北京市経済地理』中国省市区経済地理叢書、新華出版社、1988 年
呉晗「明初社会生産力的発展」『歴史研究』1955 年 3 期
――『呉晗史学論著選集』第 3 巻、人民出版社、1988 年
――『朱元璋伝』生活・読書・新知三聯書店、1965 年
呉建雍等編『北京城市生活史』開明出版社、1997 年
呉奇衍「清代前期牙行制試述」『清史論叢』6 輯、1985 年
解毓才「明代衛所制度興衰考」『説文月刊』2 巻 9～12 号、1940～41 年、のちに『明史論叢之四、明代政治』台湾学生書局、1968 年に収録
許敏「明代嘉靖・万暦年間"召商買辦"初探」中国社会科学院歴史研究所明史研究室編『明史研究論叢』1 輯、1982 年
許大齢「明代北京的経済生活」『北京大学学報』〈哲学社会科学版〉1959 年 4 期
許滌新・呉承明主編『中国資本主義発展史』第 1 巻、人民出版社、1985 年
閻崇年「后記」中国古都学会編『中国古都研究』2 輯、浙江人民出版社、1986 年、のち

に同『燕歩集』北京燕山出版社、1989年に「中国都城遷移的大十字形趨勢」として収録

新宮学（楊寧一訳）「明末清初蘇州常熟県的同業組織与徽州商人」『江淮論壇』1996年2期、のちに趙華富編『首届国際徽学学術討論会文集』黄山書社、1996年に収録

―――（艾平編訳）「日本1995年清史研究概況」『清史研究』1997年4期

徐苹芳「『宛署雑記』中的北京史料」『文物』1959年9期

―――「古代北京的城市規劃」『環境変遷研究』第1輯、海洋出版社、1984年、のちに同『中国歴史考古学論叢』允晨文化実業股份有限公司、1995年に収録

熊遠報「清代至民国時期的売水業与"水道路"」『城市史研究』2012年3期

徐泓「明初南京的城市規画与人口変遷」『食貨月刊』10巻3期、1980年

楊寛『中国古代都城制度史研究』上海古籍出版社、1993年

于志嘉『明代軍戸世襲制度』台湾学生書局、1987年

月泉「1996年中国経済史研究綜述〈明清〉」『中国経済史研究』1997年2期

張徳信・林金樹「明初軍屯数額的歴史考察――与顧誠同志商榷」『中国社会科学』1987年5期

張寧「関于北京城伝統中軸線的歴史考察」『中国古都研究』13輯、山西人民出版社、1998年

張海瀛『張居正改革与山西万暦清丈研究』山西人民出版社、1993年

―――「明代山西万暦清丈与地畝・税糧総額」『中国社会経済史研究』1994年3期

張鴻翔「明西北帰化人世系表」『輔仁学誌』8巻2期、1939年

張萍『区域歴史商業地理学的理論与実践――明清陝西的箇案考察』三秦出版社、2014年

張越「顧誠教授訪問記」『史学史研究』1995年2期

趙毅「鋪戸・商役与明代城市経済」『東北師大学報』〈哲学社会科学版〉1985年4期

―――「明代宗室的商業活動及社会影響」『中国史研究』1989年1期

趙文林・謝淑君『中国人口史』人民出版社、1988年

鍾鉄軍「釋明代貴州之"州衛同城"」『中国歴史地理論叢』2004年1期

鄭大挺「明清的"両京"」『探微集』中華書局、1980年

鄭克晟「明代的官店・権貴私店和皇店」『明史研究論叢』1輯、1982年

周振鶴「東西徘徊与南北往復――中国歴史上五大都城定位的政治地理因素」『華東師範大学学報』〈哲学社会科学版〉2009年1期

朱偰『元大都宮殿図考』上海商務印書館、1936年、のちに北京古籍出版社より1990年に再版

【英文】(著者名アルファベット順)
Dwight H. Perkins, *Agricultural Development in China 1368-1968*, Chicago,1969.
Ho Ping-ti, *Studies on the Population of China, 1368-1953*, Cambridge, Massachusetts, Harvard University Press, 1959.

資料集

佐伯有一・田仲一成等編註『仁井田陞博士輯北京工商ギルド資料集（一）～（五）』東京大学東洋文化研究所、1975～80年

江蘇省博物館編『江蘇省明清以来碑刻資料選集』生活・読書・新知三書聯店、1959年

上海博物館図書資料室編『上海碑刻資料選輯』上海人民出版社、1980年

蘇州歴史博物館・江蘇師範学院歴史系・南京大学明清史研究室合編『明清蘇州工商業碑刻集』江蘇人民出版社、1981年

李華編『明清以来北京工商会館碑刻選編』文物出版社、1980年

中国第一歴史檔案館・遼寧省檔案館編『中国明朝檔案総匯』広西師範大学出版社、2001年

あとがき

　本書の刊行に際して、勤務先の山形大学人文学部より出版助成を受けることができた。最初に記して謝意を申し述べる。

　本書には、中国明清時代の都市とそこを舞台とした商業に関わる論考を収めた。戦後日本では、中国は何よりも農村革命の国としてイメージされてきた。それは、前近代を扱う明清史研究にあっても同様であった。こうした傾向にあって私が史料のなかの都市社会に関心を向けたのには、いくつかの理由があった。

　一つには、高校から大学時代にかけて読んだ西洋中世史家、増田四郎氏の都市論に関する著作の影響がある。「都市の空気は自由にする　Stadtluft macht frei」の諺への憧れから始まって、さらにはまだ見ぬ西洋中世の諸都市に思いを寄せたこともあった。山形の片田舎の山村に生まれたとはいえ、いまは廃線となって久しい「三山電鉄」始発の駅舎から歩いて5分とかからないところで育った私には、〈マチ〉はとても身近な存在であった。都市史研究にとどまらず「市民意識」の形成を問い続けた増田の著作には、琴線に触れるところがあった。

　もう一つのより大きな契機は、1978年1月に東北大学文学部に提出した卒業論文にある。「明代福建における上供と公費──いわゆる丁米料と綱銀をめぐって──」と題したその卒論は、山がちな福建地方における上供と地方的経費の負担をめぐる賦役改革の問題を扱い、八分法・十段法をへて一条鞭法の施行に至る賦役制度史を考察したものであった。山根幸夫先生を始めとする先学の研究を、あらためてトレースした拙い内容でしかなかった。ただ、その当時日本で閲覧が可能な明代の福建地方志にはほとんど目を通したという自負だけはあった。というのは、東北大学東洋史研究室には在京の内閣文庫や尊経閣文庫などに所蔵する貴重な地方志を撮影したマイクロフィルムの膨大なコレクシ

ョンがあったからである。それらに加えて夏休みを利用して上京し、東洋文庫でRC本などを閲覧して研究室に欠けている福建地方志を補った。東洋文庫での史料閲覧に際しては、寺田隆信先生からいただいた山根先生への紹介状が役立った。

緊張して臨んだ卒論の口頭試問では、主任教授の佐藤圭四郎先生から都市と農村の税役負担の差違について分析したところは面白かったとのご指摘を受けた。卒論で先生方から褒められたはこの一点のみであったと記憶する。とはいえ佐藤先生のこの一言が、大学院で都市社会を研究課題に定める自信につながったと、いまにして思う。

それから2年後の1979年12月、東北大学大学院文学研究科に提出した修士論文『明代の鋪戸の役について——商役の展開と京師の商人層の特質——』の第2章部分をあらためて雑誌論文としてまとめたのが、本書の第二部第5章である。学界へのデビュー作となった。翌年博士後期課程に進学して8月に書き上げたばかりのその論文原稿を、学会誌への投稿に先立ち佐藤先生に目を通していただいた。1週間後に、赤ペンで訂正を加えられた原稿とともに、某書店の原稿用箋に先生がペン書きで丁寧に記されたコメントを頂戴した。その前半部分には、

　一、処女論文は学界への初舞台として周人の注目するところである。テーマは小さいもので毛頭差し支えないが、明確な問題提起と緻密な論証過程が評価の基準となる。そして、実証の中心点に対して、どれだけ沈潜しているかという深まりが試されるのである。

　一、史料に対する読解力の深さ。特に論証の中心にすえられる特殊専門用語の内容に関する正確な知識をどれだけ厳密に把握し得ているかがこれを決定する。これを疎かにするときは、史料の上すべりな解釈に終り、月並みな常識による概説に終る（以下省略）。

と記されてあった。いまでも時折その原稿用箋を取り出しては先生のいつもながら几帳面な文字で綴られた文章に接すると、かつての厳粛な思いが甦る。そのコメントは、初めて学術論文を書こうとする若者に対し心構えを示されたも

ので、私だけのものとするにはもったいない。いまとなっては先生のご諒解を得ることはできないものの、ここに掲載させていだくことを許されたい。そして、本書が先生のこのコメントに堪え得るものであるかどうかまことに心許ないとはいえ、在天の霊となられてまもなく 11 年を迎える佐藤先生に、この拙い一書を献呈させていただきたいと思う。

　この 12 月、韓国仁川市の仁荷(インハ)大学校で開催された中国史學會第 91 回学術発表会(明清史學會との共催「東アジア外交関係と文化交流」)に招請されて、本書の概要について発表する機会に恵まれた。本書の校正作業を進めていた時期のことである。日本の中国史研究の良き理解者である慶北大学校の任大熙教授に対し、研究交流の貴重な機会を用意していただいたことにあためて感謝する。

　本書をまとめることを最初に勧めてくださったのは、汲古書院の現社長の三井久人さんであった。3 年以上も前のことである。まだ営業部を担当されており、東北地方の大学を回られたついでに研究室に立ち寄られ、博士論文をまとめた前著『北京遷都の研究』が幸いにして版元品切れになったことの報告と、新たな一書の出版を提案していただいた。即座に、前著に収めきれなかった論考を中心に数年後にはまとめたいとお答えした。その後、社長に就任されてからも督励していただいた三井社長にあらためて感謝したい。また丁寧な編集と入念な校正作業を進めてくださった編集部の大江英夫さんと面倒な原稿の整版を担当していただいた理想社にも感謝する。なお、巻末の参考文献リストの最終チェックには、東北大学大学院の博士課程に在籍する銭晟君の協力を得ている。

　最後に、本書の上梓をこの 30 年来ともに歩み日々支えてくれた妻隆子、そして一緒に成長してくれたわが家の 3 人の子らとともに慶ぶことを許していただきたい。

　　　2016 年 12 月　東窓に白き雁戸山の稜線を望む研究室にて

　　　　　　　　　　　　　　　　　　　　　　　新　宮　　　学

索　引

* 本文中の事項・人名・地名を採録し、五十音別・筆画順に排列した。
* 事項・地名は、都市と商業に関わりのある語彙を中心に採録した。
* 人名は、歴史上の人物に限って採録した。
* 節・項のタイトルに含まれる語彙や説明を加えた語彙等は、その頁数をゴチック体で表記して区別した。

あ

アルタン	39, 384
足利義満	37, 43, 385
安慶府	314, 317
安定関	249
安定門	145, 245–246
安定門税課司	244, 249
安陽	13, 383
安禄山	37
行在	149, 186, 202
行在刑部	248, 264
行在戸部	92, 94, 112, 167
Urbanization	275

い

インフラ整備	91–92, 95–96, 106
一条鞭法	61, 183, 286, 312
一畝泉	80
稲葉岩吉	304, 319
印信文簿	255, 305
印帖	320
尹嗣忠	84, 86
引塩	270, 316
員欠	181
殷墟	13
殷実戸	197, 217
殷実大戸	247, 249–250, 256, 261, 272

う

于〔成龍〕	218
烏程県	236, 317
烏泥鎮	279
運軍	81–86, 90, 93–94, 97–99, 104, 107
運糧の役	123

え

エセン	38
慧日寺	233, 237
永康〔県〕	280
永楽帝	4, 20, 23, 24–26, 29, 37–39, 43, 180, 243, 264, 333, 355, 368, 385, 388
曳運	82
英宗〔明〕	52, 126, 128, 258, 260–262, 354
営業種目	128–129, 131–133, 136–137, 140–142, 144, 146, 150–151, 189, 193, 198
営業税	8, 154, 291, 304, 314, 318, 323
営業独占権	6, 132, 184, 199
衛輝〔府〕	180, 313
衛所	8, 61, 93, 106, 116, 130, 347, 350, 352–365, 369–370, 372
衛所制度	347, 350, 359–361, 363, 369, 372
衛籍	350, 359, 360
役人	65, 93

エキ～カ　索　引　423

駅伝の役	122
兗州府	310, 360
宛平〔県〕	36, 50, 55, 56-61, 69, 71, 74, 128, 143, 151, 157, 171-172, 245, 249
宛平県治	72
宛平税課局	244
延春閣	22, 30
捐納	374, 379
援例監生	168
塩課	281, 316
塩商	311, 316, 341
塩鋪	217
燕雲十六州	21
燕京遷都	4, 20, 21, 41
袁花鎮	288
遠隔地間商業	161, 218, 315, 342
閻王	96, 113
圜丘壇	38

お

オルド（斡耳朶 0rudu）	22, 30
於潜〔県〕	288
応役忌避	124, 160, 163-165, 167, 169, 171-172, 174, 176, 189
応昌	38
応天府	23, 123, 185, 188, 194, 257, 308, 313, 315, 322
応天府府尹	194, 196, 206, 313
應檟	286-287
王頤	312, 322
王〔應麟〕	217
王圻	75-76
王熙一	220
王軏	82, 85, 109, 389
王元翰	166, 173-174, 179, 181
王佐	82-83, 85, 109
王子佩	220, 234
王儒	220
王舜耕	316
王汝訓	166
王〔象恒〕	221
王〔新命〕	220
王錫袞	360
王致祥	182
王都	13, 38, 43
王夫之	360
汪一中	387
汪瑛	258, 263, 271
汪應軫	137-138, 144, 149, 152
汪全聲	194
汪宗	216-217
汪道	229, 234
汪〔德馨〕	224
瓮山泊	80
乙字庫	186

か

カンバリク	22, 29
火甲	190, 203, 206
火甲制	62, 66, 73
火甲の役	64, 74
火夫	62, 153, 177, 301, 340
加藤繁	6, 9, 47, 71-72, 153, 184, 199-200, 208, 212, 231, 233, 241, 266, 272, 319, 341
瓜州〔鎮〕	315-316
何家市	226, 236
何詔	82, 389
何棟	84, 86, 388
何騰蛟	360
何良俊	190, 203
河役	93
河間府	292
河西務	83, 109, 255, 273, 281, 298
河南	13, 162, 270, 278, 313, 348,

	350–351, 354, 360, 366–367	牙人	295, 304–305, 308, 319, 323–324
果木租鈔	277–278	牙税	8, 100, 304, 305, 314, 316–318, 320, 323–324
科挙	8, 106, 168, 186, 194–195, 335, 342, 360, 366, 373, 374, 376–379	牙銭	312
		牙帖	8, 223, 305, 307, 310, 311–314, 318, 320, 321, 323, 338
科道官	88, 92, 128, 163, 173, 176, 181	牙帖税	234
科率	126	牙用	313–314, 316
家人	112, 115, 171, 203, 260–262, 272–273, 319, 324, 335	牙郎	96
		賀瓊	196
華夷一統	26, 39	賀廷蘭	197
華蓋〔殿〕	34, 36	雅存班	224
華湘	83	丐戸	211, 225, 226, 236
華亭県	190, 292	丐頭	225
過税	270	会館	9, 148, 153, 184, 200, 212, 213, 232–233, 265, 340, 373, 376
嘉榮班	224		
嘉興県	289	会稽〔県〕	290
嘉興府	288–289, 300–301, 391–392	会通河	23, 81, 388
嘉靖帝	82–85, 89, 92, 101–103, 106, 130, 163, 170–171, 179–180, 333, 388	会同館	37, 39
		会同南館	37
嘉善県	289, 300	快船	123
嘉定〔県〕	223, 284–286, 298	「改革・対外開放」路線	3
課程	242, 248, 250–251, 253, 255, 260, 267–270, 277–278, 280, 282–283, 285–286, 288–289, 291–293, 297–301, 305, 307–308, 316, 321	改兌米	99
		海子	31, 33, 35
		海子橋	33, 245–246
		海瑞	360
課程鈔	282–283, 287, 293, 300	海寧〔県〕	276, 288, 291
牙儈	304, 306, 319, 321	海陵王	4, 20, 21, 41
牙行	7–9, 96, 100, 113, 148, 235, 250, 256, 260, 262, 267, 270, 272, 277, 285–291, 294–295, 300, 302–304, 305, 306–325, 339	開平〔府〕	22
		開封	13, 17, 21, 25, 29, 47, 55, 71, 313, 383
		解戸	178
牙行銀	316	外役	93
牙行経紀主人	316	外城	32, 44, 49–50, 51, 55, 59, 68–70, 81, 268, 386
牙行政策	305		
牙行制度	8, 208, 310, 318	外戚	5, 7, 64–65, 67, 74, 76, 96, 100–102, 105–106, 114–115, 117, 241, 258, 261–263, 265, 271–273
牙行税	304, 316		
牙雑税	223, 235		
牙商	317	外漕河	81, 83

外来者	55, 60-61, 238	漢城	38, 39
外来商人	7, 226, 227-229, 231-232, 237-238, 265, 290, 316	漢族	4, 17, 20-21, 26-29, 61, 334, 339, 347, 362, 363, 365, 370, 383
角楼	51	管河同知	87
郭英	101, 114	管河分司	92
郭勛	101-102, 114-115	管河郎中	92
郭守敬	80, 88, 389	管閘〔修倉〕主事	83, 85, 87, 110
郭正域	170, 205	管店	249, 250, 263
郭朝祚	211, 224	管糧主事	92
郭店鎮	288	関市批験所	242
霍維華	174	関廂	50, 51
額定牙帖制	310	監生	65, 168, 321, 374
刊字行	140	韓桐	211, 224
官価	214	観城県	297
官牙	305, 307, 316, 320	顔鯨	100, 171, 181
官牙税	318	**き**	
官校	168, 169, 170-171, 180		
官攢	112, 250, 255, 269, 277, 286, 307	ギルド（guild）	9, 200-202, 212, 229-230, 232, 235-236, 319
官店	7, 100-102, 181, 241-243, 246-249, 252, 254, 256, 258-261, 263, 265-266, 269, 271-272	ギルドホール	212, 230, 232
		季夫	186, 187
		祁〔彪佳〕	215, 219, 234, 342
官店銭	242, 266	耆民	194, 200, 206
官店塌房	7, 69, 76, 108, 114, 241, 242, 243-249, 250, 254, 256, 257, 258-260, 263-265, 273-274	寄籍	6, 149, 152, 160, 168-169, 173, 176
		規制緩和	107
官票	214	貴戚	96, 114, 163, 264
官埠	311, 312	旗尉	168-169
官房	64, 74, 268	旗校	130, 152
咸陽	17-18	虧折	172, 187, 223
宦官	5-7, 65, 67, 75-76, 78, 96, 100-101, 106, 117, 121, 152, 164, 166, 167, 173, 174-176, 181-182, 258, 261, 265, 277	徽学	238
		徽州	230, 237-238, 315, 318, 334-336
		徽州出身〔者〕	216-218, 227-230, 236, 238
看守庫蔵鋪戸	186-187	徽州商人	7, 182, 208, 227, 228-231, 236, 238, 265, 315
看守人	242, 244, 247		
乾菓鋪	212, 218	義烏〔県〕	280
換帖	313, 321-322, 324	義塚	229, 230, 232, 236
間架	138, 279	儀真批験所	311

儀天殿	35	郷紳	67, 74, 94, 105-106, 167, 169, 180, 194, 275-276, 279, 289, 296, 300, 308, 321-322, 324, 331, 335, 378-379
魏天質	224		
吉慶〔店〕	246, 269		
客商	7, 61, 73, 136, 146, 159, 177, 181, 184, 196, 219, 237-238, 241, 244, 249-251, 254-257, 259, 262-263, 267, 273, 286, 294, 296, 302, 305-307, 312, 319, 323	郷鎮企業	390
		橋戸	96
		轎行	211-212, 224
		轎夫	224
		疆域管理体制	8, 106, 116, 348, 361, 362, 372
客商資本	237		
客店	241, 243, 257, 258-259, 261, 263, 273, 305, 319, 324	行政系統	106, 116, 340, 350-354, 357-359, 361, 362-365, 369-370
客店塌房	242, 259, 261, 262, 264-265, 268	鄴	14, 18
脚価	83, 94, 97, 99, 104, 115-116	玉河	35, 39, 58
脚価銀	87, 89-90, 98, 104, 109, 115, 192	玉河館	37
脚銭銀	99	均徭	139, 161, 287, 297-298, 300
九江	281, 298	近世	4, 14, 15, 16, 40, 117, 243, 304, 373, 380, 383, 386, 393
九門	54, 55, 69-70, 255, 270		
九門税鈔	270	金永錫	225
丘濬	52-54, 70, 91, 111, 320	金英	261, 272
旧鼓楼大街	30, 32-34, 45	金華府	280-282, 290, 299
休寧県	315	金沙洲	281, 298
宮人・宮婢	65	金氏（張皇后の母）	271
牛驢税	223	金水橋	34
挙人	64-66, 106, 149, 167-168, 180, 194, 300, 374-375	金壇県	293
		金濂	251, 269
許瀚	83, 91	錦衣衛	6, 85, 95, 100, 130, 135, 149, 152, 160, 167, 168-173, 175-177, 180, 182, 256, 258, 261, 263, 270-272, 360
許松佶	211, 224		
許太初	211, 223		
墟	321	錦衣衛協済鋪行銀	171-172
墟市	321-322	錦衣衛選簿	182-183, 369
墟主	322, 324	謹身〔殿〕	34
魚課鈔	277	銀差	134, 150, 154
共同墓地	229	銀匠	211, 223
京都（日本）	28	銀納化	5-7, 65, 99, 121-122, 124-125, 127, 132-134, 137-139, 144, 146, 154-155, 158, 160-162, 170, 190, 191-192, 194-195, 201, 203-204, 232, 273, 281, 282-288, 291-296,
供水	80, 108		
拱極城	72		
恭俟衙衙	33		
教忠坊	72, 145		

ギン～コ　索　引　427

299, 307, 309, 321-322, 338-339	警巡院　31, 49
く	瓊華島　30-31, 33-34, 35
	歇家　93, 112, 115, 324
グスク　38	建業　17-18
クビライ　4, 20, 22, 23, 30, 38, 41-42	建寧県　292
句容県　223, 227	県市　279, 288, 298
衢州府　388	県署　36, 212, 215, 233
車鞁き　97, 100, 106	県城　10, 47, 123, 213, 220, 222-223,
勲戚　6, 100, 152, 169, 173, 176-177, 180	226, 228-229, 232, 275-277, 279,
軍籍　355, 375	283-286, 291, 296, 298, 301, 307,
軍戸　57, 94-95, 100, 106, 123, 125-126,	311, 313-315, 318, 340, 370, 392
146, 185, 359, 360-361, 369, 375	乾清〔宮〕　34, 36, 109
軍浅　93	絹布鋪　215, 222
軍事系統　106, 116, 340, 350-354,	絹鋪　214, 295
357-359, 361, 362-365	元氏県　322
軍匠　52, 69, 130, 152	元大都考古隊　32-33, 42
軍糧　90, 98, 103, 111, 361	元宝銀　223
け	元和〔県〕　224, 233
	阮藍　95
京官　74-75, 128, 168, 273	原額（定額）主義　281, 283, 294, 297
京師　10, 35, 52, 54-55, 60-62, 68-70,	原籍　62, 73, 223, 359, 360
73-76, 85, 114, 116, 122, 125, 127,	現年里甲　161
151, 156, 160-163, 167, 169-170,	減水閘　83
172, 174, 176-178, 182-183, 249, 251	**こ**
京倉　81, 83-84, 88, 91-92, 98-99, 103,	
105, 111-112, 114-116, 179	小林高四郎　304, 319
京班皁隷　65	戸口食塩鈔〔銭〕　188, 282-283, 293
京糧　88-91, 103-104, 109-110	戸口食塩法　202
契本工墨鈔　277-278	戸口統計　5, 49-50, 55, 57, 59, 61, 63,
荊筐行　140	71-72, 76, 116, 365, 370
荊州府　206, 315	戸籍　60, 61, 72, 141, 355, 359, 370
桂萼　85-86, 110	戸部　6, 71-73, 83-86, 92, 94, 103, 112,
経紀　88, 90, 97-98, 103, 115,	114, 116, 128, 136, 141, 152, 154,
313-314, 316, 321, 322	156-157, 160, 162-163, 165,
経済的重心　19, 23	170-171, 178, 180, 183, 186, 188,
経承　214, 216, 221, 225, 235	191, 197-198, 202, 204-205, 207,
景山　31, 33-34, 145	242, 248, 251, 255, 257, 259-260,
慶豊〔上・下二〕閘　87-88	267-270, 273, 278, 285, 297-300,

	306, 308, 316–317, 321, 339, 350–352, 354, 357, 362–363, 370, 387
戸部尚書	85, 92, 105, 134, 139–140, 142, 154–157, 170, 179, 251, 269
戸部分司	92
估計	126, 206, 207, 250, 366
枯菓牙人	309
胡纘宗	284, 286
胡兆豊	222
胡貞一	218
胡〔文伯〕	215, 222
胡璉	196
庫房	257
湖州市	315–316
湖州府	236, 289, 317
鼓吹行	140
鼓楼	31, 33, 36, 145, 245, 246
鼓楼下大街	246, 249
箍桶行	140
顧炎武	13
顧起元	186, 194, 205–206
顧仕隆	82, 110
五京制	14, 21
五城地方	51, 63
五城兵馬司	5, 54, 56, 61, 62–63, 76–77, 132, 137, 143, 146, 155, 157, 174
五大古都	13
午門	25, 174, 181, 385–386
呉〔県〕	218, 223–224, 233, 284–285
呉奇	216–217
呉江〔県〕	233, 284–286, 298
呉三桂	26, 360
呉自牧	243
呉暹	229, 234
呉仲	9, 81, 84–86, 89–90, 98, 100–101, 103–105, 108–110, 116, 387, 388
呉徳徴	220
後陽成天皇	40
御用商人	136, 146, 155, 161
護城河	25, 34, 45
工食銀	287, 291
工部	6, 70, 82–83, 85, 88, 92, 121, 160, 161, 165, 172–175, 180–181, 183, 186, 191, 204, 266, 289, 390
工部営繕司	205
工部尚書	85, 113, 203, 387, 390
工部郎中	84, 86, 89, 92, 388
公館	89
公所	9, 166, 184, 212–213, 225, 230, 232, 236, 265, 340
公定価格	224, 251, 283
公費	127, 151, 155, 161–162, 170, 178
孔萬興	222, 235
広寒殿	31, 35
広源閘	245
広州	302, 360
広積抽分竹木局	244
広利閘	87
功臣	5, 7, 64–65, 67, 74, 76, 100–101, 105–106, 117, 241–242, 258, 261, 263, 265
夯土	33
庚戌の変	32
弘仁橋	95, 112
弘治帝	54, 271
甲字庫	186
甲長	63–64
交河県	292
光禄寺	36, 65, 121, 124, 150, 175, 186, 188, 192–193, 205
江陰県	285–286, 299
江吾	217
江山県	388
江同	217–218
江南	6–7, 9, 19–20, 22–23, 27, 37, 90–91, 147–148, 182, 210, 228, 232, 235, 242, 264, 269–270, 275,

277, 282, 290-292, 294-295, 301-303, 308, 314, 320, 323, 325, 329-330, 334, 338, 340, 346, 365-367, 370-371, 388, 390-394
江寧〔県〕 128, 161, 185-187, 189, 196, 199, 207, 209, 283, 391-392
江浦県 308, 322-323
考工記 30, 45, 246
行 6, 140, 150, 153, 157, 184, 189, 193, 195, 198-199, 200-201, 207-208, 230, 231, 232-233, 250, 260, 296, 339-341
行役 6, 132, 184, 188, 190, 199, 201, 207-208, 231
行家 223
行銀 133-134, 136
行商 317, 318
行戸 130-131, 132, 134, 170, 211, 213, 218, 225, 234, 313
行戸底冊 140-141
行市之税 285
行頭 196, 197, 219-220, 225, 234, 308
孝陵 197
抗頭 98
抗夫 98
杭州〔府〕 13, 18, 31, 37, 47, 55, 71, 177, 238, 243, 264, 281-283, 288, 291, 298, 300-301, 315-316, 383, 391-392
厚載門 33
洪熙帝 24
洪〔之傑〕 226
洪鍾 96, 138
洪瑞 219
洪瑞峰 229
洪武帝 25-26, 29, 37-38, 101, 343, 353-354, 361, 385
洪武二十二年律 306
皇親 101, 114, 262, 273, 333

皇帝制度 13-14
皇店 241, 265-266
皇統の和議（1142年） 21
紅花〔行〕 198, 252
校尉 95, 169, 170
高永年 216
高士鱀 211, 218, 220
高世儒 170-171
高登先 224
高友璣 84, 110
高燿 134, 155, 170, 180
高麗庄 80
高利貸資本 214
康煕帝 107
黄克纘 62
黄承玄 194-195, 205
黄村 72
項萬美 235
鉱・税の禍〔害〕 8, 167, 175, 191-192, 195, 192, 204, 317-318, 324
閘 80, 82-83, 87, 88, 89-91, 93, 97-98, 104, 107, 109, 111, 115-116
閘運 82, 98, 110, 115
閘役 93, 98, 113
閘河 81, 85, 113, 116, 262, 272, 387
閘官 87, 98, 245
閘板 87, 110
閘夫 87, 98, 113
閘吏 87, 98
廣仁局 230, 237
廣積庫 187
興化府 292
興福寺 229
廓珩 110
鴻臚寺鳴賛 168-169
鎬京 13
号役 93
国子監 36, 186, 194, 197, 205

国都	10, 30, 47, 55, 66, 71, 243, 340, 376	山西商人	161, 177, 183, 208, 235, 265, 368, 379
骨簪〔行〕	140, 157	杉木商	211, 217, 218
坤寧〔宮〕	34, 36	浅夫	93
崑山〔県〕	222, 284, 298	浅鋪	93
棍徒	311	残塩買補	102
渾河	112		
渾河嘴	81		

さ

		し	
沙船	218, 225	シヴィリゼーション	295
沙頭市	315	支運米	99
査美	217	支塘鎮	226, 236
差役	61, 113, 124–125, 130, 151, 211, 214, 224, 225	史可法	360
坐賈	136, 146, 185, 237, 317, 318	市河	83, 91, 109
坐堂監生	65	市棍	313–314
柴草行	140	市司	306
柴炭鋪戸	187–188	市集	148, 155, 278, 302, 310, 319–320, 322, 339
済南府	313	市制	9, 306
祭天儀礼	14, 333	市鎮	9, 47, 226, 228, 236, 238, 257, 275, 285, 288, 290, 295–296, 300–304, 342, 390–394
裁縫行	140		
曬夫	93		
在地社会	5, 43, 79, 80–81, 94–96, 102, 105–107, 117, 334, 336, 345, 390	市廛	9, 72, 151, 271–272, 300, 305, 306, 307, 320
冊封体制	38–40, 343	市廛律	9
策彦〔周良〕	5, 37, 39, 270	私埠	311–312
雑役	57, 96, 122, 125, 146, 161, 167, 185, 300	私有化	242, 258
雑貨業	218, 226	使用	166
雑菜行	140	始皇帝	13
雑職	168	師允中	224
雑泛差役	122, 185	紙雑貨鋪戸	295, 309
雑糧行	140	清水泰次	150, 348, 364, 366–367
3等9則	134, 138–139, 141, 146, 170	絲綿行	198
三山門	242–244, 254, 267	紫禁城	26–27, 32–34, 42, 44–45, 145, 181, 344, 385
三秀班	224	資本主義萌芽〔論争〕	121, 148, 158, 212, 233, 242, 319
三里河	85–86, 110, 114, 258, 271	資本調査	127–128, 133, 151, 162–163, 176, 187, 189, 190, 203
山陰〔県〕	290		

シ～ジュン 索　引　431

賜与	7, 256, 257, 258-259, 265, 271
字号	222
自治	338
自律的同業商人組合説	80
時価	214
慈善団体	230
七里泊	80
上海県	202, 233, 279-280, 287-289, 291-292, 297-298, 300-301, 311-312, 319
社会移動	8, 349, 373-379
社稷〔壇〕	14, 33, 36
車運	83
車戸	5, 81, 94, 96-100, 105-106
斜街	31, 246
賒負	261, 272
謝卿	221
謝彬	186
朱紈	74
朱希孝	170-171, 180
朱元	215, 219
朱恒	219
朱寔昌	285-286
朱鼎盛	235
朱能	180
朱牌	214
朱票	214, 218
首都（Capital）	4-5, 13, 14, 26, 40, 43, 47, 242-243, 382
首都性	14, 40, 43
酒醋課	281, 285-286, 288, 308
酒醋鈔	277
樱行	198
寿皇殿	33
寿州	316
収税則例	249, 250, 251-252, 254, 256, 269, 274, 299
州城	112, 155, 316
周應飛	222
周王	220
周京	216
周暉	123, 188, 194, 201-202
周橋	33, 34, 42, 44, 45
周卿	220
周士龍	224
周忱	127
周振	223
周旋	304
周隆	219
舟運	80-83, 98, 103
修倉分司	92
集権化	16
集団の時代	232
集頭〔老人〕	295, 309, 320
十里河	95
什刹海	246, 249
住売税	278
重紙行頭	196
重紙鋪戸	196
絨線鋪戸	295, 309
粛宗（唐）	14
春秋二祭	186, 197
巡按	82, 94, 111, 219, 271, 282, 285-286, 313-314, 336, 353, 364, 389-390
巡検司	275-276, 296, 302
巡視塌房御史	249-250, 260-261
巡城御史	61, 73, 92, 128
巡青馬房商人	164
巡倉御史	83-85, 92, 110
巡撫	96, 113, 127, 138, 194, 217, 221-222, 224-226, 312-314, 336, 340, 354, 356, 364, 371
巡攔	255-256, 277, 280, 286-289, 297-301, 307-308, 320
巡攔〔役〕銀	287, 290, 291, 300

順城関	58-59
順治帝	4, 20, 26, 27, 363
順天府	23, 36, 39, 49-50, 52, 53, 55, 56-57, 59, 61, 68-69, 71, 78, 96, 124, 126, 129, 135, 137, 139-141, 150, 152, 155-156, 158, 161-162, 171-173、182, 244, 248, 250-251, 255, 257, 259, 268-270, 317, 337
順寧〔店〕	246
胥役	208, 222
胥吏	64-65, 67, 75, 164, 167, 187, 193, 195, 213-219, 221, 224, 226, 234, 277, 283, 307
處州府	82, 387-388, 390
諸曁〔県〕	290, 330
徐階	113
徐季	220
徐敬	251
徐信之	224
徐申	205
徐森	220
徐必達	313-315, 322
徐秉臣	224, 236
徐〔民式〕	216-217
徐蘭	220
汝寧〔府〕	313
小脚	93, 98, 111, 249, 250, 263
小呉市	226
小巷	89
小甲	93, 225-226
小行経紀	313-314, 322
小商人	128, 142, 185
小城鎮	390, 394
小放糧	99, 100
召商	134, 162, 177
召商買辦	125, 148, 158-159, 183, 201, 233
匠役	122
匠役制	295
匠戸	78, 359, 375
匠作	52, 69, 168-169, 185, 205
匠籍	78, 122
向信	82-84, 100, 103, 110
抄報行	140
承運庫	186
承差	168
承天門	145, 385
承徳	28
昌化〔県〕	288
松江府	73, 196, 218, 221-222, 224, 227, 232, 275-277, 279, 287, 291-293, 299, 301, 366, 370, 390, 392-393
炒鍋行	140
昭文〔県〕	222-236
省城	10
邵斌	113
邵武府	292
邵〔穆布〕	224
商役	3, 6, 121, 148-149, 152, 155, 158, 160-163, 164, 165-169, 172-176, 178, 179, 182-183
商業化	16, 20, 325, 340, 392-393
商業革命	47
商業書	342
商業組織	5, 241, 308, 315
商税（広義）	252, 278, 291
商税課〔鈔〕（狭義の商税）	278, 281, 285-286, 288, 293
商税改革	7, 8, 275-277, 284, 287, 290-292, 294-295, 302, 314
商税銀納化	7, 281, 282, 292, 294
商税鈔	248, 251, 256, 261, 277, 281, 286, 300
商税錢	244
商税徴収請負	8, 295, 307, 308, 315, 318, 320

商税率	243, 266
商籍	375
商品作物	295, 392
紹興府	290, 300, 360
廂	50, 66, 68
廂長	247–249, 261, 264
焼煤行	140
焦敬	262, 272
焦蕃	194
葉永貞	216
葉權	315
葉勝	315
葉盛	259–260, 263, 268, 271
詔獄	169
鈔関	255, 277, 281–283, 294, 302
鈔法	257, 260, 270, 280–283, 291–292, 298, 307
蕭寧県	292
蔣氏（嘉靖帝生母）	102
蔣淩漢	387
彰義門	247, 268
彰〔賓〕	222
廠衛	172
歙県	318
蕭山県	290
蕭牆	32, 34
鐘楼	31、36, 145, 245–246, 386
上供物料	125, 127, 160, 166
上虞〔県〕	290
上・下角頭	246, 268
上京会寧府	21
上京臨潢府	21
上元〔県〕	128, 161, 185–187, 189, 196, 207
上新河	273, 282, 298, 315
常州〔府〕	280, 283, 284, 285–287, 290, 292, 294, 323, 388, 391–392
常熟〔県〕	6, 7, 210, 232, 224, 236, 284–285, 296
常道	162
城	10, 50
城居地主化	275, 279
城市	284, 286, 288, 298, 305
条編銀	216
蒸作行	140
申時行	182
沈季文	313
沈榜	57, 60–61, 131–133, 152, 178, 201, 245
辛亥革命	13–14
神山泉	80
真定府	322
秦鉞	83, 110
秦金	82, 268, 387, 390
秦淮河	243
針箆行	140
紳士階級（gentry）	379
慎廣明	196–197
新安義塚	229
新安公所	230, 232
新安商人	161, 177, 227, 230, 236
新市鎮	290
新城〔県〕	288, 300
新城（通州）	81, 376
新陽〔県〕	222
瀋陽	18, 28
人口集中	5, 54, 66–67
仁和〔県〕	288
任養心	311

す

スキナー	390, 392
水脚	98, 114–116
水次	99, 341
瑞和班	224
崇禎帝	26
崇天門	33, 44
崇文区	51

崇文門	37, 70, 144, 245, 258, 262, 270, 282, 298	靖難の役	23-25, 37, 243, 332-333, 354, 383, 385
崇文門〔宣課〕分司	241, 245, 255-256, 262, 269-270, 298	製縄〔業〕	212, 226, 236
		整理(鋪戸の)	127, 128, 133, 151, 259
崇明県	284	税課	244, 247, 277, 279, 287, 292-293, 298-299, 301, 307, 339
鄒緝	51, 69		
鄒文盛	85	税課司〔局〕	7, 204, 255, 276, 277, 278-280, 282-287, 289-291, 294-300, 302, 307-310, 320-321

せ

世俗化	16	税契銀	139, 156
正兌米	97, 99	石亭	52, 69
正東坊	144, 258	石閘	87, 88, 108
正南坊	144	石壩	87-88, 89, 91, 97-98, 111, 116
正陽鎮	281, 258, 316	赤暦文簿	255
正陽門	51, 144-145, 188, 245, 247, 259	惜薪司	54, 70, 167
正陽門宣課司	245, 253-255, 268-269	戚賢	101
生員	64-65, 74, 106, 167-168, 308, 315, 321, 335, 374-375, 378	積慶坊	72
		積水潭	22, 29, 31, 80, 246, 249
生祠	194-195, 205-206	積棍	221, 235, 311
生漆行	198	籍貫	61, 73, 181, 360
成周	13	折色	127, 135, 297
成都	17-18	接王・選妃	186
西安	13, 18, 29, 41, 372, 383	浙東地生	281
西華門	183, 385	截支	165
西周市	226	薛爲學	110
西城区	51	千歩廊	31, 72
西水関(通州)	84	仙遊県	292
西直関	246	先鋒	113
西直門	145, 245-246	宣課司	243-245, 249-250, 253-256, 267-270, 308
省祭官	168		
鄜王	258, 344	宣城県	299
清江鎮	315	宣統帝	13
清理(鋪戸の)	130, 133, 151, 152, 162, 170, 178	宣徳帝	248
		宣武区	51, 70
清涼門	243	宣武門	144-145, 245-247
盛京	27-28, 341	専業市鎮	295, 392
掣験	316	染手	221, 222, 235
勢要之家	128-129, 152, 154, 259, 268	染匠	222, 235

染鋪	211-212, 215, 220-223, 227, 235	僧保	261
船牙行	305, 312	滄州	292
船頭	97, 109	漕運	19, 26, 35, 83-84, 90-91, 92, 93-94, 97, 102, 104-105, 107-112, 116, 361, 388-389
船埠頭	305, 319		
船料	294		
船料鈔	282	漕運衙門	83, 90, 102, 109, 111
詹向嘉	216	漕運総兵官	84, 93
僉商	161, 162-163, 173-175, 181	漕司	90
戦艦修造	213, 218-219	漕帥府	93
箭楼	51	総甲	62, 132, 137, 143, 146-147, 153, 177, 301
賤民	225, 226, 236		
遷都（みやこうつり）	20	総督糧儲	81, 92
銭塘〔県〕	288	竈戸	316, 359, 375
鮮魚閘	87, 111	臧鳳	83, 94, 110
前期的資本	159, 231, 378	臧罰庫	187
善堂	237-338	則例銀	191, 192, 194-195, 200, 204
		孫継宗	262
そ		孫顕宗	262
蘇州	6, 7, 201, 210, 225, 233, 235-236, 238, 281, 298, 340, 392	孫恒茂	215, 222, 235
		孫浩原	229
蘇州府	210-211, 217-219, 220-224, 227-228, 231-232, 236, 275, 279, 284, 285, 287, 290, 302, 318, 348, 366, 391	孫興祖	81
		孫銓	289-290
		孫大市	226
		孫忠	262, 273
宋賢	211, 221	孫文	14
宋仕	135, 155, 158, 171-172	孫懋	196, 206
宋娶	111	**た**	
宋〔犖〕	221		
走春扮演	224	タータルシティ	32
宗廟	14	多民族都市	26, 382, 384
相互扶助	229-230, 232	打碑行	140
荘田	102, 266, 268, 356, 367, 371	兌運法	99
倉役	93	大戸	127, 256, 260-261, 272
倉庫業	5, 102, 106, 181, 241-243, 256, 262, 266	大興〔県〕	36, 55, 56, 59, 61, 68, 71, 72, 78, 81, 114, 121, 128, 133-135, 137-141, 143-144, 151-152, 155, 158-161, 170, 172, 244-246, 250, 258, 260, 265
倉庫業務	7, 100, 262, 264-265		
曹于汴	179, 182		
艚	88, 111		

大興税課局	244	大明殿	22, 30-31
大使	244, 249, 255, 268, 277, 280, 286, 297, 307	大明宝鈔	281
		第二次南北朝	21, 41
大礼の議	83, 86, 101-102, 106	奪門の功	262
太醫院	249, 251	丹陽県	293
太液池	29-31, 34, 36	短價	4, 159
太監	81, 92, 175, 261, 272, 333	踹匠	222
太湖	150, 392	踹布業	222, 235
太湖県	314-315, 317	踹坊	221-222
太歳	113	断虹橋	33-34, 42, 44-45
太常寺	186, 188, 192-193, 197, 199, 253-254	段慶	220
		緞絹鋪戸	295, 309
太倉州	284, 285, 318, 323, 391-392	**ち**	
太平抽分廠	191		
太平天国	18, 295, 334, 391-393	チャイニーズシティ	32
太平府	204, 297, 315	チンギス・カン	22, 38
太和門	33-34, 44	地安門	33
待葬所	230	地域社会	79-80, 106-107, 117, 200, 206, 329-332, 335, 337, 347, 384
耐得翁	243		
帯辦の法	198, 200, 204	地域社会論	8, 79-80, 107-108, 117, 329, 330, 345-346
泰寧県	292		
堆房	270-271	地丁銀制	57, 61
戴隆	220	地保	222
大運河	23, 31, 37, 81-82, 232, 246, 238, 254-255, 265, 270-271, 282, 290, 308, 341, 388, 393	地方管轄単位	357, 358, 361-362
		地方財政	3, 150, 177, 208, 214, 291, 310
		池河鎮	321
大漢将軍	169	池州府	311-312
大時雍坊	144-145	治安警察	53, 54, 275
大通河	81, 108	知印	168
大通橋	69, 80-84, 86-89, 98, 115-116, 388	竹行	211, 217, 218
大都	17-18, 22, 23, 29-31, 33-35, 38, 44, 45-46, 49, 72, 80, 243, 245, 383	竹木抽分局	277
		茶課	281
大都皇城	30	中華文明	17
大都城	5, 14, 22, 28, 29, 31-32, 34-35, 43-44, 51, 80, 386	中間団体	66, 339
		中山王	38
大都路総管府	31	中旨	175
大内	22, 42, 72, 80	中軸線	5, 19, 31, 32, 33-35, 42, 44-45
大放糧	99	中城	36, 63, 144, 268

中心閣	30-31	張皇親房	246
中心台	30-31, 34	張國彦	139-141, 156-157
中都（金・元）	4, 18, 20-21, 22, 46, 383	張國升	223
中都（明）	9, 25, 41, 385, 386	張子御	224
中都城遺跡	385-386	張氏（弘治帝皇后）	246, 271
中都遷都	4, 20, 22	張氏（昭聖皇太后）	102
仲介行為	304, 306	張爵	68, 158, 267-268
仲介手数料	244, 249, 271, 314, 316	張鐸	249, 251, 260
抽分	191, 204, 244, 253-256, 261, 270, 277, 310, 322	張〔集義〕	216
抽分猪羊例	253, 269	張紹戩	211, 220
綱鋪	211, 212, 220-222, 226	張瑞	215, 221, 235
廚役	65, 192-193, 205	張璁	85-86, 101
猪牙行	316	張寧	42, 75, 151
猪鈔銀	316	張茂兼	220
猪羊牛牙人	295, 309	張問達	62-64, 74, 168
庁役	93	張燁	317
帖	128, 223, 228, 235, 311-313, 320-322, 324	張懋	271
長安	17-19, 40, 47, 71, 76, 384	朝陽門	84, 112
長慶班	224	澄清坊	246, 268
長洲〔県〕	218, 223-224, 233, 284-285	聴選官	65
長辛店	72	貂鐺	114
長陵	23	貼戸	196, 197
張永明	122, 149, 185, 187-188, 202, 207	趙璜	82
張延齡	102, 115	趙浚	211, 217, 225
張家湾	37, 81, 82-84, 95-97, 99, 101, 109, 111, 125, 138, 155, 255, 270, 282, 388-389	趙〔祿星〕	218, 220
		直沽	271, 273
		陟山門大街	33
張家湾塩倉批験所	244	鎮江府	288, 293, 391-392
張家湾宣課司	244, 255, 308	鎮江門	229
張鶴齡	101-102, 271	鎮市	10, 47, 275-277, 279, 283-286, 291, 296, 298, 307, 311-315, 318
張學	172		
張學顔	139-140, 142, 154-157	陳鋭	110, 175
張鑑	86, 88, 111	陳佐	196-197
張居正	165, 332, 352, 357, 360, 364, 368-369, 384	陳信	81
		陳璠	84, 86

つ

張恒運	215, 222, 235	通課司	243

通過税	278	鉄牛寺	111
通恵河	5, 19, 22, 35, 79, 80, 81, 82-86, 88-89, 91-92, 94-98, 100-108, 111, 115, 246, 255, 387-390	鐵臉	113
		天	13, 27, 38
		天啓帝	64, 66
通済庫	99	天地壇	35-36
通州旧城	81, 88-89	天妃宮	89
通州石道	107	天命思想	13
通州抽分竹木局	244, 255	典牙	228-229, 234
通積抽分竹木局	244	典商	216-217, 227, 229-230, 234, 236
通倉	81-82, 84, 92-93, 98-100, 104-105, 109, 112, 389	典税	216, 228, 234
		典當業	140-141, 216, 217-218, 226-231, 234, 317, 323
通流閘	87, 88, 89	典當行	140
通糧庁	92-93, 97-98, 108, 111-114, 116	典頭	216-217, 227, 234

て

		典鋪	211-212, 216-217, 227-229, 236
丁役	64, 74	店税	251, 256
丁銀	59	店房	5, 106, 245, 246, 262, 272
丁〔思孔〕	216	店暦	306, 319
丁字庫	186	転塘鎮	288
丁湜	237	碾子行	140
丁賓	190-193, 195, 203-204, 206	田廣	95
定期市	319, 339, 391	田土統計	8, 116, 347, 348, 349-353, 355-357, 362, 364, 366
邸舎	243		
釘鉄煤鋪	211, 214, 218, 220	伝統内変遷	296, 393
停塌	192-193, 257, 266, 271		

と

堤夫	93		
程日成	229	トゴン・テムル	38
程盛	220	ドルゴン	27, 363, 370
程爌	187, 202	土織行	140
程全	217	土地	113
程道先	218	土工行	140, 156
程徳	217	土壩	98
程隆	216	斗行	312
鄭曉	75	斗子	93
鄭秉厚	135, 152, 154, 178	斗秤行	313
泥罐行	140	図書行	140
泥塑行	140	杜篤祜	225
翟瓚	110	都察院	36, 70, 74, 169-170, 186, 190, 336

〈都市〉	10	東西四牌楼	246
都市化	47, 55, 70, 91, 275, 276, 290, 338-339, 392-393	東周市	226
		東廠	172, 181
都市行政	73, 137, 147, 202, 203, 206	東昌〔府〕	271, 297, 316
都市空間	5, 42, 48-49, 50, 51-54, 56-57, 63, 66, 75-76, 78, 80-81	東城区	51
		東水関	81-82, 109
都市〔の〕商業	3, 7, 9, 148, 154, 160-161, 167, 177, 276, 290-294, 299	東陽	280
		倒載制	91, 388
都市商工業者	6, 78, 121, 122, 125, 129, 131-132, 136, 139, 141, 144, 146-147, 158-160, 183-185, 190, 193, 195, 199-201, 203, 207, 213, 231-232, 273, 295-296	倒鈔庫	31
		唐行鎮	279
		唐宋変革〔期〕	47, 184, 264, 297, 304
		唐律	9, 306, 338
		淘洗行	140
都市商人	7-8, 177, 180, 184, 232, 249, 277, 286, 294-295	登録税	304
		等秤行	140
都市人口	5, 48, 49-50, 56-57, 61, 66-67, 76-77, 372	筒子河	34
		統一化	16
都市〔的〕徭役	5, 121, 124, 125, 149, 177, 301	董羽宸	64
		董其昌	181
都市―農村関係	56	塌房	7, 241-244, 247, 249-250, 252, 256-261, 264, 266-268, 270, 273, 299
都市部	56-57, 59, 73, 276, 279		
都市民変	121, 195	塌房銭	242, 244, 249
都市問題	339	當官	5, 121, 208, 210, 212-213, 215-222, 224-226, 235
〈都城〉	10, 13		
都水司	205	當官碑刻	7, 210-212, 213, 214-215, 216, 217, 225-227, 229, 231-232, 238
都水分司	89		
都税司	150, 244, 249-250, 269, 299	當行	121, 131, 132, 134, 153, 189, 197, 202, 213, 233
都督	52, 81, 110, 169, 172, 180, 258, 271, 273		
		同郷集団	66
屠戸	316	同郷団体	229-231
屠戸湯税	313-314	同業者組合	132, 193
屠宰税	322	同業組織	5-7, 210, 212-213, 215, 216, 217-224, 226, 227, 229-232, 234, 238, 296, 301
渡船	96		
灯市街	246, 259-260, 271		
豆腐行	140	同職集団	66
豆粉行	140	童瑞	82, 85, 289
東安門	35	銅行	198
東西移動（都の）	16, 17, 19-20, 44	撐夫	98

督儲館	89	南城〔兵馬司〕	36, 63, 144
徳珠	107	南頂	44
徳勝関	58-59, 249	南北移動（都の）	16, 17, 19-20, 44
徳勝門	51, 145, 245-245		
徳勝門分司	244, 249	**に**	
豊臣秀吉	5, 39, 40, 46	荷役・保管業務	108
		西四牌楼	245-246
な		任道学	290, 300
内官	64-65, 75, 92, 168, 256, 258, 262-263, 270, 272-273, 318	寧波	37, 40
内城	32, 44, 49, 51, 55, 59, 68, 70, 81, 245	**ぬ**	
内藤湖南	14	ヌルハチ	27, 61, 334, 344
内府	65, 98, 100, 136, 155, 186, 202, 268, 269	**ね**	
仲買	304, 319	寧越税課司	281
仲買問屋業	5, 8, 101-102, 106, 242, 262, 305-306, 309-310, 315-316, 318	寧国府	288, 299
		寧波府	290
		熱河	28
仲買問屋業務	7, 100-101, 241, 257, 262, 264-265, 267, 271	**の**	
		納穀	8, 310, 312-314, 318, 321-322
夏の都	23	農村工業化	390
七大古都	13, 40		
南京	5-7, 9, 13-14, 17-19, 23-25, 37, 48, 65, 73, 75-76, 98, 121, 123-124, 133, 149, 152, 154-155, 161, 182, 185, 188-192, 194-195, 197-199, 201-203, 208, 210, 213, 231, 238, 242-243, 247, 254, 258, 264-267, 273, 282, 291, 296, 333, 358, 383, 385	**は**	
		巴恒盛	230
		壩	83, 88, 91, 93, 97-98, 115
		壩堰	83
		馬眼泉	80
		馬駒橋	95, 112, 262, 272, 308
		馬君良	221
南京応天府	23	馬戸	122
南京還都	29, 41	馬士英	360
南京＝京師体制	26, 29	馬尚仁	190-192, 204
南京城	122, 185, 267, 386	馬堂	175, 182
南京振武営	190	馬文昇	75
南薫坊	144	瑪〔祜〕	225
南京〔幽都府〕（遼）	21, 383	配賣	126
南濠〔埠頭〕	315-316	排甲	131-132
南城牆〔壁〕	31, 34, 51, 54, 69, 245, 247		

牌甲法	129, 130-133, 146, 152-153
牌票	193
売筆行	140
梅李鎮	226
媒人行	140
陪都	10, 13, 14
買官	169, 173, 176
買辦	4, 121, 123-131, 133-135, 137-138, 146, 148-150, 159, 161-162, 164, 178, 191, 196-198, 204-205, 213, 214, 218, 325
買辦〔調達〕の役	6, 121, 125, 131, 148, 160-161, 164-165, 187, 312, 322
買撲	320
白河	80, 81
白河抽分竹木局	244
白紙坊	58-59, 145
白取	164, 214
白糧	65, 90, 98
剝運	82, 83-85, 87-91, 94, 97-98, 102-106, 110-111, 388-389
剝船	82, 83, 86, 88-91, 97-98, 104, 107, 109, 111, 115-116, 388, 389
剝船価	104, 115-116
八里橋	95, 112
八旗	27, 72, 333-334
發堂三班	224
發堂班	224
版	87
范吾	214, 220
范汝梓	175, 180
樊大夔	219
潘倣	282
万歳山	34, 36
万斯同	360
万寿山	35
万寿聖節	222
万暦三大征	165
万暦帝	140, 142, 156-157
萬鐙	129-130, 152
萬表	84, 110
萬寶坊	59, 60
輓運	83, 111, 113
盤船	83

ひ

批験茶引所	244, 249, 256, 258, 268
非漢族	17, 19, 95, 107, 347
東四牌楼	268
東大市街	246, 268
畢義和	217
秀吉 → 豊臣秀吉	
鏢行	113
廟会	339

ふ

父老	86
布行	140, 157, 306
布商	236
府城	77, 219, 222, 232-233, 236, 277, 309, 392
阜成門	58, 145, 245-247
附郭県	56
浮橋	95-96, 113
埠	218, 311-312, 321
埠頭	96, 305-306, 311, 312, 314-316, 321-322
傅作舟	197
傅〔拉塔〕	217
富戸	54, 70, 202, 211, 249, 261, 268, 272
富戸籍	375
富陽〔県〕	288, 300
普安店	246, 256
普安等三店	255-256, 268

普済下閘　88
普度菴　230
駙馬都尉　262, 272
賦役制度　9, 160, 328, 330
武英殿　27, 32-33, 36, 44
武官　52, 64-65, 75, 93-94, 100, 106, 127, 321, 354, 369, 371
無頼　67, 96, 100, 261-265, 273, 314
蕪湖　204, 315
婺州　281
衛衙　33
楓鎬　316
副使　5, 37, 81, 168-169, 170, 244, 255, 277, 286, 307-308
副都　6-7, 13, 105, 123, 147, 184, 186, 231
福順〔等店〕　246, 256, 260
福徳〔店〕　246, 248
物流　4-5, 26-27, 43, 79-81, 83, 91, 92, 94-95, 97, 99, 100-102, 104-107, 108, 388, 390
冬の都　23
振り売り　128, 142, 146
文官　64-65, 75-76, 94, 371
文思院　168-169
文憑　94, 112
文明閘　245
文明門　80, 246, 262, 272
文明門分司　244-245
文禄の役　39, 46
汶上県　321

へ

北京　3-7, 9, 13, 14, 17-19, 20, 21, 23-24, 26-29, 35, 37, 39-40, 43, 45-47, 48, 49-52, 54-56, 60-63, 65-70, 72, 75-80, 84, 86, 91, 92, 94-95, 97, 99-101, 105, 108, 117-118, 121-122, 125, 127-128, 132-133, 134, 135-136, 138-139, 141, 145-149, 152-156, 161, 165, 182, 185, 189-190, 192, 201-205, 208, 213, 241-244, 248-249, 254-255, 258-259, 261-265, 269-271, 282, 291, 296, 308, 317, 334, 342-343, 358, 376, 380, 383-385, 390
北京システム　26
北京行部　244
北京順天府　23, 39
北京城　5, 26, 28, 29-35, 37, 42-44, 50-56, 63, 65, 77-78, 81-82, 84, 89, 95, 97-99, 102, 105-106, 121, 128, 131-132, 137, 241, 245, 247, 249-250, 255-256, 258, 263, 265, 308, 317, 383, 386, 388-389
北京遷都（1421年）　4-5, 10, 23, 24-25, 31, 39, 48, 80, 149, 186, 243, 255, 264, 333, 388
北京遷都（1644年）　4, 20, 26
北京遷都計画　40, 46
丙字庫　186
平湖県　300
平壌　39
平津上・下二閘　88
平津中閘　87, 111
平則関　58-59
兵仗局　197
兵変　190, 203
米糧庫衙衙　33
碧霞元君廟　44
便民船　107
汴京　21

ほ

ポスト・モンゴル時代　16
ボバイ　165
保甲　62-65, 73-74, 76, 132, 153
保甲統計　5, 61, 63, 66, 77
保甲法　61-64, 66, 73
保頭　221, 235

ホ～ミン　索　引　443

浦江〔県〕	280
蒲臺県	313
蒲包牙人	295, 309
鋪（保甲法の）	50, 62-63, 66, 76, 78, 122, 153, 215
鋪軍	93
鋪戸の役	5-6, 121, 122, 123, 125, 130, 132-134, 137-139, 144, 146-147, 154, 158, 160-162, 170, 178, 182-184, 185, 186, 187, 188-194, 195, 197, 199-201, 204, 207-208, 210, 213, 215, 230-232, 294, 296
鋪行	78, 121-122, 123, 124-125, 131, 133-136, 138-139, 141, 143, 151-152, 154-158, 164, 170-171, 173, 178, 182, 184-191, 192, 193-194, 196-199, 201-202, 206-207, 208, 215, 219, 234, 288-289, 300, 317-318
鋪行革去	190, 192, 195, 205
鋪行〔の〕禁革	219, 234
鋪行銀	6, 122, 133, 134, 135-136, 137, 138-142, 146-147, 154-155, 157-158, 161, 169, 171, 178, 190, 204
鋪設供具	216
鋪錢	259-261
鋪墊	164, 166-167, 174, 176, 179, 181
鋪面	61, 73, 122-123, 151-152
戊字庫	186
募商	161, 162, 164, 178
慕〔天顔〕	217, 223
方汝立	191-192, 194-195, 198, 200, 204, 206
方愼	219
方臣	220
包納季税	309
包納税銀之法	295
包攬代納	273
奉天〔殿〕	24, 34, 36, 52, 69, 385
宝源〔店〕	102, 246, 248, 258, 263, 271
宝鈔庫	31
報商	162
彭澤	360
鳳陽	9, 25, 385-386
鳳陽府	282, 316, 321, 354, 360
坊	50, 63, 66, 72, 122, 142-145, 150, 153, 158
坊郭戸	126
坊厢の役	123, 185
房屋賃鈔	277, 279
房号銭	74
房壮麗	179
北安門	245-246
北運河	81
北関（通州の）	87-88
北京（開封）	25
北頂	44
木柴鋪行	192

ま

マルコ・ポーロ	34
麻〔勒吉〕	220
馬頭	96, 113, 155, 270, 315
満桂	360

み

身分的特権者	5, 7, 99, 100-101, 105-106, 257, 258-263, 265, 272
抿刷行	140
明律	9, 262, 305-307, 314, 320, 338
民戸	57, 95, 123, 125-126, 146, 185, 357-360, 362-363, 370
民浅	93
民変	147, 174, 190, 204-205, 318
民糧	90, 103, 111, 361

む

無籍の徒　　　　　　　　259, 263-264

め

明照坊　　　　　　　145, 246, 248, 260
鳴玉坊　　　　　　　　58-60, 72, 145
鳴盛班　　　　　　　　　　　　224
免役銭　　　　　　　　　　134, 154
免牙銭　　　　　　　　　　244, 249
免許料　　　　　　　　　　312, 314
免行法　　　　　　　　　　184, 208
面朝後市　　　　　　　　30, 45, 246
麺行　　　　　　　　　　　　193
麺舗　　　　　　　　　　　　212

も

毛縄行　　　　　　　　　　　　140
網襪行　　　　　　　　　140, 141, 156
木閘　　　　　　　　　　　　　88
木商　　　　　　　159, 211, 213, 217, 238
門攤課鈔　　　250, 257, 260, 278, 281, 286,
　　　　　　　　290, 291, 292-294, 309
門攤課鈔則例　　　　　　　　　　250
門攤課税銀　　　　　　7, 8, 277, 284, 290,
　　　　　　　　　　　　291-292, 294
門攤科派　　　　　　7, 286-288, 290-291,
　　　　　　　　　　　　293-295, 314
門攤科派方式　　　　　285, 286, 287-288
門攤季税　　　　　　　　　　301, 309
門攤銀　　　　　　　　7, 275, 277, 291, 292,
　　　　　　　　　　　294, 301, 314, 322
門攤鈔　　　　　　　　　　277, 300-301
門攤税　　　　　　　148, 154, 260, 272, 285,
　　　　　　　　291, 292-294, 302, 309
門攤折徵鈔銀　　　　　　　　284, 291-292
門面　　　　　　　　　　　　138, 286

や

薬材香料牙人　　　　　　　　　295, 309

ゆ

油漆作術衙　　　　　　　　　　　33
油麻雑貨舗　　　　　　　211, 214-215, 219
油麻舗　　　　　　　　212, 218, 220, 227
兪諫　　　　　　　　　　　　　110
兪大猷　　　　　　　　　　　　360
由票　　　　　　　　　　　　　188
勇士　　　　　　　　　　　130, 152
游手　　　　　　　　　　97, 100, 113
游震得　　　　　　　　　　　　122
優免決定権　　　　　　　　173, 174, 176
優免則例　　　　　　　　　　74, 168
優免特権　　　　　6, 64, 124, 129, 149, 152,
　　　　　　167, 168-169, 171, 173-174,
　　　　　　　　　　　176, 180, 289, 300

よ

余懋衡　　　　　　　　　　　74, 76
預支　　　　　　　　　　　　　165
餘杭〔県〕　　　　　　　　　　　288
餘姚〔県〕　　　　　　　　　　　290
幼匠　　　　　　　　　　　　　65
羊市　　　　　　　　　　　　　72
姚履旋　　　　　　　　　　194, 206
洋行　　　　　　　　　　　　　339
揚州〔府〕　　　　　　37, 181, 262, 272, 281,
　　　　　　　　　　　298, 311, 316, 321
楊一清　　　　　　　　　　　85-86
楊応龍　　　　　　　　　　　　165
楊儀　　　　　　　　　　　　　110
楊宏　　　　　　　　　　　　84, 110
楊行中　　　　　　　　105-106, 111, 116, 125
楊嗣昌　　　　　　　　　　　　360
楊樟　　　　　　　　　　　　　110

楊樞	128, 133, 151		李裕	110
楊廷揆	235		里	50, 78
楊文聰	360		里甲制	50, 63-64, 66, 73, 122, 145, 150, 160, 183, 248-249, 336, 345
楊鳳翥	211, 217, 233			
養馬の役	122		里甲正役	5, 122, 125, 139, 146, 161, 167, 185-186, 234, 248, 300, 345

ら

			梨園業	211-212, 215, 224-225, 236
羅崇奎	163, 179		梨園公所	225, , 236
籮圈行	140		裏漕河	81, 114-115
來儀班	224		六合県	313-314, 322
洛陽	13, 17, 19, 29, 383-384		六部	28, 116, 126, 136, 155, 186, 332, 361
雒于仁	182		陸巨源	222
欒馬駒	95, 112		陸三	225-226
蘭谿〔県〕	280		陸粲	96, 113
攬戶	178		陸鳴	221
			陸炳	172, 180, 181

り

			流動化	61, 332
吏典	65, 168		留中	173, 175-176, 179-181, 191, 202, 204, 206-207
李偉	168-169			
李匡	94, 112		隆福宮	32, 34
李繼勳	221		劉一燝	62
李賢	262, 272		劉家隔	281, 298
李元祥	168-169		劉實	251
李弘	217		劉秉忠	30
李瓚	128, 151		龍王廟	89
李時芳	313		呂坤	54, 70, 78, 312, 320
李自成	26-27, 65, 366, 384		旅館業	93, 242
李崇	196		両京制	19
李成桂	37		両京体制	23, 29
李昶	92		両極性	23
李朝鼎	235		両極分解	261
李廷機	154, 164, 179, 188, 191-192, 198, 204-206		両税法	61
			両都〔巡幸〕制	14, 23
李東陽	360		両淮巡塩御史	311
李棠	194, 205		梁材	105, 109, 114, 116
李德	81		梁芳	271
李夢陽	75, 360		菱湖鎮	289
李鳴謙	221, 235		領買経紀	314

糧船	82-83, 90, 93, 111	盧泰	219
糧草	162, 178, 248	露店商	128, 142, 146
林輝	221	労働集約型	91
林聰	52, 69-70, 75	老徐市	226, 236
臨安	18, 31, 71, 243, 264	老爺廟	72
臨江府	315	郎〔廷佐〕	219
臨清	204, 281, 298	郎頭	96
臨清〔州〕	37, 271, 281, 315-316	陋規	314, 338
臨清民変	204-205	廊房	245, 246
		六大古都	13

れ

麗正門宣課司	244-245

ろ

路引字号	305
潞河	81, 95, 113
盧溝橋	72, 247, 273
盧溝橋宣課司	244, 255
盧溝橋抽分竹木局	244, 255

わ

和遠店	102, 115, 243, 246, 250, 252, 267, 271
淮安	37, 271, 281, 298
淮安廠	90, 111
淮安批験所	311
淮安府	295, 301, 309

A HISTORICAL STUDY OF URBAN COMMERCE IN MINGCHING CHINA

by ARAMIYA Manabu

Table of Contents

Introductory Remarks
List of Maps and Figures
Introduction

PART I Capital and Population, Physical Distribution
Chapter 1 The Appearance of the Capital Peking in Early Modern China
Chapter 2 The Urban Population of the Capital Peking in the Ming Dynasty
Chapter 3 The Distribution of Goods in Peking and its Suburb Tongzhou during the Ming Dynasty

PART II The Forced Labor of Pu-hu and the Organization of Same Business
Chapter 4 The Forced Labor of Pu-hu in Peking and its Commutation to Silver during the Ming Dynasty
Chapter 5 The Problem of the Shang-i Yu-mien in the Capital Peking during the Late Ming Dynasty
Chapter 6 The Forced Labor of Pu-hu and its Reformation in Nanking during the Ming Dynasty: Some Problems Connected with the Organization of Same Business
Chapter 7 Organization of Same Business and Local Government during the Late Ming and the Early Ching Periods

PART III Ya-hang and Commercial Taxation
Chapter 8 The Guan-dian Ta-fang in Peking and Commercial Taxation in the Early

Ming Dynasty

Chapter 9 Commercial Tax Reform and Men-tan Silver in Jiang-nan Cities during the Latter Half of the Ming Period

Chapter 10 Ya-hang in the Ming Dynasty : Connection with Commercial Taxation

PART Ⅳ Research trend and Reviews, Brief Introductions

Appendix 1 Historical Studies in Japan, 1995: China, Ming and Qing

Appendix 2 The New View of Social Economic Studies in Ming Ching China: Connection with the Wei-suo Study of Gu Cheng

Appendix 3 Reviews and Brief Introductions

    1 Ho Ping-ti, *The Ladder of Success in Imperial China: Aspects of Social Mobility, 1368–1911*, Heibonsha

    2 Beijing Academy of Social Sciences, *Beijing Tong Shi*

    3 The Present Condition of Zhongdu, the Du-cheng Site of the Ming Dynasty

    4 Wu Zhong, *Tong Hui He Zhi*

    5 Liu Shi ji, *Ming Qing Shi dai Jiang nan Shi zhen Yan jiu*, Chinese Academy of Social Sciences

Bibliography

Postscript

Glossary-index

著者略歴

新宮　学（あらみや　まなぶ）

1955 年 11 月　山形県に生まれる
1978 年 3 月　東北大学文学部卒業
1983 年 3 月　東北大学大学院文学研究科博士課程単位取得退学
1983 年 4 月　国士舘大学文学部講師
1988 年 10 月　山形大学人文学部助教授
2001 年 2 月　山形大学人文学部教授　現在に至る
2003 年 3 月　博士（文学）

主要著書
『北京遷都の研究――近世中国の首都移転――』汲古書院 2004 年 1 月
『近世東アジア比較都城史の諸相』編著　白帝社 2014 年 2 月

明清都市商業史の研究

2017 年 3 月 31 日　初版発行

著　者　新　宮　　　学
発行者　三　井　久　人
整版印刷　(株)理　想　社
発行所　汲　古　書　院

〒102-0072　東京都千代田区飯田橋 2-5 4
電話 03(3265)9764　FAX03(3222)1845

ISBN978-4-7629-6041-3　C3322　汲古叢書 142
Manabu ARAMIYA Ⓒ 2017
KYUKO-SHOIN, CO., LTD. TOKYO.

汲 古 叢 書

1	秦漢財政収入の研究	山田　勝芳著	本体 16505円
2	宋代税政史研究	島居　一康著	12621円
3	中国近代製糸業史の研究	曾田　三郎著	12621円
4	明清華北定期市の研究	山根　幸夫著	7282円
5	明清史論集	中山　八郎著	12621円
6	明朝専制支配の史的構造	檀上　寛著	13592円
7	唐代両税法研究	船越　泰次著	12621円
8	中国小説史研究－水滸伝を中心として－	中鉢　雅量著	品　切
9	唐宋変革期農業社会史研究	大澤　正昭著	8500円
10	中国古代の家と集落	堀　敏一著	品　切
11	元代江南政治社会史研究	植松　正著	13000円
12	明代建文朝史の研究	川越　泰博著	13000円
13	司馬遷の研究	佐藤　武敏著	12000円
14	唐の北方問題と国際秩序	石見　清裕著	品　切
15	宋代兵制史の研究	小岩井弘光著	10000円
16	魏晋南北朝時代の民族問題	川本　芳昭著	品　切
17	秦漢税役体系の研究	重近　啓樹著	8000円
18	清代農業商業化の研究	田尻　利著	9000円
19	明代異国情報の研究	川越　泰博著	5000円
20	明清江南市鎮社会史研究	川勝　守著	15000円
21	漢魏晋史の研究	多田　狷介著	品　切
22	春秋戦国秦漢時代出土文字資料の研究	江村　治樹著	品　切
23	明王朝中央統治機構の研究	阪倉　篤秀著	7000円
24	漢帝国の成立と劉邦集団	李　開元著	9000円
25	宋元仏教文化史研究	竺沙　雅章著	品　切
26	アヘン貿易論争－イギリスと中国－	新村　容子著	品　切
27	明末の流賊反乱と地域社会	吉尾　寛著	10000円
28	宋代の皇帝権力と士大夫政治	王　瑞来著	12000円
29	明代北辺防衛体制の研究	松本　隆晴著	6500円
30	中国工業合作運動史の研究	菊池　一隆著	15000円
31	漢代都市機構の研究	佐原　康夫著	13000円
32	中国近代江南の地主制研究	夏井　春喜著	20000円
33	中国古代の聚落と地方行政	池田　雄一著	15000円

34	周代国制の研究	松井　嘉德著	9000円
35	清代財政史研究	山本　進著	7000円
36	明代郷村の紛争と秩序	中島　楽章著	10000円
37	明清時代華南地域史研究	松田　吉郎著	15000円
38	明清官僚制の研究	和田　正広著	22000円
39	唐末五代変革期の政治と経済	堀　敏一著	12000円
40	唐史論攷－氏族制と均田制－	池田　温著	18000円
41	清末日中関係史の研究	菅野　正著	8000円
42	宋代中国の法制と社会	高橋　芳郎著	8000円
43	中華民国期農村土地行政史の研究	笹川　裕史著	8000円
44	五四運動在日本	小野　信爾著	8000円
45	清代徽州地域社会史研究	熊　遠報著	8500円
46	明治前期日中学術交流の研究	陳　捷著	品切
47	明代軍政史研究	奥山　憲夫著	8000円
48	隋唐王言の研究	中村　裕一著	10000円
49	建国大学の研究	山根　幸夫著	品切
50	魏晋南北朝官僚制研究	窪添　慶文著	14000円
51	「対支文化事業」の研究	阿部　洋著	22000円
52	華中農村経済と近代化	弁納　才一著	9000円
53	元代知識人と地域社会	森田　憲司著	9000円
54	王権の確立と授受	大原　良通著	品切
55	北京遷都の研究	新宮　学著	品切
56	唐令逸文の研究	中村　裕一著	17000円
57	近代中国の地方自治と明治日本	黄　東蘭著	11000円
58	徽州商人の研究	臼井佐知子著	10000円
59	清代中日学術交流の研究	王　宝平著	11000円
60	漢代儒教の史的研究	福井　重雅著	品切
61	大業雑記の研究	中村　裕一著	14000円
62	中国古代国家と郡県社会	藤田　勝久著	12000円
63	近代中国の農村経済と地主制	小島　淑男著	7000円
64	東アジア世界の形成－中国と周辺国家	堀　敏一著	7000円
65	蒙地奉上－「満州国」の土地政策－	広川　佐保著	8000円
66	西域出土文物の基礎的研究	張　娜麗著	10000円

67	宋代官僚社会史研究	衣川　強著	品切
68	六朝江南地域史研究	中村　圭爾著	15000円
69	中国古代国家形成史論	太田　幸男著	11000円
70	宋代開封の研究	久保田和男著	10000円
71	四川省と近代中国	今井　駿著	17000円
72	近代中国の革命と秘密結社	孫　　江著	15000円
73	近代中国と西洋国際社会	鈴木　智夫著	7000円
74	中国古代国家の形成と青銅兵器	下田　誠著	7500円
75	漢代の地方官吏と地域社会	髙村　武幸著	13000円
76	齊地の思想文化の展開と古代中國の形成	谷中　信一著	13500円
77	近代中国の中央と地方	金子　肇著	11000円
78	中国古代の律令と社会	池田　雄一著	15000円
79	中華世界の国家と民衆　上巻	小林　一美著	12000円
80	中華世界の国家と民衆　下巻	小林　一美著	12000円
81	近代満洲の開発と移民	荒武　達朗著	10000円
82	清代中国南部の社会変容と太平天国	菊池　秀明著	9000円
83	宋代中國科擧社會の研究	近藤　一成著	12000円
84	漢代国家統治の構造と展開	小嶋　茂稔著	10000円
85	中国古代国家と社会システム	藤田　勝久著	13000円
86	清朝支配と貨幣政策	上田　裕之著	11000円
87	清初対モンゴル政策史の研究	楠木　賢道著	8000円
88	秦漢律令研究	廣瀬　薫雄著	11000円
89	宋元郷村社会史論	伊藤　正彦著	10000円
90	清末のキリスト教と国際関係	佐藤　公彦著	12000円
91	中國古代の財政と國家	渡辺信一郎著	14000円
92	中国古代貨幣経済史研究	柿沼　陽平著	13000円
93	戦争と華僑	菊池　一隆著	12000円
94	宋代の水利政策と地域社会	小野　泰著	9000円
95	清代経済政策史の研究	黨　武彦著	11000円
96	春秋戦国時代青銅貨幣の生成と展開	江村　治樹著	15000円
97	孫文・辛亥革命と日本人	久保田文次著	20000円
98	明清食糧騒擾研究	堀地　明著	11000円
99	明清中国の経済構造	足立　啓二著	13000円

100	隋唐長安城の都市社会誌	妹尾 達彦著	未 刊
101	宋代政治構造研究	平田 茂樹著	13000円
102	青春群像－辛亥革命から五四運動へ－	小野 信爾著	13000円
103	近代中国の宗教・結社と権力	孫　　江著	12000円
104	唐令の基礎的研究	中村 裕一著	15000円
105	清朝前期のチベット仏教政策	池尻 陽子著	8000円
106	金田から南京へ－太平天国初期史研究－	菊池 秀明著	10000円
107	六朝政治社會史研究	中村 圭爾著	12000円
108	秦帝國の形成と地域	鶴間 和幸著	13000円
109	唐宋変革期の国家と社会	栗原 益男著	12000円
110	西魏・北周政権史の研究	前島 佳孝著	12000円
111	中華民国期江南地主制研究	夏井 春喜著	16000円
112	「満洲国」博物館事業の研究	大出 尚子著	8000円
113	明代遼東と朝鮮	荷見 守義著	12000円
114	宋代中国の統治と文書	小林 隆道著	14000円
115	第一次世界大戦期の中国民族運動	笠原十九司著	18000円
116	明清史散論	安野 省三著	11000円
117	大唐六典の唐令研究	中村 裕一著	11000円
118	秦漢律と文帝の刑法改革の研究	若江 賢三著	12000円
119	南朝貴族制研究	川合　 安著	10000円
120	秦漢官文書の基礎的研究	鷹取 祐司著	16000円
121	春秋時代の軍事と外交	小林 伸二著	13000円
122	唐代勲官制度の研究	速水　 大著	12000円
123	周代史の研究	豊田　 久著	12000円
124	東アジア古代における諸民族と国家	川本 芳昭著	12000円
125	史記秦漢史の研究	藤田 勝久著	14000円
126	東晉南朝における傳統の創造	戸川 貴行著	6000円
127	中国古代の水利と地域開発	大川 裕子著	9000円
128	秦漢簡牘史料研究	髙村 武幸著	10000円
129	南宋地方官の主張	大澤 正昭著	7500円
130	近代中国における知識人・メディア・ナショナリズム	楊　　韜著	9000円
131	清代文書資料の研究	加藤 直人著	12000円
132	中国古代環境史の研究	村松 弘一著	12000円

133	中国古代国家と情報伝達	藤田　勝久著	15000円
134	中国の教育救国	小林　善文著	10000円
135	漢魏晋南北朝時代の都城と陵墓の研究	村元　健一著	14000円
136	永楽政権成立史の研究	川越　泰博著	7500円
137	北伐と西征―太平天国前期史研究―	菊池　秀明著	12000円
138	宋代南海貿易史の研究	土肥　祐子著	18000円
139	渤海と藩鎮―遼代地方統治の研究―	高井康典行著	13000円
140	東部ユーラシアのソグド人	福島　　恵著	10000円
141	清代台湾移住民社会の研究	林　　淑美著	近　刊
142	明清都市商業史の研究	新宮　　学著	11000円
143	睡虎地秦簡と墓葬からみた楚・秦・漢	松崎つね子著	8000円

（表示価格は2017年3月現在の本体価格）